# 中国宏观经济与债券市场

鲁政委 郭于玮 何帆 著

人民日报出版社
北京

# 中国宏观经济与债券市场

鲁政委 郭于玮 何帆 著

人民日报出版社
北京

图书在版编目（CIP）数据

中国宏观经济与债券市场 / 鲁政委，郭于玮，何帆著．－－北京：人民日报出版社，2023.1
ISBN 978-7-5115-7596-8

Ⅰ．①中… Ⅱ．①鲁… ②郭… ③何… Ⅲ．①宏观经济－关系－债券市场－研究－中国 Ⅳ．①F123.16

中国版本图书馆 CIP 数据核字（2022）第 229727 号

| | |
|---|---|
| 书　　名： | 中国宏观经济与债券市场 |
| | ZHONGGUO HONGGUAN JINGJI YU ZHAIQUAN SHICHANG |
| 著　　者： | 鲁政委　郭于玮　何　帆 |
| 出 版 人： | 刘华新 |
| 责任编辑： | 蒋菊平　李　安 |
| 版式设计： | 九章文化 |
| 出版发行： | 人民日报出版社 |
| 社　　址： | 北京金台西路 2 号 |
| 邮政编码： | 100733 |
| 发行热线： | （010）65369509　65369527　65369846　65363528 |
| 邮购热线： | （010）65369530　65363527 |
| 编辑热线： | （010）65369528 |
| 网　　址： | www.peopledailypress.com |
| 经　　销： | 新华书店 |
| 印　　刷： | 大厂回族自治县彩虹印刷有限公司 |
| 法律顾问： | 北京科宇律师事务所　010-83622312 |
| 开　　本： | 710mm×1000mm　1/16 |
| 字　　数： | 413 千字 |
| 印　　张： | 27.75 |
| 版次印次： | 2023 年 7 月第 1 版　2023 年 7 月第 1 次印刷 |
| 书　　号： | ISBN 978-7-5115-7596-8 |
| 定　　价： | 68.00 元 |

# 前言 Preface

自1981年恢复国债发行以来，我国债券市场规模不断扩大，到2022年上半年，已突破140万亿元人民币。日臻活跃的债券市场是服务实体经济的重要融资渠道，也成为金融投资和资产配置的重要对象。中国债券市场与国际债券市场既具有一致性，又存在着差异。由此，关于中国债券市场波动规律的研究，也吸引着一代代投资人夜以继日、孜孜不倦地"解谜"。

在众多杰出研究者的努力下，关于中国债市的研究百花齐放，但较为系统专业的著述仍然相对有限。因此，立足当下，记录中国债市的发展，分析其波动规律，厘清中国债券市场的研究框架，无疑具有重要意义。

**第一，我国经济的增长范式正在变化。** 在我国经济向高质量发展切换、向创新驱动转变的过程中，无论是资金需求结构，还是资金供给结构，都在经历深刻变革。作为资金价格的利率，将发出这场变革最直接的回响。过去的债券市场研究多沿着时间线索展开，以历史复盘为基础，而当前面临的情境与我国债券市场发展史上的任一阶段都显著不同。因此，我们尝试跳出时间线索的束缚，从更长的视角出发，探索不同维度经济周期下经济与市场运行的一般规律。

**第二，我国货币政策和金融监管框架正在重塑。** 2008年金融危机引发了全球央行对单一通胀目标制的反思，"货币政策+宏观审慎"双支柱的政策架构初步成型。我国积极参与全球经济治理，逐渐推出并完善了MPA（宏观审慎评估）、NSFR（净稳定资金比率）和IFRS9（国际财务报告准则第9号），金融监管体系日臻完善。2023年国务院政府工作报告进一步提出，推动金融监管体制改革。新的监管体系也将改变债券市场投资者的交易行为，促使债券市场交易逻辑出现变化。

**第三，我国债券市场参与者的结构正在改变。** 近年来，我国债券市场对外开放的步伐加快。作为全球主要经济体之一，我国保持着中高速的经济增长，拥有相对独立的货币政策，搭建了较为成熟的债市基础设施。因此，我国的债券市场得到大量海外投资者的青睐，境内外债券市场的联动出现强化。同时，除了商业银行这一传统投资者之外，公募基金、理财子公司和保险机构等对债券市场的影响逐渐深化，使债市交易行为的影响因素更为复杂。

债券市场是"灵敏短视"的：纷至沓来的交易信息、自我强化的市场情绪，可以让市场瞬息万变；债券市场又是"深思远虑"的：增长范式的变迁、政策框架的沿革，都会精简地投射在利率曲线之上。因此，在上述结构性变化面前，我们必须与时俱进，对中国债券市场的分析框架进行更新。

本书分为六章，遵循从宏观到微观、从长期到短期的逻辑，与读者分享我们对于宏观经济与债券市场的研究心得。

第一章介绍经济周期。在经济史中，繁荣与衰退、通胀与通缩总是循环往复、交替出现。经济现象的周期性波动，实际上是不同长度的经济周期互相嵌套的结果。本书介绍了由库存投资驱动的基钦周期、由设备投资驱动的朱格拉周期、由房地产投资驱动的库兹涅茨周期、由技术创新驱动的康波周期四种典型的经济周期，周期长度从3年到60年不等。我们力求用浅显的语言来阐述复杂的经济周期，并梳理出同一周期不同阶段中资产价格变化的普遍性规律。除了上述四种经典的经济周期之外，本书还介绍了两种较为常见的周期理论，即金融周期与国际政治周期。基钦周期等的原动力与设备、创新等推动经济增长的基本要素相关，金融周期的原动力却与机构行为及风险偏好的变化相关。一个时代金融监管理念的变化、金融繁荣或危机留下的"机构记忆"等都会在较长时间内影响金融机构的行为和经营理念。而国际政治周期则超越了经济运行的范畴，是国际政治秩序的周期性变化。不过，一个国家的经济实力是其政治地位的基本支撑，因此，国际政治周期又与经济周期，尤其是可能引发技术革命和国际经济地位变化的康波周期密切相关。

第二章探讨物价走势。物价稳定是货币政策的重要目标之一，因而物价运行成为影响债券利率的重要因素。在消费品领域，我国的CPI篮子主要包含食品、非食品商品和服务三大类消费品。我们归纳出了把CPI篮子分为三部分并依此预测CPI的基本方法。考虑到猪价是引发我国CPI波动的关键因素之一，我们对猪价的运行周期和影响猪价的主要因素进行了较为全面的探讨。在工业品领域，我们探讨了可能引致工业品领域高通胀的因素，并探讨如何识别通胀压力的持续性。

第三章分析宏观政策。新冠疫情暴发后，以美国等为代表的发达经济体快速推出多项新型货币政策工具，释放了天量流动性，将货币主义理论的实践推向高潮。作为新兴经济体，发达经济体宏观政策的经验与教训是我国制定宏观经济政策时的重要参考。在我国已推出的宏观政策工具中，我们也时常能够看到海外相关政策的"影子"。因此，本书先介绍了美国、欧元区和日本的货币政策工具，梳理其使用政策工具应对经济、金融市场波动的经验，再在海外经验的基础上探讨国内政策操作。同时，由于宏观审慎工具在政策体系中的地位日益重要，我们也对宏观审慎工具进行了初步介绍和探讨。

第四章尝试建立沟通宏观经济与债券市场的桥梁，探讨宏观经济中影响债券市场的主要因素。一是经济周期。经济周期中宏观经济热度的升降会带动无风险利率与信用利差的波动。我们总结了无风险利率与信用利差波动中债券配置的逻辑、期限利差策略的应用等。二是杠杆率。通常来说，一个经济体的杠杆率越高，其能够承受的利率水平越低，因为更高的杠杆率意味着更多的待偿债务。本书通过定性与定量讨论相结合的方式，阐述杠杆率对利率的影响，希望帮助读者对杠杆率如何影响利率有更加显性的认识。三是国际资本流动。随着债券市场对外开放程度的逐渐加深，境外投资者对国内债市的影响力也有所增加。我们从国际经验入手，分析国际利率联动强弱的变化，以期对债市利率乃至货币政策的独立性有更加深入的理解。

第五章研究机构行为。债券利率的变化是不同类型投资者交易决策互动的结果。在债券市场中，国有大行、股份行、城商行、农商行、公募基金、保险机构、银行理财和境外机构等都扮演着重要的角色，它们各自有着不同的负债结构、风险偏好、决策机制和经营目标，驱动着它们在相同的市场环境下做出差异化的投资决策。理解交易对手，是我们跑赢市场的必要前提。本书分析了国有大行、股份行、保险机构等债券市场主要投资者的交易行为，帮助投资者在交易实战中知己知彼。

第六章梳理监管政策。监管政策会通过机构行为来影响债券市场，因此第六章可以视为第五章内容的进一步延伸。本书从巴塞尔协议III、流动性监管指标和《国际财务报告准则第9号》（IFRS9）等角度入手，探讨新监管环境下机构行为的变化。

金融市场的运行变幻莫测，不同因素的相互影响盘根错节。对于市场运行的奥秘，我们朝乾夕惕、孜孜以求，亦不过窥其一隅。我们愿将这些年的千虑一得，汇集于此书之中，作为引玉之砖，以待后来人。

# 目录 Contents

**前 言** / 001

**第一章 初识经济周期**

基钦周期：经济内涵与金融影响 / 003

朱格拉周期：产业演进之路 / 020

房地产周期：我们在何处？ / 035

康波周期：长波中的机遇 / 047

国际政治周期：百年未有之大变局 / 063

金融周期：后危机时代的反思 / 072

**第二章 研判物价走势**

猪周期：基础分析框架 / 081

消费者价格指数（CPI）："三分法"预测 / 097

工业生产者价格指数（PPI）：如何判断PPI通胀的持续性？ / 103

物价传导：PPI与CPI"失联"的背后 / 108

## 第三章　理解宏观政策

他山之石：美日欧央行流动性投放工具全览 / 119

他山之石：英央行"定向降息"的启示 / 139

政策研判：浅谈降息的触发条件 / 143

政策研判：流动性波动的背后 / 145

前沿探讨：中央银行该如何应对股市波动？ / 156

宏观审慎（MPA）：宏观审慎工具知多少？ / 164

## 第四章　走近固定收益

投资策略：利率周期中的债券配置 / 177

投资策略：信用利差与经济周期 / 187

投资策略：期限利差策略 / 194

投资品种：地方债投资交易指南 / 205

投资品种：货币市场工具比价 / 220

长期视角：高杠杆如何影响利率水平？ / 230

长期视角：国债收益率会向名义GDP增速收敛吗？ / 241

长期视角：国际利率联动的经验规律 / 255

## 第五章　读懂机构行为

国有大行：配置型机构的代表 / 285

股份行：配置和交易的"双面手" / 292

城商行农商行：债市二级交易的"正反方" / 302

投资策略：商业银行的债券择时策略 / 317

保险公司：大类资产配置的轮动 / 324

境外机构：外资进入中国债市的逻辑 / 340

公募基金：交易型机构如何买债？ / 357

银行理财：理财净值化转型和信用债曲线 / 370

## 第六章　初识监管政策

巴塞尔协议Ⅲ：CRE60对银行投资基金的影响 / 381

巴塞尔协议Ⅲ：利率债和信用债配置比例 / 390

巴塞尔协议Ⅲ：净稳定资金比例（NSFR）对同业存单的影响 / 397

新会计准则：金融工具会计准则与债券投资 / 405

**参考文献** / 426

**后　记** / 431

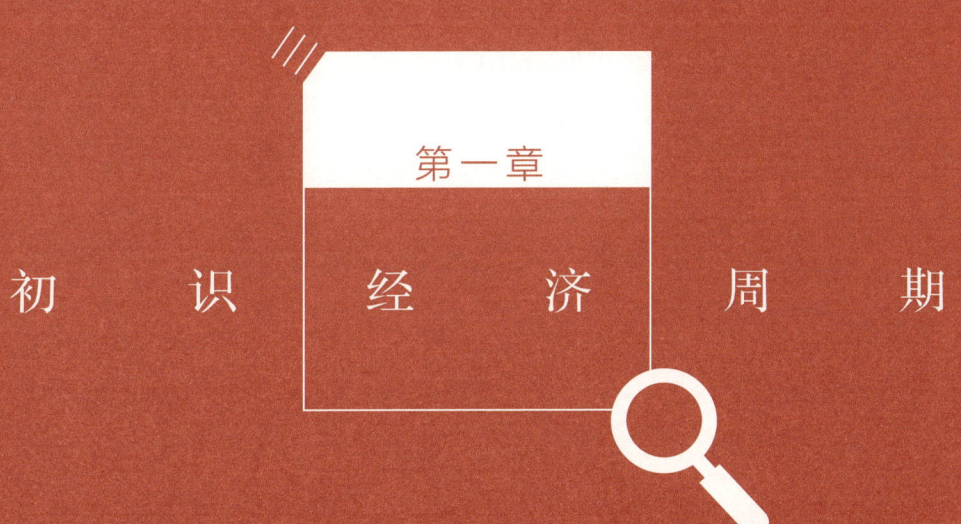

第一章

初识 经济 周期

## 基钦周期：经济内涵与金融影响

繁荣与衰退的循环往复推动着经济波浪式向前。经济繁荣与衰退的交替更迭是否有规律可循？大量研究表明，经济运行中同时存在四种不同的周期性波动：3年左右的基钦周期（库存周期）、9年左右的朱格拉周期（设备投资周期）、20年左右的库兹涅茨周期（房地产周期）、60年左右的康波周期（技术革新周期）。不过，对于企业和金融市场而言，库兹涅茨和康波周期过于漫长，3年左右的基钦周期在经济活动和金融市场的短期波动中反映更为直接。因此，我们将首先探讨基钦周期，围绕基钦周期的含义、如何观测基钦周期、基钦周期的强弱、基钦周期与经济指标的关联、基钦周期与市场指标的关联、当前经济在基钦周期中的位置等六个问题，来介绍和分析基钦周期。

### 一、什么是基钦周期？

基钦（1923）发现了一个有趣的现象：1890年至1922年之间，美国和英国的银行清算收入、商品价格和利率都呈现出40个月左右的周期性变化。基钦指出，单个周期的长度可能不等于40个月，而且一个持续时间偏短的周期之后可能出现一个持续时间偏长的周期（反之亦然），不过，相邻3个周期的平均长度非常接近40个月。虽然在1914年至1922年间，受一战的影响，单个周期的长度发生了异常的偏离，但1890年至1922年之间，周期的平均长度在40个月左右。

表1-1 美国与英国的基钦周期

| | | 1890年至1913年 | | 1890年至1922年 |
|---|---|---|---|---|
| | | 单个周期的长度（年） | 相邻3个周期的长度（年） | 周期平均长度（年） |
| 银行清算收入 | 美国 | 2.65—4.25 | 2.94—3.75 | 3.29 |
| | 英国 | 2.50—4.00 | 3.00—3.75 | 3.30 |
| 商品价格 | 美国 | 2.41—4.67 | 3.19—4.00 | 3.31 |
| | 英国 | 2.33—4.87 | 3.22—3.90 | 3.28 |
| 利率 | 美国 | 2.67—4.25 | 3.03—3.72 | 3.32 |
| | 英国 | 2.83—4.16 | 3.03—3.69 | 3.37 |

资料来源：Kitchin（1923），Cycles and Trends in Economic Factors。

不过，基钦的文章着重统计周期变化的规律，没有讨论周期波动背后的原因。梅茨勒（1941）尝试用库存变化来解释这种周期性波动。根据这个理论，厂商总是倾向于将库存与销售之间的比例维持在合意水平。在库存周期的开端，收入和消费的上升带动库存下降，厂商为了提升库存而扩大生产。而厂商扩大生产的行动带动收入和消费进一步提高，使库存继续下降，激励厂商再度扩大生产。然而，随着时间的推移，库存的积累达到顶峰，促使厂商减少生产，并对收入和消费形成负向反馈，带动库存继续减少，直至库存达到合意水平，由此完成了一轮库存周期。

后来研究者也对梅茨勒的库存周期理论提出了一些怀疑。例如，如果交通物流方式改变了，库存周期的时长会不会也发生变化？一些商品是收到订单之后按照订单生产的，厂商实际上没有库存，库存周期理论会不会失效？虽然没有人能够完美地解决上述问题，但是历史数据告诉我们，在基钦发现库存周期之后100年的现在，尽管生产的组织方式、运输方式发生了翻天覆地的变化，但美国经济依然存在40个月左右的周期性波动。

自1950年以来，美国经历了18个完整的库存周期，虽然石油危机等意外因素可能导致库存周期偏长或者偏短，但平均来看，这18个库存周期的平均持续时长为44个月。

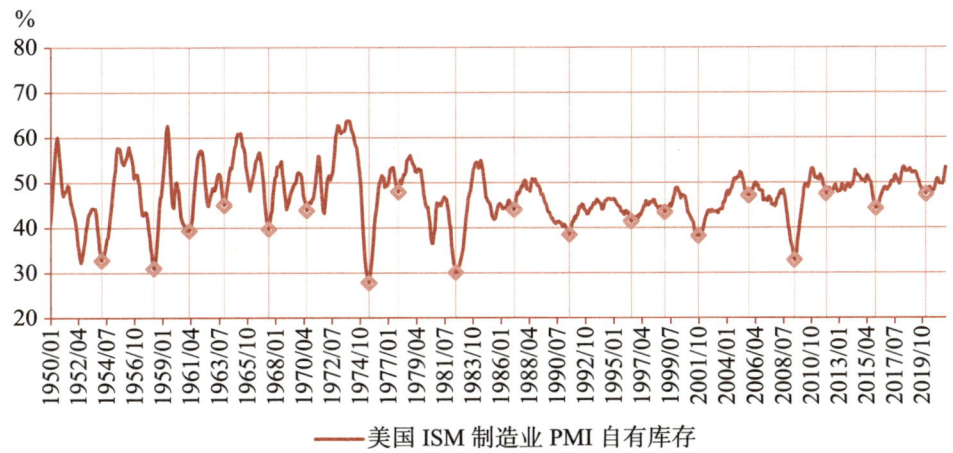

图1-1　美国库存周期

资料来源：Wind，兴业研究。

## 二、如何观测我国的库存周期？

我们该如何观测我国库存周期的变化？在我国，工业企业产成品存货和PMI（Purchasing Manager Index，采购经理指数）中的产成品库存分项都能够刻画库存周期的变动。不过，与产成品库存PMI相比，工业企业产成品存货时间序列更长、波动更小。因此，本文使用工业企业产成品存货来刻画我国的库存周期。

从梅茨勒的库存周期理论出发，我们可以把库存周期划分为四个阶段：被动去库存、主动补库存、被动补库存和主动去库存。当需求最初出现变动时，工业企业收入增速提高，带动产成品库存增速放缓，库存出现了被动地去化。这一阶段可称为被动去库存。随着库存的去化，企业为了满足日益增长的需求、维持合意的库存水平，决定加快生产，库存出现了主动地增长。这一阶段可称为主动补库存。然而，需求不能无止境地扩张。当需求的扩张遇到瓶颈时，工业企业收入增长放缓，但企业调整生产规模的速度相对较慢，库存开始被动地积累。这一阶段可称为被动补库存。最后，当企业意识到需求不足，开始降低生产规模和合意库存水平时，库存会出现主动地去化。这就是主动去库存的阶段。

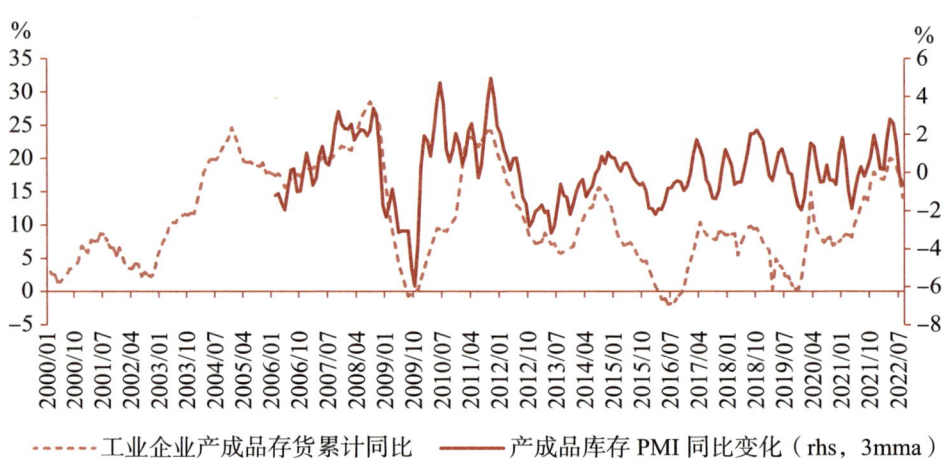

图1-2 中国的库存指标

资料来源：Wind，兴业研究。

根据上文的分析，我们可以用工业企业的收入增速来捕捉需求的变动，用库存增速来衡量库存的变动，进而划分我国的库存周期。自1998年至2020年新冠疫情暴发前，我国已经历了6个完整的库存周期。这6个库存周期的平均时长是42.5个月，与基钦发现的40个月左右的周期长度非常接近。不过，新冠疫情扰乱了库存周期正常的运行规律。2019年底，我国本将步入新一轮被动去库存，但2020年初疫情暴发后库存出现了快速的积累。因此，我们不考虑2019年12月至2020年3月之间的数据情况，而将2020年4月作为新一轮被动去库存的开端。

在过去6轮库存周期中，被动去库存、主动补库存、被动补库存和主动去库存四个阶段的平均持续时长分别为9、11、11和12个月。不过，在不同的库存周期里，上述四个阶段的持续时长差异较大。

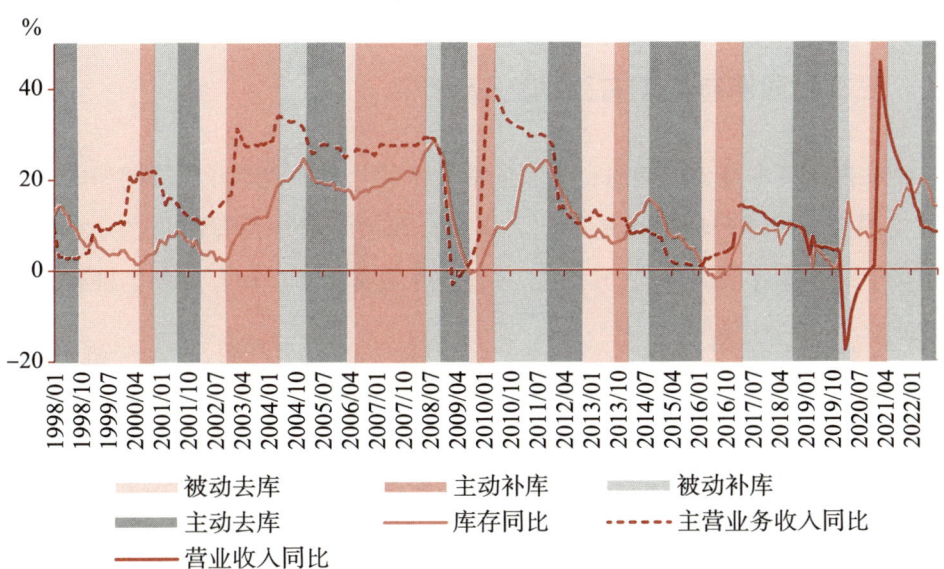

图1-3 中国库存周期的划分

资料来源：Wind，兴业研究。

表1-2 中国库存周期统计

| 时　间 | 被动去库（月） | 主动补库（月） | 被动补库（月） | 主动去库（月） | 总计（月） |
| --- | --- | --- | --- | --- | --- |
| 1998.9—2002.1 | 21 | 5 | 8 | 7 | 41 |
| 2002.2—2006.1 | 9 | 18 | 9 | 13 | 49 |
| 2006.2—2009.7 | 3 | 24 | 5 | 9 | 41 |
| 2009.8—2012.9 | 3 | 6 | 18 | 11 | 38 |
| 2012.10—2016.1 | 11 | 5 | 7 | 17 | 40 |
| 2016.2—2019.11 | 5 | 9 | 17 | 15 | 46 |
| 均　值 | 9 | 11 | 11 | 12 | 43 |
| 2020.4以来 | 7 | 6 | 12 | | |

资料来源：Wind，兴业研究。

### 三、我国库存周期有强弱之分吗？

在探讨资本开支周期时，大家通常会将其分为强资本开支周期和弱资本开支周期。房地产周期也是如此。那么，库存周期是否有强弱之分？虽然市场上对于库存周期强弱的讨论不多，但从数据上看，库存周期的确有强弱之别。

**我们可以从补库存的持续时间和需求扩张的持续时间两个角度来认识库存周期的强弱。**

从补库存的持续时间来看，在过去6轮库存周期中，2002年2月至2006年1月、2006年2月至2009年7月、2009年8月至2012年9月和2016年2月至2019年11月4轮周期，补库存的时间都明显长于去库存的时间。而1998年9月至2002年1月、2012年10月至2016年1月2轮库存周期，补库存的时间都明显短于去库存的时间。

表1-3 补库强弱的变化

| 时间 | 补库（月） | 去库（月） |
| --- | --- | --- |
| 1998.9—2002.1 | 13 | 28 |
| 2002.2—2006.1 | 27 | 22 |
| 2006.2—2009.7 | 29 | 12 |
| 2009.8—2012.9 | 24 | 14 |
| 2012.10—2016.1 | 12 | 28 |
| 2016.2—2019.11 | 26 | 20 |
| 均值 | 22 | 21 |

资料来源：Wind，兴业研究。

补库持续时间较短的两段时期有两项共同的特点。第一，当时都出现了产能过剩的问题。虽然需求出现了回升，但依然不能够满足消化过剩产能的需要，导致补库的时间相对短暂，经济景气度也不及另外四轮周期。产能利用率对补库强度的影响，实际上体现了朱格拉周期对于库存周期的影响。

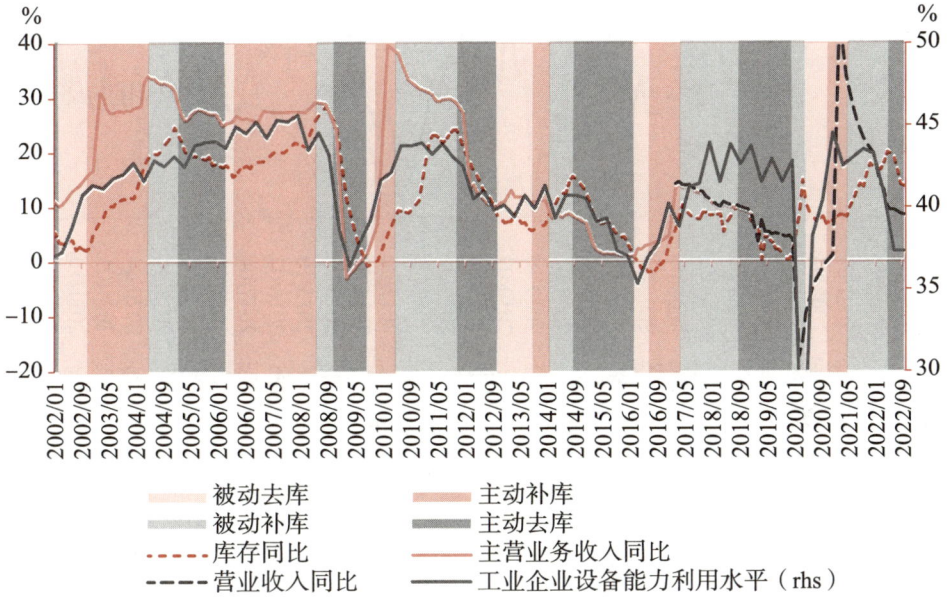

图1-4　库存周期与产能利用率

资料来源：Wind，兴业研究。

第二，下游需求不足，导致价格的上涨和利润的改善不具有普遍性，进而影响了补库的力度。2000年左右，虽然生产资料PPI同比出现了一轮上涨，但是生活资料PPI同比大多数时间都低于0。2013年左右生产资料PPI同比持续为负，生活资料PPI同比在0附近波动。

从需求扩张的持续时间来看，如果我们将工业企业收入增速加快的时期定义为需求扩张期，将收入增速放缓的时期定义为需求收缩期，则会发现在2009年之前，需求扩张持续期要长于需求收缩持续期，但2009年后发生了逆转。这是由于1998年至2008年国际金融危机前，我国GDP增速总体呈现加快的趋势，但2009年后，我国的GDP增速转为下行。

由此来看，虽然库存周期4个阶段的持续时长不稳定，但其中并非没有规律可循。

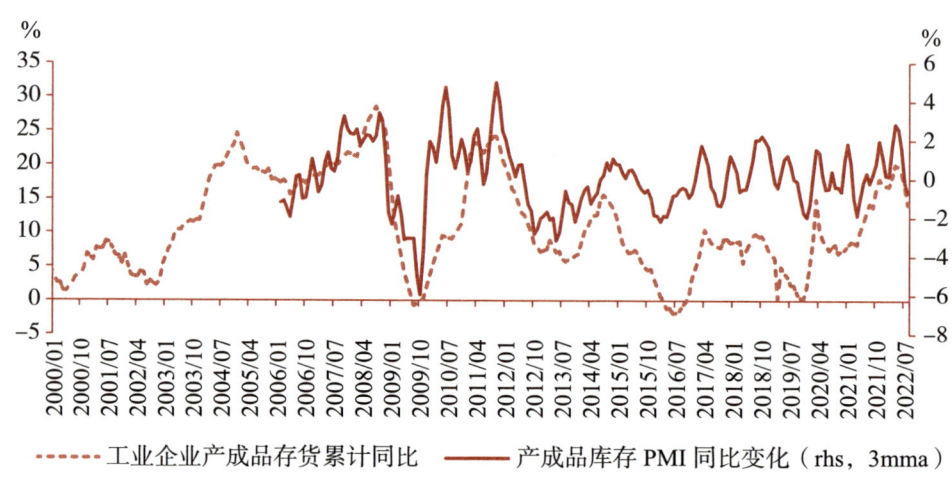

图 1-5　PPI的分化

资料来源：Wind，兴业研究。

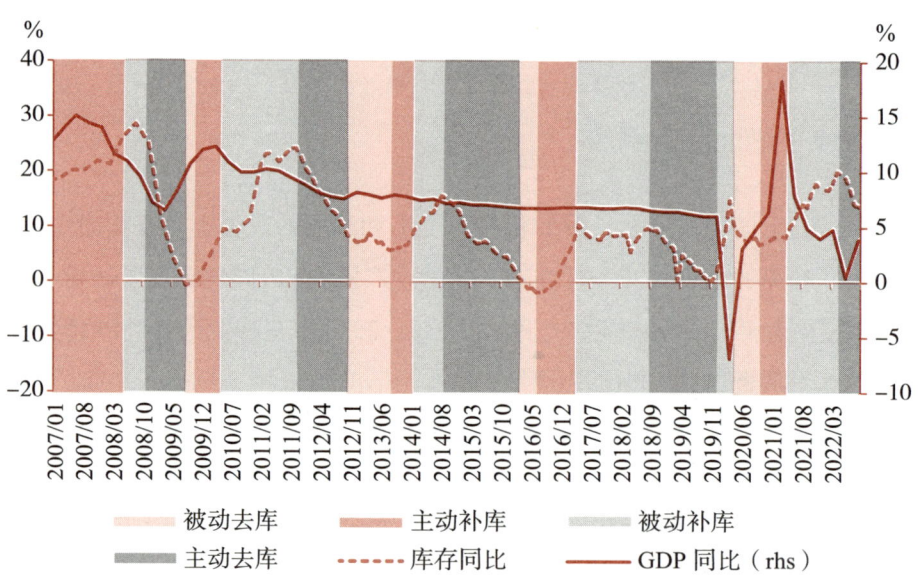

图 1-6　库存周期与GDP

资料来源：Wind，兴业研究。

表1-4 需求强弱的变化

| 时间 | 需求扩张（月） | 需求收缩（月） |
| --- | --- | --- |
| 1998.9—2002.1 | 26 | 15 |
| 2002.2—2006.1 | 27 | 22 |
| 2006.2—2009.7 | 27 | 14 |
| 2009.8—2012.9 | 9 | 29 |
| 2012.10—2016.1 | 16 | 24 |
| 2016.2—2019.11 | 14 | 32 |
| 均值 | 20 | 23 |

资料来源：Wind，兴业研究。

## 四、我国库存周期与经济指标之间有什么关联？

在库存周期的不同阶段，经济指标会出现怎样的变化？

**从产出来看，**由于1998年至2007年我国GDP同比呈现波动上升的趋势，2016年至2019年GDP同比波动又很小，我们使用综合PMI产出指数来刻画经济增长的变化。

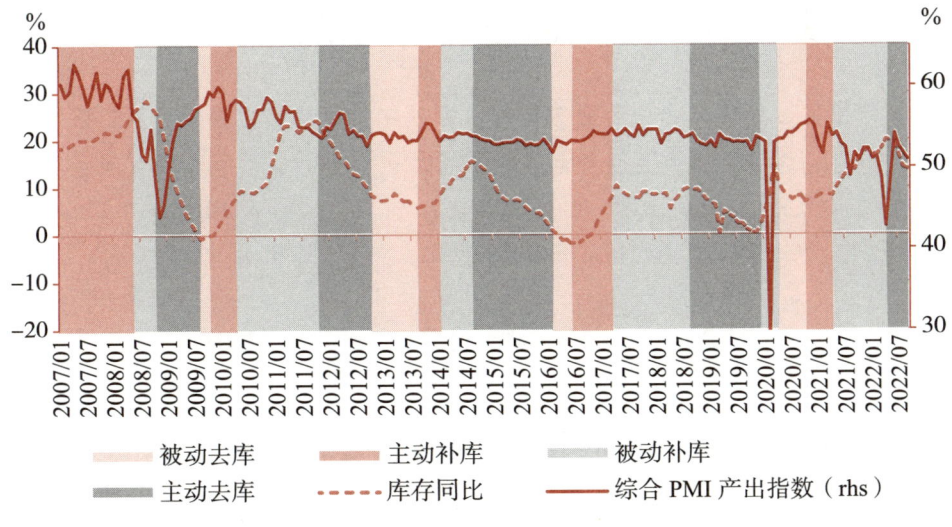

图1-7 库存周期与综合PMI产出指数

资料来源：Wind，兴业研究。

数据显示，在被动去库存的阶段，综合PMI产出指数通常是稳定甚至上升的，反映经济景气度筑底回升。综合PMI产出指数的高点可能出现在主动补库或者被动补库的阶段，出现在主动补库阶段的概率更高，反映经济景气度在补库阶段达到高点。综合PMI产出指数可能在被动补库存或者主动去库存阶段出现明显的下滑，除了2020年疫情期间外，其低点通常在主动去库存的阶段出现。

**从物价来看**，库存周期对PPI走势有重要影响。PPI同比的底部通常出现在主动去库存的末期或者被动去库存的初期，折射出需求不振对工业品价格的影响。此后PPI同比开始回升。PPI同比的高点通常在主动补库存或者被动补库存的阶段。在主动去库存的阶段，企业为了降低库存而减少生产和原材料采购，PPI同比下降的压力通常最大。

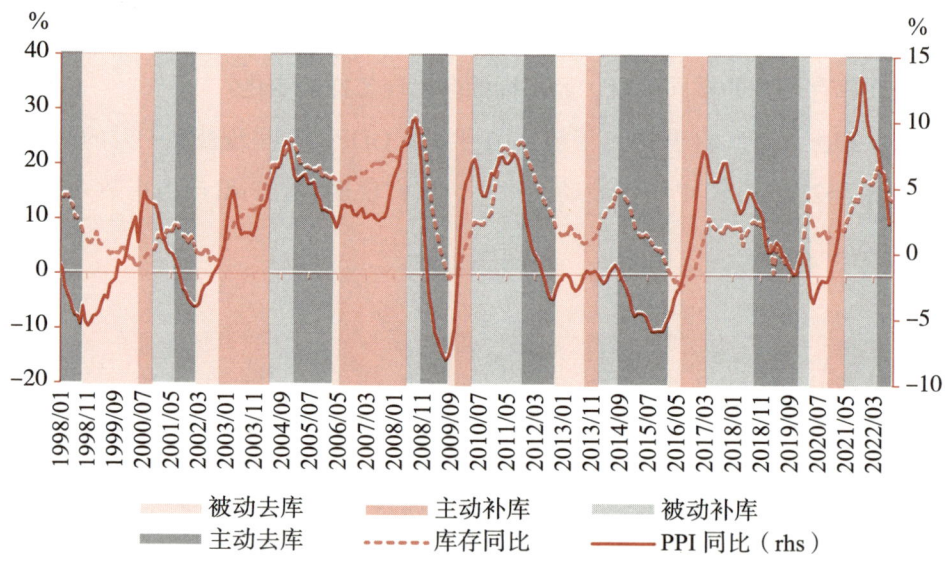

图1-8 库存周期与PPI

资料来源：Wind，兴业研究。

库存周期对CPI的影响相对较小。在2016年之前，库存周期对CPI的影响与其对PPI的影响类似。但2016年之后，受猪肉价格的影响，CPI的走势与库存周期出现了"脱钩"。

**从社融（社会融资）来看**，社融是库存周期的领先指标。在经济下行压

第一章 初识经济周期

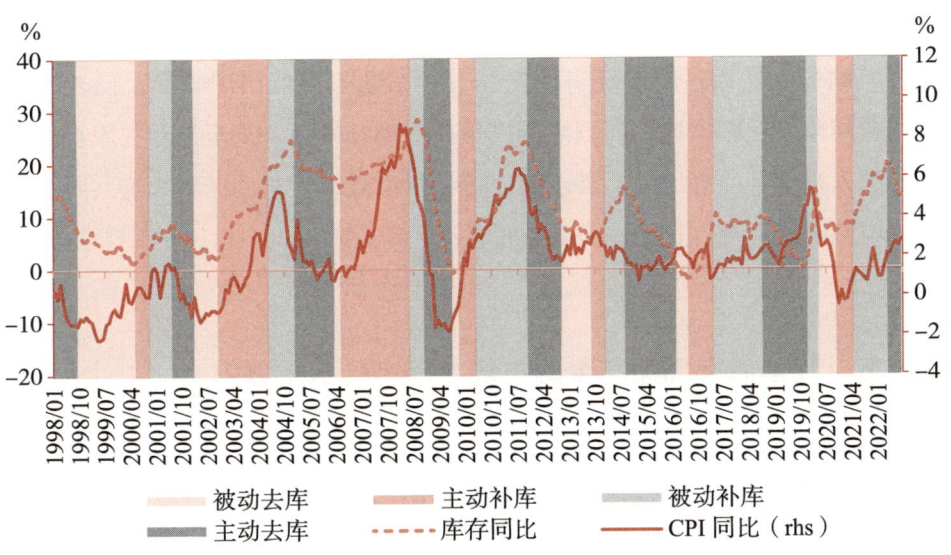

图1-9 库存周期与CPI

资料来源：Wind，兴业研究。

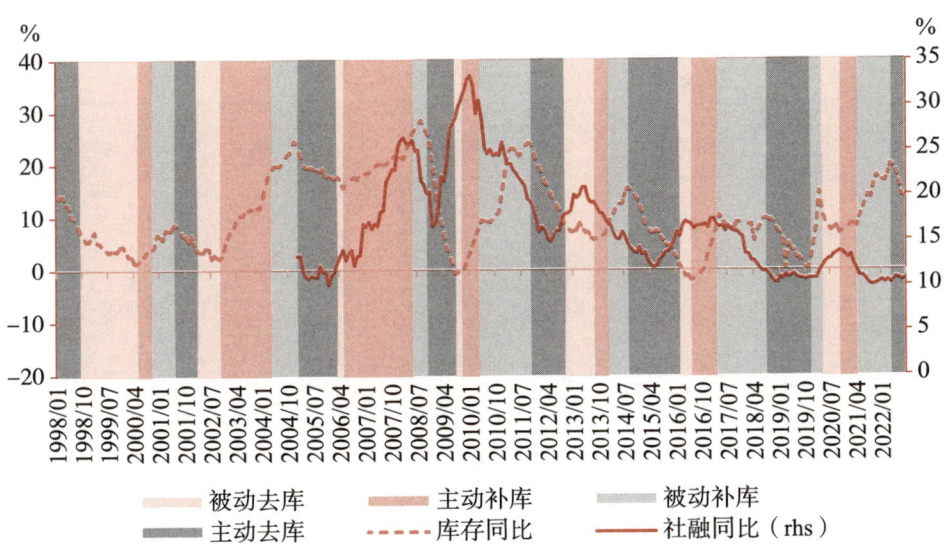

图1-10 库存周期与社融

资料来源：Wind，兴业研究。

013

力最大的主动去库存阶段,社融同比通常会触底企稳,体现出逆周期政策托底经济增长。然而,随着经济的恢复,货币政策可能出现收紧,使社融同比增速回落。社融增速的高点可能出现在主动补库存,甚至被动去库存的阶段。进入被动补库存之后,需求的回落和货币政策收紧的滞后影响共同推动社融增速继续下降,直至进入新一轮主动去库存。

## 五、我国库存周期与金融市场之间有什么关联?

库存周期会如何影响金融市场?

**从利率来看,**我国的利率变化与库存周期一样,每3年左右就会经历一轮周期性的波动。观察Shibor 3M可以发现,在被动去库存的阶段,Shibor 3M可能企稳甚至回升,反映需求端正在改善。Shibor 3M的高点通常出现在补库存的阶段。Shibor 3M流畅的下行通常要等到被动补库存末期或者主动去库存的阶段。

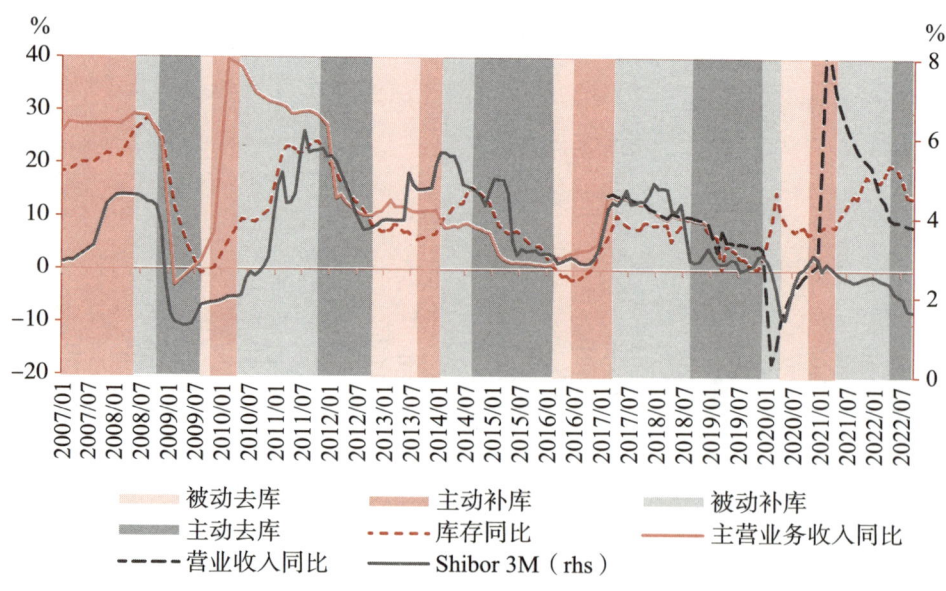

图1-11 库存周期与Shibor 3M

资料来源:Wind,兴业研究。

观察10年国债利率可以发现，10年国债利率的低点通常出现在去库存的阶段，但有两次例外。一次是2016年，虽然在被动去库存阶段10年国债利率已经出现了低位企稳的迹象，但经济进入主动补库存阶段之后，利率再度出现一波下降。不过，这种下降非常短暂，很快10年国债利率就随库存的上扬迎来了大幅拉升。另一次是2020年初，当时受疫情的影响库存出现了短暂的抬升，10年国债利率快速下行。这种库存上升、利率创下历史新低的现象是由疫情的特殊原因引起的，因而有悖于库存周期的一般性规律。

10年国债利率的高点通常出现在补库存的阶段。在被动补库存末期至主动去库存阶段，10年国债通常会经历一轮牛市。

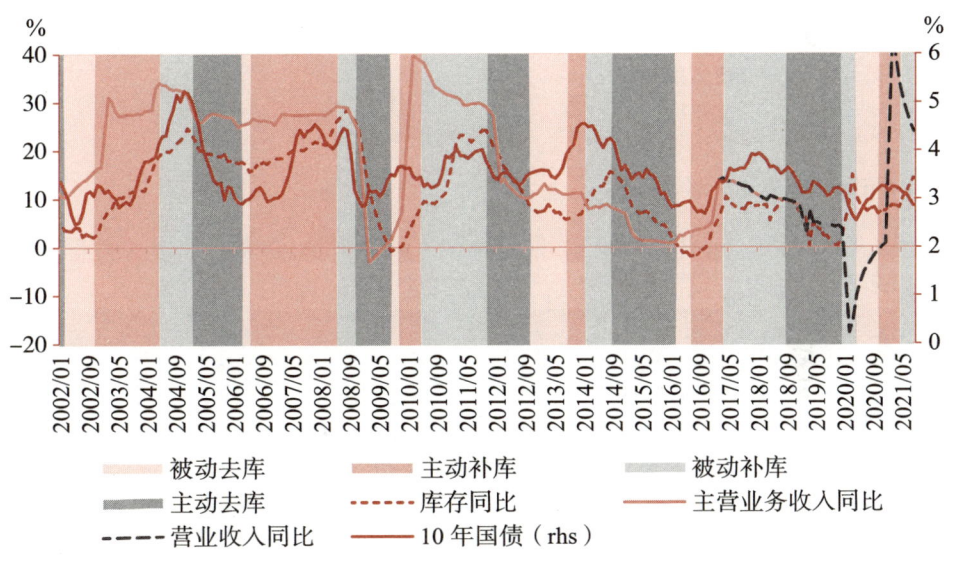

图1-12　库存周期与10年国债

资料来源：Wind，兴业研究。

**从工业品价格来看**，铜价的高点容易出现在被动补库存的阶段，低点则可能出现在主动去库存的阶段。油价和钢价的高点可能出现在被动补库存阶段或主动去库存阶段的早期。这或许表明与油价和钢价相比，铜价对需求的变动更为敏感。

**从股市来看**，沪深300的底部通常出现在被动补库或者主动去库的阶段，

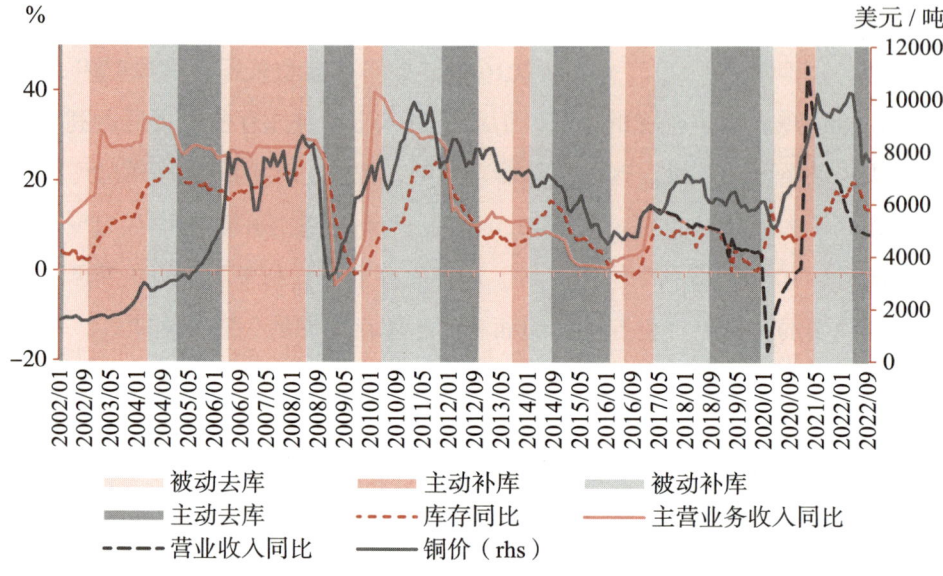

图1-13 库存周期与铜价

资料来源：Wind，兴业研究。

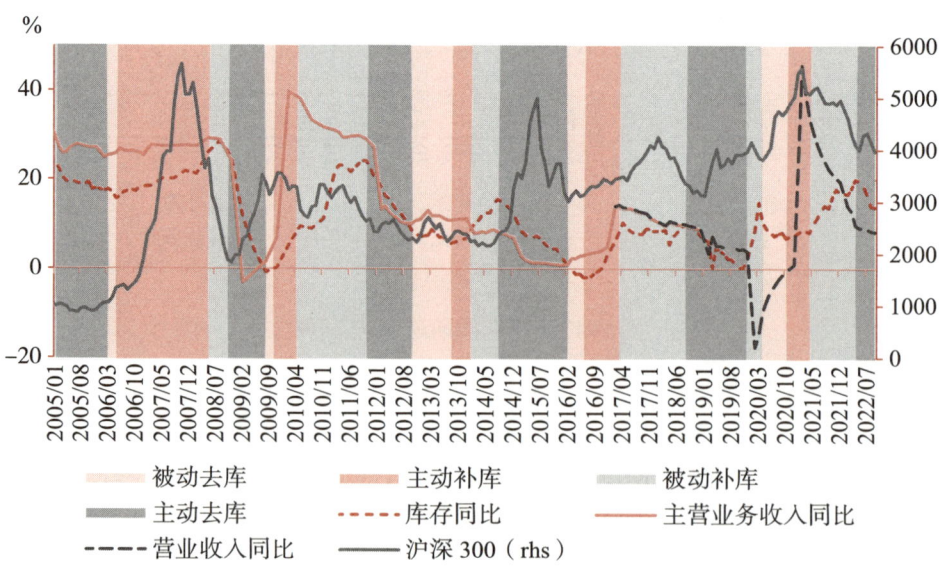

图1-14 库存周期与沪深300

资料来源：Wind，兴业研究。

也就是说，沪深300的底部通常早于需求的底部，这也是为什么人们将股市称为经济的晴雨表。不过，沪深300的上涨节奏却与库存周期没有明显关联。中证500与库存周期之间的关系似乎更为紧密。中证500的底部通常出现在去库阶段，由上向下的拐点通常出现在补库的时期。

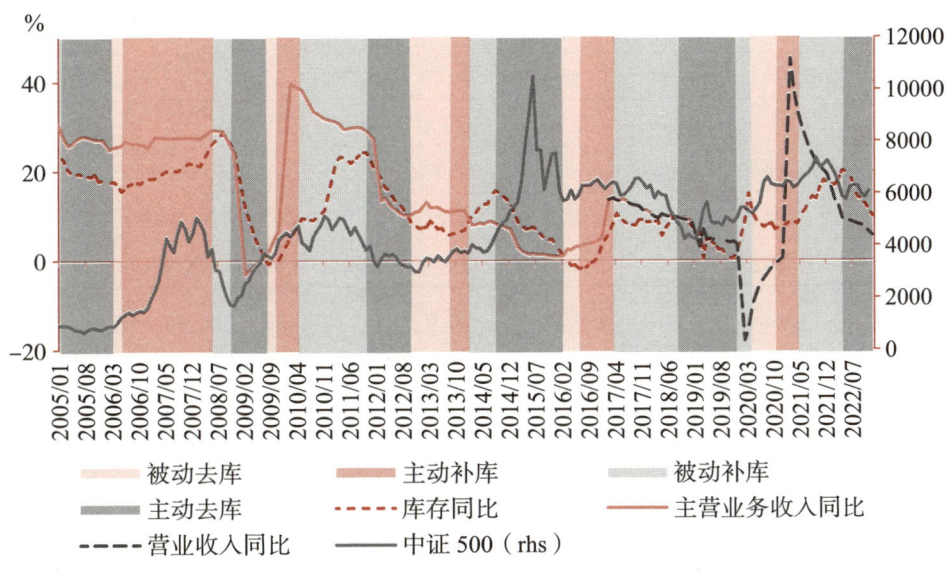

图1-15　库存周期与中证500

资料来源：Wind，兴业研究。

表中统计了库存周期不同阶段不同资产价格的表现情况。总体来看，在被动去库阶段，中证500的上涨概率最高，股市和商品的表现均优于债市。在主动补库阶段，商品价格的上涨概率最高，股市和商品的表现仍然优于债市。在被动补库阶段，债市上涨的概率最高，债市表现优于商品和股市。在主动去库阶段，股市的上涨概率相对更高，可能是由于股市能够预先感知到经济好转的信号并予以定价。

表1-5 库存周期中资产价格涨跌统计

| | | 中债国开债净价指数 | 上证50 | 沪深300 | 中证500 | 铜价 | 布油价格 | 钢价指数 |
|---|---|---|---|---|---|---|---|---|
| 被动去库 | 上涨概率 | 0.0% | 60.0% | 66.7% | 100.0% | 66.7% | 85.7% | 60.0% |
| | 平均涨跌幅 | -1.4% | 8.9% | 9.3% | 15.4% | 12.8% | 36.3% | 3.1% |
| 主动补库 | 上涨概率 | 40.0% | 60.0% | 66.7% | 80.0% | 100.0% | 85.7% | 80.0% |
| | 平均涨跌幅 | -1.9% | 33.1% | 31.6% | 38.3% | 27.0% | 26.9% | 26.3% |
| 被动补库 | 上涨概率 | 66.7% | 33.3% | 16.7% | 20.0% | 50.0% | 57.1% | 50.0% |
| | 平均涨跌幅 | 0.8% | -12.7% | -14.4% | -15.1% | -2.3% | 12.8% | 0.6% |
| 主动去库 | 上涨概率 | 60.0% | 80.0% | 80.0% | 75.0% | 60.0% | 50.0% | 20.0% |
| | 平均涨跌幅 | 2.1% | 24.1% | 25.6% | 32.0% | 13.1% | -8.9% | -18.0% |

注：涨跌幅以库存周期每一个阶段结束时点资产价格较初始时点涨跌的幅度计算，不考虑该阶段期间资产价格的涨跌。为了使每一种资产价格都能够完整地覆盖库存周期的四个阶段，中债国开债净价指数、上证50、沪深300、中证500、铜价、布油价格、钢价指数起始时间分别为2004年5月、2004年5月、2002年2月、2006年3月、2002年2月、1998年9月和2004年5月。

资料来源：Wind，兴业研究。

## 六、如何看待当前的库存周期？

当前我们处于库存周期的什么位置？疫情导致2020年同期基数过低，所以我们不能直接用营业收入的同比增速来观察需求是扩张还是放缓。而两年平均增速的变化比同比增速更加迟缓，因此，如果使用两年平均增速，可能会对库存周期所处的位置产生误判。不过，我们可以借助产销率来判断需求的强弱。2021年4月工业企业的产销率高于历史同期，但是5月以来产销率持续低于历史同期，反映销售的增长慢于生产的增长，导致库存不断积累。而这正是被动补库存阶段的典型特征。因此，我们将2021年5月作为这一轮被动补库存的起始点。

到2022年5月，工业企业产成品库存同比掉头向下，表明经济进入了主动去库存的阶段。这一轮补库存的持续时长大约18个月，补库时长处于历史上中等偏低的水平。在上文中，我们曾经指出，在下游需求偏弱、存在过剩产能的时期可能出现补库存持续时间较短的情况。而疫情反复和房地产领域融资需求减少导致这一轮补库存持续的时间相对较短。

进一步地，主动去库存可能持续多长时间？百城房价中环比下跌的城市数量是工业企业收入同比的领先指标。由于房价仍在调整，主动去库还可能持续。

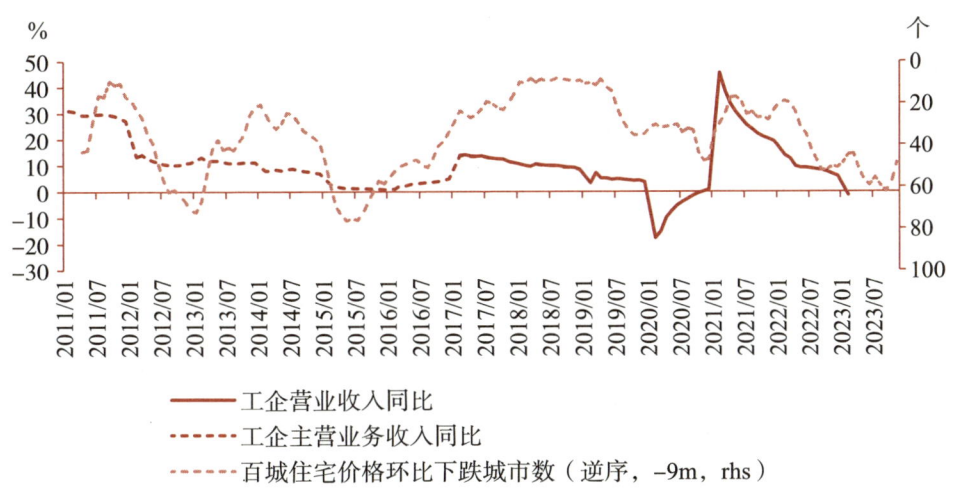

图1-16　房价与工业企业库存

资料来源：Wind，兴业研究。

## 朱格拉周期：产业演进之路

> 本文将继续介绍朱格拉周期，围绕什么是朱格拉周期、如何观测中国的朱格拉周期、如何划分朱格拉周期的四个阶段、朱格拉周期对经济与市场的影响、朱格拉周期对库存周期的影响、如何认识当前朱格拉周期所处的位置六个问题，探讨朱格拉周期的分析框架与市场影响。

### 一、什么是朱格拉周期？

1862年，法国医生朱格拉分析了法国、英格兰和美国的大量时间序列数据，包括价格、利率和金属储备等，发现经济中似乎存在周期性的波动。朱格拉是第一位用较为科学的时间序列统计方法分析经济周期的研究者，被熊彼特（1954）誉为经济周期研究的鼻祖。不过，朱格拉并不想轻易论断经济周期的长度，只是暗示周期可能存在平均的长度：危机通常是突然而短暂的，出清可能需要一两年，繁荣则能够持续六七年。

尽管现在研究者普遍认为朱格拉周期是一种"投资周期"，其波动由投资的波动所驱动，但其发现者朱格拉并不这么认为。**朱格拉认为倾向性（predisposition）是导致经济周期性波动的关键**。在经济日益向好的过程中，市场参与者越来越乐观。乐观的情绪和较高的资本回报率会转化为投资的扩张。与此同时，信用市场的发展给企业投资带来了充足的资金来源，使乐观情绪和投资热潮进一步高涨。然而，过度的乐观可能引发金融市场投机和企业过度投资，最终导致经济陷入危机。因此，朱格拉认为，危机的种子在繁荣阶段就早已种下。从这个角度上看，朱格拉的思想与明斯基惊人的相似：二人都认为宏观经济，尤其是信用派生的过程有内生的不稳定性，而这种不稳定性就是经济周期波动的根源。

后来的研究者，如Wicksell（1935）、Hansen（1951）、Spiethoff（1955）等，都质疑朱格拉对经济周期的理解，更加强调投资对经济周期的影响[①]。到今天，人们已经普遍接受了朱格拉周期是投资周期的解释，认为朱格拉周期实际上反映了投资的波动。Tylecote（1993）总结道，朱格拉周期反映了经济中不同部门之间资产的重新配置：在经济繁荣的顶点，固定资产投资可能过度扩张，导致产能过剩；在经济的低谷，固定资产投资可能过度收缩；而在经济的顶点与低谷之间，是缓慢的资产调整过程。朱格拉周期的长度为7到11年。不过，上述两种朱格拉周期的解释或许并不矛盾，因为企业投资的增长往往伴随着信用的扩张。因此，朱格拉和Tylecote或许只是描绘了同一枚硬币两个不同的侧面。

需要注意的是，在谈论朱格拉周期时所提及的固定资产投资通常指设备投资，房地产投资等建筑投资的周期更长，应归入库兹涅茨周期的范畴。

## 二、如何观测我国的朱格拉周期？

从投资的角度来理解，企业的固定资产投资、产能利用率、设备的生产等都是观测朱格拉周期很好的指标。我们可以用5000户工业企业的固定资产投资景气指数、5000户工业企业的设备能力利用水平、通用设备行业的收入指标来观测我国自1992年以来的朱格拉周期。数据显示，这三个指标的走势十分相近，也确实呈现出7—11年的周期性波动。

---

[①] 资料来源：Legrand & Hagemann（2005）：Business Cycles in Juglar and Schumpeter。

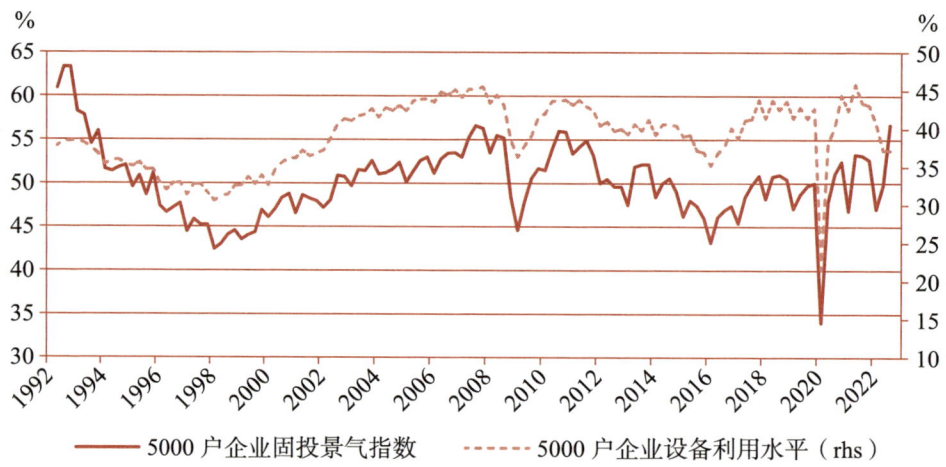

图1-17 5000户工业企业投资与设备利用情况

资料来源：Wind，兴业研究。

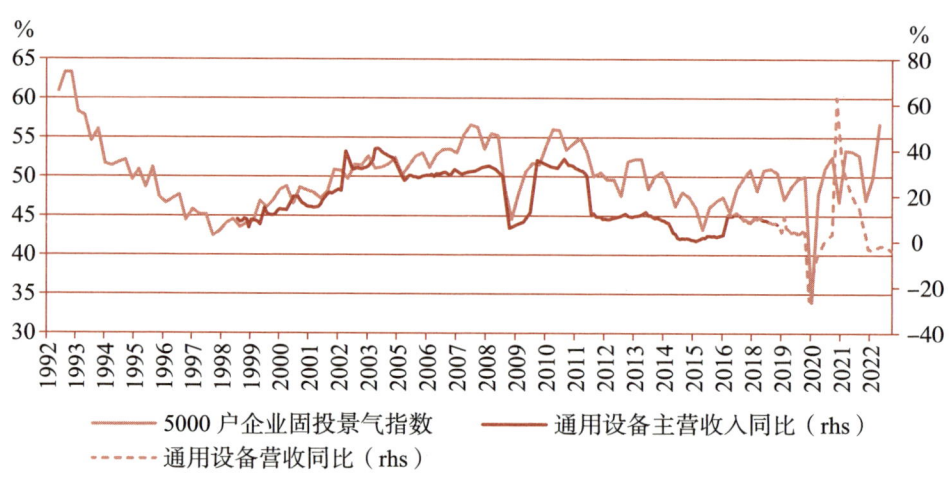

图1-18 5000户工业企业投资与通用设备行业营收

资料来源：Wind，兴业研究。

如果我们需要了解更长时间内朱格拉周期的变化，则需要借助GDP中的固定资本形成指标。由于GDP中的固定资本形成还包含房地产、基建等建筑类投资，其走势与工业企业固定资产投资相似却不完全一致。不过，在统计数据相对缺乏、商品房改革还未开始的20世纪70年代末至90年代初，GDP中的固定资本形成增速依然是观测朱格拉周期的近似指标。

在1992年之前，我们主要使用GDP中的固定资本形成增速来划分周期，而1992年后，我们主要使用更加符合朱格拉周期内涵的5000户工业企业投资景气指数。综合GDP中的固定资本形成年度增速与5000户工业企业投资季度景气指数来看，自改革开放以来，我国已经经历了4轮完整的朱格拉周期，其持续时长从7年到11年不等。每一轮朱格拉周期似乎都受到特定历史事件的推动。

第一轮朱格拉周期自1981年起步，到1989年触底。1981年，国家经济委员会、国务院体制改革办公室发布了《关于实行工业生产经济责任制若干问题的意见》，改变了工业企业的生产与激励机制。经济责任制分为两部分：一是国家对企业实行的经济责任制，即企业可以利润包干、利润留成，或者以税代利、自负盈亏；二是企业内部的经济责任制，即把每个岗位的责任、考核标准、经济效果同职工的收入挂起钩来。经济责任制改革激发了工业企业的活力，推动经济进入新一轮的朱格拉周期。

第二轮朱格拉周期自1989年的低谷之后起步，并于1998年第一季度触底。1992年初，邓小平同志南方谈话，提出"发展才是硬道理"。1992年10月，党的十四大提出了建立社会主义市场经济体制的目标。得益于改革红利的释放，企业投资出现了快速的上升。

第三轮朱格拉周期自1998年第二季度至2009年第一季度。虽然1998年至2001年间，企业固定资产投资景气指数仅有温和改善，但2001年12月我国加入WTO后，企业固定资产投资蓬勃发展。这一轮朱格拉周期的持续时间长达11年，是四轮朱格拉周期中最长的一轮。

第四轮朱格拉周期自2009年第二季度至2016年第一季度。2008年底推出的"四万亿"投资计划再度掀起新一轮投资热潮。不过，由于部分行业出现了过度投资、产能过剩的迹象，这一轮朱格拉周期的上升期似乎显得尤为短暂。

2015年11月，习近平总书记在中央财经领导小组第十一次会议上提出

"供给侧改革"。① 随着供给侧改革的深入推进，产能利用率开始回升，我国进入了新的一轮朱格拉周期。

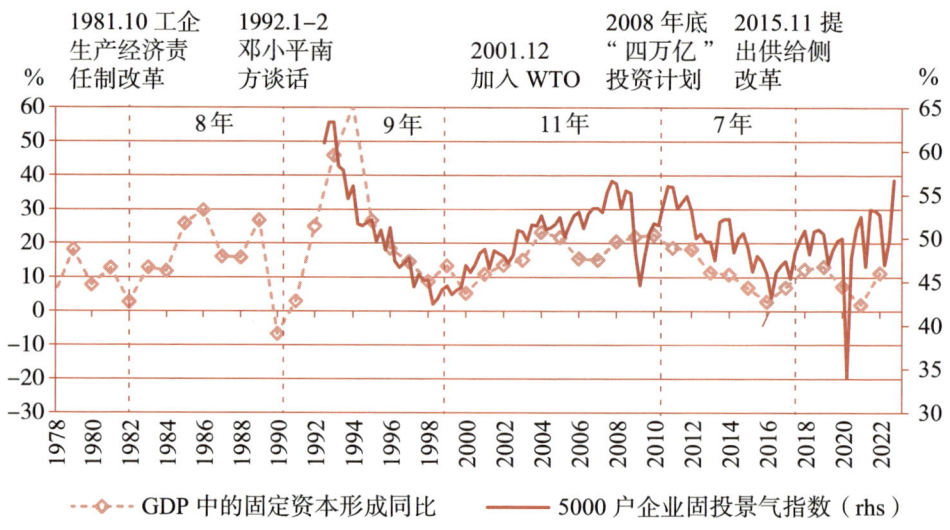

图1-19 我国的朱格拉周期

资料来源：Wind，兴业研究。

**伴随着经济发展水平的提高，每一轮朱格拉周期的主导行业也在发生着变化。**我们将每一轮朱格拉周期中，投资占全部工业行业投资比例超过5%的行业作为对应朱格拉周期的主导行业。自2003年有数据开始，至2008年，电力热力、采矿、化工、非金属矿物制品和黑色金属加工业是工业中的主导投资行业。上述5个行业在全部工业行业投资中的占比合计超过50%。

而在2009年至2015年间，虽然电力热力、采矿、化工和非金属矿物制品投资的占比依然较高，但黑色金属加工业投资的占比已经下降至5%以下。在黑色金属加工业地位衰落的同时，通用设备、专用设备、汽车和电气机械的投资占比均上升至5%以上。

在2016年至2021年间，电力热力、化工、非金属矿物制品、通用设备、

---

① 资料来源：人民网，《〈中国供给侧结构性改革〉出版说明》，(2016/2/16)[2021/09/18]，http://theory.people.com.cn/n1/2016/0216/c402459-28127911.html。

专用设备和电气机械依然是投资中的主导行业,采矿业在工业投资中的占比下跌至5%以下,计算机通信的投资占比上升至5%以上。

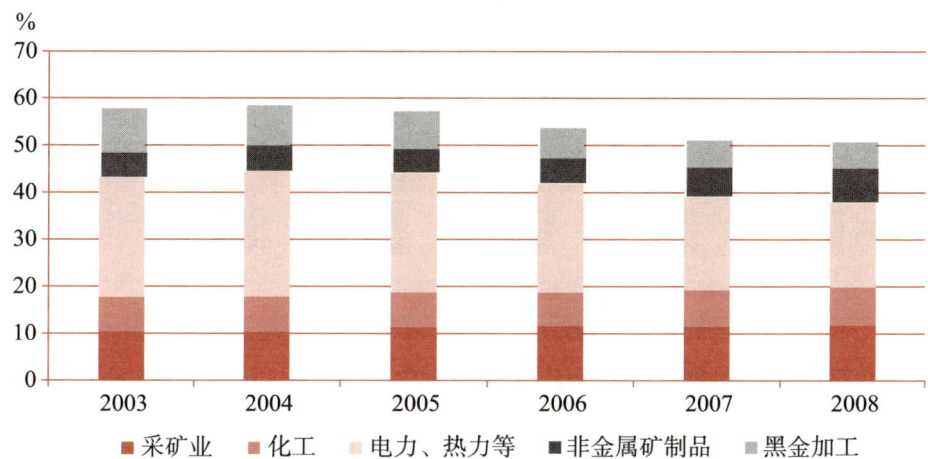

图1-20　2003年至2008年主要工业行业投资占比

注:图中仅列出了工业行业中投资占比在5%以上的行业。
资料来源:Wind,兴业研究。

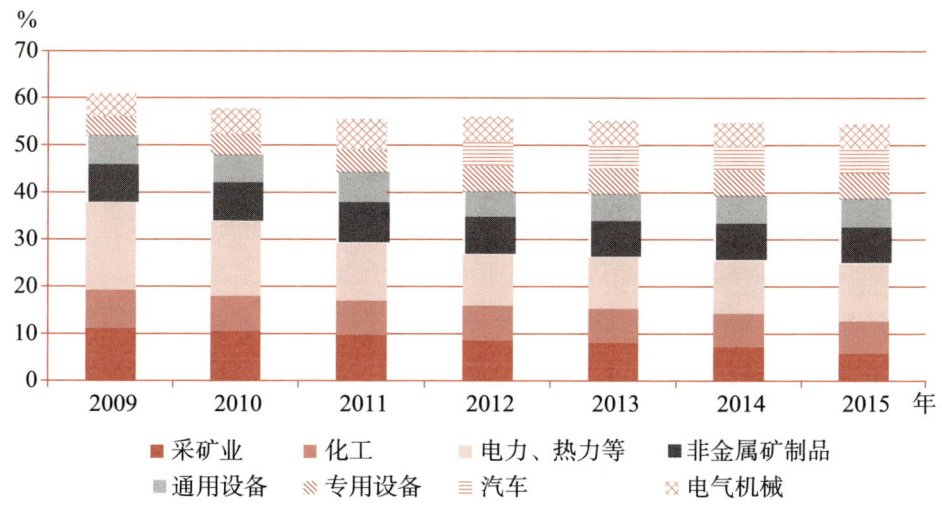

图1-21　2009年至2015年主要工业行业投资占比

注:图中仅列出了工业行业中投资占比在5%以上的行业。
资料来源:Wind,兴业研究。

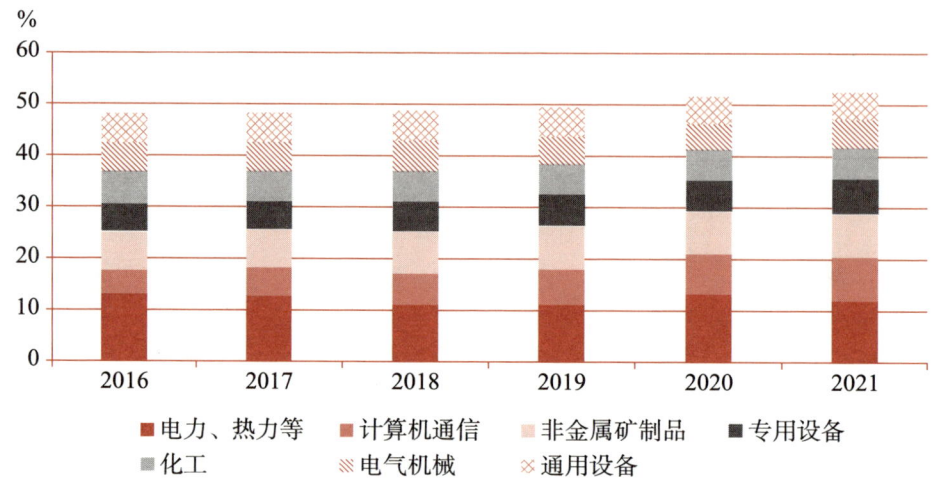

图1-22 2016年至2021年主要工业行业投资占比

注：图中仅列出了工业行业中投资占比在5%以上的行业。
资料来源：Wind，兴业研究。

### 三、如何划分朱格拉周期所处的阶段？

库存周期通常被分为被动去库存、主动补库存、被动补库存和主动去库存四个阶段。那么，朱格拉周期是否也可以被划分为不同的阶段？

朱格拉（1862）将周期划分成繁荣、危机和出清三个阶段，同时指出危机通常突然而短暂。熊彼特（1939）则将周期划分为繁荣、衰退、萧条和复苏四个阶段。综合前人的分析经验和我国的数据情况，我们将朱格拉周期划分成复苏、繁荣早期、繁荣晚期和出清四个阶段。

复苏期是一轮朱格拉周期的开端。在复苏期，由于之前部分企业收缩规模甚至退出市场，存活下来的企业的产能利用情况开始好转。虽然企业投资还没有开始扩张，但投资降幅已经收窄。随着产能利用水平和盈利水平的进一步修复，朱格拉周期将进入繁荣早期。繁荣早期的典型特征是ROA（Return On Assets，资产回报率）上升，企业扩大固定资产投资。而当ROA开始回落后，由于固定资产投资计划和实施的调整较慢，企业投资还会继续扩张一段时间，朱格拉周期进入繁荣晚期。最后，由于产能过度扩张出现了产能过剩的迹象，企业投资开始收缩，朱格拉周期进入出清阶段。由此画上了一轮朱格拉周期的句号。

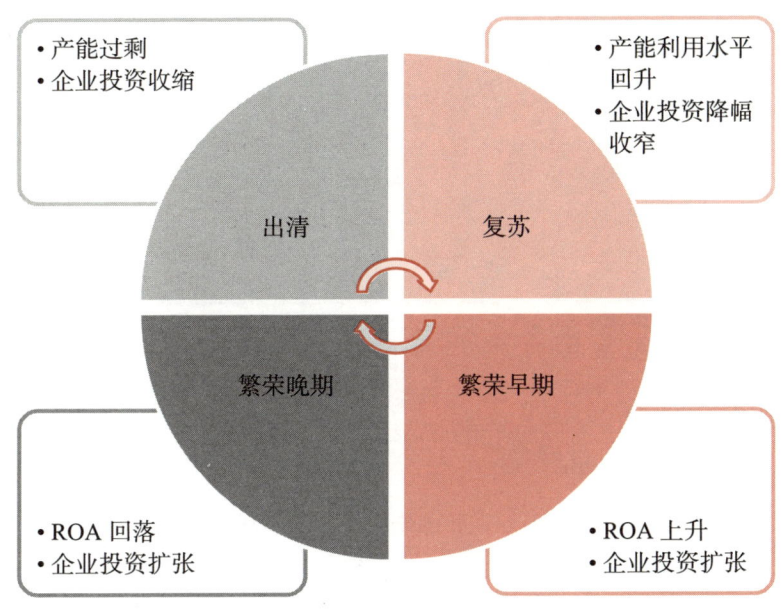

图1-23　朱格拉周期的划分

资料来源：兴业研究。

基于上述分析，我们可以用工业企业固定资产投资景气指数和工业企业ROA来划分我国朱格拉周期的四个阶段：如果固定资产投资景气指数触底回升，但依然低于枯荣线时，则认为朱格拉周期处于复苏期；当景气指数超过枯荣线，且ROA总体保持上升趋势时，则认为朱格拉周期处于繁荣早期；如果ROA见顶回落，但景气指数依然高于枯荣线，则认为朱格拉周期已步入繁荣晚期；当景气指数跌破枯荣线，且总体呈现下降趋势时，则认为朱格拉周期进入出清阶段。

数据显示，在1998年至2016年的两轮朱格拉周期中，繁荣期（投资扩张期）的持续时间分别达到75个月和63个月。但2016年以来的新一轮朱格拉周期中，繁荣期仅持续了15个月就出现了中断。尽管2016年之后钢铁、煤炭等行业的利润出现了明显的改善，但是其产能扩张受到了限制。2020年上半年新冠疫情的暴发又影响了企业投资。直到2020年第三季度疫情的影响减轻后，企业投资才再度开始扩张。

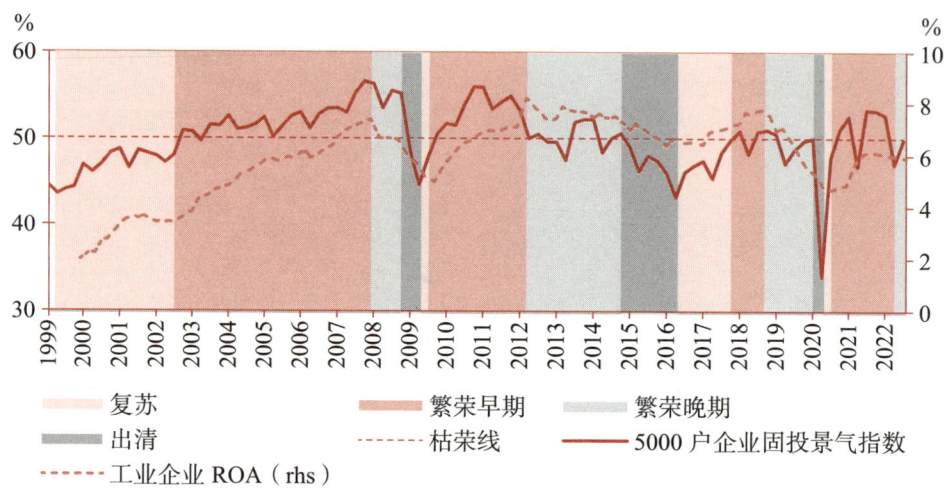

**图1-24 我国朱格拉周期的划分**

注：受疫情影响，2022年第一季度固定资产投资景气指数显著回落，但考虑到疫情的影响较为短暂，这里暂不根据2022年第一季度固定资产投资景气指数划分周期。

资料来源：Wind，兴业研究。

## 四、朱格拉周期如何影响经济与市场？

朱格拉周期对经济运行和金融市场有何影响？

**从经济增长来看，** 固定资本的积累有助于提高人均产出，因此，第二产业人均产出的同比增速走势与5000户企业固定资产投资景气指数密切相关。这意味着，在劳动年龄人口下降的背景下，要提高潜在经济增速，就需要尽可能把握朱格拉周期的繁荣期，激励企业扩大固定资产投资。

**从信用增长来看，** 在朱格拉周期的复苏期和出清期（除了2008年"四万亿"计划之后外），工业企业的资产负债率可能出现加速下降的现象，这反映出工业企业在投资下降期去杠杆。

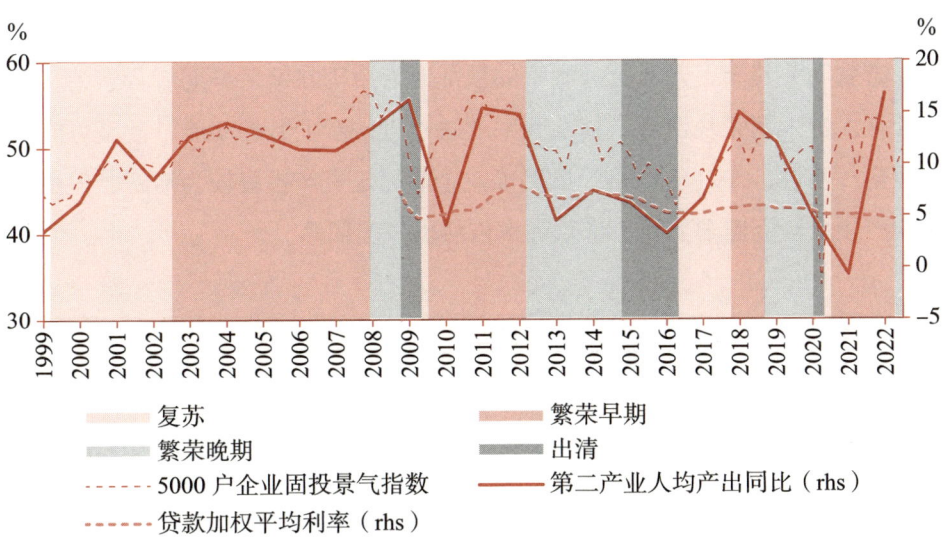

图1-25　朱格拉周期与第二产业生产率

资料来源：Wind，兴业研究。

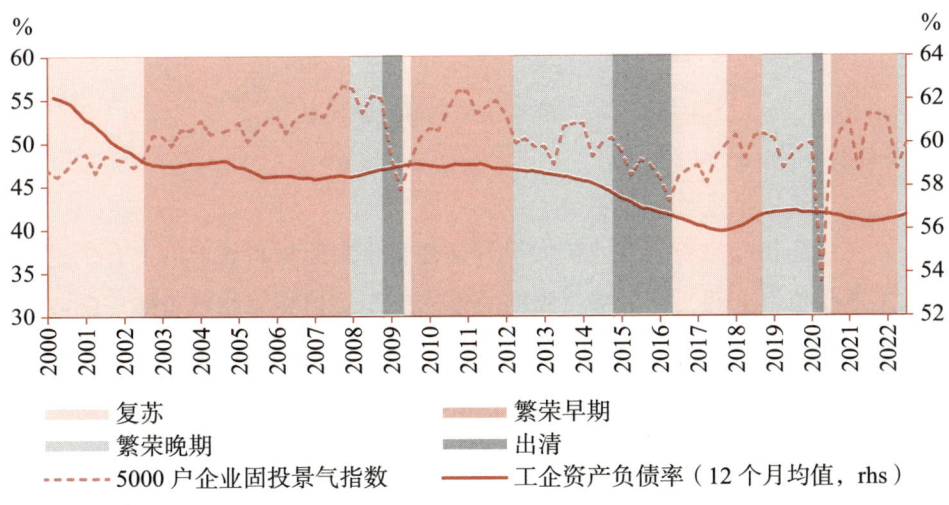

图1-26　朱格拉周期与工业企业资产负债率

资料来源：Wind，兴业研究。

**从利率来看**，正因为朱格拉周期与企业的融资需求相呼应，所以贷款利率的走势与朱格拉周期密切相关。结合贷款基准利率和贷款加权平均利率来看，在朱格拉周期的复苏期和出清期，贷款利率通常出现下降，而在繁荣早期，贷款利率趋于上升。贷款利率的顶部通常出现在繁荣早期或者繁荣晚期的开端。进入繁荣晚期后，贷款利率就缺乏进一步上升的动能，甚至可能有所回落。不过，2021年以来，虽然工业企业固定资产投资较为活跃，但由于房地产领域融资需求下降，贷款利率依然出现了回落。

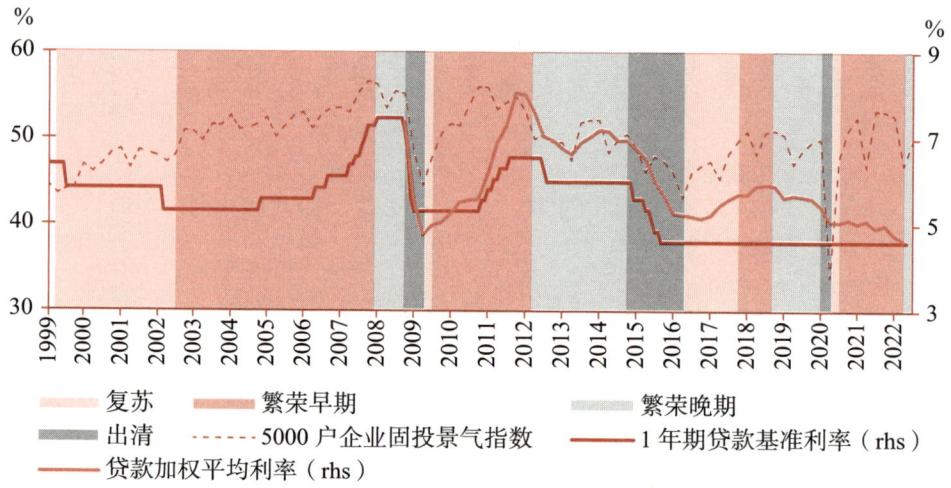

图1-27 朱格拉周期与贷款利率

资料来源：Wind，兴业研究。

**从工业品价格来看**，企业扩大投资往往会带来原材料需求的上升，进而带动工业品价格上涨。在朱格拉周期的复苏阶段，PPI定基指数可能震荡或者上升。在繁荣早期，PPI定基指数上涨的概率高。在繁荣晚期，PPI定基指数的表现没有明显的规律。待朱格拉周期进入出清期之后，PPI定基指数通常面临较大的下降压力。

**从股票市场来看**，除了2015年受流动性驱动的牛市之外，沪深300的高点通常出现在朱格拉周期的繁荣早期。进入繁荣晚期后，沪深300通常有回落压力。不过，沪深300的低点可能在繁荣晚期或者出清期的开端就出现，体现出股票市场对经济的前瞻性。

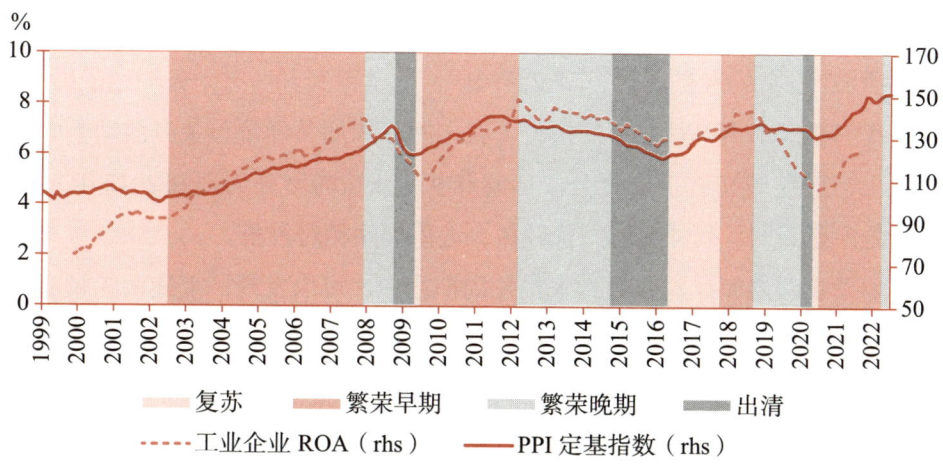

**图 1-28　朱格拉周期与工业品价格**

注：PPI 定基指数以 2002 年 1 月为基期。
资料来源：Wind，兴业研究。

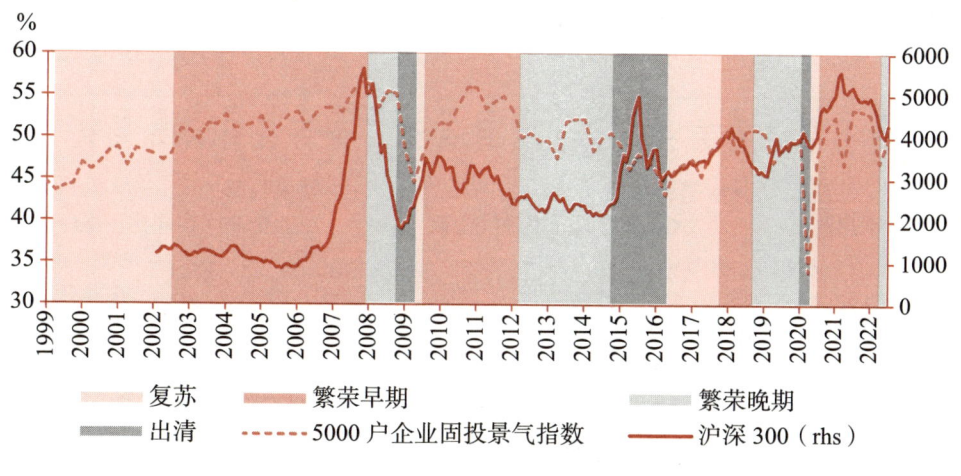

**图 1-29　朱格拉周期与沪深 300**

资料来源：Wind，兴业研究。

## 五、朱格拉周期如何影响库存周期？

经济波动是不同长度的经济周期相互嵌套的结果。**熊彼特（1939）曾经**

指出，1个康波周期通常会包括6个左右的朱格拉周期，1个朱格拉周期通常会包括3个左右的库存周期。而较短的周期通常深受其所处的长周期的影响。

我们在2021年9月发布的报告《我国库存周期及经济与金融波动》中曾经指出，库存周期有强弱之分。1998年9月开始的库存周期和2012年10月开始的库存周期，其补库时间都较短，去库时间相对较长。

如果我们将库存周期放到朱格拉周期之中，可以发现，上述两轮较弱的库存周期的大部分时间都处于产能利用率不高、企业投资收缩的时期，导致补库的力度偏弱，补库的持续时间较短。

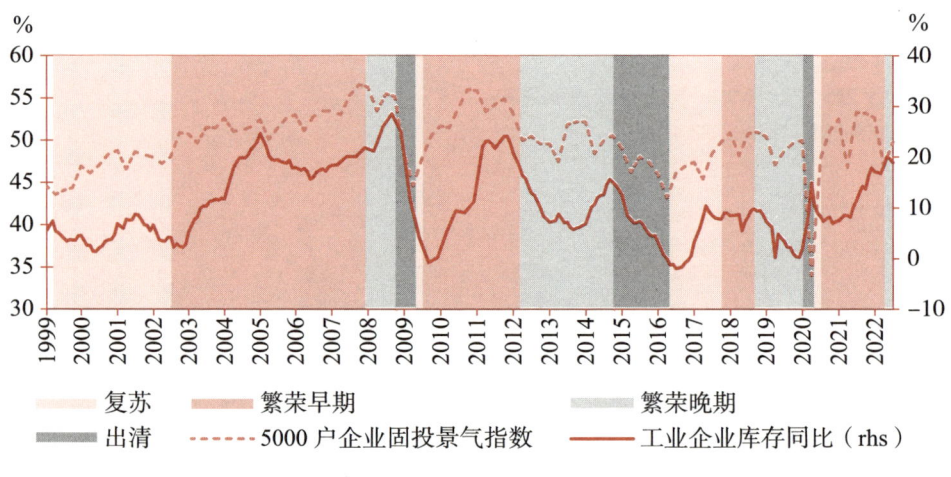

图1-30 朱格拉周期与库存周期

资料来源：Wind，兴业研究。

## 六、如何认识朱格拉周期所处的位置？

从5000户企业固定资产投资景气指数、产能利用率等指标来看，2016年第二季度起，我国进入新一轮朱格拉周期。虽然受疫情等因素的影响，企业投资的扩张一度出现中断，但2020年第三季度起，企业投资再度扩张。受疫情反复等因素影响，2022年第一季度企业固定资产投资景气指数有所下降。不过，从制造业投资数据、设备行业的经营情况等指标来看，企业依然

**处于投资扩张的阶段。**在上文中，我们指出，在朱格拉周期的繁荣期，工业企业增加负债的意愿更强。因此，鼓励制造业中长期信贷投放正当其时。

**图 1-31　制造业投资增速**

注：2020年至2021年制造业投资增速为两年平均增速。
资料来源：Wind，兴业研究。

企业投资扩张的持续时间很大程度上取决于盈利的改善能否持续。**历史数据显示，就业的拐点领先工业企业ROA的拐点。**无论是未来就业预期指数，还是BCI企业招工前瞻指数的拐点都早于工业企业ROA的拐点，表明就业的改善和消费需求的持续扩张是企业盈利能力改善的基础。这与法国经济学家西斯蒙第的经济思想有一定的契合之处。西斯蒙第认为，设备投资会提高劳动生产率，减少生产同等商品所需要的就业量。如果这部分就业不能够在别的地方得到弥补，则会导致消费需求不足和投资过剩。由此来看，如果生产能力扩张的速度大于就业和收入改善的速度，会影响企业的盈利水平，进而对企业的投资扩张形成制约。而2021年第二季度就业预期和招工前瞻指数都出现了见顶回落的迹象。2021年8月至2022年3月，工业企业ROA进入磨顶期。2022年3月以来，工业企业的ROA进入下行通道，意味着朱格拉周期已步入繁荣晚期。在繁荣晚期，企业投资扩张还将持续一段时间，但投资扩张的速度将放缓。

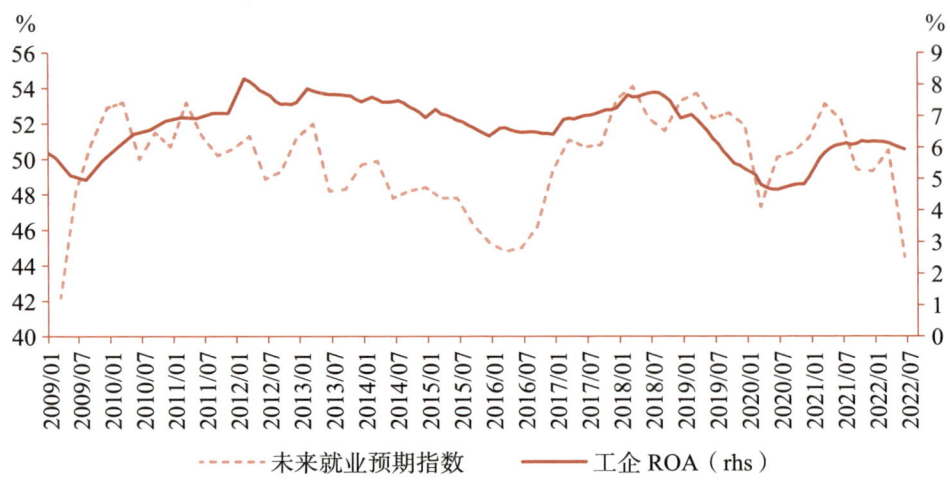

图1-32　就业预期与ROA

资料来源：Wind，兴业研究。

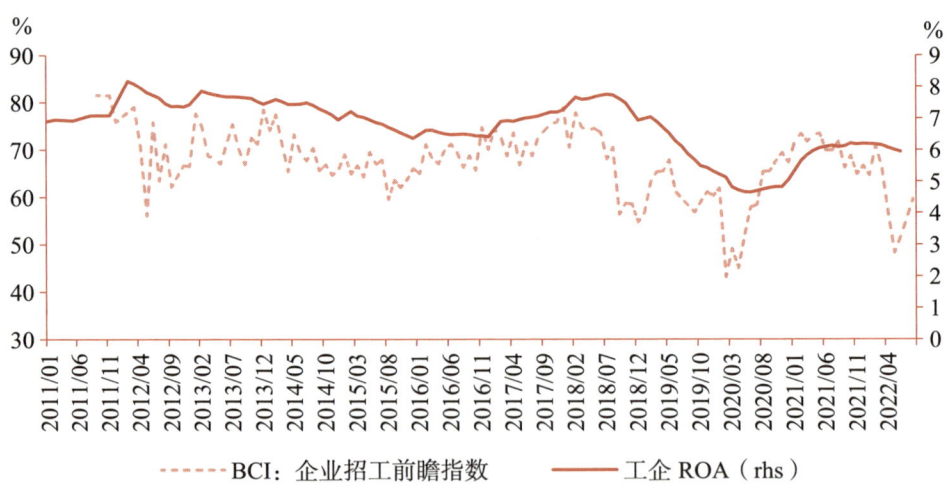

图1-33　BCI企业招工前瞻指数与工企ROA

资料来源：Wind，兴业研究。

## 房地产周期：我们在何处？

在上部分中我们分别介绍了库存周期和设备投资周期。本部分将继续介绍房地产周期，探讨什么是房地产周期、如何认识我国的房地产周期和房地产周期对我国经济与金融市场的影响三个问题。

### 一、什么是房地产周期？

谈到房地产周期，我们很容易想到我国房地产市场3年左右的波动。不过，这种波动实际上体现了库存周期的扰动，房地产市场本身的周期远比3年要漫长得多。

房地产市场本身的周期性波动，通常被称为库兹涅茨周期。1930年，库兹涅茨在其著作《生产与价格的长期波动》中分析了美国、英国、比利时、德国和法国5个国家共计95个生产与价格的时间序列数据，发现其中隐含着20年左右的周期性波动。不过，正如基钦没有将基钦周期归因于库存的波动、朱格拉没有将朱格拉周期归因于设备投资的波动一样，库兹涅茨也没有把这种20年左右的波动和房地产联系在一起。库兹涅茨尝试用就业和消费行为的变化等因素来解释这种周期性的波动。

在库兹涅茨的著作发表后，大量研究逐步将这种20年左右的周期性波动与房地产市场联系在一起。Long（1939）统计了美国29个大城市的房地产数据，发现美国大城市的新建房屋存在着19年左右的周期性波动。Gottlieb（1976）统计了英国、德国、加拿大、阿根廷、澳大利亚、意大利和美国等经济体的房屋建造、住宅资本形成等数据，发现除英国外，**上述经济体房地产周期的平均时长从15.3年到22.3年不等**。英国的周期长度更加不稳定。如果用砖头生产来衡量英国的房地产周期，其平均时长为14.5年；如果用房屋建造，其时长又可达到28.0年[①]。

表1-6 美国大城市新建房屋波动周期

| 阶段 | 中位数时长（年） | |
| --- | --- | --- |
| | 住宅 | 非住宅 |
| 全周期 | 19 | 20 |
| 上升期 | 8.5 | 12.3 |
| 下降期 | 9.9 | 7.4 |

资料来源：Long（1939），兴业研究。

**为什么房地产周期的长度是20年？** 我们知道，建筑的寿命有时可长达百年，一代人从出生到长大并购置房产所需的时间也超过20年。对此，Long（1939）解释道，房地产周期的长度体现了人们对居住条件的要求。人们通常不会等到房子建筑寿命快结束时才替换居所。当然，每一轮房地产周期的精确时长还取决于当时的经济与政策环境。

**房地产周期是如何从繁荣走向崩溃的？** 霍伊特1933年出版的《芝加哥土地价值百年史》（Hoyt，1933）和伯恩斯1954年撰写的《住宅建筑的长周期》（Burns，1954）都描述了一轮房地产周期从开端到终结的历程。在他们研究的基础之上，我们归纳了房地产周期的演进历程。

第一阶段，由于商业繁荣或人口增长等原因，房屋需求开始上升；

第二阶段，随着房屋需求的上升，房屋库存下降；

第三阶段，房屋库存的下降带动租金与房价上涨；

第四阶段，由于租金和房价出现了上涨，新建房屋的回报高于营建成

---

[①] 注：作者指出，这主要是由于英国在18世纪早期和19世纪晚期经历了个别超长的房地产周期。剔除这两段异常时期后，英国房地产周期的平均长度在14.5年左右。

本，刺激新建房屋增加；

第五阶段，新屋价格的上涨刺激了信用扩张，信用扩张又进一步强化了房地产繁荣，甚至引发房地产投机热潮；

第六阶段，过度的房地产投资导致房屋库存不断积累，但不同区域的表现有所分化，特定地区或特定类型房屋依然表现出较强的吸引力；

第七阶段，租金与房价开始明显下跌；

第八阶段，部分房屋所有者丧失抵押赎回权，出清持续数年。

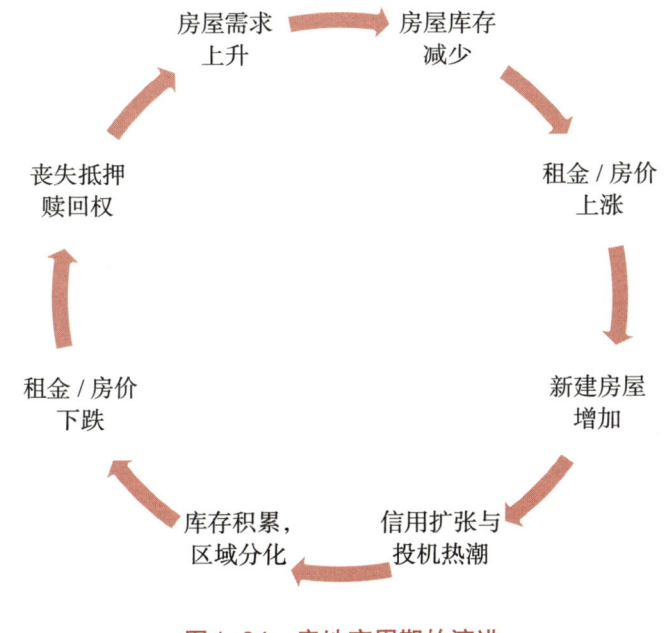

图1-34　房地产周期的演进

资料来源：兴业研究。

## 二、如何认识我国的房地产周期？

我们可以用住宅新开工面积来度量我国的房地产周期。从住宅新开工面积来看，1998年住房制度改革以来，我国已经历了一轮完整的房地产周期，目前正在经历第二轮房地产周期。

下文将介绍这两轮房地产周期的基本情况。

### （一）1998年至2015年的房地产周期

1998年国务院发布《关于进一步深化城镇住房制度改革加快住房建设的通知》，宣布1998年下半年开始停止住房实物分配，逐步实行住房分配货币化。因此，虽然新开工面积数据的起始时间为1997年，我们仍选择1998年为我国房地产周期的起点。

数据显示，住宅新开工面积在1998年至2011年间波动上升，自2012年开始回落，并于2015年见底。据此计算，这一轮房地产周期持续了18年，非常接近国际上房地产周期的平均长度。

**图1-35　住宅新开工面积**

资料来源：Wind，兴业研究。

是什么推动这一轮房地产周期由盛转衰？我们可以通过住宅回报率与融资成本之间的比较来认识这一问题。这里用租金和房价的涨幅来衡量住宅的回报率，用贷款基准利率和加权平均利率来衡量融资成本。

在住房制度改革实施后的最初几年，房租价格上涨较快。1998年至2001年，房租年涨幅平均达到8.5%，明显高于1年期贷款基准利率，住宅开工逐渐上升。2003年后，虽然房租涨幅不高，但房价出现了明显的上涨。2004年至2010年间，住宅价格年涨幅平均达到11.8%，而同期1年期贷款基准利率平均为5.9%，融资进行房地产投资显然仍是有利可图的。

随着时间的推移，房地产投资过热的信号开始显现。2010年，住宅库存去化周期触底回升。2011年住宅库存去化周期已经上升至1年以上。由于房地产库存积累、房地产调控政策收紧，房价涨幅收窄。2011年，住宅价格同比上涨6.0%，但1年期贷款基准利率为6.4%，贷款加权平均利率为7.6%，房价涨幅开始无法覆盖融资成本。也就是在这一年，住宅新开工面积见顶。此后房地产周期进入下行通道，住宅新开工面积波动回落。

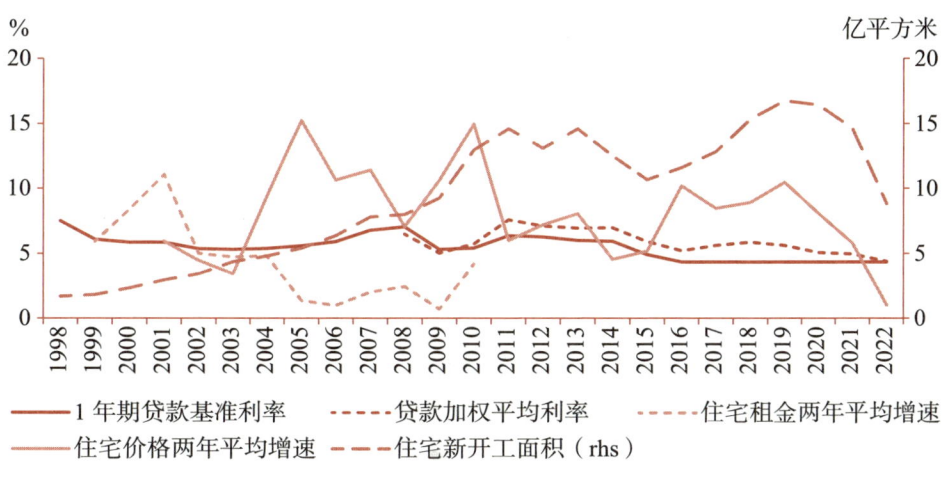

**图1–36　住宅投资回报与新开工面积**

资料来源：Wind，兴业研究。

## （二）2016年以来的房地产周期

自2016年起，住宅新开工面积再度上升，标志着我国进入了新一轮房地产周期。截至2021年，这一轮房地产周期已持续6年。

推动房地产进入新一轮扩张周期的因素是多方面的。**第一，随着房价涨幅收窄，居民的购房能力得到改善。**2011年，有74.3%的居民认为房价过高难以接受。到2015年，这一比例下降到51.3%。如果我们用每平方米房价与城镇居民年可支配收入之比来衡量房价收入比，也会发现2011年至2014年间房价收入比出现了回落。2015年房价收入比虽然有所回升，但回升幅度十分微弱。

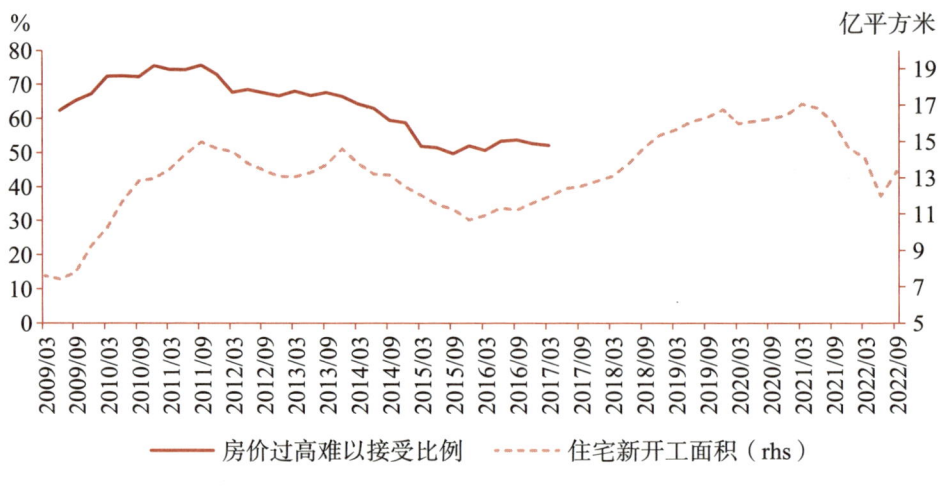

图 1-37 房价承受能力与住宅新开工面积

资料来源：Wind，兴业研究。

**第二，在棚改和20世纪80年代末生育小高峰的刺激下，购房需求显著回升。** 一方面，2015年，我国提出城镇棚户区和城乡危房改造及配套基础设施建设三年计划，要求在2015至2017年3年间改造包括城市危房、城中村在内的各类棚户区住房1800万套（其中2015年580万套），农村危房1060万户（其中2015年432万户）。另一方面，20世纪80年代末至90年代初出现了一轮生育小高峰。1985年至1991年的出生人口数量均超过2200万。到2016年，1985年至1991年出生的人口的年龄在25岁至31岁之间，正是购房需求较为旺盛的时间点。2013年至2015年，计划增加购房支出的居民比例都不足15%，但2016年这一比例上升至16.3%。2017年至2019年间计划增加购房支出的居民比例均超过20%。

**展望未来，我们可能进入新一轮房地产周期的下行期。** 从人口来看，1992年至2004年间，我国的出生人口数量从2100万以上下降至1600万左右的水平。这意味着未来几年新增购房需求将出现下降。事实上，央行问卷调查中的数据显示，未来计划增加购房支出的人口比例已经出现了明显的回落。

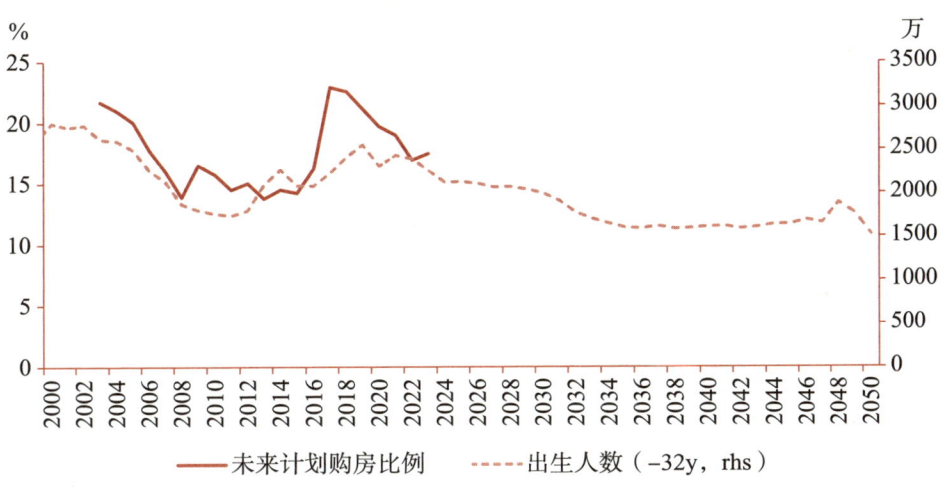

图1-38 人口与购房

注:"出生人数(-32y, rhs)"中的-32y 表示领先32年。
资料来源:Wind,兴业研究。

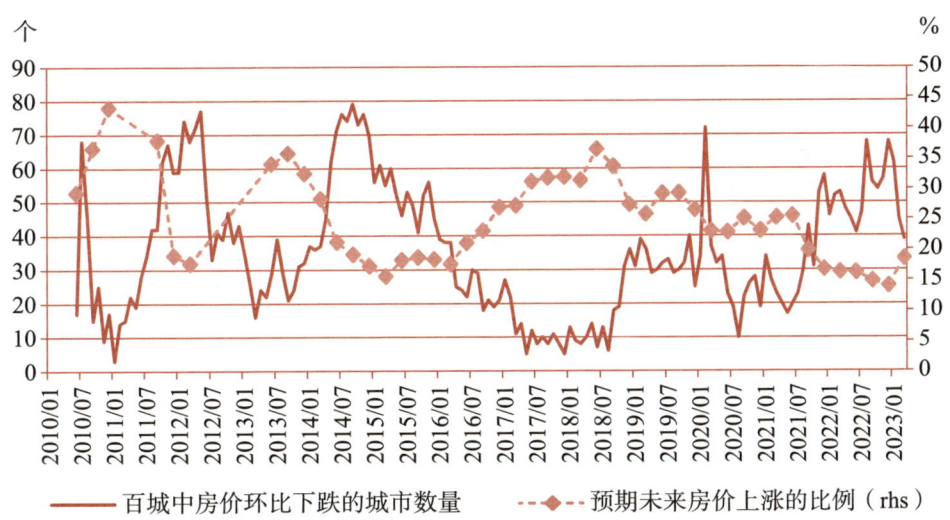

图1-39 二手房价格与房价预期

资料来源:Wind,兴业研究。

从投资回报来看,2022年9月,100个城市中房价环比下跌的数量已经上升至56个。与此同时,随着"房住不炒"的理念深入人心,房价上涨的预期正在逐渐扭转。2023年第一季度，预期未来房价上涨的比例为18.5%，处于历史较低水平。

从房地产企业本身来看，2023年底所有房地产企业需要完成"三道红线"达标的任务①。这意味着房地产企业将进行持续3年的降杠杆。在降杠杆的过程中，房地产企业扩张的速度可能放缓，带动新开工面积下降。

需要注意的是，上一轮房地产周期下行时房地产库存绝对水平较高，而这一轮房地产周期下行时房地产库存的绝对水平偏低。这意味着，在下一轮房地产长周期启动时，房龄较短的新住宅可能出现供应结构性偏紧的情况。

### 三、房地产周期如何影响我国的经济与金融市场？

房地产周期会对经济增长和金融市场产生怎样的影响？下文将分别探讨库存、设备与房地产周期三周期叠加的影响，和房地产周期本身的影响。

#### （一）库存、设备与房地产周期的叠加影响

在库存、设备投资和房地产投资中，房地产投资的规模最高。2015年至2020年间工业企业库存与GDP之比在5%左右，工业设备投资额与GDP之比在10%左右，而房地产投资额与GDP之比在13%左右。因此，房地产周期对经济的影响更大，同时也会对库存周期和朱格拉周期产生深刻影响。

我们将工业企业补库存、朱格拉周期处于繁荣期且住宅新开工面积上升三者同时发生的情况定义为三周期共振向上，将工业企业去库存、朱格拉周期处于出清或复苏期且住宅新开工面积下降三者同时发生的情况定义为三周期共振向下。

---

① 资料来源：中华工商时报，《2023年底所有房企的"三道红线"指标必须全部达标》，（2021/9/14）[2021/10/15]，http://news.17car.com.cn/zixun/2021/0914/60279.html。

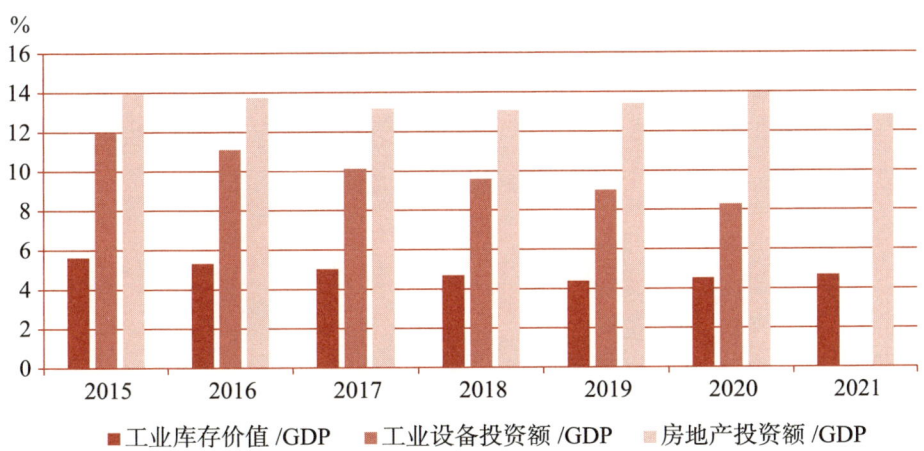

图1-40　库存、设备与房地产的相对规模

注：2021年工业设备投资数据未更新。

资料来源：Wind，兴业研究。

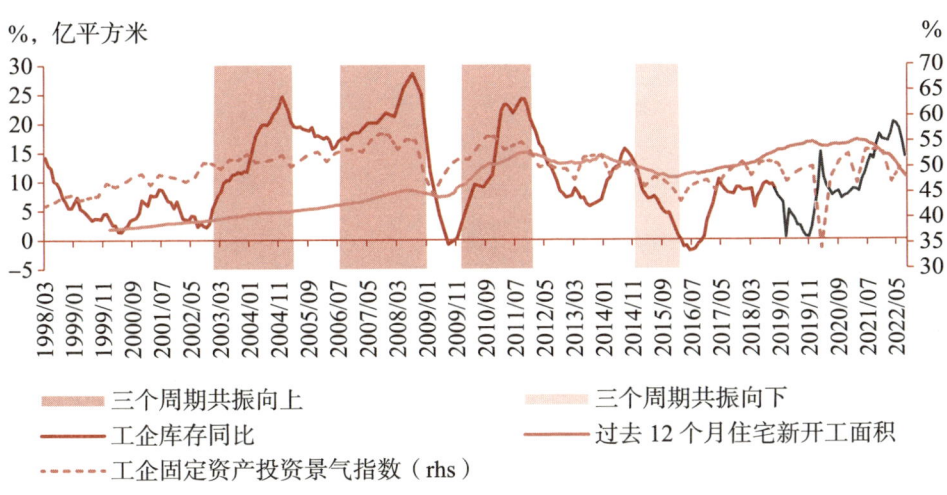

图1-41　三周期叠加

资料来源：Wind，兴业研究。

从经济基本面来看，在三个周期共振向上的阶段，我国经济出现了高度的繁荣；而在三个周期共振向下的阶段，我国经济的下行压力最大。

从金融市场来看，当三个周期共振向上时，10年国债利率容易出现上涨，而当三周期共振向下时，可能出现股债双牛的情况。由此来看，2015年"资产荒"的根源在于房地产投资、设备投资和库存投资共振向下，融资需求显著收缩，由此导致充裕的资金过度追逐金融资产。

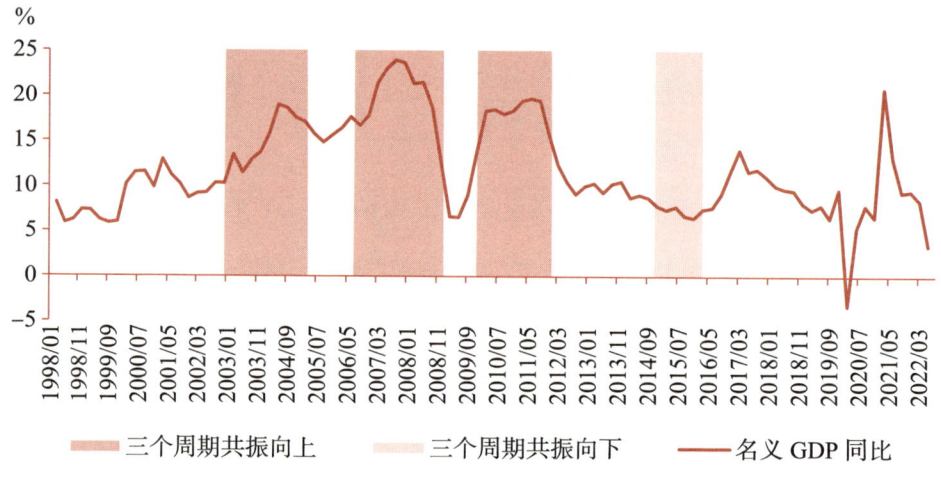

图1-42　三周期叠加与GDP增长

资料来源：Wind，兴业研究。

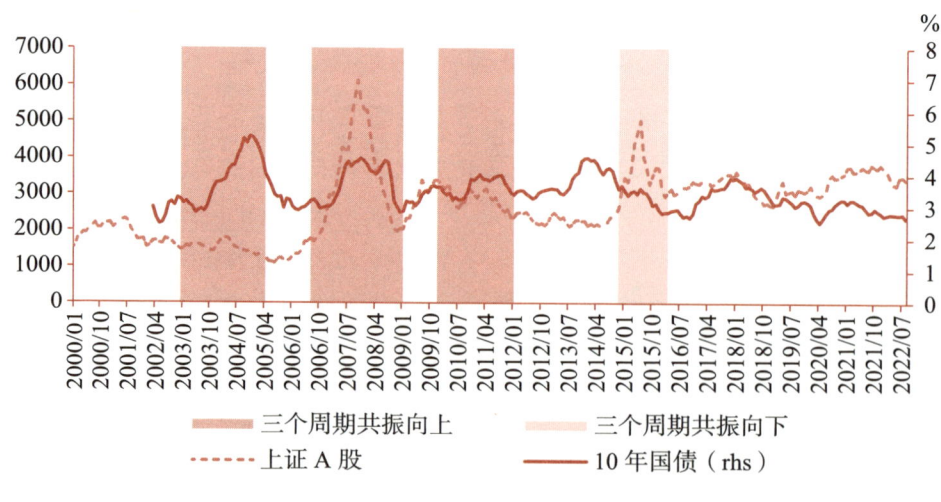

图1-43　三周期叠加与金融市场

资料来源：Wind，兴业研究。

## （二）房地产周期的经济与金融影响

从经济基本面来看，在房地产周期的上升期，房地产投资同比增速的中枢较为稳定。1999年至2011年间，房地产投资的同比增速在20%上下波动；2016年至2020年间，房地产投资同比增速的中枢在8%左右。然而，在房地产周期的下行期，房地产投资同比增速的中枢会出现下降。

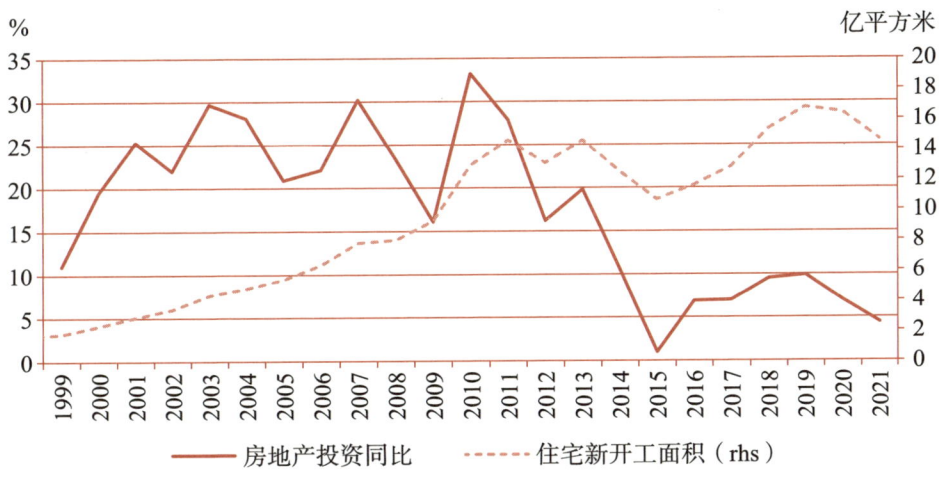

图1-44　房地产投资与住宅新开工

资料来源：Wind，兴业研究。

从利率来看，在房地产周期的下行期，我国的贷款利率中枢出现了下移。直到新一轮房地产周期开启，利率中枢才再次稳定下来。

从房地产相关行业来看，建材销量与房地产周期密切相关。因此，申万建材指数在房地产周期下行期跑输A股指数，并于2016年新一轮房地产周期开启后才重新跑赢A股指数。由于2021年以来新一轮房地产周期进入下行阶段，申万建材指数再一次跑输A股指数。

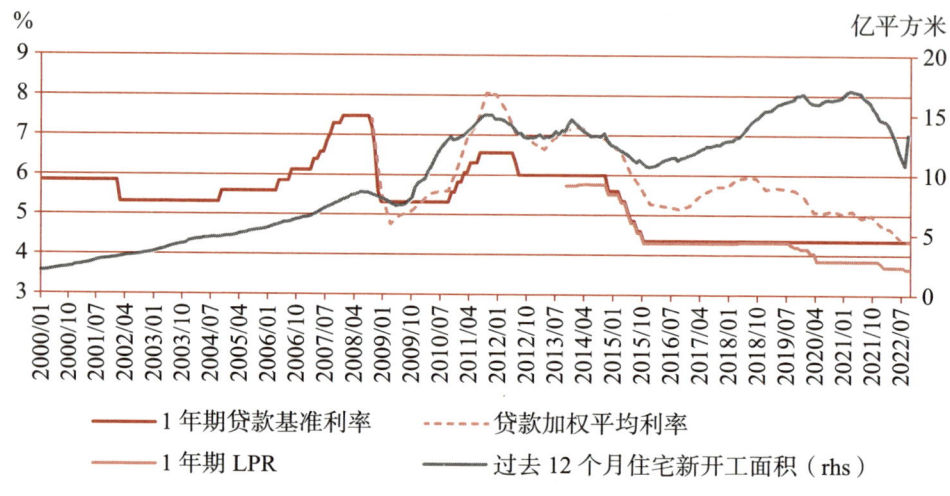

图1-45 房地产周期与利率

资料来源：Wind，兴业研究。

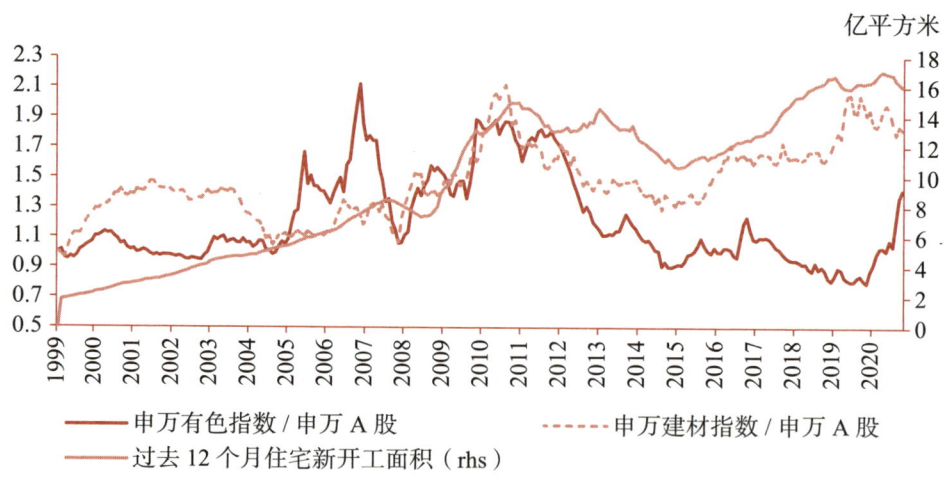

图1-46 房地产周期与行业表现

资料来源：Wind，兴业研究。

第一章 初识经济周期

## 康波周期：长波中的机遇

> 马克(吐温曾说过，历史不简单重复，却押着相同的韵脚。经济发展的历史亦是如此。库存周期、朱格拉周期、库兹涅茨周期和康波周期的循环往复与嵌套共同推动了经济的周期性波动。此前我们已经介绍过库存周期、朱格拉周期和库兹涅茨周期的分析方法和市场影响。本部分将进一步介绍经济周期中历时最长、影响范围最广的康波周期，探讨康波周期的含义、观测康波周期的方法、康波周期的阶段划分、康波周期对国际经济格局的影响、康波周期对金融市场的影响和康波周期所处的位置六个问题。

### 一、什么是康波周期？

20世纪20年代，康德拉捷夫分析价格等数据后发现，经济中似乎存在着50—60年左右的周期性波动。根据他所观察到的数据，康德拉捷夫对这种长波的特征进行了初步描述：

第一，在长波的上升期，繁荣年份较多；而在长波的下降期，萧条年份较多；

第二，在下降期，农业通常会经历显著而长期的萧条；

第三，在下降期，生产技术和通信方面通常会出现许多重要的发明，但只有在下一个长期上升阶段开始时才能得到大规模的应用；

第四，在上升期开始时，黄金产量通常会增加，世界市场因新兴国家，尤其是以前的殖民地被同化而扩大；

第五，战争与革命在长波上升期更容易发生。[①]

表 1-7 商品价格的周期性波动

|  | 英国 | 法国 | 美国 |
| --- | --- | --- | --- |
| 波谷 | 1789 |  |  |
| 波峰 | 1814 |  | 1814 |
| 波谷 | 1849 |  | 1849 |
| 波峰 | 1873 | 1873 | 1866 |
| 波谷 | 1896 | 1896 | 1896 |
| 波峰 | 1920 | 1920 | 1920 |

资料来源：康德拉捷夫（1926），范（杜因（1983）。

**那么，是什么驱动了这种长达 50—60 年的经济波动？杜因（1983）给出了答案：创新。**

杜因认为，创新的生命周期可以分为四个阶段：引进、增长、成熟和下降。

**在引进阶段**，有许多产品创新，但我们对潜在需求的性质知之甚少。

**在增长阶段**，产品创新的数量减少了，但是消费者的接受程度增加。在销售额增长的同时，技术也逐渐标准化。

**在成熟阶段**，市场聚焦于可以节约劳动的工艺创新，差异化产品之间的竞争增加。

**在下降阶段**，销售额下降，人们试图通过技术变化来避免市场饱和，并继续进行可以节约劳动的工艺创新。

---

[①] 资料来源：范（杜因（1983），《经济长波与创新》。

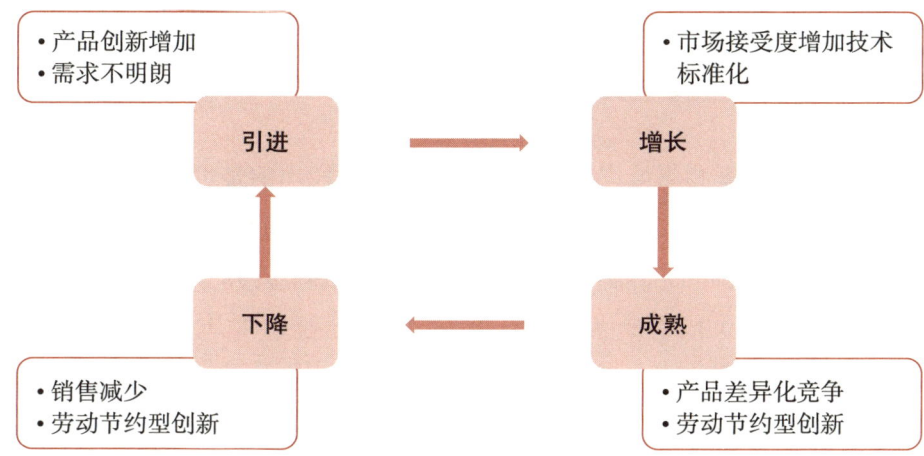

图1-47 杜因提出的创新生命周期

资料来源：兴业研究。

**因此，我们可以看到，每一轮康波周期的上升期都伴随着技术变革和新兴行业的崛起。**

第一轮康波周期（1782年至1845年）中，蒸汽机的改良与推广使棉纺织业获得了高速的发展；

第二轮康波周期（1845年至1892年）中，炼钢技术的进步带来了钢铁工业和铁路的兴起；

第三轮康波周期（1892年至1948年）中，电力、汽车和化学工业蓬勃发展；

第四轮康波周期（1948年至1991年）中，电子计算机、航天、原子能等领域取得重要突破；

第五轮康波周期（1991年以来）中，信息技术的发展深刻改变了生产与生活的组织形式。而当新兴行业的市场趋于饱和、增长放缓时，康波周期就进入下降期。

值得一提的是，重要技术的革新与应用通常跨越国境，因此，与库存周期、朱格拉周期和库兹涅茨周期不同，康波周期是全球性的经济周期。

## 二、如何观测康波周期?

我们该如何观测康波周期?虽然康德拉捷夫使用的是价格数据,但是,随着技术的不断更新,新材料、新产品逐渐兴起,经济结构也发生了重大变化,我们很难用单一商品或一篮子商品的价格来刻画康波周期。

**杜因(1983)用全球或全球主要经济体的工业生产、GNP等数据来刻画康波周期。** 杜因认为,一个康波周期中会嵌套5—6个朱格拉周期。每隔50—60年会出现一轮全球经济增长缓慢的朱格拉周期,即康波的萧条期。萧条之后康波周期将依次经历复苏、繁荣和衰退。复苏期通常持续一个朱格拉周期,其间全球经济增速有所回升。繁荣期可以持续两个朱格拉周期,不过,历史上康波繁荣期曾经出现过两次大规模的战争,导致康波周期中断。衰退期通常持续一个朱格拉周期。杜因在《经济长波与创新》一书中划分了1782年至1973年之间的康波周期。我们按照杜因的划分方法,以美国和全球固定资产投资为依据,将这一划分拓展至2020年。

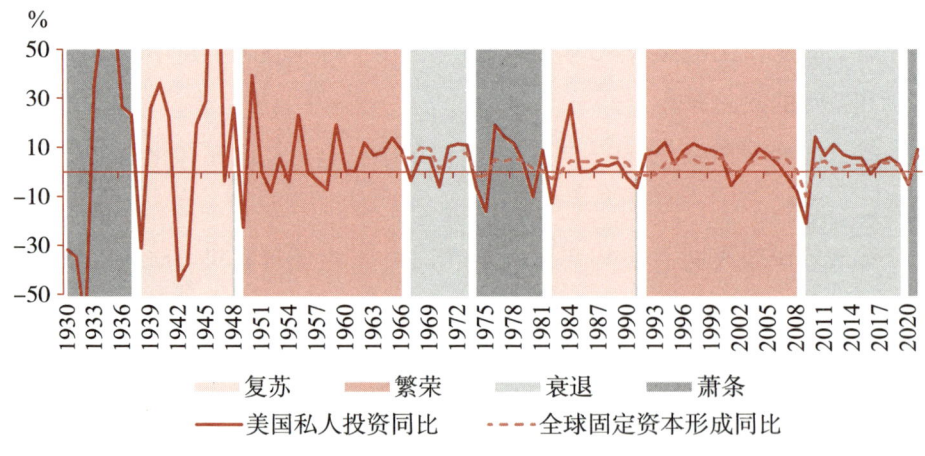

图1-48 康波周期与朱格拉周期

资料来源:Wind,兴业研究。

表 1-8　康波周期的划分

| 康波周期 | 繁荣 1 | 繁荣 2 | 衰退 | 萧条 | 复苏 |
|---|---|---|---|---|---|
| 第一个康波 | 1782—1792 | 1792—1802（战争）1802—1815 | 1815—1825 | 1825—1836 | 1836—1845 |
| 第二个康波 | 1845—1856 | 1856—1866 | 1866—1872 | 1872—1883 | 1883—1892 |
| 第三个康波 | 1892—1903 | 1903—1913（战争）1913—1920 | 1920—1929 | 1929—1937 | 1937—1948 |
| 第四个康波 | 1948—1957 | 1957—1966 | 1966—1973 | 1973—1981 | 1981—1991 |
| 第五个康波 | 1991—2001 | 2001—2008 | 2008—2019 | 2019— | |

注：1973 年前的划分来自杜因（1983）。
资料来源：杜因（1983），兴业研究。

数据显示，在康波萧条期，全球经济增长通常会放缓，如1872年至1883年（其间出现了1873年全球经济危机），1929年至1937年（其间发生了大萧条）和1973年至1981年（其间出现了严重的滞胀）。在复苏和繁荣期，经济增长会有所回升。而进入康波衰退期后，经济增速可能出现下降，如1973年至1981年和2008年至2019年全球工业生产和GDP增长出现了不同程度的放缓。不过，1920年至1929年虽然处于康波的衰退期，但由于经济从第一次世界大战中逐渐恢复，GDP增速反而有所提高。

表 1-9　康波周期与经济增长

| 朱格拉周期 | 世界工业生产增长率（%） | 世界 GDP 增长率（%） | 康波周期所处阶段 |
|---|---|---|---|
| 1856—1866 | 2.8 | | 繁荣 |
| 1866—1872 | 4.5 | | 衰退 |
| 1872—1883 | 2.7 | | 萧条 |
| 1883—1892 | 3.4 | | 复苏 |
| 1892—1903 | 4.3 | | 繁荣 |
| 1903—1913 | 4.1 | | 繁荣 |
| 1913—1920 | −1.0 | | 战争 |
| 1920—1929 | 5.1 | | 衰退 |

续表

| 朱格拉周期 | 世界工业生产增长率（%） | 世界 GDP 增长率（%） | 康波周期所处阶段 |
| --- | --- | --- | --- |
| 1929—1937 | 1.6 | | 萧条 |
| 1937—1948 | 1.8 | | 复苏 |
| 1948—1957 | 5.9 | | 繁荣 |
| 1957—1966 | 5.9 | | 繁荣 |
| 1966—1973 | 5.1 | | 衰退 |
| 1973—1981 | 1.5 | 3.0 | 萧条 |
| 1981—1991 | 2.8 | 3.1 | 复苏 |
| 1991—2001 | 2.0 | 2.9 | 繁荣 |
| 2001—2008 | 3.5 | 3.4 | 繁荣 |
| 2008—2019 | 2.5 | 2.5 | 衰退 |

注：1973年前的数据来自杜因（1983）。图中增长率为年均增长率。
资料来源：杜因（1983），Wind，兴业研究。

### 三、如何认识康波周期的不同阶段？

在康波周期的不同阶段，经济会呈现出怎样的特征？

**从创新倾向来看，杜因（1983）将创新分为四类：导致新行业创立的主要产品创新、现有行业的主要产品创新、现有行业的工艺创新和基本部门（如钢铁或炼油）的工艺创新。** 当吸收了大量创新成果的新行业快速增长时，康波周期将进入上升期，新的市场被开拓出来。随着新兴行业的快速增长将康波周期推向繁荣，经济中的总需求明显上升，乐观情绪蔓延，基础设施（包括交通通信等为全部行业服务的基础设施和为主导行业服务的特定基础设施）的投资增加，激励钢铁和能源等基本部门进行工艺创新。当康波进入衰退期时，市场趋于饱和，企业开始通过差异化的产品和兼并来维持竞争力，创新的倾向最低。在康波萧条期，迫于经济增长放缓、市场饱和的压力，现有行业开始进行劳动节约型的工艺创新和产品创新，通过节约成本来维持利润。此时容易出现垄断局面。

表1-10 康波周期不同阶段的创新倾向与市场特征

| 特征 | 萧条 | 复苏 | 繁荣 | 衰退 |
| --- | --- | --- | --- | --- |
| 产品创新（新兴行业） | ☆ | ☆☆☆ | ☆☆ | ☆ |
| 产品创新（现有行业） | ☆☆☆ | ☆☆☆ | ☆ | ☆ |
| 工艺创新（现有行业） | ☆☆☆ | ☆ | ☆☆ | ☆☆ |
| 工艺创新（基本部门） | ☆ | ☆☆ | ☆☆☆ | ☆☆ |
| 市场结构 | 独家垄断和寡头垄断；高破产率 | 出现新市场，且只有少数竞争者 | 在繁荣的早期存在竞争性市场，而后集中 | 多样化，兼并 |

资料来源：杜因（1983）。

不过，这并不意味着萧条期新兴行业无所作为。**事实上，大量的创新是在萧条期做出的，只是到经济复苏、企业家对经济的预期改善时，这些创新才会被推广。**门斯的数据显示，1825年、1885年和1935年前后都出现了基础性创新集中出现的情况[①]。1825年和1935年左右，康波周期都处于萧条期，而1885年左右康波周期处于复苏的开端。因此，门斯认为萧条能够激发创新，这也与康德拉捷夫对康波周期的最初描述相符。

从需求的变化来看，在康波复苏期，随着企业家对经济的预期逐渐改善，更新设备的投资增加，新兴部门的投资上升，居民日益改善的购买力需要寻找新的出路来释放。进入康波繁荣期之后，经济向好的局面更加明朗，乐观情绪强化，资本存量扩张的意愿强烈，所有部门的需求都在扩张。进入衰退期后，随着增长的放缓，企业家更加注重投资的合理化，新兴部门继续增长。而康波萧条期的典型特征就是生产能力过剩，居民不得不以减少储蓄为代价继续消费。因此，20世纪70年代的康波萧条期内，美国和日本都出现了钢铁等行业产能过剩的现象。

---

① 资料来源：Mansfield（1983）：Long Waves and Technological Innovation。

表1-11 康波周期不同阶段的需求特征

| 特征 | 萧条 | 复苏 | 繁荣 | 衰退 |
|---|---|---|---|---|
| 投资需求 | 生产能力过剩；投资合理化 | 更新投资增加；新部门创立 | 资本存量强烈扩张；强调基础设施投资 | 投资规模增加；逐渐转向合理化 |
| 消费需求 | 以减少储蓄为代价暂时继续增长 | 购买力寻找新的出路 | 所有部门的需求扩张 | 新兴部门继续增长 |

资料来源：杜因（1983）。

## 四、康波周期如何影响国际经济格局？

将杜因的创新生命周期理论与罗斯托的经济发展阶段理论联系起来，我们就可以描绘出一幅全球经济发展的图景。罗斯托（1959）认为，一个经济体的发展可以分为传统社会、起飞准备阶段、起飞阶段、成熟阶段和大众消费阶段五个阶段。

当一种创新处于其生命周期早期阶段时，先发国家可能率先推广该创新，并成为新兴行业的主要净出口国。随着该技术日益成熟并扩散，后发国家可能引进该技术。在后发国家，新兴行业的高速增长将推动经济起飞。随着时间的推移，后发国家可能反而成为该产品的主要净出口国。此时，在先发国家，该新兴行业可能已经进入成熟期甚至下降期，增长明显放缓，但在后发国家，该行业依然保持着较快的增长，并推动后发国与先发国经济差距缩小。当该创新在先发国与后发国都进入成熟期或下降期之后，先发国和后发国需要共同面对经济增长放缓的挑战，直到新一轮技术变革出现。

因此，康波周期起伏轮回的历史，构成了国际经济格局变迁的历史。下文将从英美、日美和中美三个角度来阐述康波周期对国际经济格局的影响。

从英美来看，作为第一次工业革命的发源地，在19世纪大部分时间内英国都占据着全球经济的主导地位。1880年，英国占据了世界制造业产出和贸易的近四分之一[1]。然而，美国经济日益焕发出创新的活力。据统计，在19世纪

---

[1] 资料来源：格雷厄姆·艾利森（2019），《注定一战：中美能避免修昔底德陷阱吗？》。

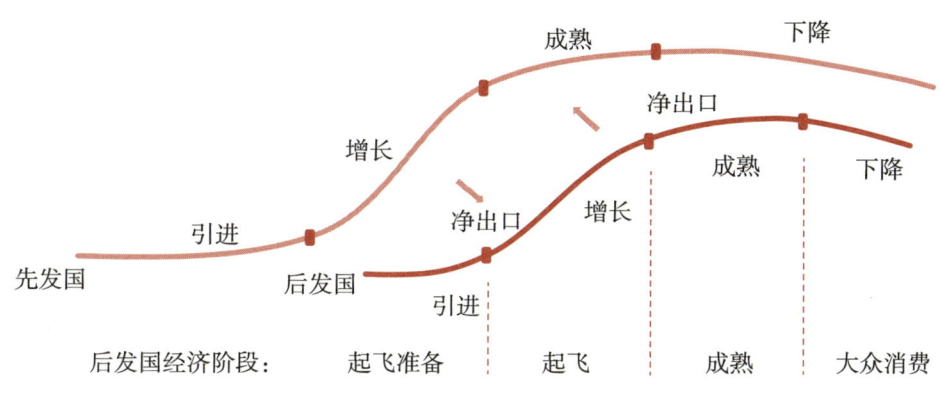

图 1-49 创新的扩散与经济的发展

资料来源：兴业研究。

至20世纪上半叶160项主要的创新中，75项发生在美国，仅25项发生在英国。

技术创新的差距直接引起了英美两国经济实力对比的变化。在1872年至1883年的康波萧条期内，美国的人均GDP开始接近并赶超英国。此后，美国与英国人均GDP之间的差距波动拉大，美国在全球经济中的地位逐渐上升。不过，在1929年至1937年的康波萧条期内，英美两国经济出现了不同程度的收缩，导致两国人均GDP变得更为接近。但这种接近是暂时的。由于美国率先在原子能和电子计算机等领域取得突破，康波复苏期里美国与英国人均GDP的差距再度拉开。

表 1-12 各国的主要创新数量

|  | 19 世纪 | 20 世纪 | 总和 |
|---|---|---|---|
| 美国 | 25 | 50 | 75 |
| 英国 | 14 | 11 | 25 |
| 德国 | 14 | 13 | 27 |
| 法国 | 7 | 4 | 11 |
| 其他国家 | 5 | 5 | 10 |
| 在一个以上国家的创新 | 5 | 7 | 12 |
| 总和 | 70 | 90 | 160 |

资料来源：杜因（1983）。

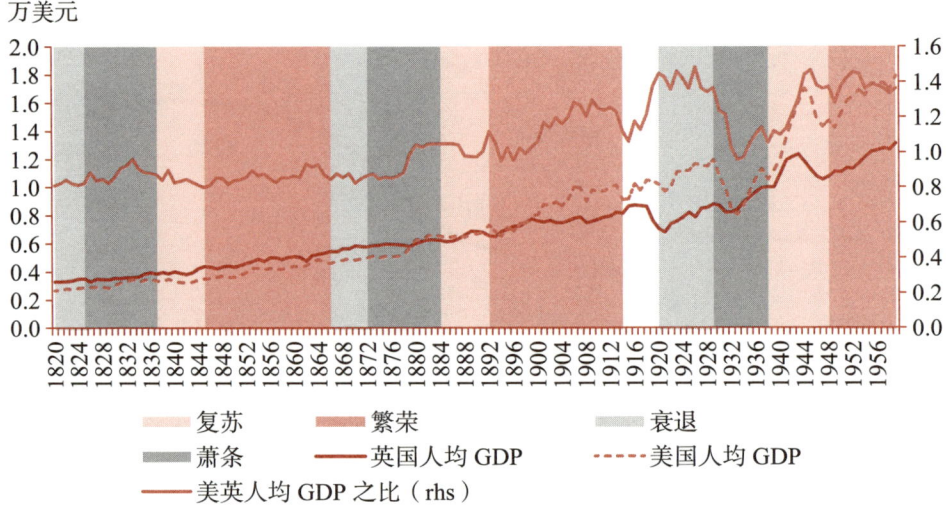

**图1-50 康波周期与国际经济格局（一）**

注：图中人均GDP按2011年价格计算，下同。

资料来源：Maddison Project Database 2020，Broadberry, S.N., B. Campbell, A. Klein, M. Overton and B. van Leeuwen（2015），Sutch, R.（2006），Wind，兴业研究。

**从日美来看，** 在1929年至1937年的康波萧条期，虽然美国经济出现收缩，但仍处于起飞期的日本经济继续增长。第二次世界大战中断了日本经济追赶美国的进程，直到二战结束之后，日本才重新开始追赶美国的步伐。20世纪50年代至80年代，美国与日本人均GDP的差距逐渐缩小。进入20世纪90年代后，日本经济因房地产泡沫而陷入衰退，但美国经济在信息技术革命的推动下出现了新一轮繁荣。美国与日本人均GDP之间的差距再度扩大，日本最终没有实现对美国经济的赶超。

从中美来看，自改革开放以来，中国产业结构不断升级，追赶美国经济的步伐日益加快。尤其是2008年至2019年的康波衰退期中，美国经济增长因次贷危机而放缓，美国与中国人均GDP之间的差距加速收窄。不过，美国与中国人均GDP的差距依然较大，中国向美国经济的追赶仍在继续。

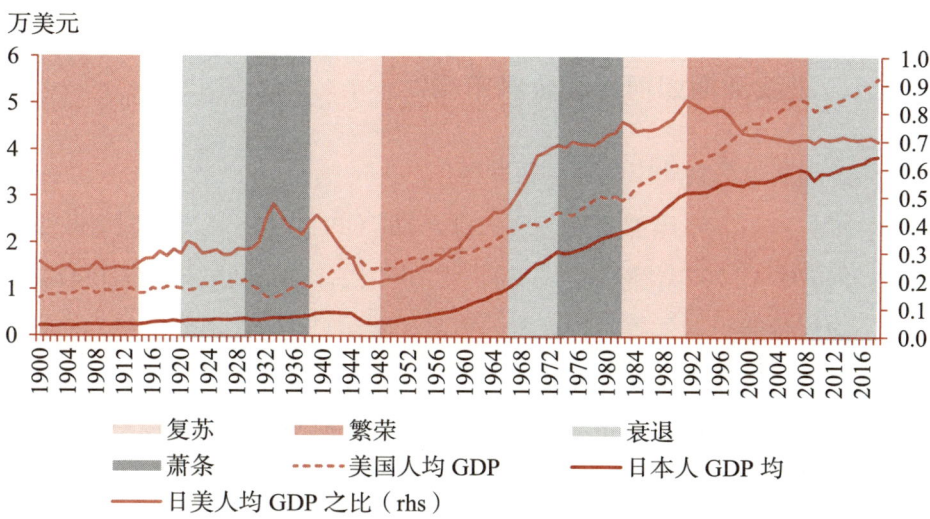

**图1-51 康波周期与国际经济格局（二）**

资料来源：Maddison Project Database 2020, Sutch, R.（2006）, Fukao, K., Bassino, J.-P., Makino, T., Paprzycki, R., Settsu, T., Takashima, M., and Tokui, J.（2015）, Wind, 兴业研究。

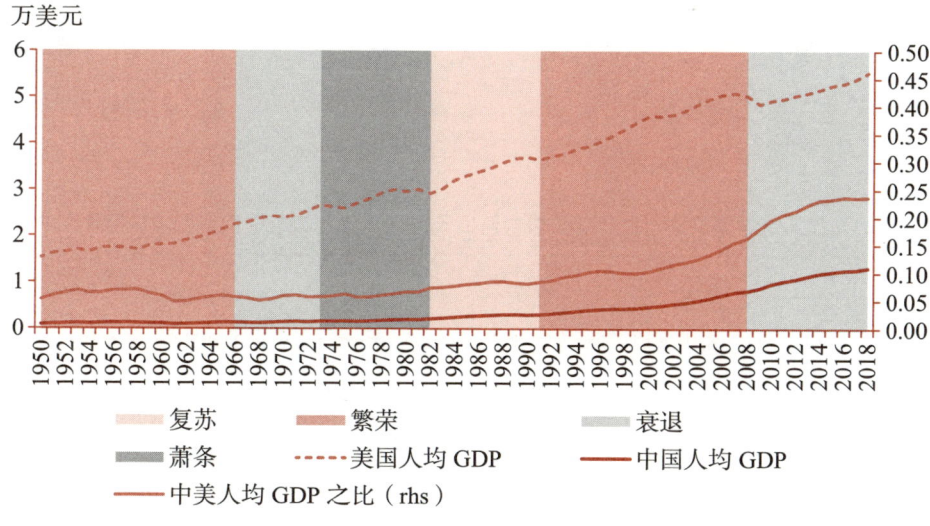

**图1-52 康波周期与国际经济格局（三）**

资料来源：Maddison Project Database 2020, Wu, Harry X.（2014）, Wind, 兴业研究。

## 五、康波周期如何影响金融市场？

康波周期也深刻地影响着金融市场。

**从物价来看**，在康波衰退和康波萧条期，CPI同比容易出现回落甚至负增长，但20世纪70年代除外。在20世纪70年代，受石油危机、福利制度改革、工会议价能力加强等多种因素的影响，美国CPI同比不降反升，导致主要发达经济体出现了严重的滞胀。

**从利率来看**，长期而言，10年美债利率的走势与物价走势较为接近，但10年美债利率的低点通常晚于CPI的低点。上述现象意味着，作为一个名义变量，利率的高低更多地由物价决定，而非由增长决定。这对于我们判断长期利率走势有着十分重要的意义。

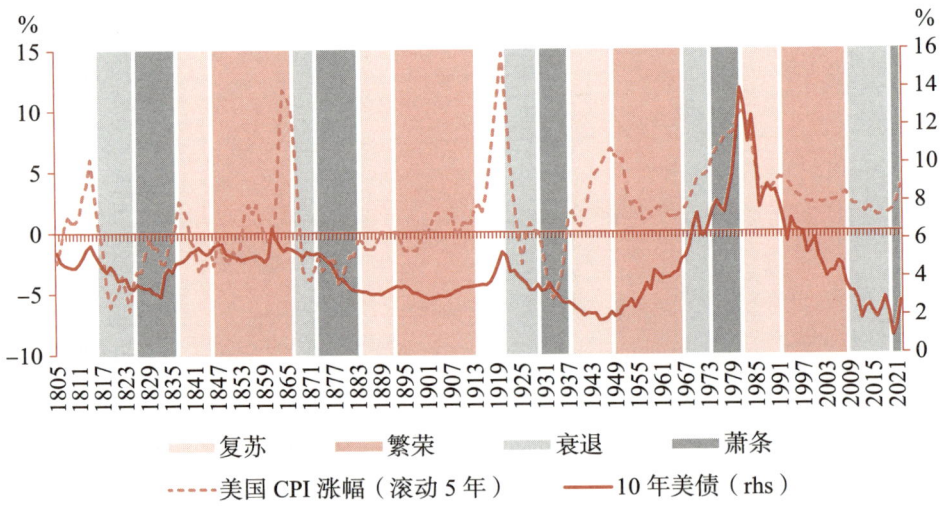

图1-53 康波周期、物价与利率

注：2022年CPI更新为前8个月均值，美债为前9个月均值。
资料来源：Richard E. Sylla, Jack Wilson and Robert E. Wright（2005），Hunt's Merchants Magazine（1843—1853），The Economist（1854—1861），The Financial Review（1862—1918），Salomon Brothers（1995），U.S. Federal Reserve，Wind，兴业研究。

**从油价来看**，除了20世纪70年代以外，康波衰退期油价容易出现下跌，康波繁荣期油价更容易出现上涨。但在1948年至1966年的康波繁荣期中，由于国际石油巨头人为压低油价，油价稳定在较低的水平。

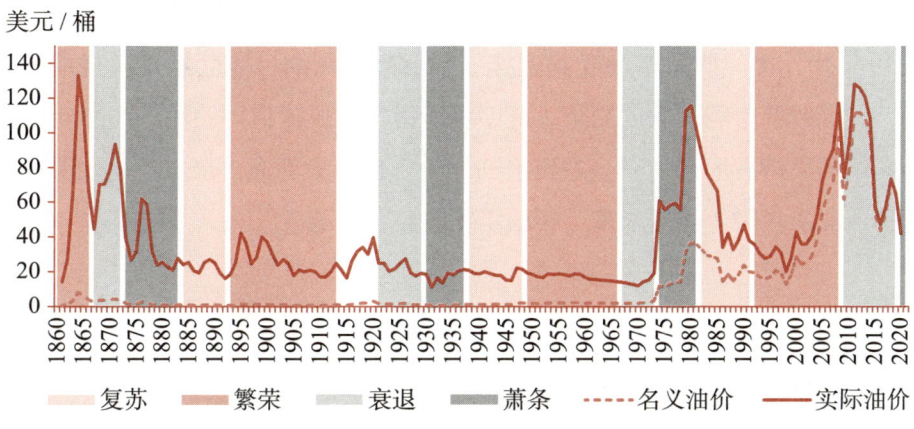

图 1-54　康波周期与油价

资料来源：Macrobond，兴业研究。

从金价来看，由于名义金价很大程度上受到金本位等制度的影响，可能长期保持不变，这里主要观察经美国CPI调整过的实际金价。自1850年有数据以来的每一轮康波萧条期，实际金价都会出现明显的上涨。

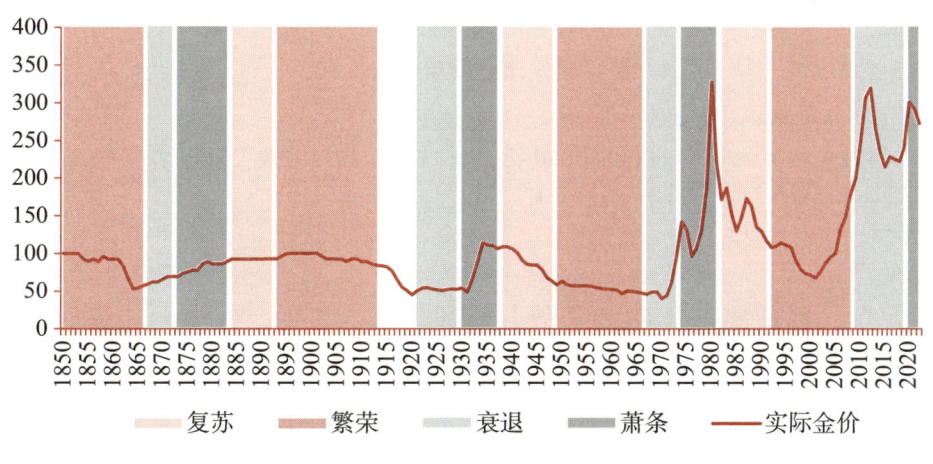

图 1-55　康波周期与金价

注：2022年数据采用2022年前8个月的数据。金价以1850年为基期。
资料来源：National Mining Association，U.S. Federal Reserve，兴业研究。

**从股价来看**，标普500回报率通常在康波复苏期出现一个小高点，而后在康波繁荣期再创新高。不过，在20世纪20年代的康波衰退期内，投机热潮推动美国股市泡沫化。但这种与经济发展相悖的泡沫难以持续。20年代末至30年代，美国股票市场受到重挫。当前康波周期可能已经切换至萧条阶段，美国股票市场却欣欣向荣，其中可能潜藏的风险值得关注。2021年下半年美国居民持有股票占其金融资产的比例已创历史新高。历史经验表明，当这种情况出现时，美国未来十年的年化收益会降低。

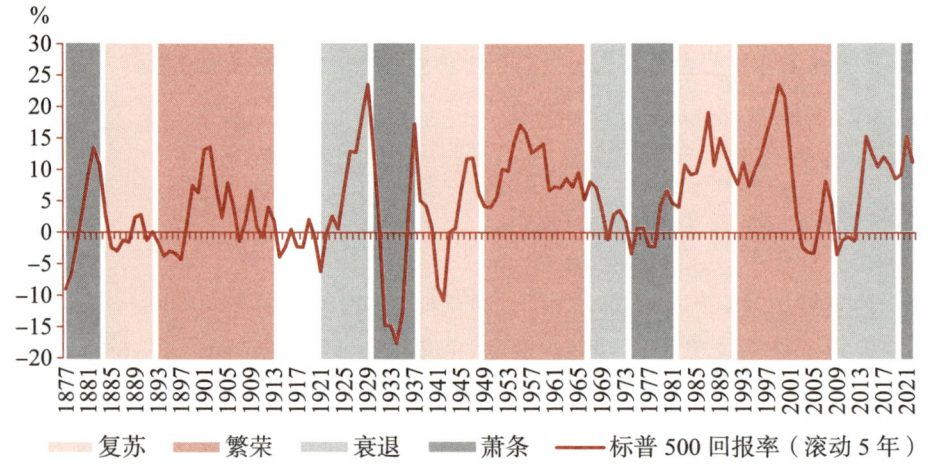

图1-56　康波周期与标普500

注：2022年数据采用2022年前9个月的数据。

资料来源：Online Data Rober Shiller，（2021/9）[2022/10/9]，http://www.econ.yale.edu/~shiller/data.htm，Wind，兴业研究。

## 六、目前康波周期处于什么阶段？

按照杜因（1983）提出的方法推算，2008年至2019年的朱格拉周期构成了这一轮康波周期的衰退期，因此，在2008年至2019年间，全球主要经济体的增长出现放缓。而受新冠疫情的影响，全球经济可能已经进入了这一轮康波周期的萧条期。

**不过，全球经济进入康波萧条期不代表经济前景悲观，事实上，康波萧条期可能成为我国加快经济赶超的重要机遇期。**

一方面，在上文的分析中，我们已经指出，在美国追赶英国、日本追赶美国时，被追赶国与追赶国之间的经济差距可能在萧条期加速收窄。这是由于被追赶国的产业结构通常较为成熟，一旦新兴产业进入成熟期后，如果没有新的技术创新出现，经济动能容易减弱。而追赶国产业结构提升的空间较大，即使在康波萧条期中，只要追赶国继续升级产业结构，其经济增速依然可以维持在较高的水平。例如，在1973年至1981年的康波萧条期内，美国的GDP年均增长1.5%，但日本的GDP年均增长3.5%。

刘鹤在《两次全球大危机的比较研究》一书中也指出，两次危机（指20世纪30年代的大萧条和2008年的金融危机）都加速了国际经济力量的转换。在大萧条之后，美欧经济实力差距进一步扩大。2008年金融危机则加速了发达经济体的相对衰落和新兴经济体的相对崛起。

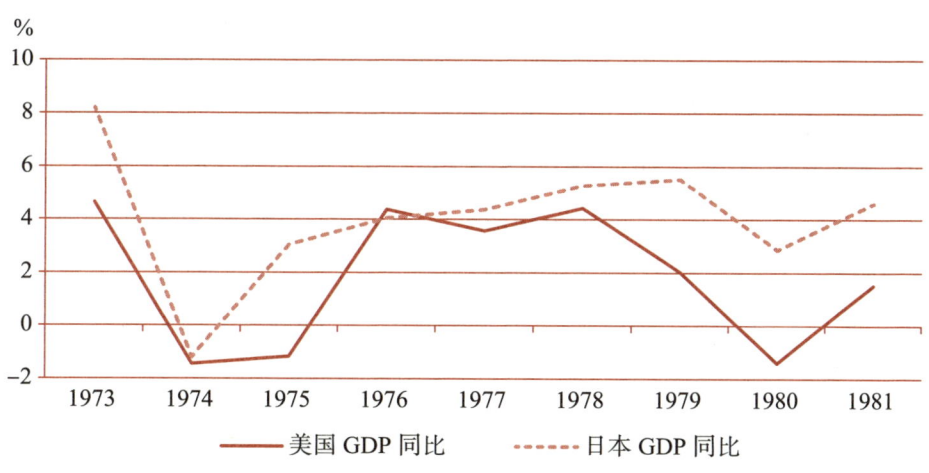

图1-57 美国与日本的经济增长

资料来源：Wind，兴业研究。

另一方面，正如门斯所指出的，大量重要创新实际上发生在康波萧条期，只是在康波复苏期才会被推广。历史上美国正是通过创新推动了经济增长，从而实现了对英国的超越。因此，把握这一轮康波萧条期推动技术创新,将直接影响我国在未来全球经济格局中的位置。

2020年11月刘鹤指出:"新世纪以来,新一轮科技革命和产业变革加速发展,世界贸易和产业分工格局发生重大调整,国际力量对比呈现趋势性变迁。……位处'两个一百年'奋斗目标的历史交汇期,我们要面向未来,主动实施新的发展战略,坚定不移深化改革、扩大开放、推动创新,牢牢把握百年未有之大变局提供的战略机遇……"[①]

从已知五轮康波周期的经验来看,能够开启一轮康波周期的核心创新通常来自新能源或动力的使用(如蒸汽机、石油)、新材料的发现(如钢铁、石油化工)和交通通信手段的飞跃(如铁路、信息技术)等。因此,新一轮技术革命也可能发端于上述领域。"十四五"规划要求:"聚焦量子信息、光子与微纳电子、网络通信、人工智能、生物医药、现代能源系统等重大创新领域组建一批国家实验室,重组国家重点实验室,形成结构合理、运行高效的实验室体系。……瞄准人工智能、量子信息、集成电路、生命健康、脑科学、生物育种、空天科技、深地深海等前沿领域,实施一批具有前瞻性、战略性的国家重大科技项目。从国家急迫需要和长远需求出发,集中优势资源攻关新发突发传染病和生物安全风险防控、医药和医疗设备、关键元器件零部件和基础材料、油气勘探开发等领域关键核心技术。"如果我国能够在开启新一轮康波周期的核心领域取得突破性成果,则有望成为下一轮康波周期的引领者。

---

① 资料来源:刘鹤,《加快构建以国内大循环为主、双循环相互促进新发展格局》,人民日报,(2020/11/25)[2021/11/16],https://baijiahao.baidu.com/s?id=1684295598701146251&wfr=spider&for=pc。

## 国际政治周期：百年未有之大变局

2022年俄乌冲突吸引了全球目光，市场开始关注俄乌冲突之后国际格局的演变。其实，早在1978年，美国学者莫德尔斯基（Modelski，1978）基于过去500年的历史经验提出了著名的"莫德尔斯基定律"，即国际政治格局每过100年至120年左右就会发生一次重构；每一轮国际政治周期通常伴随着制度和技术领域的革命性创新，也可能出现战争冲突和国际霸权的转移。

鉴古可以知今。本部分将简要介绍15世纪以来国际政治周期的轮换，并尝试从中发现国际政治格局重构过程中的规律。

### 一、国际政治格局演变史

莫德尔斯基在1978年提出，1494年以来的国际政治经历了5轮周期。这5轮周期中国际格局的主导国分别是葡萄牙、荷兰、英国、英国和美国。如果用该国海军实力在全球取得绝对优势地位的时间来划分的话，上述5轮周期的起始时间分别为1510年、1610年、1715年、1810年和1945年，周期的平均长度约109年。

**表 1-13　国际政治格局的演变**

| 主导国 | 崛起的战争 | 获得海权的时间 | 国际秩序的构建 | 制度创新 | 衰落的标志 |
|---|---|---|---|---|---|
| 葡萄牙 | 意大利战争（1494—1517） | 1510 | 托尔德西里亚斯条约（1494） | 组织远洋航行，建立全球基地网络等 | 西班牙兼并（1580），宗教战争（1576） |
| 荷兰 | 西班牙战争（1579—1609，荷兰独立战争） | 1610 | 与西班牙休战（1609） | 自由贸易，阿姆斯特丹银行，股票交易所，东印度公司等 | 与英格兰的战争，与法国的战争（1672—1678） |
| 英国 | 法国战争（1688—1713） | 1715 | 乌德勒支和约（1713） | 海军，欧洲均势，英格兰银行，国债等 | 美国独立，法国大革命 |
| 英国 | 法国战争（1792—1815） | 1810 | 巴黎和约与维也纳会议（1814—1815） | 反奴隶制，工业革命等 | 安格鲁-日耳曼军备竞赛，俄罗斯革命，大萧条 |
| 美国 | 一战、二战（1914—1918，1939—1945） | 1945 | 凡尔赛条约（1919），雅尔塔协定（1945） | 联合国，战略核威慑，多边合作，去殖民地化等 | |

注：获得海权指该国的海军实力在全球取得绝对优势。
资料来源：Modelski（1978），兴业研究。

## （一）葡萄牙的崛起与衰落

在亚欧之间的海上通道建立前，东西方贸易主要掌握在威尼斯共和国手中。1497年，达（伽马奉葡萄牙国王之命寻找通往印度的海上航路，并于1498年到达印度，开辟了从欧洲直达印度的海上航路。

在葡萄牙的势力向东方拓展时，老牌贸易强国威尼斯却陷入了战争的泥潭。1494年法国、西班牙和神圣罗马帝国为了争夺意大利而陷入混战。战争主要在意大利本土展开，对意大利的经济与社会产生严重的破坏。随着威尼斯的衰落和葡萄牙的崛起，欧洲经济的重心开始从地中海沿岸向大西洋沿岸转移。

此时，西班牙也在扩张海外势力。为了调和葡萄牙与西班牙在海外扩张过程中的纠纷，1494年教皇实行仲裁，两国签订了《托尔德西里亚斯条约》，划定了"教皇子午线"，界限以东归属葡萄牙，界限以西归属西班牙，由此确定了西班牙与葡萄牙各自的海外势力版图。

**然而，** 1580年葡萄牙国王去世后，发生了葡萄牙王位继承战争。当时拥有继承权的人之一——西班牙国王出兵葡萄牙，最终兼并了葡萄牙。随后，西班牙国王将大量财力投入到欧洲大陆的战争中，而不是用于发展经济。在此过程中，西班牙对荷兰进行贸易限制，迫使荷兰探索建立自己的远洋航线。

### （二）荷兰的崛起与衰落

16世纪至17世纪之间，为了争取荷兰独立，荷兰与西班牙之间进行了旷日持久的战争。为了惩罚荷兰，西班牙对荷兰采取了贸易限制措施，**荷兰便开始自己寻找通向东方的航道，并逐渐取代了葡萄牙在东西方香料贸易中的地位**。到了1600年，荷兰已经控制了波罗的海地区3/4的运输业。[①]

**在崛起过程中，荷兰开创了多项新的组织形式**。1602年荷兰成立了第一家股份有限公司，即东印度公司，并由政府持有部分股份。1609年，荷兰设立了世界上第一个股票交易所——阿姆斯特丹证券交易所，和欧洲最早的银行之一——阿姆斯特丹银行。

**1672年至1678年间，荷兰与法国之间爆发战争，标志着荷兰由盛转衰**。虽然荷兰海军强大，但陆军实力不及海军。而且由于瑞典与法国结盟，反法同盟腹背受敌。最终荷兰虽然恢复了国土，但国力遭到了明显的削弱。需要注意的是，在荷兰与法国作战期间，虽然英国和荷兰之间出现过数次海战，但荷兰海军优势明显，打败了英国海军。1688年光荣革命后，威廉三世成为英国国王，使荷兰与英国成为紧密的盟友。

---

① 资料来源：王熙，《近代荷兰是怎样崛起的》，（2020/7/6）[2022/3/3]，http://theory.workercn.cn/32936/202007/06/200706131611972.shtml。

### (三)英国的两次崛起与衰落

受困于陆上战争的荷兰渐渐丧失了其在海洋上的影响力,英国海军借机发展壮大,英国的对外贸易随之快速增长。计秋枫(2013)指出,英国的对外贸易总额从1697年的673.5万英镑增长至1797年的4993.1万英镑,100年中增长了641.9%。

**在第一次崛起的过程中,英国进行了一系列的制度创新**。在国际秩序方面,1713年英法两国签订了乌得勒支合约,引入了均势概念,通过维持欧洲大陆各势力间的均衡来求得暂时的稳定。在经济方面,光荣革命后英国吸取了荷兰金融创新的经验,英国政府开始大量发行国债。1691年,英格兰银行建立。英格兰银行为英国政府提供了120万英镑的永久贷款,并得到了经营国债的特权。国债和英格兰银行为英国海军与贸易的扩张提供了强劲的支持。

**美国独立战争和法国大革命是英国第一次霸主地位由盛转衰的标志**。1775年至1783年的美国独立战争使英国损失了大量海外殖民地。1789年法国大革命及拿破仑的大肆扩张破坏了欧洲大陆的均势局面。

不过,经过与拿破仑的长期鏖战,第六次反法同盟终于获得决定性的胜利。1814年的巴黎和约和1815年的维也纳会议再度恢复了欧洲大陆的均势局面,英国的海军优势得到进一步的巩固。1815年,英国海军舰只数量占到全球军舰总数的一半,总吨位达到60.9万吨。

**在第二次崛起的过程中,工业革命使英国在经济领域的优势得到进一步强化**。18世纪末19世纪初,瓦特多次改良蒸汽机,并运用于纺织等工业领域。到1880年,英国在全球制造业中的份额达到22.9%。

不过,1871年德意志统一后,德国开始快速发展。到1913年德国制造业产出占全球的14.8%,超过了英国的13.6%。同时,德国抓住了第二次工业革命的机遇,大力发展电力和石油化工业。20世纪初,德国的有机化学工业掌握了全球90%的市场。值得一提的是,1900年美国在全球制造业中的份额就已经超过英国。不过,当时的美国奉行"孤立主义",无意在全球范围内大幅扩张势力。

**与德国之间的军备竞赛和大萧条标志着英国的地位由盛转衰**。随着越来越多的国家实现工业化,殖民地范围辽阔的英国越来越难以在每一个区域都保持绝对的优势,于是英国开始在远东和美洲等地区进行战略收缩,集中力量应对崛起中的德国的威胁。1898年起,德国多次通过海军扩军法案并扩大舰队规模,英德两国进入激烈的军备竞赛。1912年,德国通过了一项增加战舰并要求德国舰队保持高度戒备状态的海军扩军法案。随后,英国宣布德国每根据上述法案增加一艘战舰,英国就会新建两艘。到1913年,德国终于因为难以进一步扩大海军规模开始而停止了军备竞赛,但英德两国的军舰吨位之比已经从1880年的7.4∶1缩小到1914年的2.1∶1。1914年至1918年,以德国为代表的同盟国和以英国为代表的协约国之间爆发了第一次世界大战。虽然一战以德国的失败而告终,但英国的实力也被大幅削弱,为战后无产阶级革命和被殖民地民族解放运动的兴起创造了条件。之后的大萧条进一步削弱了英国的经济实力。到1938年,英国在全球制造业中的份额已经下降到10.7%,不及1880年的一半。

表1-14 全球制造业份额(%)

| 时间 | 英国 | 美国 | 发达经济体 | 第三世界 |
| --- | --- | --- | --- | --- |
| 1750 | 1.9 | 0.1 | 27.0 | 73.0 |
| 1800 | 4.3 | 0.8 | 32.2 | 67.8 |
| 1830 | 9.5 | 2.4 | 39.5 | 60.5 |
| 1860 | 19.9 | 7.2 | 63.4 | 36.6 |
| 1880 | 22.9 | 14.7 | 79.1 | 20.9 |
| 1900 | 18.5 | 23.6 | 89.0 | 11.0 |
| 1913 | 13.6 | 32.0 | 92.5 | 7.5 |
| 1928 | 9.9 | 39.3 | 92.8 | 7.2 |
| 1938 | 10.7 | 31.4 | 92.8 | 7.2 |
| 1953 | 8.4 | 44.7 | 87.0 | 13.0 |
| 1963 | 6.4 | 35.1 | 91.3 | 8.7 |

续表

| 时间 | 英国 | 美国 | 发达经济体 | 第三世界 |
|------|------|------|------------|----------|
| 1973 | 4.9 | 33.0 | 90.1 | 9.9 |
| 1980 | 4.0 | 31.5 | 88.0 | 12.0 |
| 1991 | 4.5 | 23.5 | 84.2 | 15.8 |
| 1995 | 4.0 | 23.5 | 81.6 | 18.4 |
| 2000 | 3.9 | 26.6 | 78.8 | 21.2 |
| 2005 | 3.6 | 22.3 | 72.3 | 27.7 |
| 2010 | 2.3 | 17.6 | 60.7 | 39.3 |

资料来源：Thompson（2014）。

### （四）美国的崛起

与其他国家相比，美国崛起的经历更加特殊。格雷厄姆在《注定一战》一书中指出："英国不是通过战争来挑战美国的崛起，而是通过适应美国的崛起，创造了'伟大的和解'。因为在其他地方，英国要面对更多凶险和临近的威胁；而在西半球，没有任何美国的竞争对手可以作为英国的盟友。为了保卫大英帝国的财产，英国别无选择，只能迁就美国人。"因此，美国在相对和平的环境中逐渐积累实力。上文中提到，1900年美国在全球制造业产出中的份额就已经超过英国，但其国际政治地位的变化较之更为漫长。

**通过两次世界大战，美国才逐渐确立了其在国际政治体系中的地位。** 在第一次世界大战后的巴黎和会上，美国总统威尔逊提出"十四点"原则，意图建立新的世界秩序，但没有成功。直到第二次世界大战后，英国和德国等老牌国家的实力被严重削弱，美国才终于成为国际政治格局中新的主导国。

**崛起后的美国进行了一系列制度与经济领域的创新。** 在国际政治秩序方面，倡导建立联合国，构建了多边外交合作框架，并通过战略核威慑来遏制核战争。在经济方面，通过原子能、电子计算机和空间技术等领域的创新引领了第三次工业革命。

目前，美国依然是全球GDP规模最大的国家，但其相对地位正在削弱。

美国GDP在全球GDP中的占比已经从2001年的31.5%的高位下降至2020年的24.7%。近年来，法国推动欧盟实现战略自主、中国经济的持续增长等都反映出美国在国际政治格局中的影响力有所弱化。

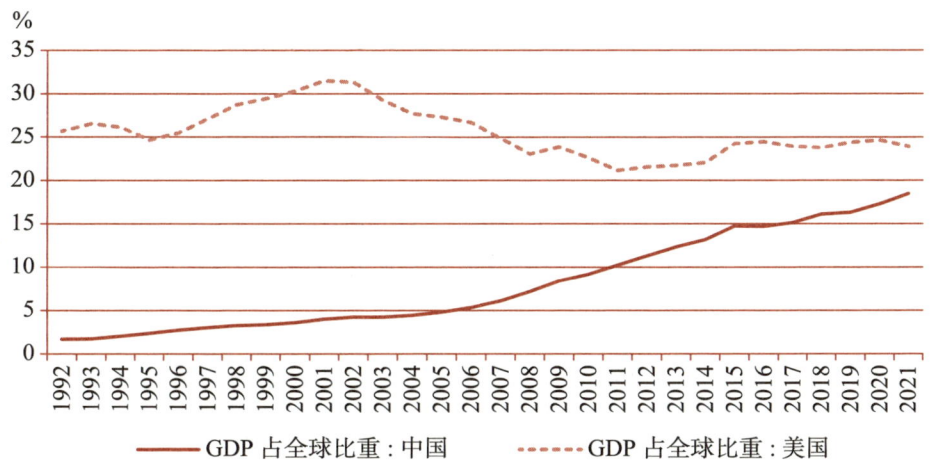

图1-58　中美GDP在全球的占比

资料来源：Wind，兴业研究。

## 二、政治周期的规律

从上文中我们不难看出，国际政治周期的更迭有一定规律可循。

**第一，经济实力是决定政治地位的基础，每一轮政治周期的主导国都在当时全球领先的产业中占据独到的优势。**在工业革命之前，能够控制东西方贸易的经济体就能够积累财富并成为国际政治格局的主导者。在工业化开始后，第一次工业革命的引领者英国，和第三次工业革命的引领者美国都成了国际政治格局的主导者。第二次工业革命在德国、美国、英国等经济体几乎同时展开，没有绝对的引领国。

**正因为经济实力决定政治地位，国际政治周期与康波周期密切相关。**在过去5轮的政治周期中，有4轮周期中的主导国获得海权的时间较康波周期的顶部早10年到20年，仅在1轮周期中主导国获得海权的时间较康波周期的顶部晚10年。

表 1-15　国际格局与康波周期

| 主导国 | 获得海权的时间 | 康波的顶部 | 主导产业 |
|---|---|---|---|
| 葡萄牙 | 1510 年 | 16 世纪 /16 世纪 30 年代 | 黄金，香料 |
| 荷兰 | 1610 年 | 17 世纪 20 年代 | 波罗的海与大西洋贸易，东方贸易 |
| 英国 | 1715 年 | 18 世纪 10 年代 | 亚美贸易 |
| 英国 | 1810 年 | 19 世纪 30 年代 | 棉花，钢铁，铁路与蒸汽机 |
| 美国 | 1945 年 | 20 世纪 60 年代 | 电子，汽车，信息产业等 |

资料来源：Modelski（1987），Thompson（2014），兴业研究。

**第二，主导国的衰落往往与领土纠纷和战争有关。**葡萄牙和荷兰处于当时纷争多发的欧洲大陆，均在旷日持久的战争中消耗了国力。英国虽然是一个岛国，但其维持辽阔海外殖民地的军费开支巨大，且需要通过财力、人力的干预来维持欧洲大陆的均势局面。历史经验显示，在新一轮政治周期开启前的 20 年至 30 年可能是冲突的多发期。

**第三，新主导国可能是"鹬蚌相争"中的"渔人得利"者。**在每一轮政治周期中，挑战主导国地位的经济体可能陷入与主导国的战争或军备竞赛之中。在主导国与挑战国均消耗了大量国力之后，主导国的同盟国家反而可能"渔人得利"，成为下一轮政治周期的主导。例如，在荷兰与法国的战争中，继承荷兰成为主导国的英国在战争后期成为荷兰的亲密盟友；在英国与德国的战争中，与英国同属反法西斯同盟的美国最终攫取了霸权。

表 1-16　主要经济体的角色

| 主导国 | 主要战争时间 | 挑战国 | 同盟国 |
|---|---|---|---|
| 葡萄牙 | 1494—1516 | 西班牙 | 荷兰 |
| 荷兰 | 1580—1609 | 法国 | 英国 |
| 英国 | 1688—1713 | 法国 | 俄罗斯 |
| 英国 | 1792—1815 | 德国 | 美国等 |
| 美国 | 1914—1945 | 苏联 | 北约等 |

资料来源：Introduction to Modelski's Model of World Leadership，[2022/3/1]，https://www.e-education.psu.edu/geog128/node/646。

按照国际政治周期100年至120年的长度推算，我们正处于这一轮政治周期的尾部阶段。这是旧的国际政治体系逐渐走向衰落的阶段。因此，我们需要对地缘政治变化导致的资产价格波动风险和黄金等避险资产的价值保持高度关注。

> **金融周期：后危机时代的反思**
>
> 2017年第三季度的货币政策执行报告指出："国际金融危机促使国际社会更加关注金融周期变化，各国央行也认识到只关注以物价稳定等为表征的经济周期来实施宏观调控显然已经不够，央行传统的单一调控框架存在着明显缺陷……"可见，金融周期及其演变已经成为央行关注的重要因素。
>
> 那么，什么是金融周期？金融周期与经济周期之间存在着怎样的联系？金融周期理论如何影响中央银行的政策框架？本部分将从这三个问题入手，尝试诠释金融周期及其政策内涵。

## 一、什么是金融周期？

与历史悠久的经济周期理论相比，金融周期理论更为年轻。在2008年金融危机前的主流宏观经济学理论中，金融因素往往被看作实体经济波动的附属品——金融因素仅是经济走向均衡过程中所遇到的一项扰动。在传统的RBC（Real Business Cycle，实际经济周期）模型中，生产率冲击被认为是经济波动的主要来源，金融因素则被拒之门外。1998年伯南克等将金融市场摩擦引入宏观模型，并提出"金融加速器"机制[1]。直到金融危机爆发

---

[1] Bernanke et al.（1998）：The Financial Accelerator in a Quantitative Business Cycle Framework.

后，更多经济学者开始探索将房地产、影子银行等因素引入DSGE（Dynamic Stochastic General Equilibrium，动态随机一般均衡）模型。

上述探索逐渐强化了金融因素在宏观经济理论中的地位，但仍未跳出金融附属于实体的窠臼。2012年Drehmann，Borio和Tsatsaronis撰写的国际清算银行工作论文《刻画金融周期：勿忘中期视角！》[1]则发现：金融周期有其独立的生命而非完全附属于经济周期，而金融指标的中期波动与经济周期之间有密切关联。由此开启了从金融周期角度观测经济波动的独特视角。

下面我们将从金融周期的刻画和影响金融周期的因素两个角度诠释金融周期。由于Drehmann et al.（2012）和Borio（2012）[2]的两篇文章奠定了金融周期理论的基础，下文的分析将以这两篇文章为基础。

### （一）金融周期的含义与指标刻画

Borio（2012）将金融周期定义为价值与风险认知、风险偏好和融资约束之间不断自我强化的互相作用，及由此生发的繁荣与低迷的交替。

那么，我们应当如何刻画金融周期？在指标选择方面，Drehmann et al.（2012）比较了私人非金融部门实际信贷、私人非金融部门信贷与GDP之比、实际股票价格、实际住宅价格和一系列实际资产价格的综合指标五个指标。

其中，私人非金融部门信贷包括非金融企业、居民与服务于居民的非营利组织从国内银行和经济中的其他部门、非居民部门，获得的贷款与债券融资。私人非金融信贷与GDP之比采用私人非金融信贷与过去四个季度名义GDP之和计算。一系列资产价格涵盖了住宅价格、商业房产价格和股票价格。除了非金融部门信贷与GDP之比外，其余指标均使用当季CPI平减以获得实际值。

结果显示，实际非金融部门信贷（以下简称"实际信贷"）、非金融部门

---

[1] Drehmann et al.（2012）：Characterising the Financial Cycle：Don't Lose Sight of the Medium Term.

[2] Borio（2012）：The Financial Cycle and Macroeconomics：What Have We Learnt?

信贷与GDP之比和实际住宅价格能够更好地刻画金融周期。实际股票价格的波动周期较短，与金融危机之间的关联也较弱。

在识别方法上，Drehmann et al.（2012）使用了两种方法来识别金融周期。一是使用BP滤波，过滤出5—32个季度的短期周期，和8—30年的中期周期。二是使用拐点分析方法，识别出短期和中期的金融周期。结果显示，与短期波动相比，金融指标的中期波动与经济危机之间有更为密切的关联。

### （二）影响金融周期的因素

在考察了多个国家的历史数据后，Drehmann et al.（2012）发现20世纪80年代后金融周期的持续长度和波动幅度都出现了上升。Borio（2012）指出，三个因素改变着金融周期的持续长度与波动幅度。

第一，金融自由化。20世纪80年代初正是金融自由化浪潮开启的时候。金融自由化使金融因素能够充分发挥其力量，强化了金融系统的顺周期性。

第二，货币政策目标。20世纪80年代后，"通胀目标制"为越来越多国家的央行所接受。通胀目标制使央行致力于控制短期通胀。当通胀水平稳定在低位时，货币政策便没有收紧的必要，金融因素得以不断积蓄力量。

第三，供给侧冲击。全球化和信息技术革命所推动的经济繁荣，为金融周期的上行提供了充足的燃料。

## 二、金融周期与经济周期有何关联？

金融周期可以持续10年至20年。金融周期的顶点与经济危机之间有密切的关联。

考虑到美国的样本时间更长，这里我们以美国为例，以国际清算银行发布的信贷与GDP之比和实际住宅价格指标为基础，使用BP滤波提取出这两个指标8年至30年的中期波动成分。同时，依据NBER的划分识别美国经济衰退期。

数据显示，在样本期内，美国金融周期的顶点与三次经济衰退的时点相近。第一，1979年第二季度，以实际住宅价格为基准刻画的金融周期达到顶点。到1980年1月，美国经济周期也达到顶点，随后美国经济进入衰退期。

第二，在1988年第四季度和1989年第一季度，以信贷与GDP之比和实际住宅价格度量的金融周期均达到顶点。1990年7月，美国经济周期达到顶点并随后出现衰退。

第三，以实际住宅价格和信贷与GDP之比度量的金融周期分别在2006年第一季度和2010年第三季度达到顶点，而美国经济在2007年12月达到顶点，并随后陷入衰退。

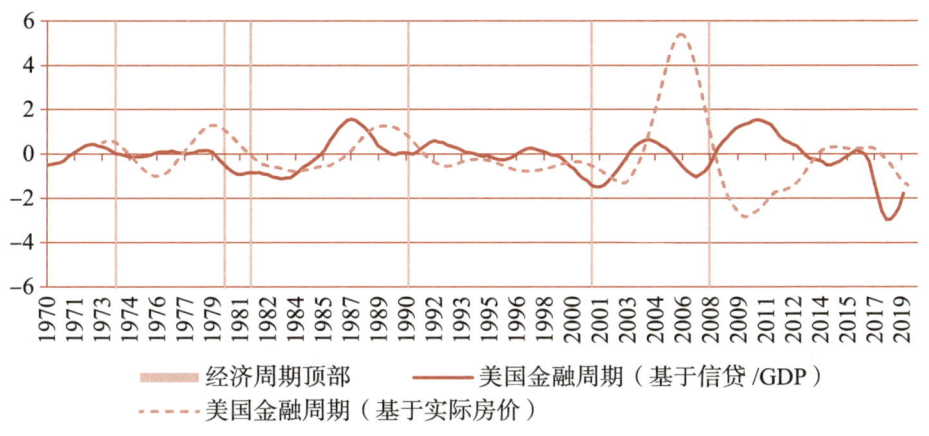

图1-59　美国金融周期

资料来源：BIS，NBER，兴业研究。

诚然，并非所有金融周期的顶点都伴随着金融危机，但Drehmann et al.（2012）指出：在1985年后金融周期顶点伴随金融危机的概率出现了上升。从实际信贷角度看，在1985年之后，64%的金融周期顶点出现在金融危机前后三年。从信贷与GDP之比来看，1985年后50%的金融周期顶点出现在金融危机前后三年。从实际住宅价格角度看，1985年后69%的金融周期顶点出现在金融危机前后三年。以实际股价和一系列实际资产价格刻画的金融周期顶点在金融危机前后三年的概率都在50%以下。

表1–17 金融周期顶点与金融危机

| 指标 | 顶点出现在金融危机前后三年的概率 | |
|---|---|---|
| | 全样本 | 1985年后 |
| 实际信贷 | 48% | 64% |
| 信贷/GDP | 32% | 50% |
| 实际住宅价格 | 40% | 69% |
| 实际股票价格 | 22% | 40% |
| 一系列实际资产价格 | 31% | 44% |

资料来源：Drehmann et al.（2012）。

然而，如果经济衰退期与金融衰退期重合，经济衰退将更为严重。在1985年后，如果经济衰退发生在金融周期扩张期，GDP增速平均下降1.8个百分点，衰退期平均持续3.5个季度；如果经济衰退发生在金融周期衰退期，GDP增速平均下降3.6个百分点，衰退期平均持续4.6个季度。

表1–18 金融周期不同阶段中的经济衰退

| | 全样本 | |
|---|---|---|
| | 金融周期扩张期 | 金融周期衰退期 |
| 实际GDP增速篇平均降幅（%） | −2.2 | −3.4 |
| 衰退期平均长度（季度） | 3.5 | 4.3 |
| | 1985年后 | |
| 实际股票价格 | 金融周期扩张期 | 金融周期衰退期 |
| 实际GDP增速篇平均降幅（%） | −2.2 | −3.4 |

资料来源：Drehmann et al.（2012）。

### 三、金融周期如何影响中央银行政策框架

金融周期理论对以通胀目标制为基石的主流货币政策框架发起了挑战。尽管通货膨胀率是度量经济周期的重要指标，但金融周期是区别于经济周

期的独立现象，不能使用通货膨胀率来刻画。更为棘手的是，金融周期的持续期长于经济周期，导致聚焦于经济周期的货币政策框架缺失了重要的中期视角。

因此，金融周期理论带来了重塑中央银行政策框架的要求。

第一，为防止"未完成衰退"的发生，政策当局对经济短期波动应当保持定力。由于金融周期的持续期长于经济周期，如果货币当局对短期经济冲击过度反应而忽略了中期变化，可能使金融风险进一步积聚。在1987年和2001年股市危机发生后，美国政策当局为稳定经济放松货币政策，使信贷与GDP之比和房价继续上行，诱发了此后更为严重的经济衰退。

第二，健全宏观审慎政策。以逆周期调节和防范系统性风险为主要目标的宏观审慎政策，是后危机时代金融监管改革的核心。考虑到金融体系天然具有顺周期性的特征，有必要要求金融体系理性发展，同时在经济繁荣期积累缓冲垫。

第三，"逆风而行（lean against the Wind）"的货币政策。"逆风而行"允许中央银行在短期通胀压力不大但金融风险积累时收紧货币政策。欧央行执行委员会委员普雷特表示，欧央行通过两个元素搭建起"逆风而行"的货币政策框架[①]。首先，建立灵活应变的中期视角。除非供给冲击可能转化为通胀预期，否则不因供给冲击调整货币政策。其次，当信贷市场趋势可能预示着潜在的金融不稳定时，即使通胀仍然平稳也能够调整货币政策。

---

① 资料来源：http://www.ecb.europa.eu/press/key/date/2016/html/sp160831.en.html

# 第二章　研判物价走势

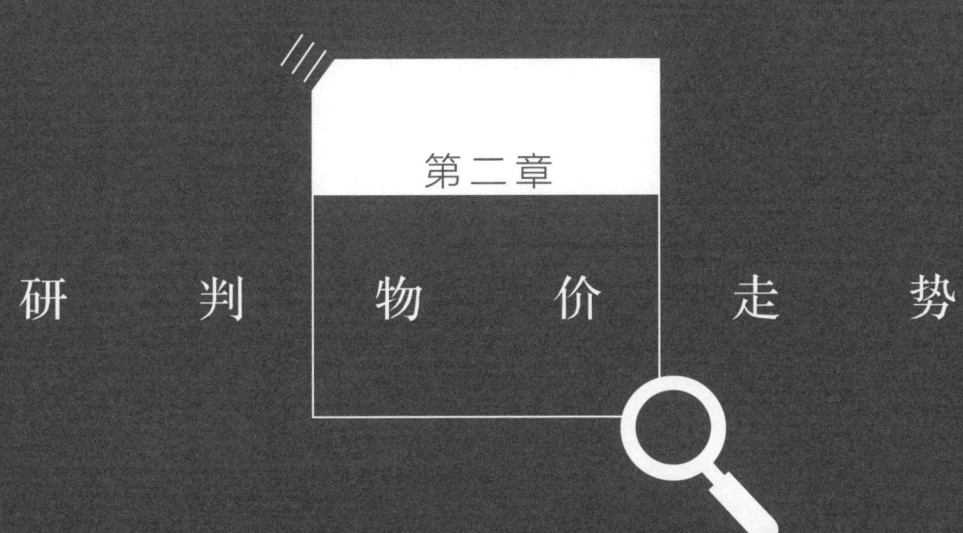

## 猪周期：基础分析框架

> CPI既是经济景气的"温度计"，也是货币政策的"指南针"。在我国的CPI篮子中，虽然猪肉权重不高，但波动较大，因而其成为影响我国CPI变动的主要因素。在过去，猪肉价格通常呈现3年到4年的周期性波动。而2022年，新一轮猪周期已经重新开启。本部分将梳理猪周期的分析框架，以期为研判CPI提供依据。

### 一、初识猪周期

市场通常用猪肉价格来观测猪周期。在我们目前可得的猪肉价格数据中，北京新发地的猪肉价格记录起始时间最早，从1998年12月起就有较为连续的数据记录。不过，考虑到不同地区的猪肉价格存在一定的差异，自2006年9月起，我们开始使用22个省市猪肉的平均价格。总体来看，新发地猪价和22个省市平均猪价的走势较为接近。

数据显示，**自2001年以来，我国已经经历了4轮完整的猪周期，持续时间通常在47个月左右**，仅2001年至2006年的猪周期持续时间较长，达到59个月。**有趣的是，过去猪周期的起始时间通常在第二季度**。这可能是由于春节过后猪肉供需格局通常变差，容易出现猪肉价格的低点。

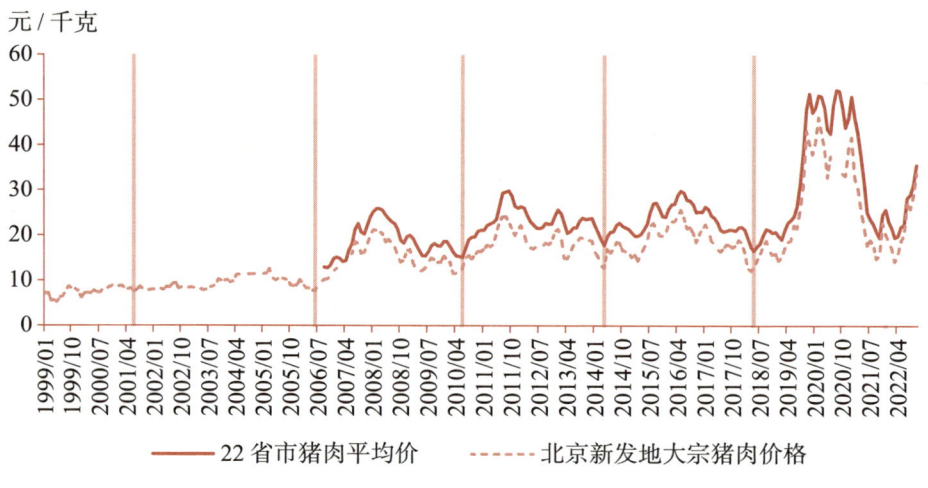

图2-1 猪肉价格

资料来源：Wind，兴业研究。

表2-1 猪周期时间统计

| | 开始时间 | 结束时间 | 上涨月数 | 下跌月数 | 持续月数 |
|---|---|---|---|---|---|
| 第一轮 | 2001-06 | 2006-05 | 45 | 14 | 59 |
| 第二轮 | 2006-06 | 2010-05 | 21 | 26 | 47 |
| 第三轮 | 2010-06 | 2014-03 | 15 | 30 | 45 |
| 第四轮 | 2014-04 | 2018-04 | 25 | 23 | 48 |
| 第五轮 | 2018-05 | 2022-02 | 27 | 17 | 44 |
| 第六轮 | 2022-03 | | | | |

资料来源：Wind，兴业研究。

**在猪价上升周期中，仔猪价格的涨幅通常会高于猪肉价格本身**。利润的提高会激励养殖场（户）补栏。补栏既可以通过购买仔猪来完成，也可以通过增加母猪存栏来完成，但购买仔猪见效更快，因此，每一轮猪价上行周期中，仔猪价格的涨幅都比猪肉本身更为可观。此外，虽然猪价上行会引发禽畜养殖股指上涨，但生猪养殖类企业股票的股指（以申万禽畜养殖指数为代表）上涨幅度很大程度上取决于当时股票市场的走势。

表2-2 猪周期中不同价格的涨幅比较

|  | 开始时间 | 结束时间 | 猪肉涨幅 | 仔猪涨幅 | 母猪涨幅 | 禽畜股指涨幅 |
|---|---|---|---|---|---|---|
| 第一轮 | 2001-06 | 2006-05 | 64.9% |  |  |  |
| 第二轮 | 2006-06 | 2010-05 | 132.1% | 431.4% |  | 246.9% |
| 第三轮 | 2010-06 | 2014-03 | 96.5% | 145.3% |  | 19.5% |
| 第四轮 | 2014-04 | 2018-04 | 67.7% | 189.7% | 43.2% | 139.3% |
| 第五轮 | 2018-05 | 2022-02 | 213.9% | 449.0% | 176.4% | 75.0% |

注：禽畜股指为申万禽畜养殖指数。
资料来源：Wind，兴业研究。

人们通常认为，生猪特有的养殖周期是导致猪肉价格周期性变化的原因。能繁母猪孕育约114天后仔猪出生，仔猪哺乳保育2个月后开始育肥，育肥4到4.5个月后即可出栏。上述过程合计需要10个月左右的时间。

图2-2 生猪养殖周期

资料来源：兴业研究。

然而，生猪的养殖周期也会发生变化。

第一，优质品种生猪的出栏时间更短。目前我国商品猪生产主要是杜洛克、长白和大白猪三元杂交品种，160天左右可以出栏；而过去地方品种杂交猪的出栏周期在180天至200天。

第二，优质饲料也能够缩短生猪的出栏时间。据农业部披露的信息，我国猪配合饲料转化率由4∶1提高到3∶1。因此，过去养一头猪需要更长的时间，现在则比过去更短。

第三，规模化养殖能够改善生猪养殖环境，缩短猪的生长周期。①

如果我们回顾美国猪价的历史可以发现，自1947年有数据以来，美国猪价经历了21个完整的周期，平均时长为40个月。在逾70年的时间里，美国猪周期的时长并没有因为养殖集中度的提高或者生猪品种的改善而发生变化。这可能意味着，猪周期背后真正的推手并非生猪的养殖时长。生猪周期的时长和库存周期十分接近，因此，猪周期可能反映了生猪养殖场（户）依据市场变化增减存栏规模的过程。

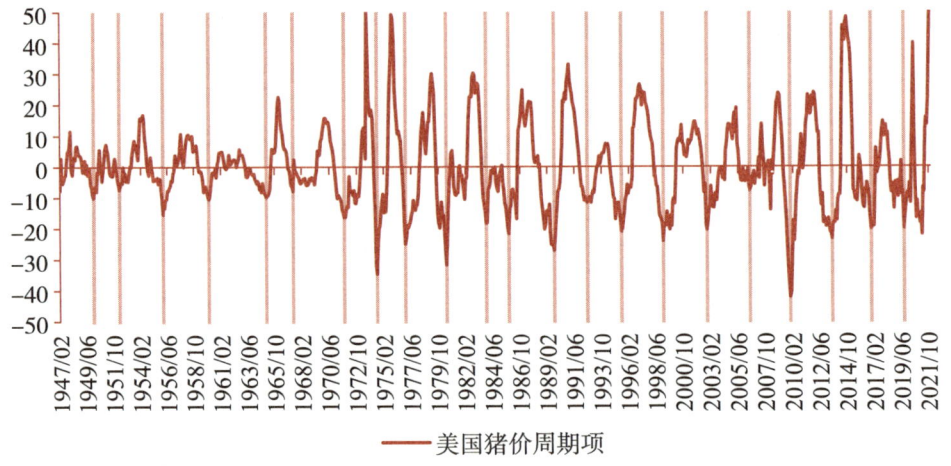

图2-3 美国的猪周期

注：图中猪价周期项为猪价定基指数周期项。以1947年2月猪价为100。
资料来源：Wind，兴业研究。

虽然每一轮猪周期的时长相对固定，但每一轮周期中猪价的涨跌表现差异较大。下面将进一步讨论猪肉需求、猪肉供给、生猪养殖成本这三个影响猪价绝对水平的重要因素。

---

① 资料来源：人民网，《农业部答疑：现在猪怎么长到6个月就出栏？》，（2017/11/21）[2021/12/27]，http://finance.people.com.cn/n1/2017/1121/c1004-29658996.html。

## 二、猪肉需求

**我国的猪肉消费需求于2014年见顶。**我们可以从猪肉国内消费量、生猪屠宰量和生猪出栏量三个指标来观察猪肉消费需求的变化。从猪肉国内消费量来看，2000年至2014年间，我国的国内猪肉消费量波动上升。2014年，我国的猪肉消费量达到5865万吨的顶点，而后逐步回落。从生猪屠宰量来看，2018年受非洲猪瘟影响，生猪屠宰量曾达到过2.4亿头的水平。如果不考虑受非洲猪瘟影响较大的2018年，我国生猪屠宰量的见顶时间也是2014年。从生猪出栏量来看，生猪出栏量也在2014年见顶后回落。

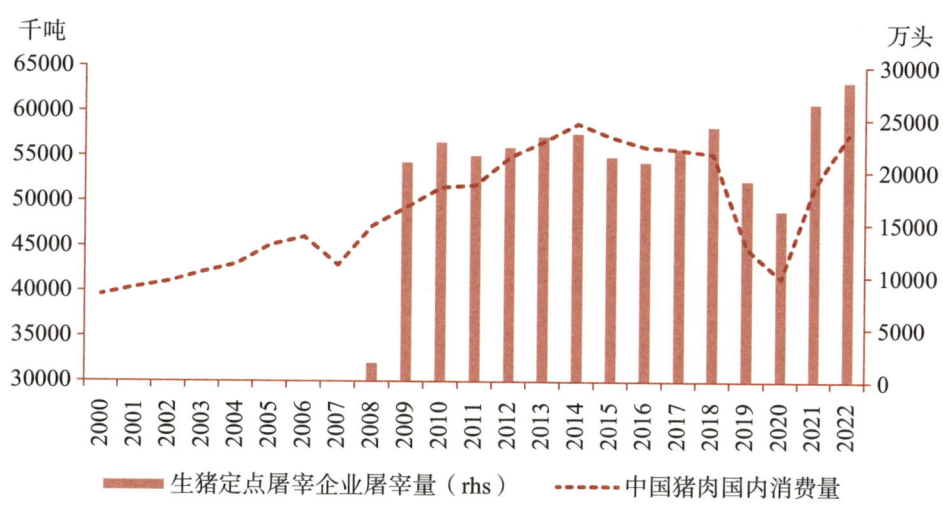

图2-4 生猪屠宰量与消费量

资料来源：Wind，兴业研究。

猪肉消费为什么会见顶回落？从猪肉消费在全部肉禽类消费中的占比来看，2014年以来我国猪肉消费在肉禽类消费中的占比稳定在76%左右。

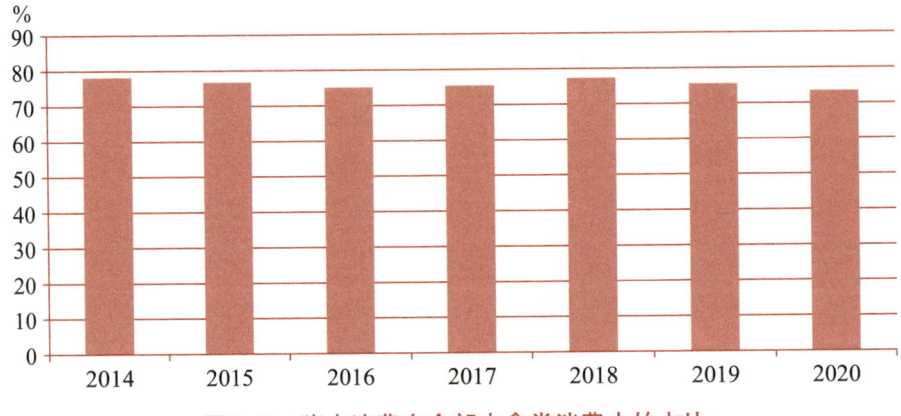

图2-5 猪肉消费在全部肉禽类消费中的占比

资料来源：Wind，兴业研究。

但是，与年轻人口相比，老年人口的肉类消费占比通常更低。从人口结构来看，我国15—64岁人口数量在2013年见顶，与猪肉消费量见顶的时间十分接近。日本的经验显示，老年人口的肉类消费少于年轻人口。2019年日本全部家庭肉类消费在食品消费中的占比为9.7%，户主60—69岁家庭的这一占比为9.5%，户主超过70岁的家庭的这一占比为9.0%。因此，**人口老龄化可能是导致2014年后猪肉消费见顶回落的重要原因。**

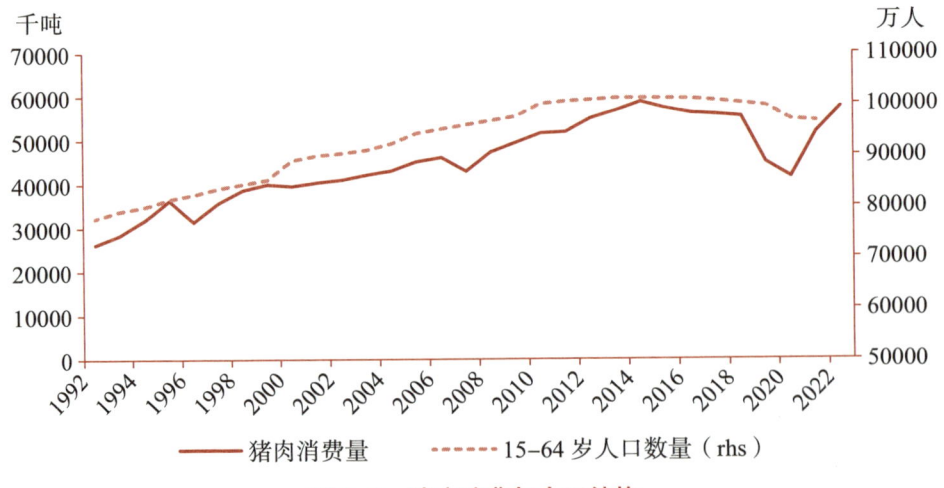

图2-6 猪肉消费与人口结构

资料来源：Wind，兴业研究。

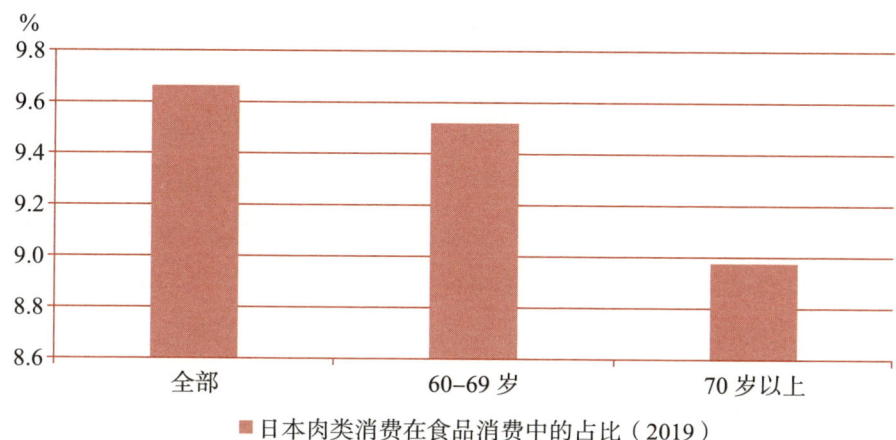

■ 日本肉类消费在食品消费中的占比（2019）

图2-7 年龄与肉类消费：以日本为例

资料来源：日本统计局，兴业研究。

## 三、猪肉供给

我国的猪肉主要依靠国内供给。除2020年以外，在我国猪肉消费中，国内自产自销猪肉的比例超过了90%。

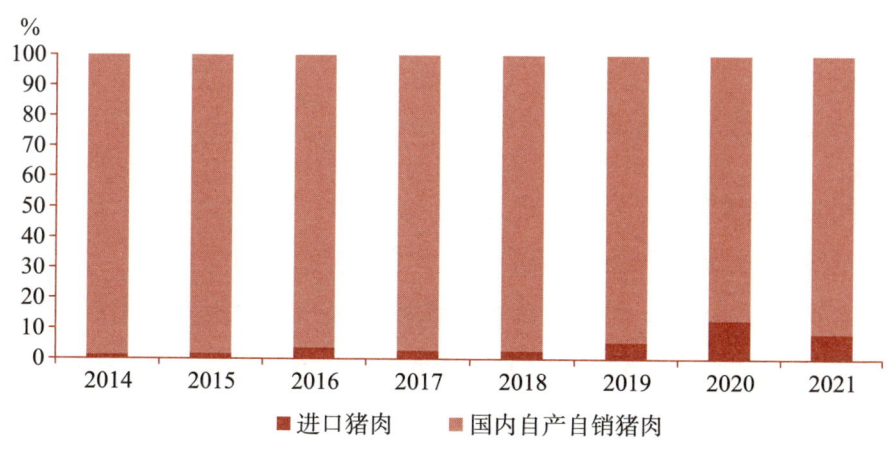

■ 进口猪肉 ■ 国内自产自销猪肉

图2-8 猪肉供给结构

资料来源：Wind，兴业研究。

我们可以从能繁母猪存栏、仔猪与猪肉比价、生猪存栏量、生猪屠宰量和饲料产量五个维度来考察生猪供应。其中，能繁母猪存栏、仔猪与猪肉比价是领先指标，生猪存栏、生猪屠宰量和饲料产量是同步指标。

从领先指标来看，上文中我们曾经提到，补栏既可通过购买仔猪完成，也可通过增加母猪饲养来实现。在生猪供应相对不足时，养殖场盈利预期强化，增加仔猪购买，带动仔猪与猪肉价格之比抬升。反之，当养殖场盈利预期弱化，仔猪与猪肉价格之比会出现回落。因此，仔猪与猪肉价格之比对生猪存栏有一定的领先性。

图2-9　仔猪价格与生猪存栏

资料来源：Wind，兴业研究。

同时，能繁母猪存栏上升之后，生猪的供应能力也会增加。数据显示，能繁母猪存栏同比领先生猪屠宰量6个月左右。

从同步指标来看，生猪存栏和生猪屠宰量显然是生猪供应的同步指标。2021年7月发布的《生猪屠宰管理条例》要求，国家实行生猪定点屠宰、集中检疫制度。除农村地区个人自宰自食的不实行定点屠宰外，任何单位和个人未经定点不得从事生猪屠宰活动。在边远和交通不便的农村地区，可以设置仅限于向本地市场供应生猪产品的小型生猪屠宰场点，具体管理办法由省、自治区、直辖市制定。因此，生猪屠宰量可以捕捉到市场上绝大部分的猪肉供应变化。

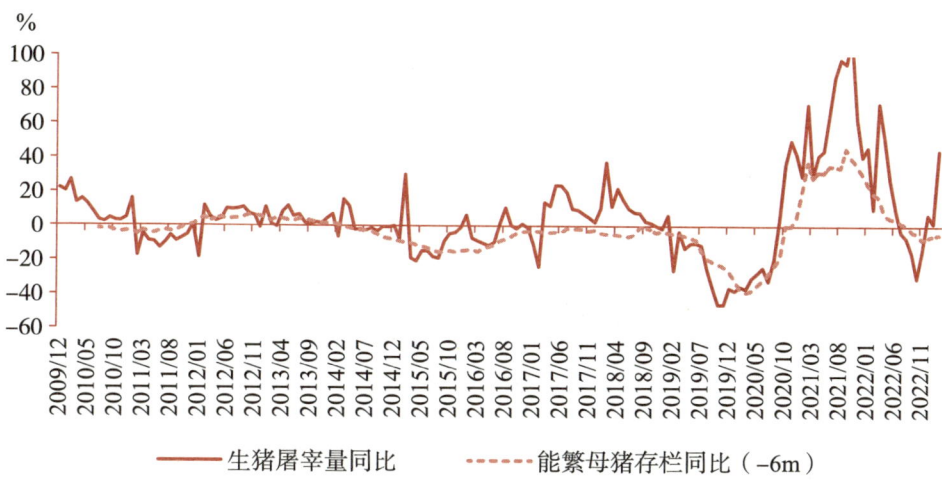

图2-10 生猪屠宰与母猪存栏

资料来源：Wind，兴业研究。

**生猪存栏指标近年来则出现了一定程度的失真**。2014年至2018年间，生猪存栏同比持续负增长，但屠宰量的表现要更加稳定。与2013年末相比，2018年末生猪存栏累计下降了32.0%，但2018年的生猪屠宰量较2013年增长了4.0%。考虑到2014年至2018年间生猪的消费量没有出现如此大幅度的下降，猪价也没有极端表现，屠宰量数据的准确度应该优于存栏量。

除了生猪屠宰量和存栏量之外，我们也可以通过饲料产量来间接观察生猪存栏。例如，2021年猪饲料产量同比前高后低，也表明生猪补栏的高峰已经过去。

**养殖利润和生猪疫情是影响猪肉供给的两个关键因素**。从养殖利润来看，自繁自养生猪的养殖利润领先能繁母猪存栏同比约6个月。这表明从养殖利润变化到养殖场调整能繁母猪存栏之间大概存在6个月的时滞。

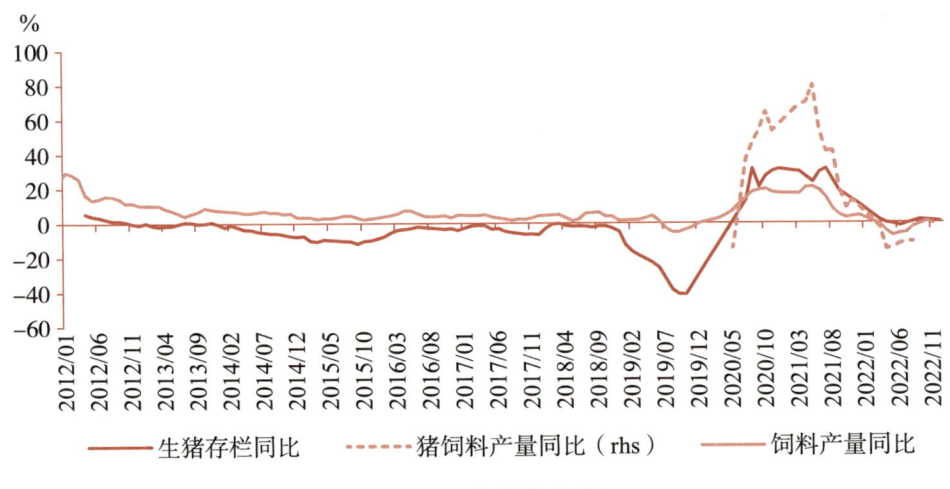

图2-11 饲料与存栏

资料来源：Wind，兴业研究。

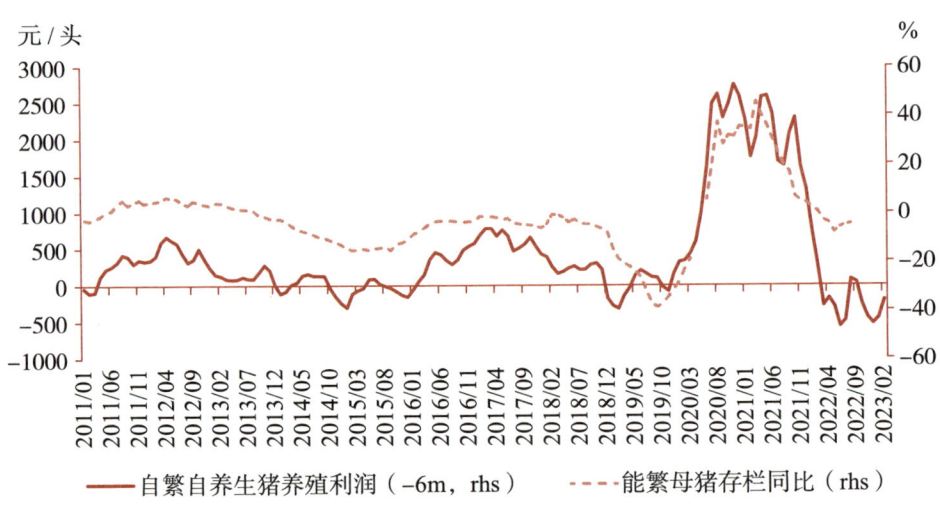

图2-12 养殖利润与母猪存栏

资料来源：Wind，兴业研究。

从生猪疫情来看，生猪疫情往往会引起生猪存栏的减少。因此，在生猪发病高峰期附近，猪价容易出现反弹。

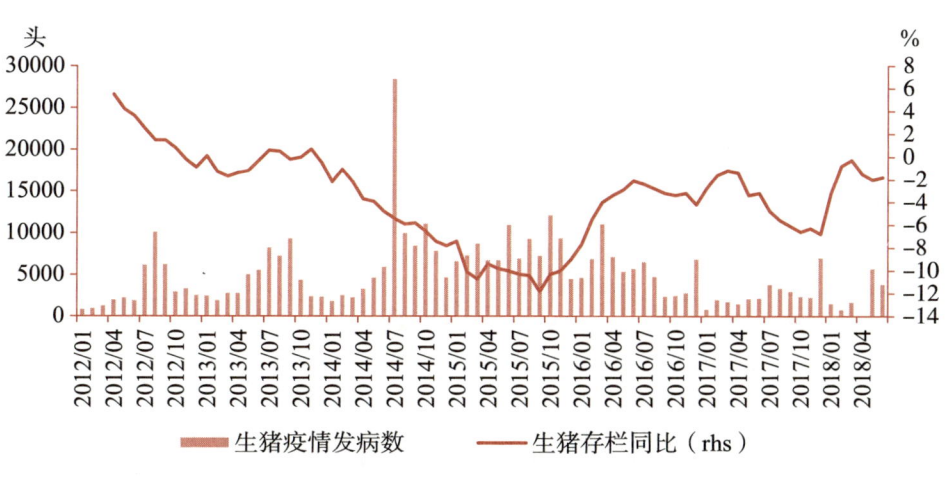

图2-13　生猪疫情与存栏

资料来源：Wind，兴业研究。

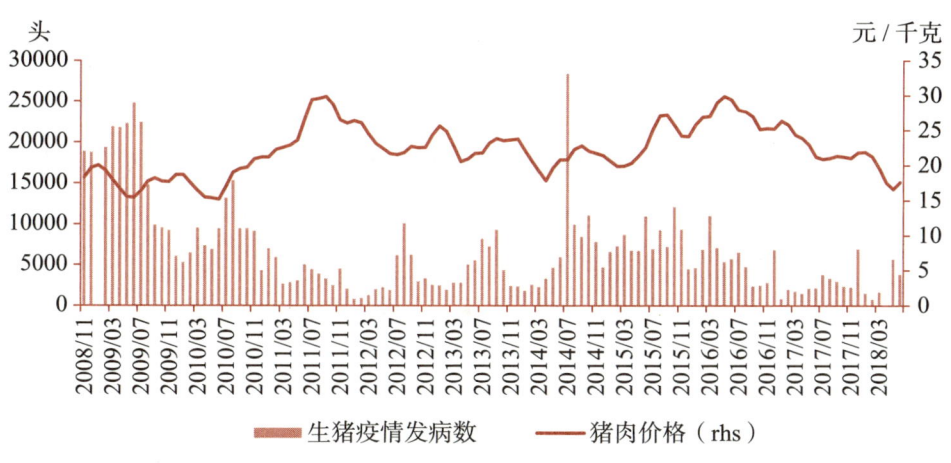

图2-14　生猪疫情与猪价

资料来源：Wind，兴业研究。

## 四、生猪养殖成本

生猪养殖成本可以分为5个部分：人工成本、饲料成本、仔畜成本、医疗防疫成本和其他成本。以规模养殖的生猪为例，2020年生猪养殖成本中仔畜成本的占比最高，达到51.7%；其次为饲料成本，占比约37.7%；再次为人工成本，占比约7.0%。医疗防疫成本和其他成本的占比分别为1.1%和2.6%。

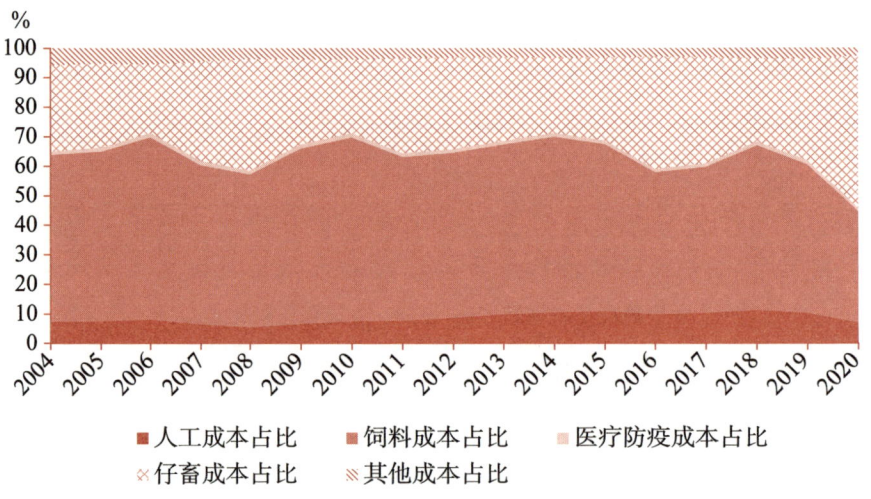

图2-15　规模生猪的养殖成本构成

资料来源：Wind，兴业研究。

自2004年以来，生猪养殖成本呈现波动上升趋势，散养生猪的养殖成本持续高于规模生猪。散养生猪与规模生猪在饲料等方面的成本差异并不显著，但散养生猪的人工成本明显高于规模生猪。

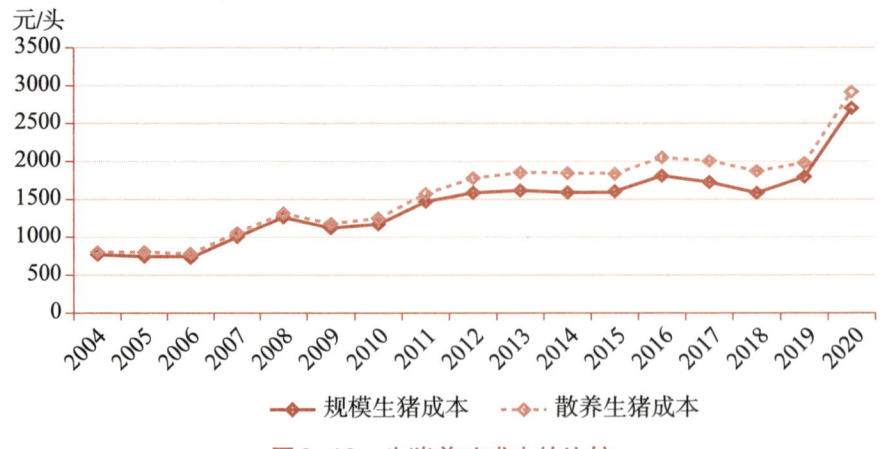

图2-16　生猪养殖成本的比较

资料来源：Wind，兴业研究。

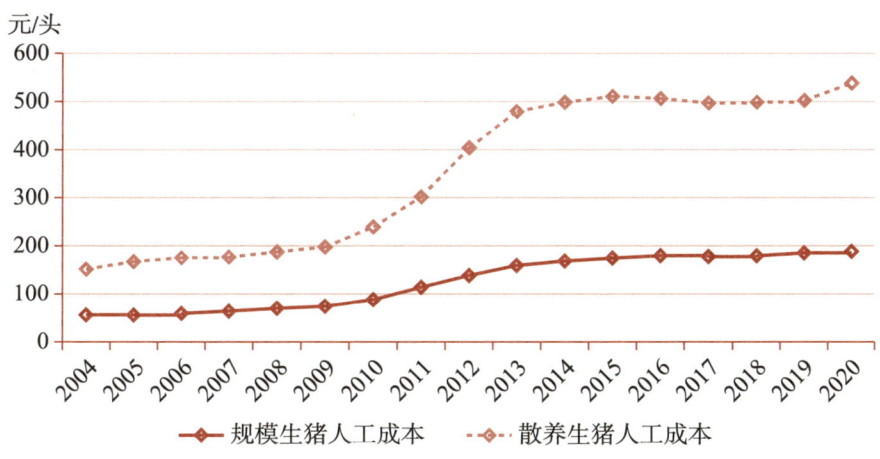

图2-17 生猪养殖人工成本的比较

资料来源：Wind，兴业研究。

近年来我国生猪养殖业的集中度不断提升。2018年非洲猪瘟的暴发又加速了这一进程。与2016年相比，2020年出栏1—49头的养殖场（户）数下降了51.5%，出栏5万头以上的养殖场（户）数上升了78.1%。2020年5家从事生猪养殖业的上市公司出栏量占全国出栏量的9.2%，较2016年提高了5.7个百分点。

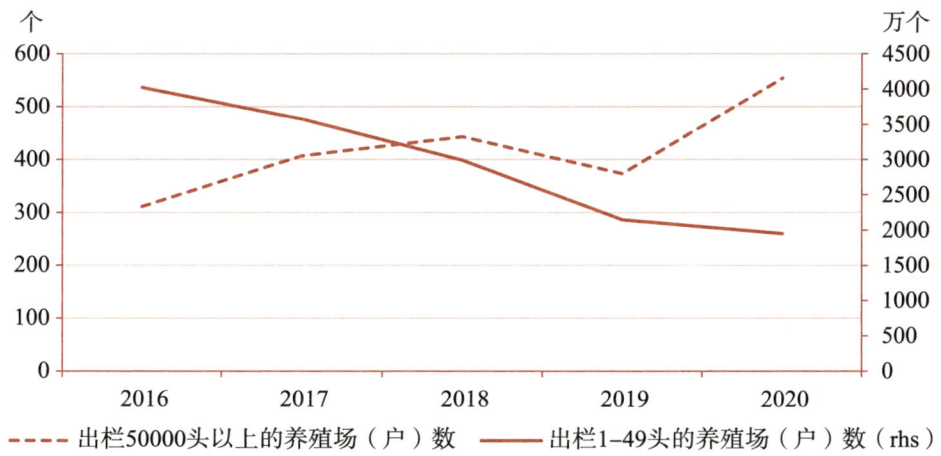

图2-18 生猪养殖结构的变化

资料来源：Wind，兴业研究。

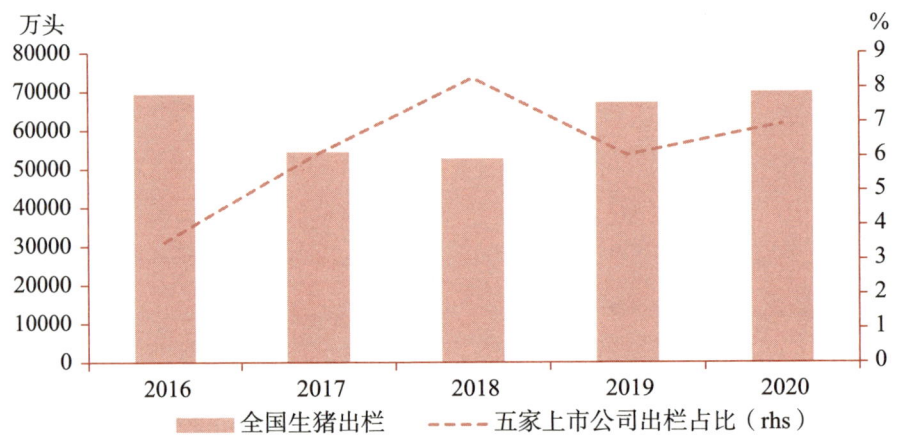

图2-19 五家上市公司出栏占比

注：五家公司分别为牧原股份、正邦科技、温氏股份、新希望、天邦股份。
资料来源：Wind，兴业研究。

**不过，我国生猪养殖集中度还有较大提升空间。** 在美国，2006年出栏数量5万头以上的养殖场的市场份额达到64%。我国2019年出栏1—49头的养殖场（户）数约2144.6万，全年生猪出栏量为5.4亿头。即使规模为1—49头的养殖场（户）的平均出栏量仅有10头，其在全部出栏量中的占比也能够达到39.4%。此外，还有大量出栏量在50头至5万头之间的养殖场（户）存在。

表2-3 美国生猪市场结构的变化

| 出栏量（头） | 市场份额（%） | | | | | | |
|---|---|---|---|---|---|---|---|
| | 1988年 | 1991年 | 1994年 | 1997年 | 2000年 | 2003年 | 2006年 |
| 1000以下 | 32 | 23 | 17 | 5 | 2 | 1 | 1 |
| 1000—1999 | 19 | 20 | 17 | 12 | 7 | | |
| 2000—2999 | 11 | 13 | 12 | 10 | 5 | | |
| 1000—3000 | | | | | | 8 | 5 |
| 3000—4999 | 10 | 12 | 12 | 10 | 7 | 4 | 3 |
| 5000—9999 | 9 | 10 | 12 | 11 | 10 | 9 | 6 |
| 10000—49999 | 12 | 13 | 13 | 17 | 18 | 19 | 21 |
| 50000—499999 | | | | | | 19 | 21 |

续表

| 出栏量（头） | 市场份额（%） | | | | | | |
|---|---|---|---|---|---|---|---|
| | 1988年 | 1991年 | 1994年 | 1997年 | 2000年 | 2003年 | 2006年 |
| 50000以上 | 7 | 9 | 17 | 36 | 51 | | |
| 500000以上 | | | | | | 40 | 43 |

资料来源：Pork Checkoff, The Pork Industry at a Glance. 2007 Pork Industry Study（National Pork Board, PIC, Land O' Lakes, Monsanto Choice Genetics, Univ. of Mo., Iowa State Univ., Pork Magazine）。

目前我国猪肉CPI同比的波动幅度显著高于美国的水平。**美国的经验显示，随着生猪养殖集中度的提升，猪价的波动会减小。**可以预见，如果我国生猪养殖业集中度进一步提升，猪肉价格波动对CPI的影响将减轻，CPI的表现将更为稳定。

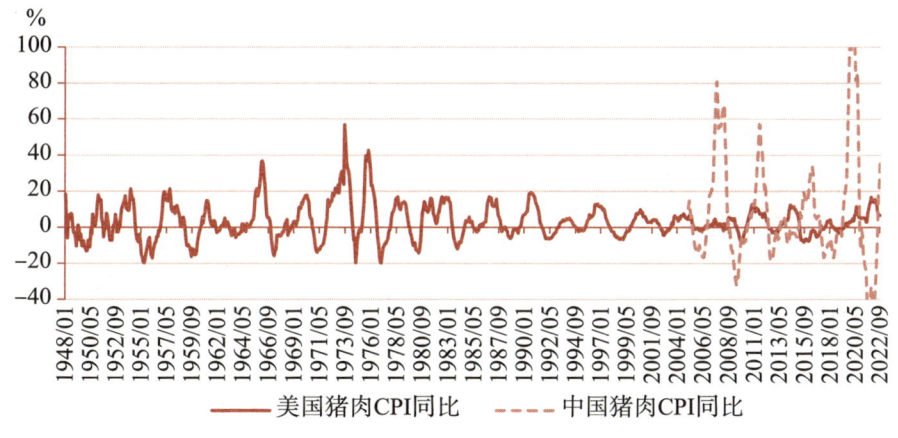

图2-20　美国和中国猪肉CPI同比

资料来源：Wind，兴业研究。

## 五、新一轮猪周期展望

新一轮猪周期在2022年3月已经开启。不过，在这一轮周期中，猪价的反弹幅度将明显小于上一轮。2021年9月农业农村部发布的《生猪产能调控实施方案（暂行）》指出，"十四五"期间，以正常年份全国猪肉产量在5500

万吨时的生产数据为参照,设定能繁母猪存栏量调控目标,即能繁母猪正常保有量稳定在4100万头左右,最低保有量不低于3700万头。这意味着猪肉产量5500万吨对应的能繁母猪保有量约4100万头。目前全国的猪肉消费量可能已经低于5500万吨。2021年前三季度,我国的生猪出栏量约4.9亿头,非常接近2018年同期的水平,但生猪价格下跌压力较大,反映出生猪市场供过于求。由于2018年全年的国内猪肉消费量大约为5530万吨,2021年全国的国内猪肉消费量可能已经明显低于2018年。如果不考虑生猪供应相对不足的2019年和2020年,2014年至2018年间,猪肉消费量年均下降1.5个百分点。据此推算,到2022年,猪肉消费量在5200万吨左右,对应的能繁母猪存栏大约是3876万头。由此来看,新一轮猪价上升期中猪肉供应的紧张程度将小于上一轮周期。

在此基础上,我们可以通过生猪养殖利润与猪价之间的关系来研判猪价的水平。生猪养殖利润与猪价之间有显著的正向关联。根据2018年8月非洲猪瘟暴发以来的数据推算,目前猪肉的盈亏平衡价格约每公斤22.8元。在猪肉供应偏紧、猪价上升的时期,生猪养殖场(户)通常要求更高的利润,将猪价推升至盈亏平衡点之上。

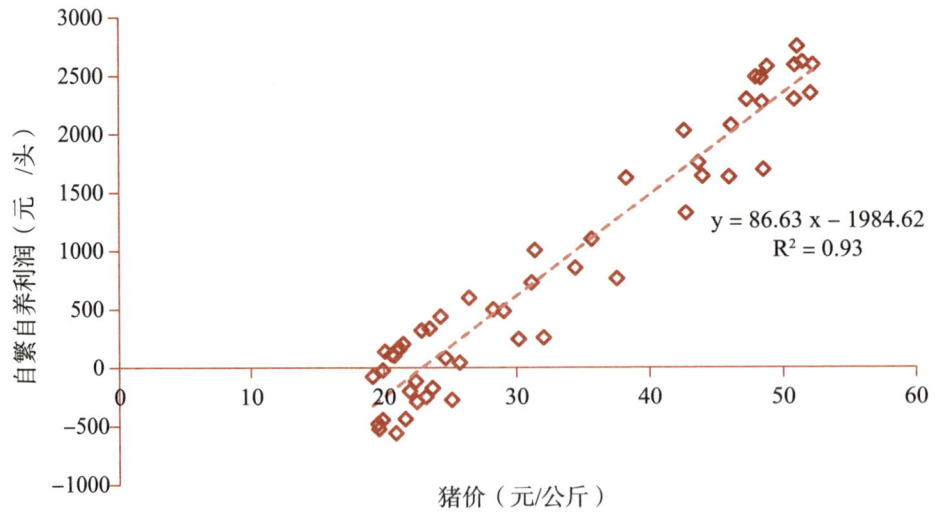

图 2-21 猪价与养殖利润

资料来源:Wind,兴业研究。

## 消费者价格指数（CPI）："三分法"预测

根据统计局的定义，CPI指消费者价格指数，是反映城乡居民家庭购买并用于日常生活消费的一篮子商品和服务项目价格水平随时间而变动的相对数，在一定程度上反映了通货膨胀（或紧缩）的程度。CPI既与我们的生活息息相关，也影响着金融市场。根据国家统计局制定的调查方案，CPI按用途划分为8个大类，包括食品、烟酒、衣着、家庭设备用品及维修服务、医疗保健和个人用品、交通和通信、娱乐教育文化用品及服务、居住。作为市场参与者，我们该如何对CPI进行预测？本部分将介绍如何通过"三分法"来分析与预判CPI走势。

CPI篮子中既包括有形的消费品，也包括无形的服务。而有形的消费品中又包括食品和非食品的消费品。由于统计局每个月都会披露食品和服务CPI，我们可以根据全部CPI、食品CPI和服务CPI倒推出CPI篮子中剩余消费品的价格走势，并将其定义为非食品消费品CPI。依据上述方法，CPI可以被拆分为三个部分：食品CPI、非食品消费品CPI和服务CPI。数据显示，运用"三分法"可以精准地跟踪CPI。下文将依据三大分类不同的运行情况分别对其展开分析。

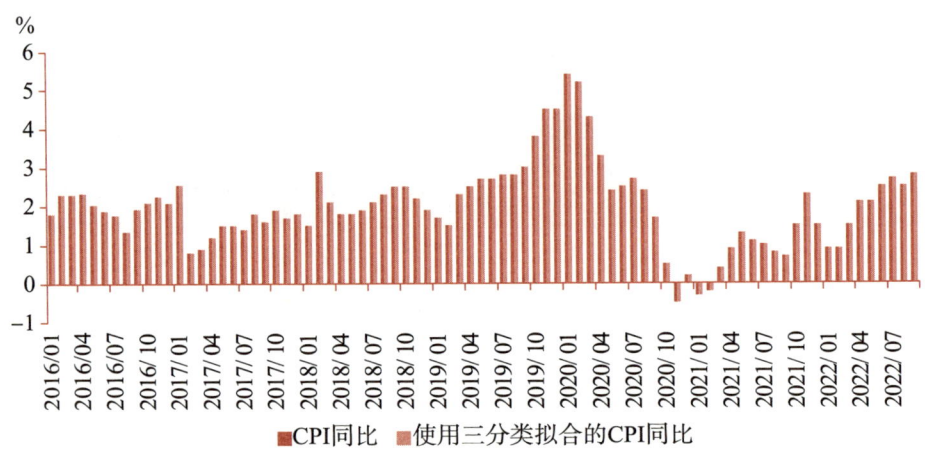

**图2-22 用三分类拟合CPI**

资料来源：Wind，兴业研究。

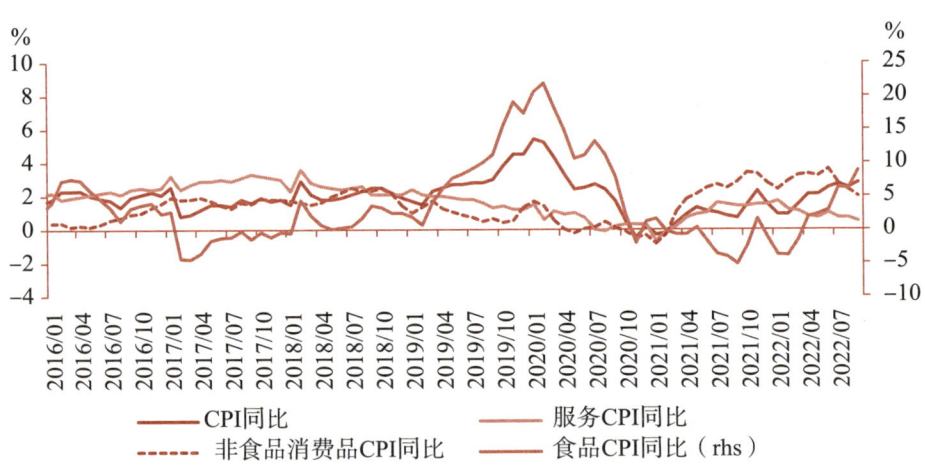

**图2-23 CPI及其主要分项**

资料来源：Wind，兴业研究。

## 一、服务

CPI篮子中涵盖的服务类型十分丰富，包括住房服务、医疗服务、教育服务、娱乐服务、通信服务、邮政服务和家政服务等。其中，权重较大的房租CPI和波动较大的旅游CPI能够解释服务CPI绝大部分的波动。

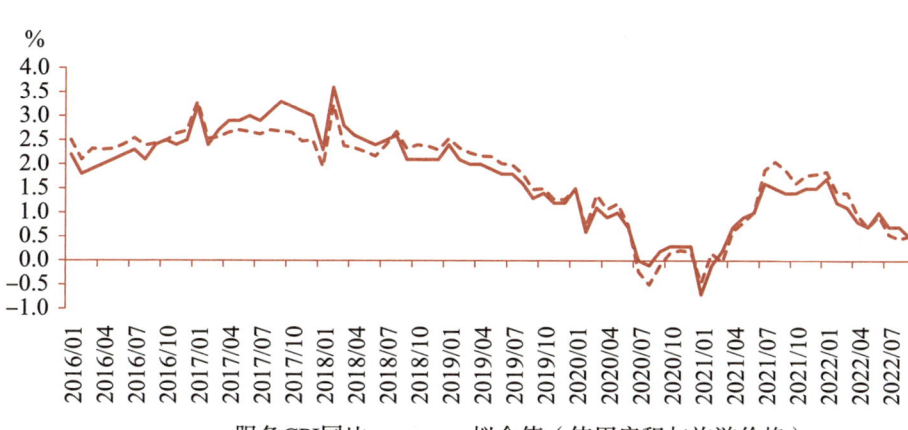

图2-24 服务CPI的拟合

资料来源：Wind，兴业研究。

从房租CPI来看，房租CPI与就业形势密切相关。当就业市场繁荣时，流动人口的租房需求往往上升，支付租金的能力也较高；当就业市场低迷时，流动人口支付租金的能力通常下降，甚至可能退出当地劳动力市场并返乡。因此，房租CPI同比与过去6个月的城镇调查失业率均值密切相关。如果就业形势的改善，房租CPI同比有望温和回升。

从旅游来看，在疫情暴发前，旅游CPI同比与居民的财产性收入密切相关。数据显示，在2020年之前，旅游CPI同比与百城住宅价格同比走势密切相关，反映出财产性收入增加容易刺激包括旅游在内的可选消费需求。然而，在新冠疫情暴发之后，旅游与房价出现失联。在2020年疫情暴发后的初期，由于交通不便，旅游CPI同比显著拉升，但房价同比稳中略降。2021年以来房价同比稳中有降，但旅游CPI同比一度因低基数而出现拉升。2022年旅游CPI同比又有所回落。

这主要是当疫情反复时，居民减少旅行计划。疫情成了影响旅游CPI的重要因素。城镇储户问卷调查结果显示，2022年第三季度计划在未来3个月增加旅游支出的比例为17.3%，低于2017年至2019年间平均30.9%的水平。

不过，随着疫情防控进入新阶段，旅游意愿与旅游CPI均有所回升。

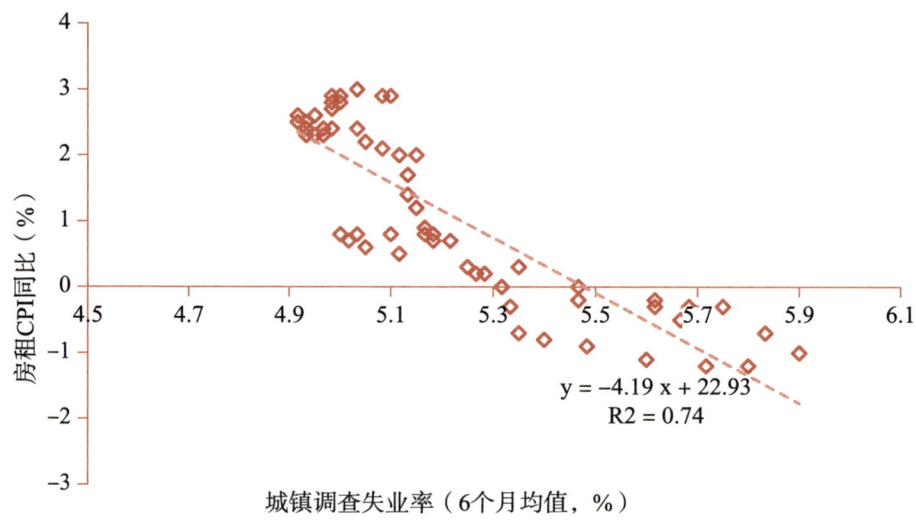

图2-25　房租与就业

资料来源：Wind，兴业研究。

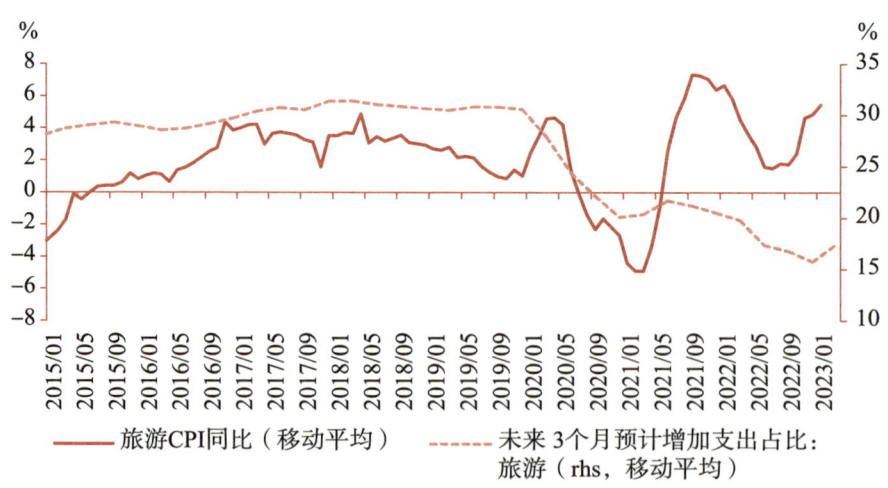

图2-26　旅游意愿与旅游CPI

资料来源：Wind，兴业研究。

## 二、非食品消费品

CPI篮子中的非食品消费品主要包括家用器具、服装、交通工具、交通工具使用的燃料、通信工具和药品等。由于非食品消费品主要是工业制成品，非食品消费品CPI同比的变化与PPI同比较为一致。这意味着，PPI同比的上涨可通过非食品消费品领域传导至CPI。

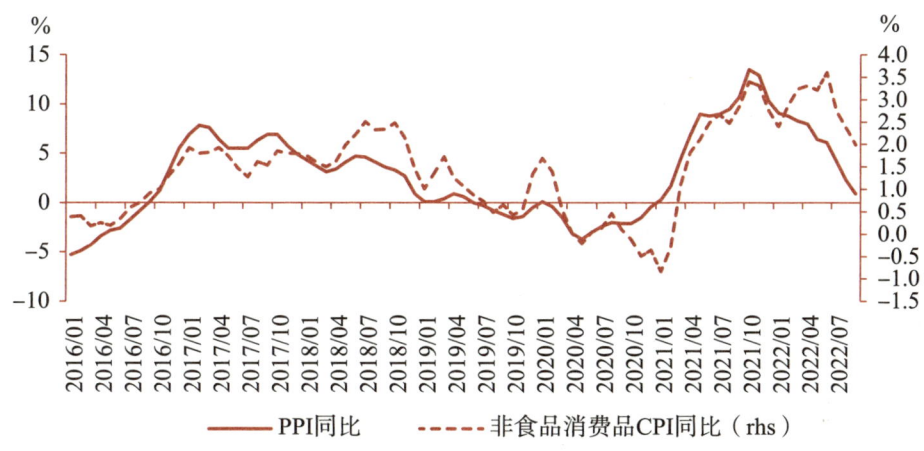

图2-27　PPI与非食品消费品CPI

资料来源：Wind，兴业研究。

图2-28　非食品CPI拟合

资料来源：Wind，兴业研究。

尽管非食品消费品包含的项目较多，但汽油价格能够比较有效地捕捉非食品消费品绝大部分的波动。汽油价格能够较好地拟合非食品消费品价格的变化，仅2021年春节前后就地过年使二者之间出现了较为明显的偏差。待就地过年的影响消退后，二者的分歧又重新缩小。

## 三、食品

猪肉价格是影响食品价格的主要因素。2021年以来，生猪存栏恢复，但生猪价格难以回到非洲猪瘟前的水平。非洲猪瘟增加了养殖难度，对散养户而言尤其如此。散养户外购仔猪较多，而外购仔猪可能携带病菌，防疫难度较大。在此背景下，规模化养殖占比显著提升。数据显示，受环保要求提升、防控非瘟疫情、仔猪供不应求等因素的影响，近年来生猪规模养殖的成本已明显高于2019年前的水平。

图2-29 自繁自养生猪成本

资料来源：Wind，兴业研究。

## 工业生产者价格指数（PPI）：如何判断PPI通胀的持续性？

2021年，在海外货币宽松和供应链瓶颈的共同推动下，大宗商品价格出现了快速上涨。受大宗商品价格上涨的影响，市场普遍预期PPI同比将显著上升。不过，市场对于通胀的持续性依然存在分歧。而通胀压力持续时间的长短对金融市场有着十分重要的意义。本部分将探讨如何认识工业品领域通胀的持续性。

图2-30　大宗商品价格

注：以2016年1月为基期。
资料来源：Wind，兴业研究。

除了2000年7月和2003年3月PPI同比只是短暂地突破4.5%以外，2000年以来，我国还出现过其他4次PPI同比持续高于4.5%的阶段，其持续时长从12个月到21个月不等。

表2-4 高通胀时期统计

| PPI同比大于4.5%的时间 | 时长 |
|---|---|
| 2000年7月 | 1个月 |
| 2003年3月 | 1个月 |
| 2004年4月至2005年9月 | 18个月 |
| 2007年11月至2008年10月 | 12个月 |
| 2010年2月至2011年10月 | 21个月（其间有两个月PPI同比下滑至4.5%以下） |
| 2016年12月至2017年12月 | 13个月 |
| 2021年4月至2022年6月 | 15个月 |

资料来源：Wind，兴业研究。

分析历史情况发现，持续的高通胀需要特定经济环境的支持。**第一，产能利用率较高，闲置生产资源较少**。因此，当经济进入扩张期后，即使加快生产也难以完全满足快速上升的需求，导致供给偏紧，推动价格持续上行。数据显示，PPI同比持续高于4.5%的情况往往出现在工业企业设备利用水平较高的阶段。而在2000年和2013年期间，虽然经济景气度出现了一定程度的改善，但由于过剩产能的存在，PPI同比难以持续高企。

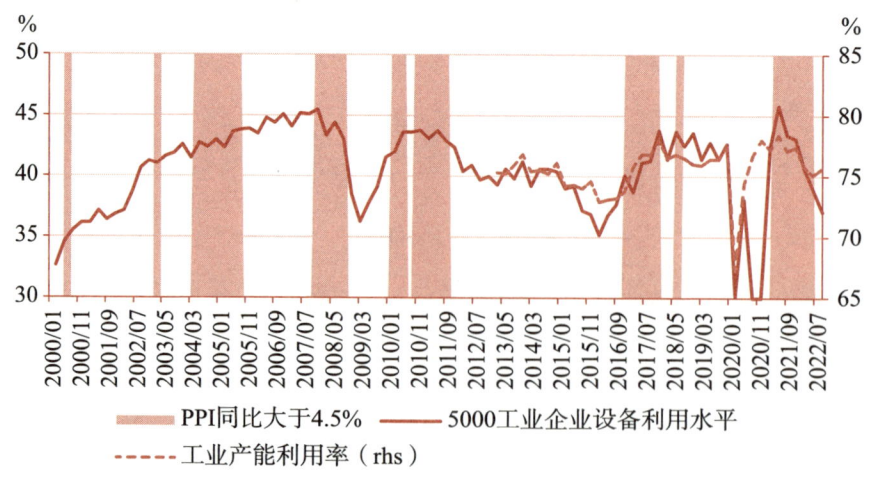

图2-31 产能利用率与PPI

资料来源：Wind，兴业研究。

**第二，商品房库存同比回落，房地产商有较为强烈的补库存意愿，进而对工业品需求形成提振。** 数据显示，2000年以来工业品领域持续的高通胀通常发生在商品房库存同比下滑时或下滑后。

图2-32 PPI与商品房库存

资料来源：Wind，兴业研究。

**第三，发达经济体政府债务扩张，与国内需求形成共振，共同推动了工业品价格的上涨。** 我们用发达经济体政府债务的同比增速刻画发达经济体财政扩张的力度，可以发现，工业品价格持续高涨的情况通常出现在发达经济体财政扩张力度加大之后。

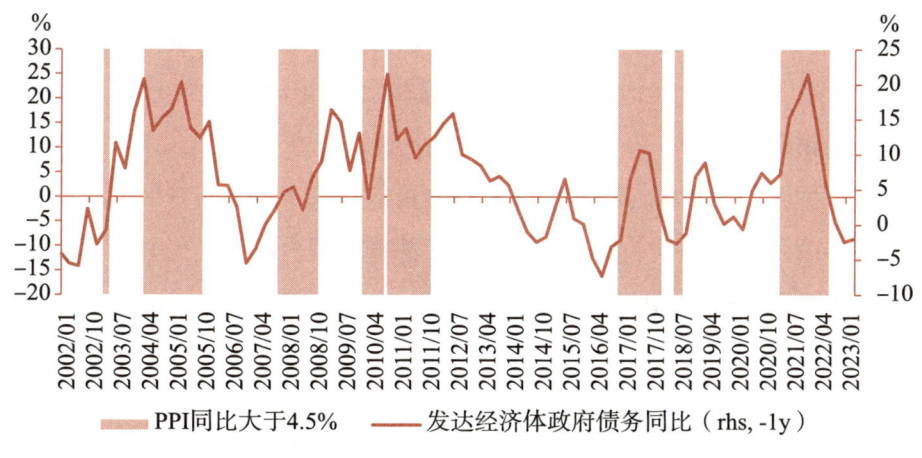

图2-33 政府杠杆与PPI

资料来源：Wind，BIS，兴业研究。

**第四，工业品价格的普涨会强化物价上涨的持续性**。如果原材料价格的上涨能够顺利传导至其他工业制成品，影响到终端消费品价格甚至劳动力成本，那么，不但原材料本身的涨价更具备可持续性，而且生活资料价格的上涨又将通过工资反馈至工业品价格，强化工业品价格上涨的压力。历史经验显示，2000年以来PPI同比持续高企的时期都出现了工业品价格普涨的现象。

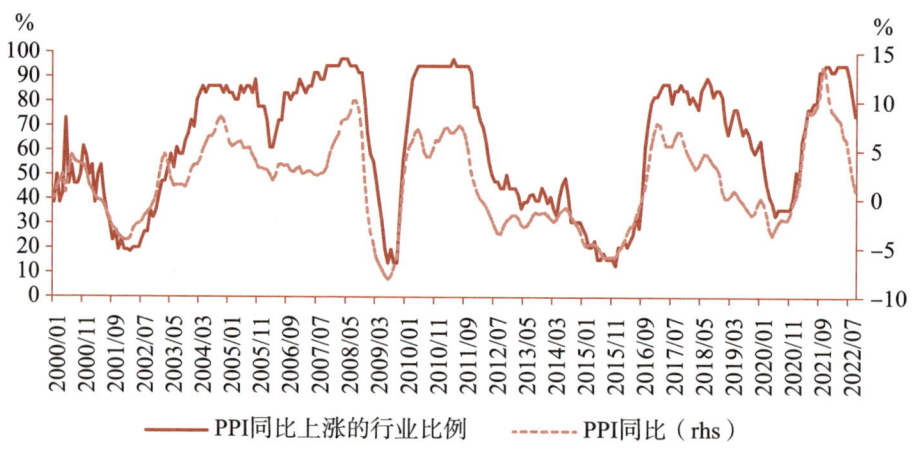

图2-34 PPI上涨的普遍性

资料来源：Wind，兴业研究。

而在2021年，上述四种条件都具备，导致PPI同比上涨持续了较长时间。

值得注意的是，近年来大宗商品的产能投资较为低迷，或将对大宗商品价格产生长期影响。2019年全球钻机数量较2018年同比下降9.0%。2020年疫情后，钻机数量进一步下滑。随着疫情的影响逐渐减轻，2021年以来钻机数量缓慢回升，但2022年9月全球钻机数量依然低于2019年末的水平。IEA在《全球能源投资2020》中指出，2020年能源投资可能下降了18%，而清洁能源资本支出近年来徘徊在每年6000亿美元上下，没有明显的提升[①]。IEA的

---

[①] 资料来源：IEA, Investment estimates for 2020 continue to point to a record slump in spending,（2020/10/23）[2021/10/23], https://www.iea.org/articles/investment-estimates-for-2020-continue-to-point-to-a-record-slump-in-spending。

估算显示,现有油田产量难以满足可持续发展情境下的原油需求,更显著低于现有政策情境下估算出的原油需求。

全球能源体系低碳化转型的路径较为明确,传统能源投资意愿不强。能源体系的转型难以一蹴而就,我们还需要密切关注能源体系转型过程中能源供需匹配的情况。

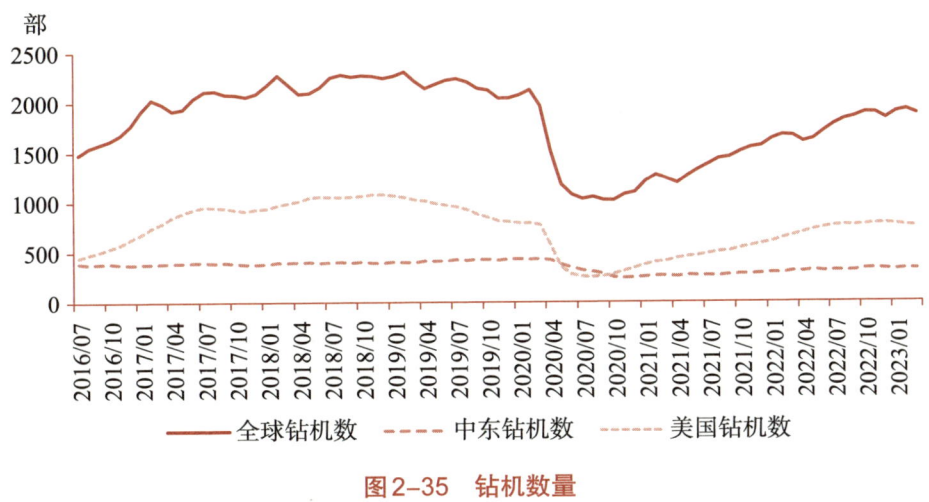

图 2-35  钻机数量

资料来源:Wind,兴业研究。

## 物价传导:PPI与CPI"失联"的背后

在2016年前,我国的PPI与CPI之间存在明显的正向关联:当PPI同比上涨时,CPI同比通常也会出现上涨;当PPI回落时,CPI同比往往随之回落。然而,2016年以来,CPI与PPI之间出现了明显的脱钩。以2021年至2022年为例,2021年PPI同比上涨压力较大,但CPI表现低迷。到了2022年,PPI同比出现回落势头,CPI同比上涨的压力却开始出现。我们应当如何理解CPI与PPI之间的关联?本部分将对此展开探讨。

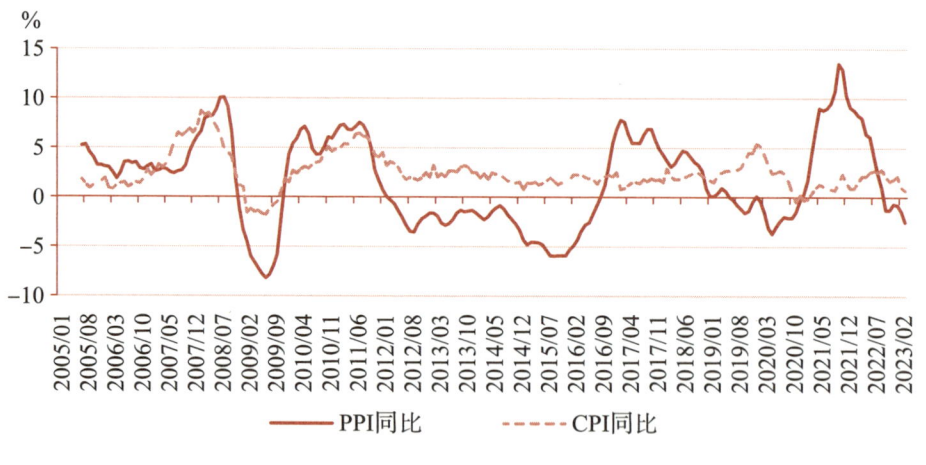

图2-36 PPI与CPI

资料来源:Wind,兴业研究。

### 一、劳动力见顶后收入格局的变化

在我国,PPI与CPI分化已经不是一个新现象。虽然2007年和2010年前后，PPI同比的上涨都伴随着CPI同比的上扬，但2016年至2017年却出现了PPI同比快速拉升、CPI同比始终保持在3%以下的情况。2021年与2016年至2017年十分相似：尽管PPI同比显著攀升，CPI同比涨幅却保持在相当温和的水平。

**造成上述差异的关键是居民收入。**2007年前后和2010年前后PPI同比上涨时，居民收入增速都出现了明显的上升。居民购买力的增强带动CPI同比上升，因而出现了PPI与CPI同步上涨的情况。然而，2016年至2017年与2021年PPI同比上涨时，居民收入增速却较为稳定。由于居民收入增长没有明显的提速，消费品的购买需求并不旺盛，导致CPI上涨乏力。

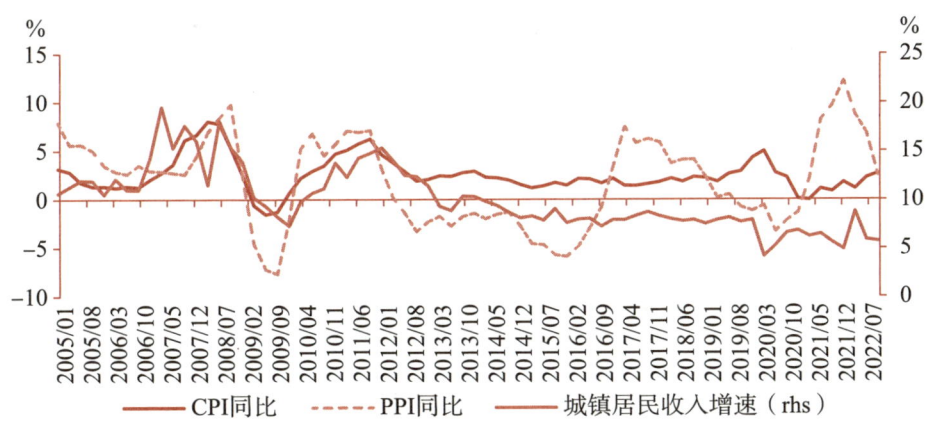

图2-37 居民收入与价格传导

注：2020年及2021年的城镇居民收入增速为两年平均增速，其余时间的城镇居民收入增速为同比增速。

资料来源：Wind，兴业研究。

通常来说，PPI同比上涨时，经济景气度也比较高，此时居民收入增长加快似乎是合理的。那么，2016年前后究竟发生了什么变化？为什么2016年后PPI同比上涨的时期，居民收入增速不再加快了？

**这可能是由于2016年前我国的劳动力数量见顶，平均每一个家庭中劳动力的比例下降。**对于劳动力个人而言，就业形势改善能够促进工资上涨，但对于整个家庭而言，由于家庭中劳动力的比例下降，劳动力工资上涨对整个家庭收入的拉动被削弱了。而我们平常所讨论的城镇居民人均可支配收入,是指将家庭总收入扣除交纳的个人所得税和个人交纳的各项社会保障支出之后,按照居民家庭人口平均的收入水平。①

数据显示,2014年,我国的就业人员数量达到顶峰,即7.6亿,此后逐渐下降。到2021年,我国的就业人员数量下降至不到7.5亿。我国经济活动人口(就业人员加失业人员)的数量则在2015年见顶,达到8.0亿,随后波动下降。到2020年我国的经济活动人口为7.8亿。

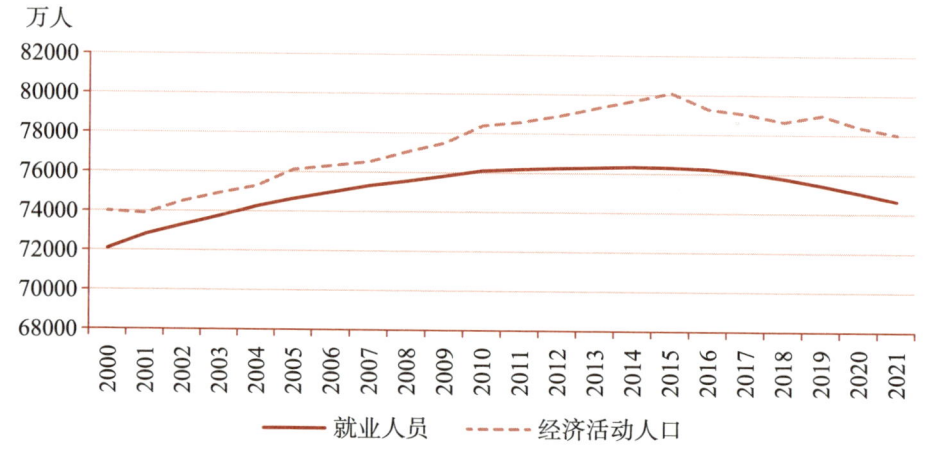

图2–38 就业人员与经济活动人口

资料来源：Wind，兴业研究。

随着劳动力数量见顶回落,全国居民平均每户家庭从业人口比重从2014年的58.4%下降到2021年的52.8%,全国居民平均每一从业人口负担人数(包括从业者本人)从2014年的1.7上升到2021年的1.9。

因此,2016年之前,名义GDP增速的上升往往会带动居民收入增速的上升,但在2016年之后,名义GDP增长对居民收入的拉动变小了。

---

① 资料来源：云浮市政府门户网站,《王有捐：城镇居民人均可支配收入》,(2015/8/25)[2021/11/7], https://www.yunfu.gov.cn/tjj/zwgk/tjzs/content/post_394371.html。

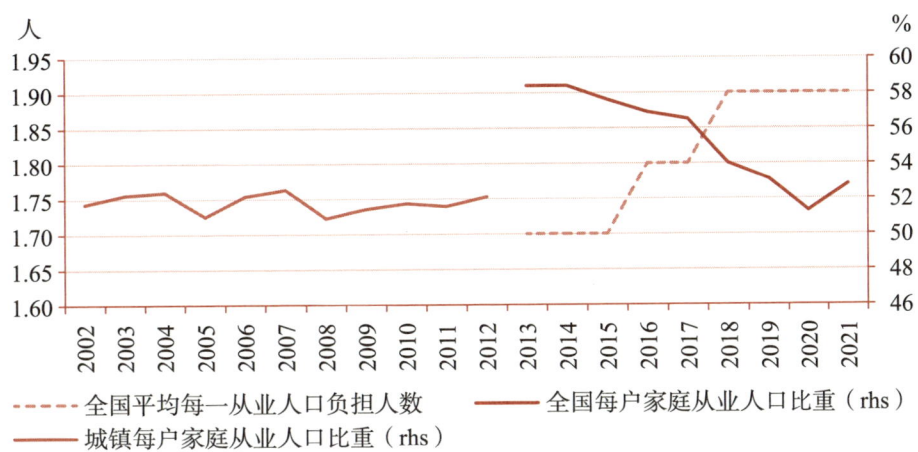

**图2-39　家庭中从业人口情况**

资料来源：Wind，兴业研究。

**图2-40　名义GDP与居民收入**

注：2020年及2021年数据为两年平均增速，其余时间为同比增速。
资料来源：Wind，兴业研究。

类似的情况在日本也曾经出现过。1980年至疫情暴发前的2019年，日本的劳动力人数同比呈现U形的变化。1980至1998年间，日本劳动力人数同比增长放缓，但保持了正增长。1999年至2004年间，日本劳动力数量持续下降。在这6年间，有5年的非农家庭平均收入是负增长的。2005年至

2012年间,日本劳动力数量在低位波动。2013年至2019年间日本劳动力数量持续提高,非农家庭收入增速也逐渐开始回升。与此相应,1980年至2019年间,日本的CPI同比也大致呈现U形。

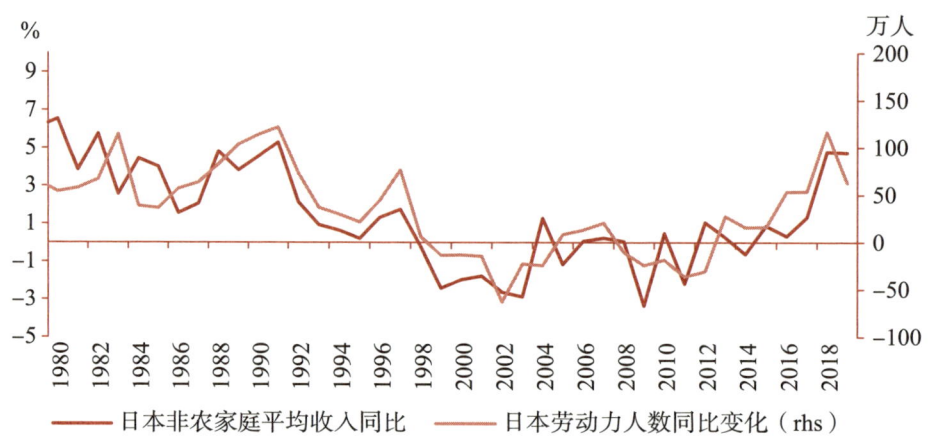

图2-41 日本的非农家庭收入与劳动力

资料来源:Wind,兴业研究。

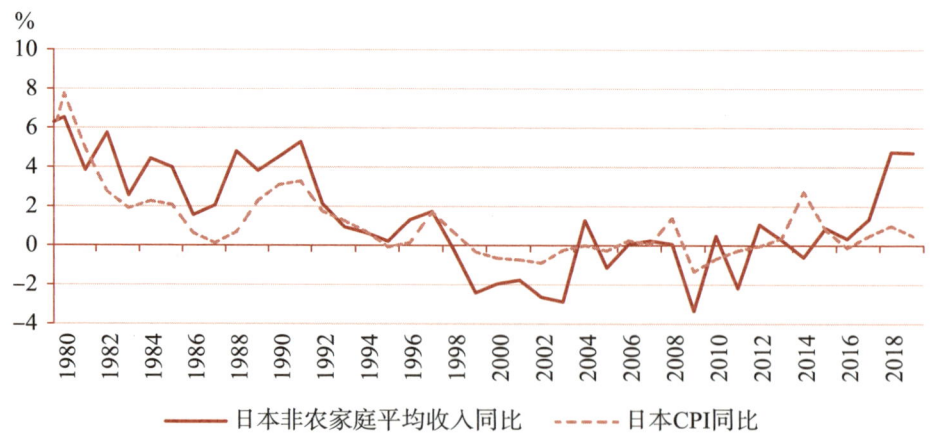

图2-42 日本非农家庭收入与CPI

资料来源:Wind,兴业研究。

由此来看,如果我国劳动力数量继续下降,每个家庭中劳动力的比例逐渐回落，经济景气提升对家庭总体收入的影响将有所下降，PPI向CPI传导的能力也将被削弱。

## 二、下游行业集中度下降

**近年来下游消费品行业的集中度不升反降。**如果我们用规模以上企业中的大中型企业数量占比来衡量不同行业的集中度，可以发现，2012年以来在食品、纺织服装、家具、汽车和电气机械①行业里，大中型企业数量在全部规模以上企业中的比例总体呈现下降趋势。与2012年相比，2021年食品、纺织服装、家具行业大中企业数量在全部规模以上企业中的占比分别下降了5.6个、13.5个和10.1个百分点。与上述行业不同的是，在中上游行业中，煤炭采选行业大中型企业的比例在2015年供给侧改革后显著上升。2021年煤炭采选业规模以上企业中，大中型企业的占比达到31.0%，较2012年提高了2.0个百分点。

下游消费品行业集中度的下降，削弱了其与消费者的议价能力，增加了原材料价格上涨向消费品价格传导的难度。

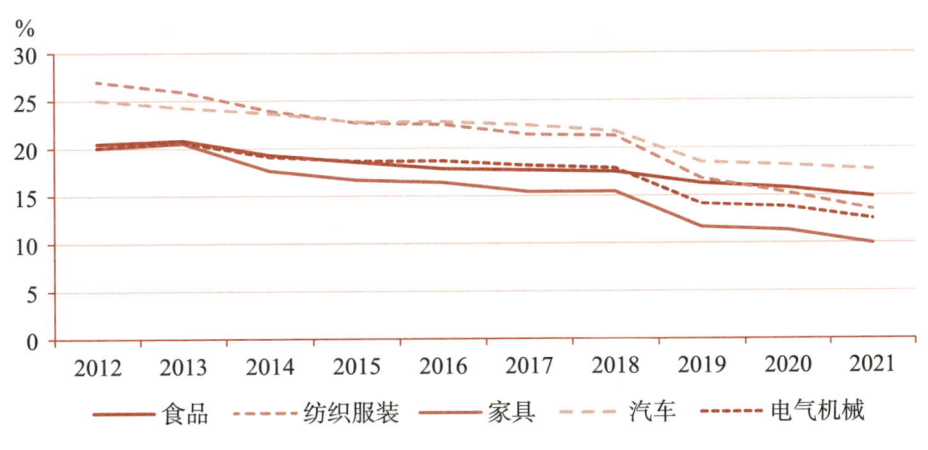

图2-43 食品等行业规模以上企业里大中型企业的比例

资料来源：Wind，兴业研究。

---

① 由于缺乏家电这一细分行业的数据，本书使用覆盖范围更为宽泛的电气机械行业。

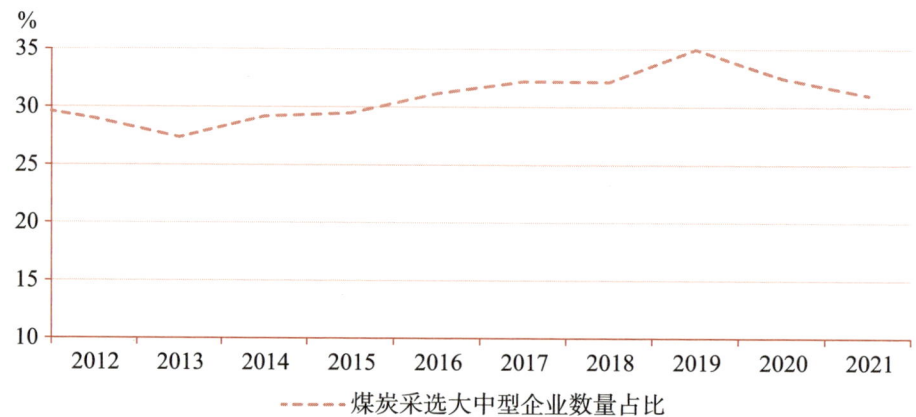

图2-44 煤炭采选业规模以上企业里大中型企业的比例

资料来源：Wind，兴业研究。

## 三、独立运行的"猪周期"

猪肉价格是影响CPI的重要因素，但"猪周期"的运行很大程度上独立于工业品价格。第一，生猪从出生到出栏需要一定的时间，因此，其供给调整较为缓慢，其供需调整的时间周期与工业品无关。第二，生猪养殖成本主要包括仔畜成本和饲料成本，与工业品价格之间的关联相对较弱。第三，生猪养殖还受到生猪疫情、环保要求等一系列外生因素的影响。

因此，如果我们将猪肉价格剔除，重新计算CPI，会发现不含猪价的CPI同比与PPI之间的相关性强于CPI与PPI之间的相关性。

综上可知，人口的老龄化、下游行业集中度的下降和独立运行的猪周期导致PPI向CPI的传导受到一定程度的阻碍。由于上述因素短期内难以扭转，PPI与CPI之间的分化还将持续一段时间。

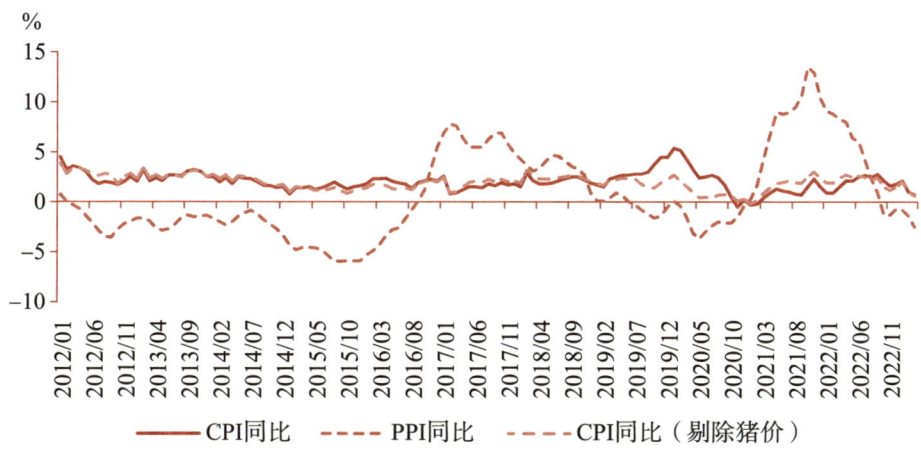

图2-45 不同口径CPI与PPI

资料来源：Wind，兴业研究。

第三章

理 解 宏 观 政 策

> ### 他山之石：美日欧央行流动性投放工具全览
>
> 面对新冠疫情带来的挑战，以美联储、欧央行和日本央行为代表的发达经济体央行推陈出新，创设了多种新的流动性投放工具，加上2008年国际金融危机之后全球主要央行所进行的创新，使目前全球央行的货币政策工具箱变得更为齐全。
>
> 为此，本部分梳理了美联储、欧央行和日本央行正在采用或曾经推出的流动性投放工具，考察特殊时期中央银行可以采取哪些应急手段，以期为判断海内外货币政策走向提供参考。

○○○●

## 一、美联储的流动性投放工具箱

作为一家历史悠久的现代中央银行，美联储创设了丰富的流动性投放工具。我们从用途出发，对美联储流动性投放工具进行划分。

### （一）保障流动性总体供应的工具

从**常规流动性投放工具**来看，**贴现窗口与公开市场操作是美联储的传统工具**，二者分别采用抵押借款和回购的方式。但**贴现窗口仅针对存款性机构，且不匿名**，导致商业银行使用贴现窗口的积极性不高。**公开市场操作则面向一级交易商，其中既包括商业银行，也包括证券公司，且具有匿名特征**，使用更为广泛。

然而，公开市场操作也有其不足之处：第一，**公开市场操作的期限较**

短，以隔夜为主，即使是定期回购也不超过15天；第二，公开市场操作接受的抵押品要求较高，主要是国债和联邦机构债。因此，在特殊时期，美联储还需要通过其他补充工具注入流动性。

为了能够投放较长期限的流动性，美联储在贴现窗口和公开市场操作的基础上，分别延伸拓展出了定期存款招标（TAF）和一级交易商信用便利（PDCF）两项流动性工具。其中，定期存款招标（TAF）可视为贴现窗口的"升级版"，其面向的对象也是存款性机构，接受的抵押品类型与贴现窗口一致，包括贷款、国债、ABS等不同类型的抵押品，对不同的抵押品适用不同的折扣率，但TAF匿名，期限可以达到28天或84天。一级交易商信用便利（PDCF）可视为公开市场操作的"升级版"，其面向的对象也是一级交易商，但抵押品扩容至投资级企业债券、国际机构证券、市政债、商票、MBS等，期限延长至不超过90天。

（二）保障细分金融市场稳定的工具

除了维持流动性总体的供应之外，在特殊时期，美联储还需要给货币市场、债券市场和信贷市场提供支持。

从货币市场来看，在2008年和2020年美国流动性紧张的时期，美联储共计推出了3种工具给货币市场基金提供流动性支持。2008年9月美联储推出了资产支持商票货币市场基金流动性便利（ABCP MMLF）。这一工具允许合格对手方从赎回压力较大的货币市场基金手中购买满足一定评级要求的资产支持商票，并以此为抵押品融资。这实际上是在一级交易商分润范围有限的情况下，借道合格对手方给货币市场基金提供流动性支持。到2008年10月，美联储进一步推出了货币投资者资金便利（MMIFF）。与ABCP MMLF相比，MMIFF突破了借道合格对手方的限制，直接通过设立SPV购买货币市场基金手中的资产，且可购买资产范围拓展至美元存款凭证、银行券和一定期限的商票。

### 表3-1 美联储的流动性投放工具箱

| 用途 | 名称 | 设立时间 | 方式 | 合格对手方 | 抵押品/购买对象/借贷标的 | 利率水平 | 期限 |
|---|---|---|---|---|---|---|---|
| 常规工具 | 贴现窗口（Discount Window） | 20世纪初 | 抵押借款 | 存款性机构 | 商业、工业或农业贷款，消费贷款，住宅或商业地产贷款，企业债券和货币市场工具，国债，政府支持机构债务，ABS等，不同抵押品适用不同的折扣率 | 财务健康的存款性机构采用一级信用利率（依据联邦基金目标利率区间调整），不满足一级信用要求的采用二级信用利率（一级加50bp） | 一级信用不超过90天，二级信用通常为隔夜 |
| | 公开市场操作（OMO） | 20世纪初 | 回购 | 一级交易商 | 国债和联邦机构债为主，1977年前也曾有限地接受银行承兑票据 | 依据联邦基金目标利率调整 | 隔夜为主，定期回购不超过15天 |
| 较长期限流动性支持 | 定期存款招标（TAF） | 2007年12月 | 存款招标 | 财务健康的存款性机构 | 贴现窗口所接受的抵押品 | 投标决定 | 28天或84天 |
| | 一级交易商信用便利（PDCF） | 2020年3月 | 抵押借款 | 一级交易商 | 公开市场操作的所有合格抵押品，投资级企业债券，国际机构证券，商票，市政债，MBS，ABS，权益证券（不包括ETF, UIT, MF和权证） | 一级信用利率 | 不超过90天 |
| 保障MMFs流动性 | 资产支持商票货币市场基金流动性便利（ABCP MMLF） | 2008年9月 | 抵押借款 | 美国存款性机构，美国银行控股公司，外资银行的美国分支或代表处 | 合格对手方从赎回压力较大的货币市场基金购买的满足一定评级要求的ABCP，银行控股公司抵押品的期限不超过120天，存款性机构抵押品的期限不超过270天 | 一级信用利率 | 与抵押品的ABCP期限相等 |

续表

| 用途 | 名称 | 设立时间 | 方式 | 合格对手方 | 抵押品/购买对象/借贷标的 | 利率水平 | 期限 |
|------|------|---------|------|-----------|----------------------|---------|------|
| | 货币市场投资者资金便利（MMIFF） | 2008年10月 | 通过SPV购买 | MMFs，美国银行、保险公司、养老金或信托公司拥有或管理的剩余期限在90天以内、以持有至到期为目的且所投资债券符合一定评级要求的基金 | 美元存款凭证，银行券，剩余期限在7到90天之内的商票，上述资产的利率必须较一级信用利率高60bp以上 | 纽约联储按照一级信用利率给SPV提供隔夜资金 | |
| | 货币市场基金流动性便利（MMLF） | 2020年3月 | 抵押借款 | 所有存款性机构，银行控股公司，外资银行的美国分支或代表处 | 合格对手方从优质货币市场基金（prime money market fund）购买的国债、政府支持机构债券、美国企业发行的资产支持商票或无担保商票（有评级要求） | 以政府债券或政府支持机构债券为担保的，利率与一级信用利率一致；以其他债券抵押的，在一级信用利率的基础上加100bp | 与抵押品剩余期限相等，最长不超过12个月 |
| 保障债市流动性 | 定期证券借贷便利（TSLF） | 2008年3月 | 证券借贷 | 一级交易商 | 用符合OMO抵押品要求的证券、投资级企业债券，MBS或ABS交换国债 | 投标决定 | 1个月 |
| | 商票资金便利（CPFF） | 2020年3月 | 通过SPV购买 | 一级交易商 | 美国企业发行的3个月期以美元计价的商票（有评级要求），购买上限不超过2019年3月16日至2020年3月16日该主体发行的美元商票存量的最高值 | 以3个月OIS加200bp为参考基础 | |

续表

| 用途 | 名称 | 设立时间 | 方式 | 合格对手方 | 抵押品/购买对象/借贷标的 | 利率水平 | 期限 |
|---|---|---|---|---|---|---|---|
| 鼓励信贷投放 | 资产支持证券定期贷款便利（TALF） | 2009年3月 | 抵押借款（无追索权） | 任何有合格资产的美国公司都可以通过代理金融机构申请 | 底层资产为汽车贷款、学生贷款、信用卡贷款、设备贷款、美国SBA担保的小企业贷款和商业按揭贷款等，发行时间在2009年1月之后的AAA级ABS | 依据贷款类型和剩余期限决定 | 3年为主，部分可达到5年 |
| 降低长端利率与风险溢价 | 量化宽松（QE） | 2008年11月 | 直接购买 | 一级交易商 | 机构按揭贷款支持证券，机构债务，长期政府债券 | 随行就市 | |
| 支持离岸流动性 | 中央银行流动性互换（CBLSL） | 2007年12月 | 货币互换 | 部分经济体央行 | 其他经济体货币 | 随行就市 | 隔夜到95天不等 |
| 支持离岸流动性 | 外国央行回购便利（FIMA RF） | 2020年3月 | 回购 | 在纽约联储有账户的外国央行 | 美国国债 | IOER加25bp | 隔夜 |

资料来源：美联储，兴业研究。

在流动性危机缓解后，上述两项工具淡出历史舞台。直到2020年3月，流动性危机再次出现，美联储又重新设立了货币市场基金流动性便利（MMLF）。这一工具类似2008年的ABCP MMLF，由合格对手方从优质货币市场基金[①]购买资产，再抵押给美联储，通过合格对手方保障货币市场基金

---

① 注：优质货币市场基金为主要投资于公司债务证券的货币市场基金。

的流动性。但是，与2008年不同的是，在美国货币市场基金改革后，美国货币市场基金投资的商票规模已经显著下降，因此MMLF的抵押品除商票外还包括合格对手方从优质货币市场基金购买的国债、政府支持机构债等。

从债券市场来看，2008年美联储为保障债券市场的流动性，推出了定期证券借贷便利（TSLF），允许一级交易商用手中的投资级企业债券、MBS或ABS交换国债，期限为1个月。这使一级交易商能够将手中流动性较低的资产换为流动性高的国债，增加市场中高流动性债券的供给，缓解市场主体抵押品不足的压力。

2020年3月，受流动性紧张的影响，CP-OIS利差急剧走阔。为此，美联储推出了商票资金便利工具（CPFF），通过SPV直接购买美国企业发行的3个月期以上商票，购买价格以3个月OIS加200bp为基础。与TSLF相比，CPFF能够直接带来商业票据的购买需求，对商票信用利差的影响更为直接。

从信贷市场来看，美联储曾于2009年3月推出过资产支持证券定期贷款便利（TALF），允许任何有合格资产的美国公司通过代理金融机构申请抵押借款，抵押品为以汽车贷款、学生贷款、信用卡贷款、设备贷款和美国SBA担保的小企业贷款等的AAA级ABS，且美联储对这一抵押借款无追索权。借款的期限以3年为主，也有部分可以达到5年。这一措施增加了投资者购买信贷资产ABS的积极性，有助于鼓励商业银行增加信贷投放。

从离岸市场来看，由于美元扮演着国际本位币的角色，大量海外投资者持有以美元计价的投资、融资工具，在必要时美联储需要向离岸市场注入美元流动性。2007年12月和2008年10月，为了解决离岸美元紧张的局面，美联储向14家外国央行提供美元流动性互换协议，期限从隔夜到95天不等。在2007年至2010年间，欧央行、英格兰央行参与美元货币互换的规模较高。2020年3月，受新冠疫情影响，离岸美元流动性紧张的情况再度出现，美联储创设了新的离岸流动性支持工具，称为外国央行回购便利（FIMA RF），允许在纽约联储有账户的外国央行抵押美国国债，借入美元，期限为隔夜，利率为IOER加25bp。

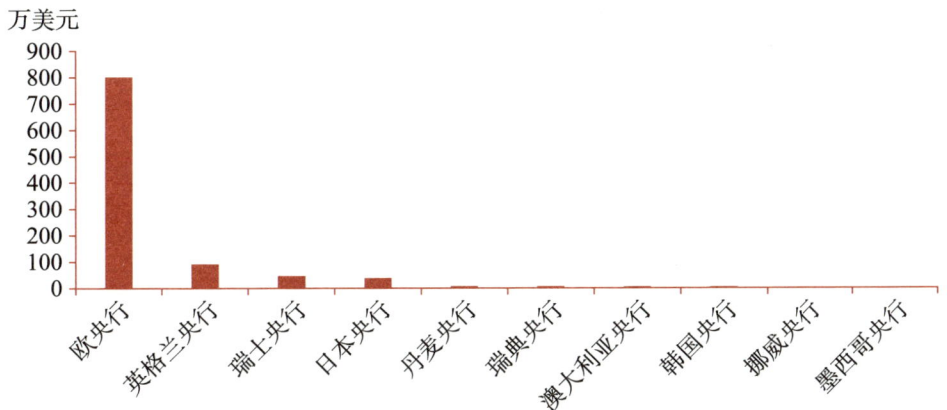

**图 3-1　外国央行美元货币互换规模（2007 至 2010 年）**

资料来源：美联储，兴业研究。

### （三）量化宽松工具

从降低长端利率的工具来看，在通常情况下，美联储仅干预隔夜利率，由市场自主选择中长端利率的合意水平。然而，在2008年，为缓解金融市场的压力，美联储推出了量化宽松政策，**直接在二级市场上购入机构按揭贷款支持证券、长期政府债券和机构债务等**，以压低长端利率，压缩MBS的信用溢价。因此，在2008年后的美联储资产中MBS与联邦机构债的占比显著

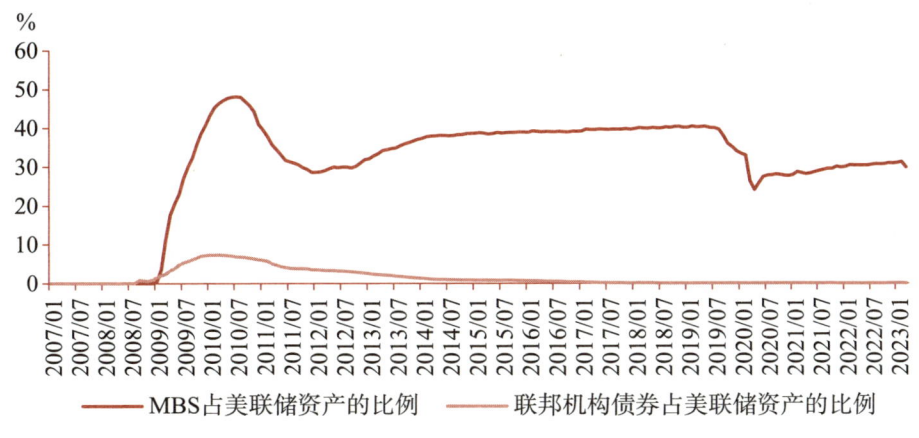

**图 3-2　美联储增加 MBS 等资产购买**

资料来源：Wind，兴业研究。

攀升。在金融市场压力缓解、经济回暖之后，美联储一度减持MBS与联邦机构债。到2022年9月，联邦机构债在美联储资产中的占比已经降至接近0%，但MBS占比仍然超过30%。

## 二、欧央行的流动性投放工具箱

在主要发达经济体央行中，欧央行的货币政策操作工具，尤其是其中的常规工具，与我国最为相似。这里，我们将欧央行的货币政策工具分为常规工具和非常规工具两种类型来分析。

### （一）欧央行的常规流动性投放工具

**欧央行最主要的流动性投放工具是主要再融通（MRO）**，这一操作类似于我国的7天逆回购，期限也是7天，以逆回购的方式向市场注入流动性。不同之处在于，欧央行的合格对手方范围更为广泛，符合准备金要求、财务稳健的金融机构都可以成为欧央行的对手方。

由于主要再融通操作期限较短，**为了保障金融体系对更长期限流动性的需求，欧央行还会开展长期再融通操作（LTRO）**，期限为3个月。这一操作类似于我国的3个月期MLF。不同之处在于，欧央行只会公布7天逆回购的操作利率，而不公布其他期限的操作利率，以避免同时影响利率曲线上不同的点。不过，在2008年金融危机之后，欧央行开始通过资产购买计划等方式干预长端利率。这一点我们会在下文中具体阐述。

此外，为了应对短期流动性的波动，欧央行设立了微调工具（Fine-tuning）、结构性操作（SO）和边际借贷便利工具（MLF）。其中，微调工具主要用来应对市场中超预期的流动性波动，通过逆回购、外汇互换等形式保障短端流动性稳定。结构性操作也用于流动性调节，但形式有所不同，既可以用回购，也可以直接购买资产或发行债券。而边际借贷便利工具允许金融机构向欧央行申请隔夜流动性，搭建起隔夜利率的上限。

**表3-2 欧央行的流动性投放工具**

| 类型 | 名称 | 方式 | 合格对手方 | 期限 | 抵押品/购买对象/借贷标的 |
|---|---|---|---|---|---|
| 常规工具 | 主要再融通（MRO） | 回购 | 符合准备金要求、财务稳健的金融机构 | 7天 | 适用欧央行统一的抵押品管理框架 |
| | 长期再融通（LTRO） | 回购 | 符合准备金要求、财务稳健的金融机构 | 3个月 | |
| | 微调操作（Fine-tuning） | 回购、外汇互换 | 由欧央行选择一定数量的对手方 | 不定期 | |
| | 结构性操作（SO） | 回购、直接购买 | 回购要求同上，直接购买对于对手方无要求 | 不定期 | |
| | 边际借贷便利（MLF） | 回购 | 符合准备金要求、财务稳健的金融机构 | 隔夜 | |
| 非常规工具 | 非常规长期再融通（LTRO） | 回购 | 符合准备金要求、财务稳健的金融机构 | 3年 | |
| | 定向长期再融通（TLTRO） | 回购 | 商业银行，TLTRO规模（或利率）依据商业银行给非金融企业与居民提供的贷款规模决定 | 不超过4年 | |
| | 公共部门资产购买计划（PSPP） | 直接购买 | 广泛寻找对手方，以保持"市场中性" | 债券剩余期限在1到31年之间 | 国债，地方政府债，欧元区国际组织或多边开发银行债 |
| | 担保债券购买计划（CBPP） | 直接购买 | 可在一级市场或二级市场购买 | 无期限要求 | 评级在BBB-及以上，由欧元区信用机构发行，按欧元计价，购买规模不超过其市场存量的70% |

续表

| 类型 | 名称 | 方式 | 合格对手方 | 期限 | 抵押品/购买对象/借贷标的 |
|---|---|---|---|---|---|
| | 企业部门资产购买计划（CSPP） | 直接购买 | 可在一级市场或二级市场购买 | 债券期限不超过1年的则要求剩余期限不少于28天，债券期限超过1年的则要求剩余期限不少于6个月 | 不超过其市场存量70%的企业债券；购买时确定最低评级要求，如果购买后被降级不强制要求出售 |
| | 资产支持证券购买计划（ABSPP） | 直接购买 | 可在一级市场或二级市场购买 | 无期限要求 | 符合欧央行抵押品框架要求的ABS，具体要求包括ABS底层资产为单一类型，底层资产不包含其他ABS，不含可能影响欧央行权益的追回条款等，购买规模不超过其市场存量的70% |
| | 证券市场计划（SMP） | 直接购买 | 符合准备金要求、财务稳健的金融机构 | 无期限要求 | 中央政府、公共实体和其他符合条件的机构发行的欧元债券（实际操作中主要用于购买西班牙、意大利、希腊等面临政府债务困境的国家的国债） |
| | 疫情紧急购买计划（PEPP） | 直接购买 | 可在一级市场或二级市场购买 | 政府债券剩余期限拓宽至70天到31年之间，其余类型同上 | 政府部门或私人部门证券，没有事先确定二者的购买比例，在现有资产购买计划下合格的证券均可购买 |

注：部分回购操作可能在欧央行统一的合格抵押品框架下做细微的补充。例如，非常规长期再融通操作中抵押品要求有所放松，详见下文。

资料来源：欧央行，兴业研究。

与美联储不同，**欧央行的回购操作均适用统一的抵押品框架，且可接受的抵押品范围较广**，除了政府债券外，银行债券、企业债券、ABS等可交易资产，银行贷款和存款等不可交易资产，在满足一定条件的情况下均可以作为抵押品。欧央行根据对不同类型资产的风险评估，对不同资产采用不同的折扣率，以保证中央银行不会过多地暴露于信用风险之下。不过，在特殊时期，欧央行也可以对抵押品框架做出调整（在非常规操作工具部分，我们将再就此做具体说明）。从经过估值和折扣率调整后的数据来看，到2022年第二季度，在欧央行的抵押品中，中央政府债券的占比为54.3%，企业债券的占比为11.2%，有担保银行债券的占比为10.2%。

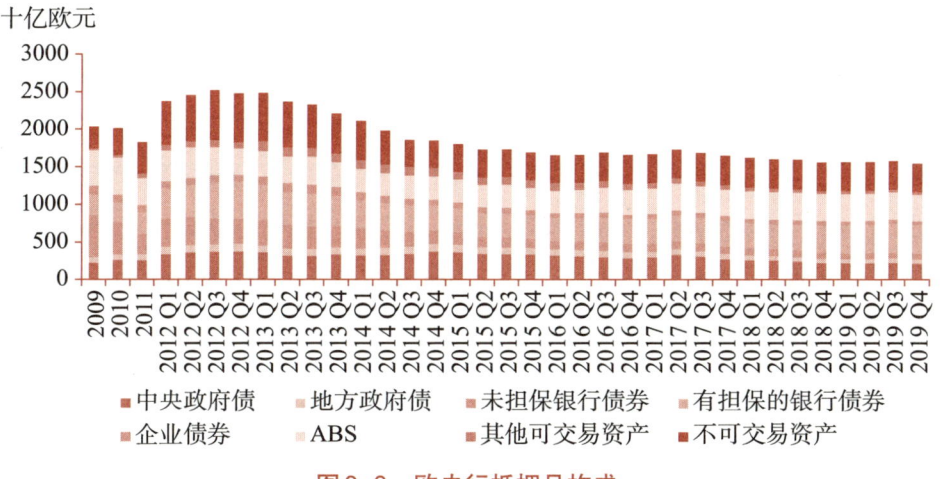

图3-3 欧央行抵押品构成

资料来源：欧央行，兴业研究。

## （二）欧央行的非常规工具

在2008年金融危机后，欧央行推出了一系列非常规货币政策工具。

从回购操作来看，欧央行推出了非常规长期再融通操作（LTRO）和定向长期再融通操作（TLTRO）。2011年，为了支持商业银行信贷投放，保障货币市场运行，欧央行推出了两次非常规的长期再融通操作，期限为3年，并允许在1年之后提前偿还。进一步地，**针对这两次长期再融通操作，欧央行将可接受的抵押品范围扩容**：第一，降低合格ABS的门槛，除了符合统一框架要求的ABS以外，A级以上且底层资产为居民按揭贷款或中小企业贷款的ABS，在满足一定条件时也可以成为合格抵押品；第二，放松了信贷资产作为合格抵押品的要求，在一些地区，满足一定条件的个人贷款也可以成为合格抵押品。

2014年欧央行进一步推出了定向长期再融通操作（TLTRO）。在TLTRO操作中，**商业银行能够从央行获得的流动性的规模与其向非金融企业和居民投放的贷款（不含居民购房贷款）的规模挂钩**，期限不超过4年。在第一轮长期再融通操作中，利率固定为主要再融通操作利率加10bp。在第二轮和第三轮长期再融通操作中，利率与商业银行向非金融企业和居民投放的贷款（不含居民购房贷款）规模挂钩。

从资产购买来看，欧央行推出了一系列资产购买计划。在资产类型方面，**欧央行购买的资产涵盖公共部门资产、欧元区信用机构发行的担保债券、企业部门债券、ABS和面临主权债务风险的成员国国家的国债等**。2022年9月，欧央行在资产购买计划下持有的资产存量中，公共部门资产购买计划（PSPP）的规模最大。PSPP项目下购买的资产规模占欧央行资产购买的比例为79.5%；其次为企业债券购买计划（CSPP），占比为10.6%；再次为担保债券购买计划（CBPP），占比为9.2%。

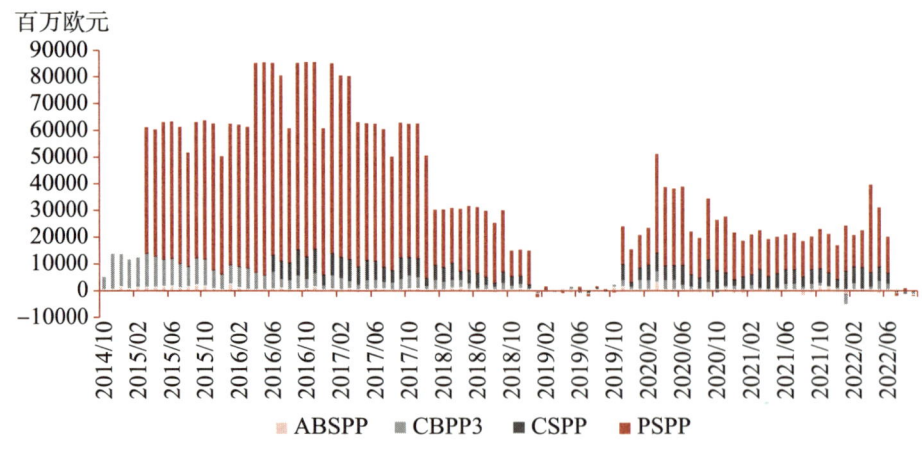

图3-4　欧央行月度净资产购买（按账面价值计算）

注：ABSPP为资产支持证券购买计划，CBPP 3为担保债券购买计划，CSPP为企业部门资产购买计划，PSPP为公共部门资产购买计划。

资料来源：欧央行，兴业研究。

在交易对手方面，对于包括国债、地方债等在内的公共部门资产，欧央行广泛寻找对手方，尽可能保持"市场中性"；对于信用机构发行的担保债券、企业部门债券、ABS，欧央行既可以在二级市场购买，也可以直接进入一级市场。

在期限方面，欧央行要求PSPP计划下购买的国债等剩余期限在1到30年之内，CSPP计划下购买的期限不超过1年的企业债券要求剩余期限不少于28天，期限超过1年的企业债券要求剩余期限不少于6个月。ABSPP和CBPP计划对购买的债券没有期限要求。

在购买金额方面，在PSPP计划下，欧央行购买的公共部门债券发行金额不超过该主体债券存量的33%，以保障市场的正常运行及价格发现功能，并避免欧央行成为某一经济体政府的主要债权人。不过，为了应对疫情，PEPP计划对公共部门债务不设比例限制。企业部门债券购买限额则为70%，对于合并报表的不同公司的债券，视为同一主体合并计算。

此外，2020年新冠疫情暴发后，欧央行推出了疫情紧急购买计划（PEPP）。这是一项临时资产购买计划，将购买7500亿欧元的私人和公共部门证券。其中，公共部门债券的购买比例限制被取消。所有在已有资产购买计划中的合格资产都属于PEPP的购买范畴。此外，非金融企业发行的商票也被纳入PEPP和CSPP可购买的合格资产，可购买政府债券的剩余期限从1年至31年拓展至70天至31年。

## 三、日本央行的流动性投放工具箱

日本央行是全球央行中货币政策工具创新的先驱，其资产购买历史之长、资产购买范围之广均超越了其他发达经济体央行。日本央行使用过的流动性投放工具很多，为了便于理解，我们按照流动性投放方式的不同，分别介绍通过回购、抵押贷款和资产购买三种方式投放流动性的工具。

## （一）回购工具

日本央行有三种通过回购方式操作的货币政策工具。第一，**政府债券正回购和逆回购**，符合条件的金融机构均可参与，逆回购期限不超过1年，回购期限不超过6个月，要求金融机构以日本政府债券作为抵押品。第二，**商票逆回购**，期限不超过6个月，可接受的抵押品包括国内企业发行的商票、政府担保商票和资产支持商票。第三，**证券借贷便利**，期限为隔夜。在证券借贷便利中，日本央行将其持有的政府债券卖出给金融机构，同时约定回购的时间。以上三种操作的利率均通过招标决定或者随行就市。我们不难发现，**与美联储和欧央行不同，日本央行回购工具的期限较长**。这是由于日本央行将短端利率长期维持在较低的水平，因此更注重对中长端利率的调控。

表3-3 日本央行的流动性投放工具箱

| 方式 | 名称 | 合格对手方 | 期限 | 抵押品/购买对象/借贷标的 | 利率水平 |
|---|---|---|---|---|---|
| 回购 | 政府债券正、逆回购 | 财务健康的金融机构 | 逆回购不超过1年，回购不超过6个月 | 日本政府债券 | 招标决定 |
| | 商票逆回购 | 财务健康的金融机构 | 不超过6个月 | 国内企业发行的商票，国外企业发行的有担保商票，政府担保商票，资产支持商票等 | 招标决定或根据货币市场利率预先给定 |
| | 证券借贷便利 | 财务健康的金融机构 | 隔夜 | 日央行持有的政府债券 | 招标决定 |
| 抵押贷款 | 抵押池美元融资操作 | 财务健康的金融机构 | 不超过3个月 | 日央行抵押品框架下的合格抵押品 | 由纽约联储决定 |
| | 受灾地区金融机构融资操作 | 在受灾地区有营业场所的金融机构，财务健康 | 不超过1年 | 日央行抵押品框架下的合格抵押品 | 不同灾害对应操作的利率不同 |

续表

| 方式 | 名称 | 合格对手方 | 期限 | 抵押品/购买对象/借贷标的 | 利率水平 |
|---|---|---|---|---|---|
| | 应对新冠疫情的企业特别融资操作 | 财务健康的金融机构 | 不超过1年 | 日央行抵押品框架下的合格抵押品 | 零利率 |
| | 补充融资便利 | 财务健康的金融机构 | 隔夜 | 日央行抵押品框架下的合格抵押品 | 日央行确定的基础贷款利率 |
| | 贷款支持计划 | 财务健康的金融机构 | 不超过4年 | 抵押品为日央行抵押品框架下的合格抵押品，要求资金用于研发、重组和升级基础设施等有助于经济发展的领域 | 0.10% |
| | 抵押池融资操作 | 财务健康的金融机构 | 浮动利率贷款不超过1年，固定利率贷款不超过10年 | 日央行抵押品框架下的合格抵押品 | 招标决定或无担保隔夜目标利率 |
| 购买或出售 | 国库券买卖 | 财务健康的金融机构 | | 日本国库券 | 招标决定 |
| | 政府债券购买 | 财务健康的金融机构 | | 日本政府债券 | 招标决定 |
| | 商票和企业债券购买 | 财务健康的金融机构 | 企业债券的剩余期限在1到3年之间，商票无期限要求 | 日央行抵押品框架下合格的商票和企业债券，企业债券评级在BBB或以上，商票评级在AA或以上房地产投资公司适用更高的评级要求 | 招标决定 |

续表

| 方式 | 名称 | 合格对手方 | 期限 | 抵押品/购买对象/借贷标的 | 利率水平 |
|---|---|---|---|---|---|
| | ETF 和 J-REITs 购买 | 选择银行为受托方，通过建立信托的形式购买 | | 跟踪 TOPIX、日经 225 或 JPX 日经 400 的 ETF；其债券符合日央行抵押品框架要求的房地产投资公司发行的 REITs，且上市超过 200 天或年交易量超过 200 亿元 | 依据市场加权平均价格决定 |
| | 资产购买计划（已失效） | 逐笔确定 | | 日本政府债券、商票、公司债券、ETF 和 REITs | 依据资产类型确定 |
| | 商票购买（已失效） | 日央行商票回购的参与机构，或日央行抵押池融资操作的对手方 | 剩余期限不超过 3 个月 | 最高评级的商票 | 招标决定 |
| | 企业债券购买（已失效） | 金融机构，证券金融公司，Tanshi 公司（主要从事货币市场交易）等 | 剩余期限不超过 1 年 | 日央行抵押品框架下属于合格抵押品的企业债券，评级在 A 或以上 | 招标决定 |

注：除抵押池美元融资操作外，日本央行还有类似的欧元、瑞郎等币种的操作，这里不再赘述。日本央行在东日本大地震、熊本地震之后均推出了受灾地区金融机构融资操作，这里将其归为一类。

资料来源：日央行，兴业研究。

### （二）抵押贷款

日本央行以抵押贷款形式进行的操作可以分为以下类型。**第一，以抵押池美元融资操作为代表的外币融资操作。**由于日本金融机构广泛参与海外金融市场，日本央行还会在特殊时期给予金融机构外币流动性支持。**外币的来源是纽约联储向日央行提供的美元流动性，因此，日本央行的抵押池美元融资操作利率实际上由纽约联储决定**。这一操作的期限不超过3个月。除了美元融资之外，日本央行还有类似的欧元、瑞郎等币种的融资操作，这里不再赘述。

**第二，针对特殊事件的应急融资操作**。例如，在东日本大地震、熊本地震之后，日本央行推出了受灾地区金融机构融资操作，针对在受灾地区有营业场所的财务健康的金融机构，期限为不超过1年。而在2020年新冠疫情暴发后，日本央行推出应对新冠疫情的企业特别融资操作，给金融机构提供不超过1年的贷款，利率为0%，鼓励金融机构支持实体经济。

**第三，调节短期流动性的补充融资便利**。在这一操作下，日本央行给财务健康的金融机构提供隔夜融资，利率以日本央行确定的基础贷款利率为准，以应对金融机构的短期流动性需求。

**第四，以贷款支持计划为代表的结构性工具**。贷款支持计划分为两部分，分别是强化经济增长基础的融资措施和刺激银行信贷的借贷便利。这两个子计划的贷款期限均不超过4年，利率为0.1%。其中，强化经济增长基础的融资措施要求金融机构将借入的资金用于能够夯实经济基础的领域，包括研发、企业重组、高校和研究机构科技研究、社会基础设施省际和医疗健康等领域。金融机构的借款人需要是国内居民（不包括中央政府、地方政府和金融机构）或者在日本境内有营业场所的外国公司。刺激银行信贷的借贷便利工具中，金融机构能够获得的资金规模与其发放的贷款规模挂钩。

**第五，投放长期流动性的抵押池融资工具**。2006年日本央行推出了抵押池融资工具，允许金融机构在提供合格抵押品后向日本央行借入资金。其中，浮动利率贷款的期限不超过1年，固定利率贷款的期限不超过10年。利率通过招标决定，或者依据当时日本央行的无担保隔夜目标利率决定。

**与欧央行类似，日本央行有一套统一的抵押品管理框架**。其可接受的抵押品范围很广，包括政府债券、市政债、企业债券、商票和贷款等。抵押品的折扣率依据资产类型和期限确定。

**表 3-4　日本央行的合格抵押品**

| 类型 | 要求 |
| --- | --- |
| 政府债券、国库券 | 无 |
| 政府担保债券、市政债 | 公开发行，私募发行的须经评估 |
| 政府担保电子商票 | 国内企业发行，期限在 1 年以内 |
| 财政投资与贷款计划机构债券 | 公开发行，评级在 A 级或以上 |
| 企业债券 | 公开发行，信用可靠，评级在 A 级或以上 |
| 企业发行的电子商票，企业开具的票据，商票（不含资产支持商票和房地产投资公司商票） | 信用可靠，期限在 1 年以内 |
| 外国公司发行的担保电子商票 | 信用可靠，期限在 1 年以内 |
| ABS | 公开发行，信用可靠，结构设计满足真实销售与破产隔离，评级为 AAA 级 |
| 资产支持商票 | 信用可靠，结构设计满足真实销售与破产隔离，最高评级，期限不超过 1 年 |
| 房地产投资公司发行的债券 | 公开发行，信用可靠，评级在 AA 及以上，发行主体的主要投资领域为房地产或房地产租赁等 |
| 房地产投资公司发行的商票或开具的票据 | 信用可靠，发行主体的主要投资领域为房地产或房地产租赁等，期限在 1 年以内 |
| 外国政府债券、国际金融机构债券 | 公开发行，评级在 AA 级或以上 |
| 企业贷款 | 信用可靠，评级在 A 级或以上，剩余期限在 10 年以内 |
| 房地产投资公司贷款 | 信用可靠，评级在 AA 级或以上，剩余期限在 10 年以内 |
| 政府贷款或有政府贷款的贷款 | 借贷过程规范，剩余期限在 10 年以内 |
| 市级政府贷款 | 借贷过程规范，剩余期限在 10 年以内 |

注：除上表所列内容之外，企业和政府的电子债务凭证等在一定条件下也可以作为抵押品。

资料来源：日本央行，兴业研究。

## （三）资产购买

日本央行在资产购买方面进行了长期的广泛尝试。早在 1999 年，日本央行就开始购买国库券，压低短端利率。到2001年，由于经济迟迟未出现复苏的迹象，通胀也持续低迷，日本央行决定将资产购买范围扩大至长期国债，引导长期利率下行。2008年之后，面对金融危机的挑战，日本央行先后开始购买企业债券和商业票据。不过，金融危机后建立的企业债券和商票购买计划均已失效。目前日本央行按照2013年建立起的框架购买企业债券和商票。在新的框架下，商票的期限限制被取消，企业债券的剩余期限从1年以内被延长至1年到3年之间。

同时，日本央行罕见地直接入市购买股票ETF。2013年，日本央行宣布开始购买与日经225等主要指数挂钩的ETF和房地产投资公司发行的J-REITs。在实际操作中，日本央行指定有信托业务的银行作为代理，建立信托投资ETF和J-REITs。为了减轻对股票市场可能造成的扭曲，日本央行要求每一只ETF的购买规模与其市值成正比，每一只J-REIT的购买规模不超过其总规模的5%。购买价格参考当时市场的加权平均成交价格。

在各类型资产之中，日本政府债券是日央行购买的主要资产。到2022年9月，日本政府债券占日央行总资产的比例达到79.6%；其次为ETF，占比约5.4%。2022年8月，日本央行持有的政府债券规模与日本国债存量之比为49.8%。日本央行事实上成了日本国债与ETF的最大投资者。

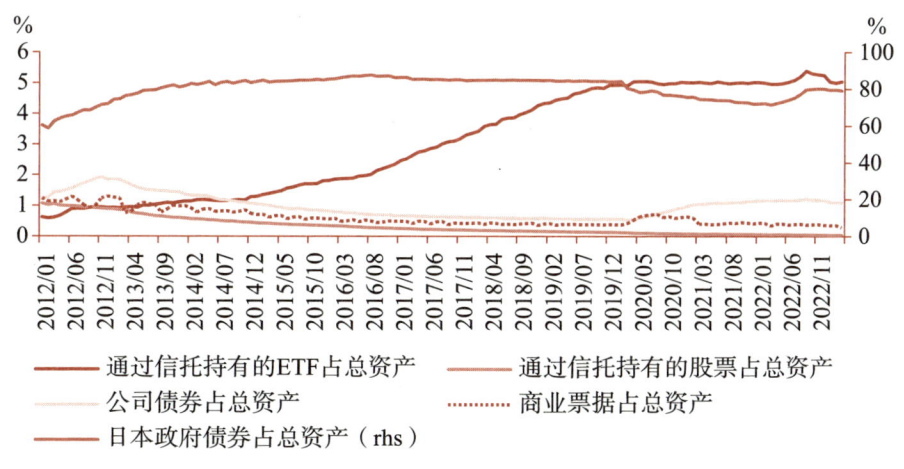

图3-5 日本央行资产结构

资料来源：Wind，兴业研究。

综上可知，美联储、欧央行和日本央行的货币政策操作工具种类繁多。在通常情况下，中央银行主要通过回购、贴现等方式调节短期利率，保障市场的流动性稳定。在特殊时期，中央银行可能不得不采取非常规的货币政策手段：针对结构性流动性问题，可以通过定向工具向货币市场、信贷市场提供支持；针对经济与通胀低迷，可以通过购买长期资产、提供长期融资的方式压低长端利率；针对风险溢价偏高的问题，可以通过购买风险资产、扩大合格抵押品范围的方式压缩信用溢价。

## 他山之石：英央行"定向降息"的启示

2022年以来，货币市场利率下行幅度较大。到2022年9月末，1年期股份行NCD利率约2.02%，较年初下降了63bp。尽管流动性较为充裕，但融资需求并不旺盛。

图3-6　MLF利率与NCD利率

资料来源：Wind，兴业研究。

那么，当银行间流动性已实现宽松时，要如何通过货币政策工具进一步实现"宽信用"？英格兰银行的经验或许可供我们参考。

在次贷危机后，英格兰银行大幅调低政策利率。2009年5月至2018年7月之间隔夜Libor一直处于60bp以下。尽管银行间流动性维持充裕，私人部门贷款的增长却始终低迷。2010年1月至2012年6月，英国私人部门贷款平均每月萎缩83亿英镑。

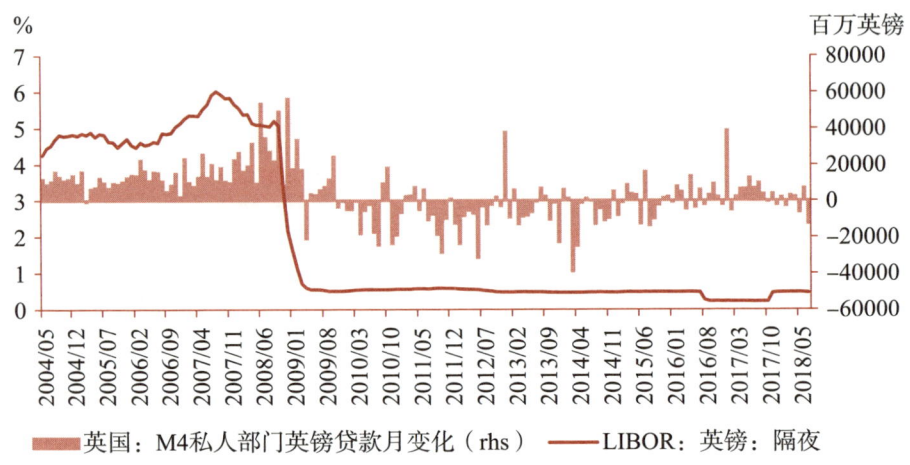

图3-7 隔夜Libor与英国私人部门贷款

资料来源：Wind，兴业研究。

为提振私人部门信贷，英格兰银行与英国财政部于2012年中推出了贷款再融资计划（Fund for Lending Scheme）。贷款再融资计划的参与者可以使用包括合格信贷资产在内的抵押品来向英格兰央行借入流动性更高的国库券。凡是在英格兰银行英镑货币框架（Sterling Monetary Framework）下且参与贴现窗口便利（Discount Window Facility）的银行和住房贷款协会均可以参与到贷款再融资计划中。

贷款再融资计划通过融资额度和融资成本两个角度激励其参与者对实体经济融资。在第一阶段，即2012年8月至2014年1月，FLS参与者的可融资额度为基期贷款存量的5%加上考察期内的贷款净增量。融资利率采用阶梯式定价：如果贷款实现正增长，融资利率则为25bp；如果贷款净萎缩幅度超过5%，融资利率则为150bp；如果贷款净增长小于0但大于-5%，则融资成本处于25bp与150bp之间，与贷款增速负相关。在阶梯式定价下，贷款投放力度较大的银行相当于获得了"定向降息"。

然而，在FLS施行的第一阶段，更多贷款流向了居民与大型企业，使按揭贷款的利率明显下降，但中小企业融资条件并没有得到明显改善。因此，在第二阶段，即2014年2月至2016年7月，英格兰央行修订FLS框架使其进一步向中小企业倾斜。对于2013年4月至2013年12月之间中小企业贷款的净增量,英格兰央行按照1:10的比例给予FLS参与者融资额度,但对居民、大企业和非银机构的贷款仅按照1:1的比例配给融资额度。2014年后发放的中小企业贷款所适用的比例下调为1:5,居民贷款和大型企业贷款被先后从FLS支持的贷款范围中剔除。

表3-5 英国贷款再融资计划(Fund for Lending Scheme)

| 时间 | 可用资金规模 | 融资成本 |
| --- | --- | --- |
| 2012.8—2014.1 | 基期贷款存量的5%加上2012年6月30至2013年12月31日之间的贷款净增量 | 1)贷款净增长>0,则为25bp;2)贷款净增长<-5%,则为150bp;3)-5%<贷款净增长<0,则融资成本在25bp和150bp之间,与贷款增速负相关 |
| 2014.2—2016.7 | 为三部分之和:1)初始额度——以2013年4月至2013年12月贷款净增规模为基础计算,对于中小企业贷款按1:10的比例给予额度,对于家庭、大企业和非银贷款按照1:1的比例给予额度;2)额外额度——以2014年1月至12月贷款净增规模为基础计算,对于中小企业贷款按照1:5的比例给予额度,对于大企业与非银贷款按照1:1的比例给予额度;3)另增额度——以2015年1月至12月贷款净增规模为基础计算,对于中小企业贷款按照1:5的比例给予额度,对于非银贷款按照1:1的比例给予额度 | 25bp |

资料来源:Bank of England,兴业研究。

贷款再融资计划有效改善了实体经济的融资情况。2012年中FLS实施后居民部门与企业部门的信用利差都出现了明显的下降。而2014年2月FLS向中小企业倾斜后,中小企业贷款也在2015年由负转正。

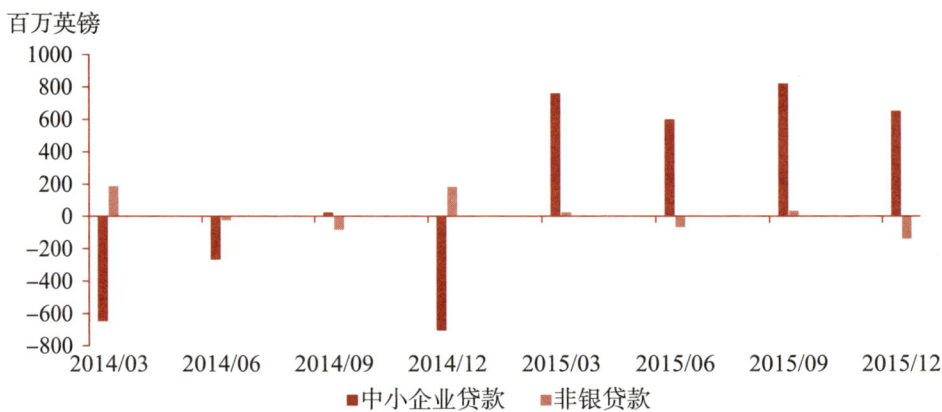

图3-8 英国贷款再融资计划下的贷款投放情况

资料来源：Bank of England。

在2018年7月，我国推出了与英国贷款再融资计划设计思路相似的定向MLF政策。7月媒体报道央行给予商业银行额外MLF以支持贷款和信用债投放[①]：对于较月初报送额度外多增的贷款按照1:1的比例给予MLF；对于购买AA+及以上评级信用债的按照1:1的比例给予MLF；对于购买AA+以下评级信用债的按照1:2的比例给予MLF。然而，当资金面十分宽裕时，股份行1年期同业存单发行利率显著低于1年期MLF利率。这意味着MLF对商业银行的吸引力下降，通过定向发放MLF支持实体经济融资的难度加大。在这一背景下，或许我们可以进一步借鉴英国贷款再融资计划的经验，运用差异化的政策利率鼓励投放贷款或投资信用债。

---

① 资料来源：澎湃新闻，《央行用MLF能否救起低评级信用债？》，（2018//7/20）[2022/10/18]，https://finance.qq.com/a/20180720/005636.htm。

## 政策研判：浅谈降息的触发条件

利率工具是货币政策的重要工具。政策利率的上升与下降往往会引发市场情绪的波动和资产价格的变化。那么，在什么情况下，央行可能选择降息？我们可以从历史经验出发，总结可能触发降息的因素。

从GDP来看，除了2008年国际金融危机爆发时以外，降息通常发生在GDP增速非常接近甚至低于全年GDP增长目标时。2021年，虽然经济出现了一定的下行压力，第三季度和第四季度GDP同比增速低于5%，但由于同比基数较低，2021年全年的GDP同比增速较高，完成6%的全年GDP增长目标压力不大。因此，2021年央行并未下调7天逆回购利率。直到2022年第一季度，7天逆回购利率才出现下调。

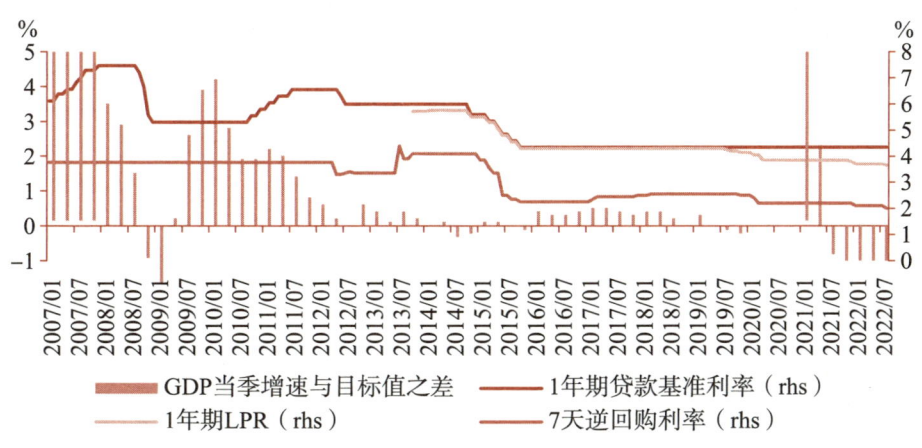

图3-9 利率与GDP增速

资料来源：Wind，兴业研究。

第二，降息通常出现在工业企业利润同比负增长的时期。2021年全年工业企业利润同比实现了两位数的增长，降息的必要性下降。2022年7月，工业企业利润累计同比转为负增长，下降了1.1个百分点。2022年8月，央行下调7天逆回购利率10bp。

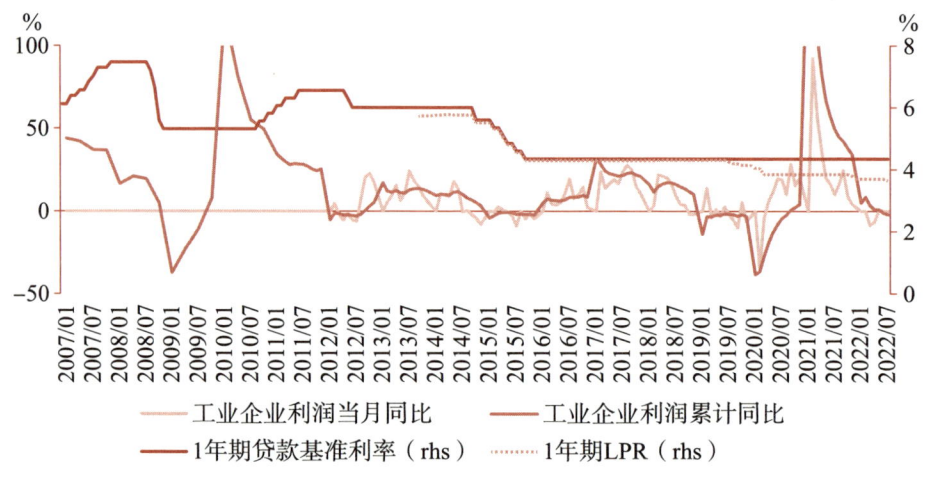

图3-10 利率与企业利润

资料来源：Wind，兴业研究。

展望2023年，受2022年疫情的影响，2023年GDP的同比基数较低，将抬高2023年GDP同比增速。因此，2023年实现GDP增速目标的压力预计较小，降息的必要性下降。

## 政策研判：流动性波动的背后

除了降息、降准之外，银行间流动性的波动也是货币政策变化的重要"风向标"。银行间流动性的松紧往往会通过资金成本的传导、市场情绪的变化等渠道影响债券市场。那么，有什么方法能够帮助我们预判流动性的起伏？本部分将对此展开探讨。

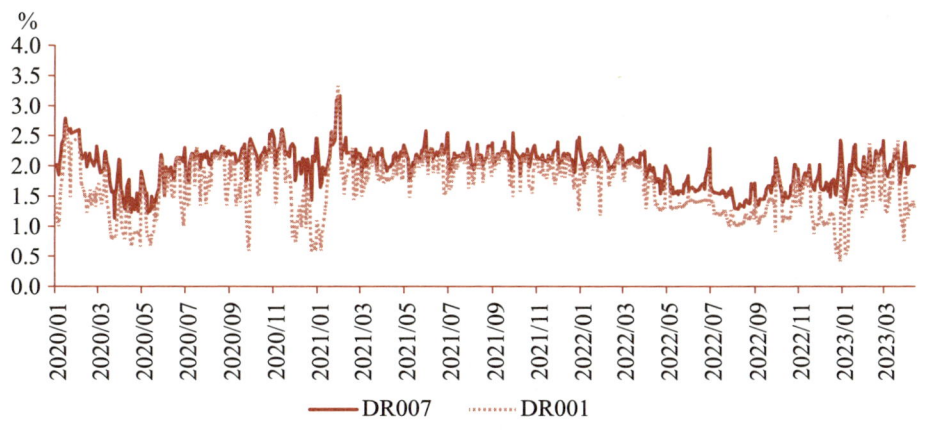

图3-11 短期回购利率

资料来源：Wind，兴业研究。

众所周知，我国央行采取多目标制的货币政策。在不同时期央行可能需要在不同目标之间权衡取舍。2016年6月，时任央行行长周小川在IMF研讨会上详细阐述了他对我国货币政策目标的思考。周小川指出："**长期以来，中国政府赋予央行的年度目标是维护价格稳定、促进经济增长、促进就业、保持国际收支大体平衡。从中长期动态角度来看，转轨经济体的特点决定了**

中国央行还必须推动改革开放和金融市场发展，这么做的目的是为了实现动态的金融稳定和经济转轨，转轨最终是为了支持更有效、更稳定的经济。"[1]

然而，在货币政策的实际操作中，稳物价、促增长、平衡国际收支和维持金融稳定在同一时点难以兼得。因此，货币当局可能不得不相机抉择，抓住每一个时期的主要矛盾重点施策。这种多目标制下的动态调整，映射到银行间市场，就反映为银行间流动性随重点矛盾的变化波及而起伏。因此，我们可以从货币政策的目标入手，搭建"流动性时钟"，用以监测与预判短端利率的波动。

## 一、流动性时钟的构建

**第一，维护价格稳定**。考虑到近年来CPI受猪肉供给冲击的扰动较大，不能准确反映经济的冷暖变化，本文主要依据PPI来区分物价的强弱。如果过去6个月中有4个月及以上的PPI同比数值较上月上升（或稳定），则表明PPI较强；如果过去6个月中有3个月PPI同比数值较上月上升（或稳定），则表明PPI较为稳定；如果过去6个月中仅2个月及以下的PPI同比数值较上月上升（或稳定），则表明PPI较弱。数据显示，2016年下半年至2017年上半年流动性的收紧就发生在PPI较强的时期。

**第二，促进经济增长**。由于工业增加值波动较大，且制造业PMI指标对经济景气度的反应更为敏感，本文用PMI来刻画经济增长的强弱。考虑到我国的PMI有较强的季节性特征，本文定义：如果PMI较上一年同期高出0.5个百分点以上（含0.5个百分点），则认为经济动能较强；如果PMI较上一年同期的变化幅度在0.5个百分点以内，则认为经济较为稳定；如果PMI较上一年同期低0.5个百分点以上（含0.5个百分点），则认为经济动能较弱。数据显示，当PMI较强时，DR007容易出现上升；反之，DR007容易出现回落。

---

[1] 资料来源：中国人民银行，《把握好多目标货币政策：转型的中国经济的视角》，（2016/6/24）[2021/2/19]，http://www.pbc.gov.cn/goutongjiaoliu/113456/113469/3090366/index.html。

第三章 理解宏观政策

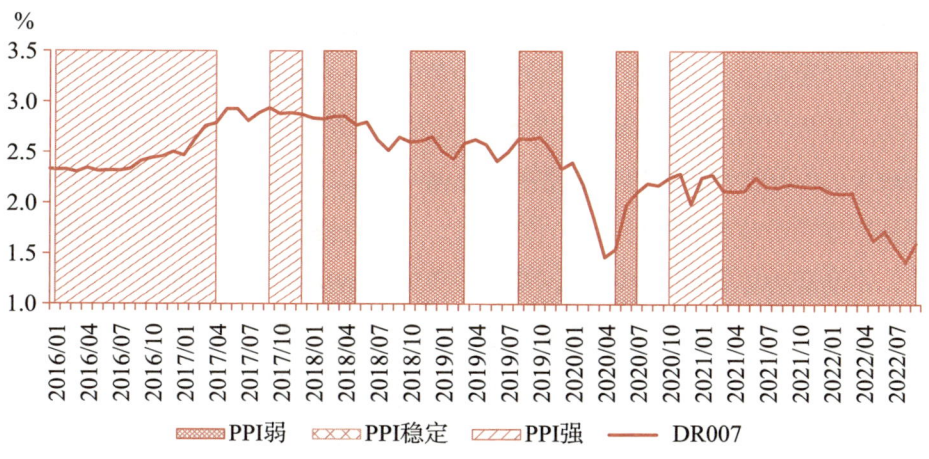

图3-12 PPI与流动性

资料来源：Wind，兴业研究。

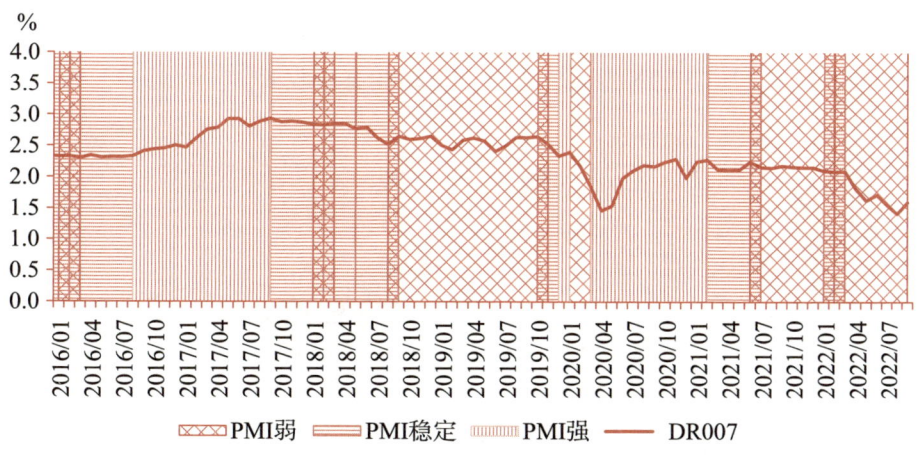

图3-13 PMI与流动性

资料来源：Wind，兴业研究。

**第三，国际货币政策协调**。保持国际收支平衡是货币政策的重要目标。而2008年之后国际资本流动的新变化给国际收支平衡带来了新的挑战。孙国峰和李文喆（2017）曾经指出，2008年之后，发达经济体推出的量化宽松政策使得全球资本流动的规模大增。这种新现象对传统的"不可能三角"理论形成了挑战。由于资本流动的量级增大，汇率自由浮动也不足以平衡国际资本流动，因而也不足以保证货币政策的独立性。在极端情形下，汇率制度甚至从三角形中消失，"三元悖论"会退化为"二元悖论"。在这种情况下，货币政策的国际协调就变得更加重要。孙国峰等（2017）指出，在2008年前美国是全球货币政策决策博弈中的领导者，其他经济体是跟随者。而2008年之后，主要经济体开始在制定本国货币政策时将别国的经济状况纳入考量，这也是最符合各国自身利益的选择。

人民币汇率在合理均衡水平上的基本稳定，是国际货币政策协调的重要表现。数据观察发现，近年来CFETS人民币汇率指数多数时间内在92至96的区间内波动。本文假设，如果CFETS指数大于或等于96，则认为汇率走强；如果CFETS指数介于92与96之间，则认为汇率平稳；如果CFETS指数小于或等于92，则认为汇率走弱[①]。数据显示，在2018年上半年和2021年3月至2022年9月，当CFETS指数较强时，流动性出现了一定程度的放松。而在2020年6月与7月CFETS指数较弱时，流动性有所收紧。

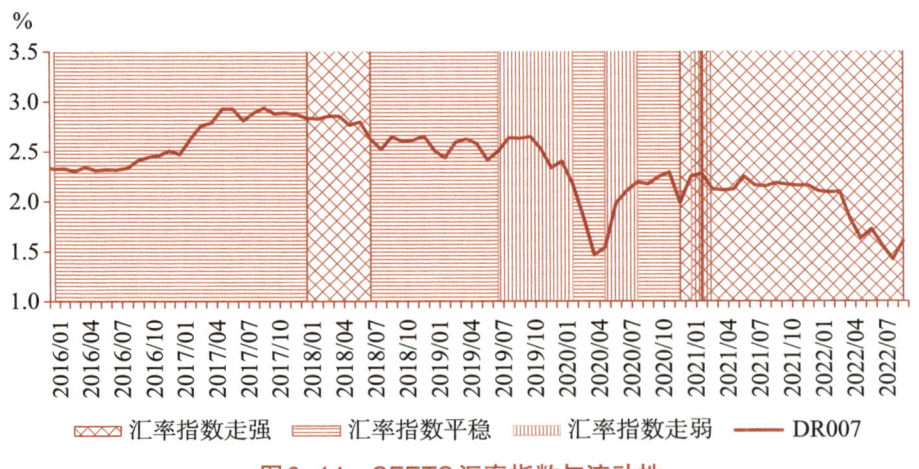

图3-14 CFETS汇率指数与流动性

资料来源：Wind，兴业研究。

---

① 注：在2015年汇改之后CFETS指数从高位回落，直到2016年7月才进入到92至96的波动区间之内。因此，这里不考虑2016年1月至6月CFETS指数的绝对水平，而是将这一阶段统一归入汇率平稳的时期。

**第四，应对金融周期**。在2008年之后，全球主要央行开始反思单一目标制货币政策的局限性，不少研究者提出将资产价格、金融周期等因素纳入考量范畴。这一点也得到了国内政策制定者的认可。

我们将从楼市、债市和股市三个角度分析金融稳定性的变化。在房地产方面，数据显示，房价大幅上涨之后，流动性可能出现收紧。例如，2016年、2019年和2020年上海房价上涨后，DR001的中枢都出现了上升。

考虑到一线城市房价更为敏感，本书以一线城市房价3个月累计涨幅超过3%作为楼市过热的信号。数据显示，当一线城市房价3个月累计涨幅超过3%时，可能引发资金面收敛。

图3–15　房价与DR001

资料来源：Wind，兴业研究。

在债市方面，持续宽松的流动性往往会诱发债券市场加杠杆，其表现在货币市场上，就是短期限回购融入资金的占比持续提高。我们根据历史经验发现，当隔夜回购占比超过90%时，一般也是债券市场杠杆率较高的时期，这种状况维持一段时间之后就会出现流动性紧张。因此，本文以一个月内任一交易日隔夜回购占比超过90%作为该月债市杠杆过高的信号。

在股市方面，自2016年以来，我国股市两融余额的占比始终处于较低的水平。不过，2015年上半年牛市时，两融余额占比曾突破3.0%。因此，本书以两融余额占比超过3.0%为股市杠杆过高的信号。

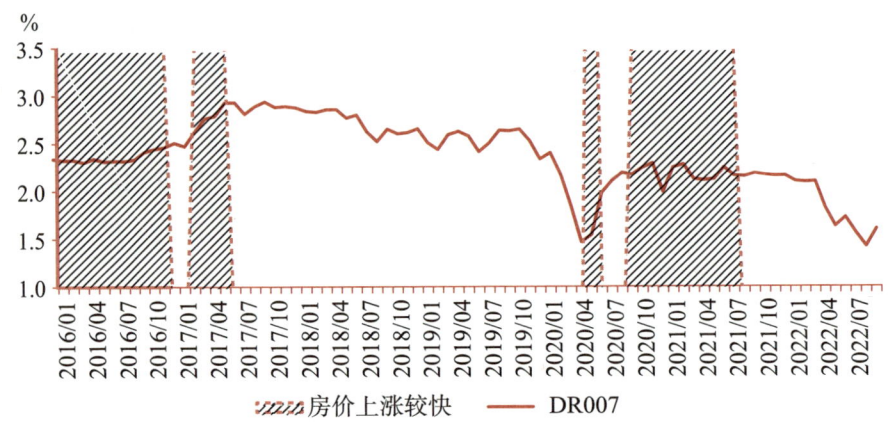

图 3-16 房价与流动性

注：当一线城市房价 3 个月累计涨幅超过 3%，认为房价上涨较快。
资料来源：Wind，兴业研究。

**第五，信用紧缩。当信用利差急剧走阔、海外股市暴跌等特殊风险事件发生时，央行需要加大流动性投放力度以稳定市场。**因此，本书进一步加入了信用利差和标普 500 VIX 两项监测指标。在信用风险方面，本书以 AA 级产业债信用利差单月扩大 30bp 以上作为可能出现信用风险的信号。数据显示，在民企债券融资环境恶化的 2018 年 6 月和 7 月、永煤事件发生后的 2020 年 12 月，都出现了 AA 级产业债信用利差单月扩大 30bp 以上的情况。

在标普 500 VIX 方面，本书以 VIX 达到历史分位数 95% 以上作为海外金融市场剧震的信号。在 2020 年 3 月和 4 月都出现了 VIX 上升至极端水平的情况。

此外，中美关系和新冠疫情等偶发性的风险因素也应当纳入考量。

## 二、流动性时钟的应用

基于上文中的分析结果，本书搭建了捕捉流动性松紧变化的流动性时钟。本书以当月 DR007 均值与前 3 个月 DR007 均值之差来衡量流动性的松紧，以便消除季节性因素的干扰。当上述差值大于 5bp 时，则认为流动性有所收紧；当上述差值处于 –5bp 和 5bp 之间时，则认为流动性平稳；当上述差

值小于 –5bp 时，则认为流动性放松。据此划分，自 2016 年央行公开市场操作常态化以来，共出现过两轮流动性趋势性收紧的时期，分别是 2016 年 9 月至 2017 年 9 月，和 2020 年 6 月至 2021 年初。需要指出的是，虽然 2017 年第四季度 NCD 利率显著攀升，但当时的 DR007 中枢已经不再进一步上升，而是保持平稳。此外，2019 年流动性也出现过数月的波段式收紧。

数据表明，上文所探讨的物价、经济增长等指标能够较好地解释流动性的松紧变化。

**第一，当经济景气度较高且物价走强时，流动性大概率出现收紧**。例如，2016 年 1 月物价开始走强，到 8 月经济景气度也开始走强。经济与物价双强的情况一直持续到 2017 年 4 月。在此期间流动性几乎持续收紧，仅 2017 年 1 月 DR007 保持平稳。2017 年 5 月至 8 月，经济景气度依然较高，但物价上涨的压力减轻，流动性也出现了一定程度的缓和。不过，到了 2017 年 9 月，经济和物价双强的局面再现，流动性再次出现收紧。

**第二，金融风险的苗头可能使流动性出现波段的调整**。例如，2018 年末至 2019 年初流动性总体处于稳中有松的状态，但 2019 年 2 月一线城市房价 3 个月累计涨幅超过 30%，2019 年 3 月流动性有所收紧。2019 年 4 月，隔夜占比突破 90%，流动性继续收紧。直到 2019 年 5 月包商事件发生，流动性才出现缓和。不过，这段时间内流动性的宽松使得债市加杠杆的热情持续高企，汇率也出现了一定的贬值压力，因此，货币当局在 2019 年 8 月再度收紧了流动性。

**第三，风险事件的意外发生会引发流动性的阶段性放松**。例如，2020 年 3 月与 4 月，海外金融市场剧震，标普 500 VIX 达到历史极端水平。2020 年 12 月信用利差显著攀升，尽管当月经济与物价双强，流动性依然出现了放松。

**第四，当经济面临一定下行压力时，货币当局对债市杠杆水平的容忍度可能上升**。2022 年 4 月至 8 月，受疫情影响，经济出现一定的下行压力，PPI 同比也明显回落，此时，虽然债市杠杆率有所抬升，但央行并未收紧流动性。直到 2022 年 9 月，PMI 出现走强的信号，流动性并未进一步放松，而是转为稳定。

总体来看，当经济强时，不论物价强弱，除非出现风险事件，否则流动性收紧的概率都较高。而当经济不强时，汇率走弱和金融过热也可能引发流动性收紧。

表3-6 流动性及其相关指标

| 时间 | 流动性松紧 | PMI | PPI | 汇率指数 | 房价 | 债市杠杆 | 股市杠杆 | 信用利差 | VIX | 其他事件 |
|---|---|---|---|---|---|---|---|---|---|---|
| 2016-01 | △ | △ | ● | △ | ✗ | ✗ | ✓ | ✓ | ✓ | |
| 2016-02 | △ | ◆ | ● | △ | ✗ | ✗ | ✓ | ✓ | ✓ | |
| 2016-03 | △ | △ | ● | △ | ✗ | ✗ | ✓ | ✓ | ✓ | |
| 2016-04 | △ | △ | ● | △ | ✗ | ✗ | ✓ | ✓ | ✓ | |
| 2016-05 | △ | △ | ● | △ | ✗ | ✗ | ✓ | ✓ | ✓ | |
| 2016-06 | △ | △ | ● | △ | ✗ | ✗ | ✓ | ✓ | ✓ | |
| 2016-07 | △ | △ | ● | △ | ✗ | ✗ | ✓ | ✓ | ✓ | |
| 2016-08 | △ | ● | ● | △ | ✗ | ✗ | ✓ | ✓ | ✓ | |
| 2016-09 | ● | ● | ● | △ | ✗ | ✗ | ✓ | ✓ | ✓ | |
| 2016-10 | ● | ● | ● | △ | ✗ | ✓ | ✓ | ✓ | ✓ | |
| 2016-11 | ● | ● | ● | △ | ✗ | ✓ | ✓ | ✓ | ✓ | |
| 2016-12 | ● | ● | ● | △ | ✓ | ✓ | ✓ | ✓ | ✓ | |
| 2017-01 | △ | ● | ● | △ | ✓ | ✓ | ✓ | ✓ | ✓ | |
| 2017-02 | ● | ● | ● | △ | ✗ | ✓ | ✓ | ✓ | ✓ | |
| 2017-03 | ● | ● | ● | △ | ✗ | ✓ | ✓ | ✓ | ✓ | |
| 2017-04 | ● | ● | ● | △ | ✗ | ✓ | ✓ | ✓ | ✓ | |
| 2017-05 | ● | ● | △ | △ | ✗ | ✓ | ✓ | ✓ | ✓ | |
| 2017-06 | ● | ● | △ | △ | ✓ | ✓ | ✓ | ✓ | ✓ | |
| 2017-07 | ◆ | ● | △ | △ | ✓ | ✓ | ✓ | ✓ | ✓ | |
| 2017-08 | △ | ● | △ | △ | ✓ | ✓ | ✓ | ✓ | ✓ | |
| 2017-09 | ● | ● | △ | △ | ✓ | ✓ | ✓ | ✓ | ✓ | |
| 2017-10 | △ | △ | ● | △ | ✓ | ✓ | ✓ | ✓ | ✓ | |
| 2017-11 | △ | △ | ● | △ | ✓ | ✓ | ✓ | ✓ | ✓ | |

续表

| 时间 | 流动性松紧 | PMI | PPI | 汇率指数 | 房价 | 债市杠杆 | 股市杠杆 | 信用利差 | VIX | 其他事件 |
|---|---|---|---|---|---|---|---|---|---|---|
| 2017-12 | △ | △ | ● | △ | ✓ | ✓ | ✓ | ✓ | ✓ | |
| 2018-01 | △ | △ | △ | △ | ✓ | ✓ | ✓ | ✓ | ✓ | |
| 2018-02 | △ | ◆ | ◆ | ◆ | ✓ | ✓ | ✓ | ✓ | ✓ | |
| 2018-03 | △ | △ | ◆ | ◆ | ✓ | ✓ | ✓ | ✓ | ✓ | 中美关系 |
| 2018-04 | △ | △ | △ | △ | ✓ | ✓ | ✓ | ✓ | ✓ | |
| 2018-05 | ◆ | △ | ● | △ | ✓ | ✓ | ✓ | ✓ | ✓ | |
| 2018-06 | △ | △ | △ | ◆ | ✓ | ✓ | ✓ | ✗ | ✓ | |
| 2018-07 | ◆ | △ | △ | △ | ✓ | ✓ | ✓ | ✗ | ✓ | |
| 2018-08 | ◆ | △ | △ | △ | ✓ | ✓ | ✓ | ✓ | ✓ | |
| 2018-09 | △ | ◆ | △ | △ | ✓ | ✓ | ✓ | ✓ | ✓ | |
| 2018-10 | △ | ◆ | ◆ | △ | ✓ | ✓ | ✓ | ✓ | ✓ | |
| 2018-11 | △ | ◆ | ◆ | △ | ✓ | ✓ | ✓ | ✓ | ✓ | |
| 2018-12 | △ | ◆ | ◆ | △ | ✓ | ✓ | ✓ | ✓ | ✓ | |
| 2019-01 | ◆ | ◆ | ◆ | △ | ✓ | ✓ | ✓ | ✓ | ✓ | |
| 2019-02 | ◆ | ◆ | ◆ | △ | ✓ | ✓ | ✓ | ✓ | ✓ | |
| 2019-03 | ● | ◆ | △ | △ | ✓ | ✓ | ✓ | ✓ | ✓ | |
| 2019-04 | ● | ◆ | △ | △ | ✓ | ✗ | ✓ | ✓ | ✓ | |
| 2019-05 | △ | ◆ | △ | △ | ✓ | ✗ | ✓ | ✓ | ✓ | 包商事件 |
| 2019-06 | ◆ | ◆ | △ | △ | ✓ | ✗ | ✓ | ✓ | ✓ | |
| 2019-07 | △ | ◆ | △ | △ | ✓ | ✗ | ✓ | ✓ | ✓ | |
| 2019-08 | ● | ◆ | ◆ | ● | ✓ | ✓ | ✓ | ✓ | ✓ | |
| 2019-09 | ● | ◆ | ◆ | ● | ✓ | ✓ | ✓ | ✓ | ✓ | |
| 2019-10 | ● | ◆ | ◆ | ● | ✓ | ✗ | ✓ | ✓ | ✓ | |
| 2019-11 | ◆ | △ | ◆ | ● | ✓ | ✓ | ✓ | ✓ | ✓ | |
| 2019-12 | ◆ | ● | ◆ | ● | ✓ | ✓ | ✓ | ✓ | ✓ | |
| 2020-01 | ◆ | ● | △ | △ | ✓ | ✗ | ✓ | ✓ | ✓ | 新冠疫情 |
| 2020-02 | ◆ | ◆ | ◆ | △ | ✓ | ✓ | ✓ | ✓ | ✓ | 新冠疫情 |

续表

| 时间 | 流动性松紧 | PMI | PPI | 汇率指数 | 房价 | 债市杠杆 | 股市杠杆 | 信用利差 | VIX | 其他事件 |
|---|---|---|---|---|---|---|---|---|---|---|
| 2020-03 | ◆ | ● | △ | △ | ✓ | ✗ | ✓ | ✓ | ✗ | 新冠疫情 |
| 2020-04 | ◆ | ● | △ | △ | ✓ | ✗ | ✓ | ✗ | ✗ | 新冠疫情 |
| 2020-05 | ◆ | ● | ◆ | △ | ✗ | ✗ | ✓ | ✓ | ✓ | 新冠疫情 |
| 2020-06 | ● | ● | ◆ | ● | ✓ | ✗ | ✓ | ✓ | ✓ | |
| 2020-07 | ● | ● | ◆ | ● | ✓ | ✗ | ✓ | ✓ | ✓ | |
| 2020-08 | ● | ● | △ | △ | ✓ | ✗ | ✓ | ✓ | ✓ | |
| 2020-09 | ● | ● | △ | △ | ✗ | ✓ | ✓ | ✓ | ✓ | |
| 2020-10 | ● | ● | ● | △ | ✗ | ✗ | ✓ | ✓ | ✓ | |
| 2020-11 | ● | ● | ● | △ | ✗ | ✓ | ✓ | ✓ | ✓ | |
| 2020-12 | ◆ | ● | ● | △ | ✗ | ✓ | ✓ | ✗ | ✓ | |
| 2021-01 | ● | ● | ● | ◆ | ✗ | ✗ | ✓ | ✓ | ✓ | |
| 2021-02 | ● | ● | ● | ◆ | ✗ | ✗ | ✓ | ✓ | ✓ | |
| 2021-03 | △ | △ | ● | ◆ | ✗ | ✓ | ✓ | ✓ | ✓ | |
| 2021-04 | ◆ | △ | ◆ | ◆ | ✗ | ✗ | ✓ | ✓ | ✓ | |
| 2021-05 | △ | ◆ | ◆ | ◆ | ✗ | ✗ | ✓ | ✓ | ✓ | |
| 2021-06 | ● | △ | ◆ | ◆ | ✗ | ✓ | ✓ | ✓ | ✓ | |
| 2021-07 | △ | ◆ | ◆ | ◆ | ✗ | ✓ | ✓ | ✓ | ✓ | |
| 2021-08 | △ | ◆ | ◆ | ◆ | ✓ | ✓ | ✓ | ✓ | ✓ | |
| 2021-09 | △ | ◆ | ◆ | ◆ | ✓ | ✗ | ✓ | ✓ | ✓ | |
| 2021-10 | △ | ◆ | ◆ | ◆ | ✓ | ✓ | ✓ | ✓ | ✓ | |
| 2021-11 | △ | ◆ | ◆ | ◆ | ✓ | ✓ | ✓ | ✓ | ✓ | |
| 2021-12 | △ | ◆ | ◆ | ◆ | ✓ | ✓ | ✓ | ✓ | ✓ | |
| 2022-01 | ◆ | ◆ | ◆ | ◆ | ✓ | ✗ | ✓ | ✓ | ✓ | |
| 2022-02 | △ | △ | ◆ | ◆ | ✓ | ✗ | ✓ | ✓ | ✓ | |
| 2022-03 | △ | ◆ | ◆ | ◆ | ✓ | ✗ | ✓ | ✓ | ✓ | |
| 2022-04 | ◆ | ◆ | ◆ | ◆ | ✓ | ✗ | ✓ | ✓ | ✓ | |
| 2022-05 | ◆ | ◆ | ◆ | ◆ | ✓ | ✗ | ✓ | ✓ | ✓ | |
| 2022-06 | ◆ | ◆ | ◆ | ◆ | ✓ | ✗ | ✓ | ✓ | ✓ | |

续表

| 时间 | 流动性松紧 | PMI | PPI | 汇率指数 | 房价 | 债市杠杆 | 股市杠杆 | 信用利差 | VIX | 其他事件 |
|---|---|---|---|---|---|---|---|---|---|---|
| 2022-07 | ◆ | ◆ | ◆ | ◆ | ✓ | ✗ | ✓ | ✓ | ✓ | |
| 2022-08 | ◆ | ◆ | ◆ | ◆ | ✓ | ✗ | ✓ | ✓ | ✓ | |
| 2022-09 | △ | ○ | ◆ | ◆ | ✓ | ✗ | ✓ | ✓ | ✓ | |

注：在流动性一列中，圆形表示收紧，三角形表示平稳，菱形表示放松。在PMI和PPI两列中，圆形表示指标偏强，三角形表示指标平稳，菱形表示指标偏弱。在汇率指数一列中，圆形表示指标偏弱，三角形表示指标平稳，菱形表示指标偏强。在房价、债市杠杆和股市杠杆3列中，×表示相关市场有出现风险的苗头，可能引发流动性收紧。在信用利差和VIX 2列中，×表示出现风险，可能需要流动性支持。新冠疫情标记至美国疫情阶段性见顶，生产生活有所恢复为止。

资料来源：Wind，兴业研究。

## 前沿探讨：中央银行该如何应对股市波动？

全球中央银行通常以稳定物价和促进就业为主要目标。然而，随着金融市场的不断发展，金融市场波动对经济增长、物价变动的影响也在深化。面对股票市场的剧烈波动，中央银行是否应该做出反应，又能够采取怎样的措施？本部分将从理论研究和实践经验两个层面出发展开分析。

### 一、货币政策的股市传导渠道

除了传统的利率渠道之外，货币政策还能够通过资产价格来影响实体经济。Mishkin（2001）曾经描述过股票市场影响经济的四个渠道。

**第一，股价能够影响企业投资。** 根据托宾q（企业市值与资产重置成本之比）的理论，当q足够高时，企业可以通过发行较少的股票获得较多的资金用于购买设备、扩大再生产，因此企业投资的动力会更强。

**第二，股价变化会影响企业资产负债表与融资能力。** 在金融机构为实体企业提供融资的过程中，如果企业净资本较低、杠杆率偏高，金融机构会担心企业容易出现逆向选择和道德风险问题而不愿意提供融资。当股市繁荣，企业的净资本增加，企业就更容易获得商业银行贷款，进而扩大投资。

**第三，股市波动会通过财富效应影响家庭行为。** 股市上涨有利于提高居民的财产性收入，进而促进居民消费。

**第四，股市波动会影响居民的流动性偏好。** 财务状况良好、高流动性资产较多的居民更倾向于增加耐用品和房产投资。当股市上涨时，居民的金融资产相对债务更多，居民就更愿意增加对耐用品和房产等低流动性资产的投资。

## 二、中央银行如何应对股市变化

正因为股票价格能够影响经济体系运行，因而，以股票价格作为中介目标来施行货币政策，对中央银行而言就看似有一定的吸引力。然而，Bernanke & Gertler（2000）和 Mishkin（2001）先后指出：直接以资产价格为货币政策目标会带来严重的副作用。

Bernanke & Gertler（2000）指出，资产价格的波动既可能是基本面变化的结果，也可能来自非基本面因素的驱动。中央银行很难判断资产价格的波动是源于基本面还是非基本面，或者是来自二者的混合。**中央银行应当容忍而不是排斥反映基本面的资产价格波动**。在这种情境下，稳定资产价格的尝试往往适得其反。

Mishkin（2001）也认为，直接以资产价格为货币政策目标可能带来不利的结果。第一，中央银行很难识别资产价格中是否有泡沫，因而很难在泡沫形成时及时做出反应。第二，货币政策与股票价格之间的关联较弱。股票价格的波动可能体现了经济基本面的变化或者是投资者的"动物精神（animal spirits）"。这意味着央行控制股票价格的能力是有限的。1997年，当道琼斯指数在6500点左右时，面对热情高涨的股票市场，格林斯潘在发言中指出股市可能正经历着非理性繁荣，但股市不为所动，继续攀升到超过11000的水平。第三，将货币政策目标扩展到资产价格领域可能会影响央行与市场沟通的效率，影响货币政策的独立性。

**不过，在股票市场的剧烈波动面前，中央银行仍需有选择地做出反应。** Bernanke & Gertler（2000）认为，当资产价格波动满足两个条件时，货币政策应当做出反应：其一，资产价格波动是由非基本面因素驱动的；其二，这种非基本面因素导致的资产价格波动会对经济其他部分的运行产生重要的影响。当这两个条件都满足时，资产价格波动本身能够导致经济不稳定，必须引起政策制定者的关注。堪萨斯联储的Filardo（2001）也认为，如果货币当局对于资产价格波动的经济影响还不够确定，那么，此时就不应该对资产价格波动做出反应。

Rigobon & Sack（2001）则利用1985年至1999年日度和周度不同频率的数据，量化地度量了美联储对于股市变动的经验反应历史，认为标普500上涨或者下跌5%可能将美联储加息或者降息25bp的可能性提高50%[①]。而这一幅度恰恰与股市变化引起的总需求变动的幅度所需要的政策反应相当，也就是说美联储对于股价变动的反应实际上是对股市引起的实体经济变化的反应。

**Mishkin & White（2002）进一步指出，货币当局应当关心的关键问题是金融体系的稳定性，而不是股票市场本身**。如果股票市场下跌会引发金融体系的不稳定，进而给经济运行带来压力，那么，中央银行可以采取扩张性的政策。如何识别股票市场波动是否会影响金融稳定？Mishkin & White（2002）回顾了20世纪美国股票市场崩盘的历史，指出信用利差是观测股市崩盘是否会影响金融稳定的重要指标。例如，1929年股票市场崩盘后，美联储继续保持紧缩的货币政策，放任股票市场继续崩盘，信用利差达到历史高位，使经济陷入更深的衰退。与之不同的是，1987年股票市场闪崩后，信用利差当即扩大，但在美联储采取措施注入流动性之后，信用利差就趋于稳定，之后逐渐回落。而人们知之甚少的是，1962年美国也出现过股票市场崩盘的现象。与1962年4月相比，1962年6月道琼斯指数下跌了20.6%，标普500下跌了20.9%。但这次股市下跌并未引起信用利差走阔，恰恰相反，股市下跌期间信用利差表现稳定，银行体系也十分稳健。基于此，那时美联储并未采取应急措施，美国经济也没有出现衰退。

---

① 例如，如果当前加息概率为30%，股市上涨5%可能使加息概率上升至80%。

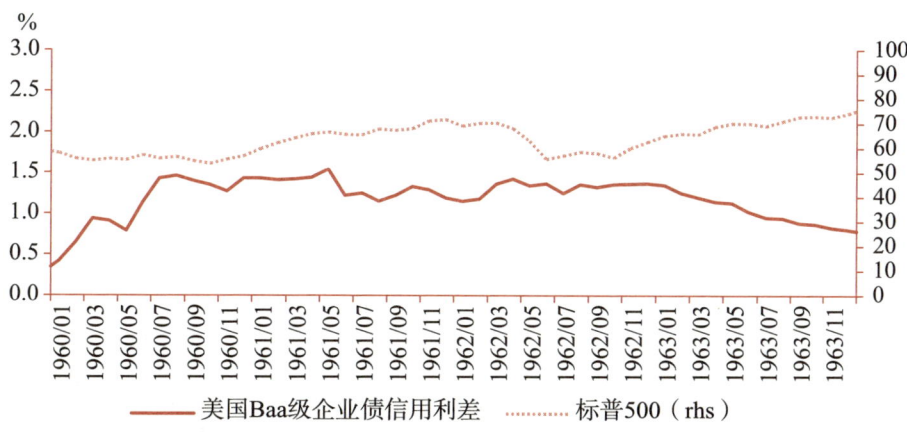

**图3-17　美国股市与信用利差（20世纪60年代初）**

资料来源：Wind，兴业研究。

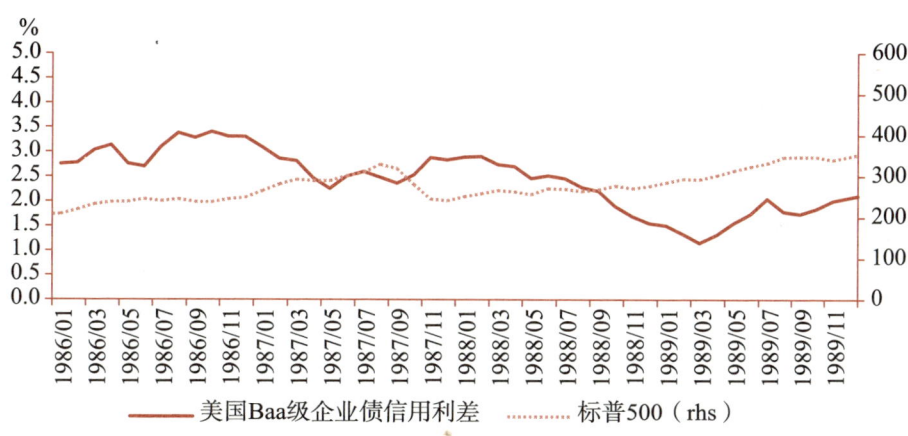

**图3-18　美国股市与信用利差（20世纪80年代末）**

资料来源：Wind，兴业研究。

## 三、中央银行应对股市下跌的实践操作

### （一）1987年"黑色星期一"

1987年10月19日，道琼斯指数单日下跌了22.6%。面对股票市场的骤跌，

美联储开创了中央银行用流动性遏制金融危机的先例[①]。股市下挫的第二天（10月20日），美联储主席格林斯潘即表示："作为中央银行，联储已准备好为支持经济和金融系统提供流动性。"美联储通过公开市场操作向银行体系注入了170亿美元的流动性，规模超过银行准备金的25%，当日联邦基金利率即较前一日下降了54bp至7.07%。

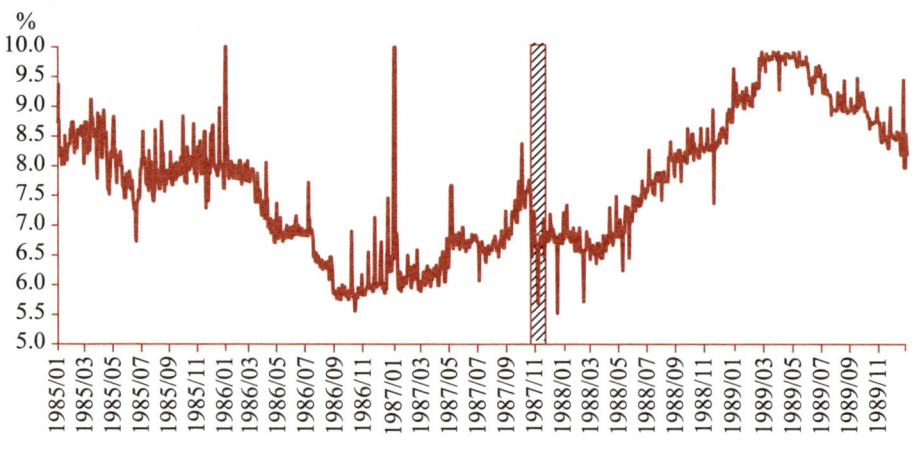

图3-19 美国联邦基金利率

资料来源：Wind，兴业研究。

除了直接注入流动性之外，美联储还通过一系列的细节安排保障金融体系正常运行。第一，将公开市场操作的时间至少提前了1个小时，并提前一日通知交易商；第二，鼓励商业银行和证券公司提供资金满足经纪商和交易商的流动性需求；第三，放松了美联储借出政府证券的要求，包括放松金额要求和做空限制，保障政府证券的流动性，确保市场下跌中交易主体能够得到足够的国债作为合格抵押品；第四，检查主要银行业机构，评估银行业机构对证券公司的信用风险暴露。得益于美联储的及时反应，股票市场的震荡最终缓和下来，美国GDP增速也未受到股票市场的明显影响，维持了较快的增长。

---

[①] 资料来源：美联储历史网，Stock Market Crash of 1987，（2013/11/22）[2020/3/18]：https://www.federalreservehistory.org/essays/stock_market_crash_of_1987。

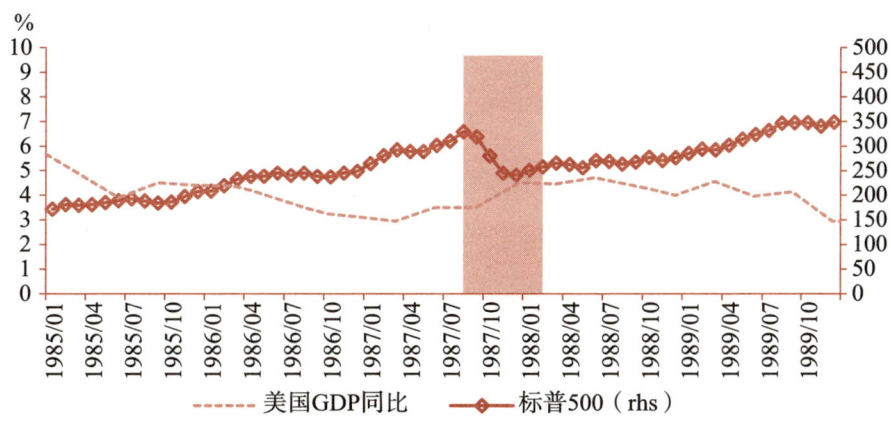

图 3-20 标普 500 与美国 GDP 同比

资料来源：Wind，兴业研究。

### （二）2010 年日本央行入市

2010 年 4 月后日本股票市场出现下跌，到 2010 年 9 月末，日经 225 指数较 4 月的高点累计下跌了 17.4%。当时日本还未走出次贷危机阴影，股票市场的下跌进一步拖累了经济运行。为激发经济活力、提振市场风险偏好，2010 年 10 月，日本央行决定继续强化宽松的货币政策，推出全面的货币宽松（Comprehensive Monetary Easing）：第一，明确零利率政策；第二，明确提出在价格目标实现前将维持零利率；第三，在短端利率已经没有下降空间的情况下，日本央行进一步引导长端利率和风险溢价下行。<u>而引导风险溢价下行的重要手段，就是购买包括企业债券、股票ETF、REITS等在内的风险资产。</u>

2010 年 11 月，日本央行进一步发布了 ETF 购买计划的细则。在对象方面，日本央行将购买跟踪东京股票价格指数（TOPIX）或日经 225 指数（Nikkei 225）的 ETF；在购买方式方面，日本央行指定从事信托业务的银行为受托方，通过信托购买 ETF；在购买价格方面，ETF 的购买价格原则上应当与股票的加权平均价格相一致。然而，最终结果显示，日本央行增持 ETF 的行动并未能改善股市的表现，数据显示日本央行 ETF 增持规模和股指表现之间也没有明显的关联。在日央行ETF增持力度较大的2011年下半年，日经225指数还一度出现下跌。

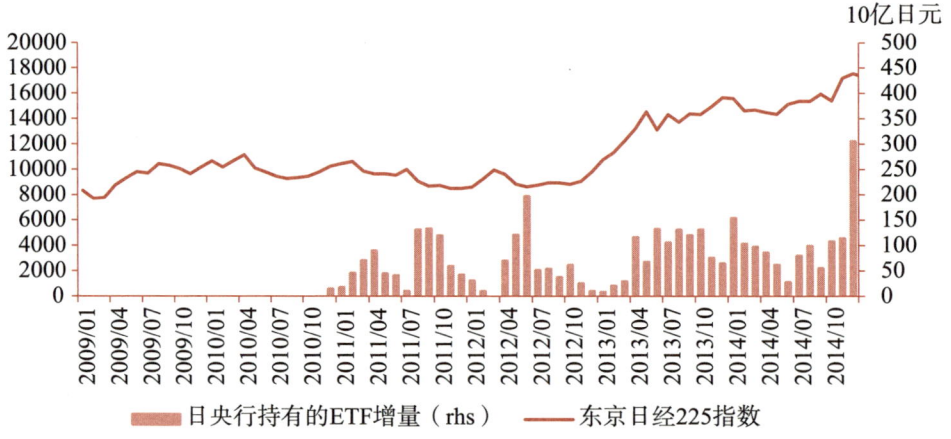

图3-21 日央行入市与股指表现

资料来源：Wind，兴业研究。

这是由于2010年日本股市下跌是基本面恶化的表现。2010年日本PMI波动回落。2010年5月PMI在54.7%的较高水平，但2010年10月已下滑至47.2%。正如前文Bernanke & Gertler（2000）所指出的，只有当资产价格波动是由非基本面因素驱动、且会对经济其他部分运行产生重要影响时，货币政策才应当干预股票价格。同时，这也进一步印证了Mishkin（2001）的观点，即货币政策与股票市场之间只有弱关联，央行对股票市场的影响能力是有限的。

从理论研究和美日央行的实践中，我们可以看出，虽然股票市场能够对实体经济产生影响，但央行应当干预的是非基本面因素所驱动的股票波动，且着眼点更应关注金融体系的稳定性，而非股票价格本身的高低；当股票市场震荡可能引发金融不稳定时，可以给予金融体系以流动性支持，但直接入市未必能够提振股市。

第三章 理解宏观政策

图3-22 日本制造业PMI与日经指数

资料来源：Wind，兴业研究。

## 宏观审慎（MPA）：宏观审慎工具知多少？

2008年国际金融危机爆发，引起了各国对系统性风险的重视和对金融监管框架的反思。以逆周期调节和防范系统性风险为主要目标的宏观审慎监管，成为后危机时代金融监管改革的核心。2016年起，中国人民银行将差别准备金动态调整机制"升级"为宏观审慎评估体系。作为金融监管的新框架，我国的宏观审慎评估体系正在不断发展完善之中。本部分梳理了国际上常见的宏观审慎监管工具，以期帮助我们一窥我国宏观审慎体系未来可能的演进路径。

根据适用目标，宏观审慎工具可以划分为四大类。第一，应对信用过度扩张和高杠杆的宏观审慎工具。第二，应对期限错配和流动性风险的宏观审慎工具。第三，应对系统重要性金融机构和金融体系内风险传染的宏观审慎工具。第四，应对部门性金融风险的宏观审慎工具。下文中，我们将逐一介绍四类工具的构成和其对应的监测指标。

## 一、应对信用过度扩张与高杠杆

### （一）逆周期资本缓冲（Countercyclical Capital Buffer）

金融体系天然具有亲周期的特征。在经济繁荣期，银行信用往往加速扩张。而在经济萧条期，受坏账增加等因素的影响，银行信用可能过度萎缩。逆周期资本缓冲工具意在平滑经济周期对信用增长的影响。在经济繁荣期提高对银行的资本要求，防止信用过度扩张。在经济萧条期释放资本要求，帮助银行吸收损失，避免信用条件过度恶化。

根据巴塞尔协议Ⅲ的规定，银行的逆周期资本缓冲规模应当在风险加权资产（Total Risk Weighted Assets）的0%至2.5%之间，且由核心一级资本（Common Equity Tier 1）提供。

逆周期资本缓冲作用的发挥，依赖于监管当局根据经济形势对缓冲规模做出相应调整。因此，监测指标的选择对逆周期资本缓冲的应用十分重要。IMF建议，可以依据以下指标判断信用扩张速度是否适宜。第一，信贷与GDP之比的缺口是评判信用扩张速度最重要的指标。当信贷与GDP之比高于其长期趋势，说明可能存在信贷过热的现象。第二，信贷与GDP之比的变化和信贷增速也是监测信用扩张速度的可行指标。第三，资产价格增速、资产价格与其长期趋势的偏离程度、偏低的风险溢价可能成为重要的风险提示。

### （二）杠杆率（Leverage Ratio）

风险加权指标有其天然的缺陷。一方面，在经济繁荣期，风险水平往往较低，风险加权资本指标的有效性受到侵蚀。另一方面，风险权重可能被操纵。与建立在风险加权资产概念之上的资本充足率指标不同，杠杆率指标不考虑资产的风险水平，仅考虑风险敞口的总规模。因此，巴塞尔协议Ⅲ引入最低杠杆率指标，作为风险加权指标的补充。

根据巴塞尔协议Ⅲ的规定，在计算杠杆率指标时，应当以一级资本（Tier 1 Capital）衡量资本规模。计算敞口规模的时候，既应考虑贷款、回购、证券投资和衍生品等表内项目，也应考虑承兑汇票、备用信用证、承付款项等表外项目。

### （三）动态贷款损失准备（Dynamic Loan Loss Provisioning）

传统意义上的贷款损失准备，指银行按照谨慎会计原则，根据贷款可能发生的损失计提损失准备。而动态贷款损失准备要求银行在经济景气时期积累逆周期的贷款损失准备，用以应对萧条时期可能发生的损失。与逆周期资本缓冲类似，动态贷款损失准备有助于在经济繁荣期抑制信用过度扩张，起到平滑信用周期的作用。

实施动态贷款损失准备的方法共有四种。第一，全周期积累（Through-the-cycle Accumulation）的动态贷款损失准备。在这一方法下，动态贷款损失准备的变动包括新增贷款的预期损失和周期内对贷款存量提取的平均准备，同时需要扣除当期提取的准备。在经济繁荣期，贷款质量较高，当期需要提取的准备较少，所需的动态贷款损失准备增加。经济萧条期则反之。

第二，基于触发机制（Trigger-based）的动态贷款损失准备。在这一方法下，监管当局选择一定的经济指标作为判断基准。当基准指标显示信贷过热时，银行需要提取动态贷款损失准备。与全周期积累的方式相比，触发机制下动态贷款损失准备的实施和终止都更为突然，可能对银行体系造成较大的冲击。

第三，提取预期贷款损失准备。在这一方法下，银行需要评估每一项贷款在经济周期中可能发生的损失，依此计提损失准备。

第四，混合型的动态贷款损失准备，即在全周期积累机制的基础上，配合以触发机制。

### （四）信贷增速上限（Caps on Credit Growth）

当信贷过热发生时，无论是逆周期资本缓冲、杠杆率，还是动态贷款损失准备，都只能起到使信贷扩张减速的作用，而无法有效地把信贷增速降低到合意水平。而信贷增速上限能够更为有效地控制信贷增长的速度，为信用扩张降温。然而，由于信贷增速上限工具对信用增长的冲击更大，更适合应用于信贷增长强劲且系统性风险快速积累的时期。

## 二、应对期限错配和流动性风险

### （一）流动性覆盖率（Liquidity Coverage Ratio）

流动性覆盖率工具意在提高银行对流动性风险的短期应对能力。流动性覆盖率等于银行持有的、无变现障碍的优质流动性资产与未来30日净现金流出的比值。为提高流动性覆盖率，银行可以增加优质流动性资产，也可以减少短期负债，由此降低银行面对的短期流动性风险。

根据巴塞尔协议Ⅲ，流动性覆盖率的要求将从2015年的60%出发，逐年提高10%，直至2019年达到100%。

### （二）稳定资金要求（Stable Funding Requirements）

与针对短期流动性风险的流动性覆盖率指标不同，稳定资金要求意在强化银行应对更长期限内资金风险的能力，引导银行以稳定的负债来源支持非流动性资产。

净稳定资金比率（Net Stable Funding Ratio）是实践稳定资金要求的重要工具。净稳定资金比率等于可用稳定资金与所需稳定资金之比。可用稳定资金是期限超过1年的资本与负债的加权值。资金来源越稳定，所赋予的权重就越高。所需稳定资金是资产和表外活动的加权值。权重依据资产的流动性特征和剩余期限决定。长期、无变现障碍的资产，和非银行客户的贷款的权重更高。

根据巴塞尔协议Ⅲ，净稳定资金比率的最低要求为100%，从2018年起生效。

除了净稳定资金比率外，存贷比上限、贷款与稳定资金之比的上限等工具也可以用于实践稳定资金要求。

### （三）准备金要求（Reserve Requirement）

准备金要求指商业银行在中央银行存入一定的存款，以满足客户提取和资金清算等要求。准备金要求通常基于短期负债、存款，可以应用于流量，也可以应用于存量。此外，准备金要求还可以区分币种，以应对外汇风险。

### （四）流动性费用（Liquidity Charge）

流动性费用指对非核心资金征收费用。费率可以依据资金期限或币种进行区分。征收的费用用于建立应急基金，在发生流动性风险时向银行提供支持。

流动性费用工具的运用经验较为有限，但韩国从2011年开始实施"宏观审慎稳定费用"，对银行的非存款外币负债征收费用。韩国政府认为，这一措施能够起到减少跨境资本流动的波动、缓解发达国家量化宽松背景下资本大量涌入韩国的局面，及储备资金应对外来冲击三方面作用。

上述工具的实施，需要参考有效的流动性风险监测指标。IMF提出了一系列可以用于刻画流动性风险的指标。第一，贷存比和非核心资金（短期、批发和外汇资金）占总负债的比例是刻画流动性风险的基本指标。贷存比指标可以进一步拓展，在分母中加入非存款的稳定资金来源。

第二，基于资产负债表的指标。例如，资产与负债期限的匹配情况和未平仓的外汇敞口。

第三，基于金融市场和宏观经济形势的指标。例如，热钱的流入、银行间市场交易量和证券发行量等。

## 三、应对系统重要性金融机构和金融体系内风险传染

### （一）对系统重要性金融机构的监管

系统重要性金融机构的危机具有巨大的负外部性，甚至可能导致整个金融体系的崩溃。因此，监管当局有必要提高对系统重要性机构的监管要求，提高其应对风险的能力。

第一，对系统重要性金融机构可以实施附加资本要求（Capital Surcharge），以提高其吸收损失的能力。巴塞尔协议Ⅲ提出，对全球系统重要性银行实施附加资本要求。附加资本要求的比例在1%到2.5%之间，具体比例与银行的系统重要性程度挂钩。

第二，对系统重要性机构实行附加杠杆率要求。2014年美国通过了对系统重要性机构的附加杠杆率规定（2018年生效）。该规定将系统性银行的补

充杠杆率（Supplementary Leverage Ratio，即一级资本与总杠杆敞口的比值）在最低要求的基础上提高2个百分点，达到5%。

第三，监管当局还可以对系统重要性机构提出更高的流动性要求，如更高的流动性覆盖率或流动性费用。

值得注意的是，为了更好地防范系统性风险，除了系统重要性银行外，其他能够扮演信用中介、期限转换和清算等角色的系统重要性金融机构也需要监管当局的高度重视。

### （二）防范金融机构间的风险传染

金融机构间风险的交叉传染是金融危机得以快速蔓延的重要原因。监管当局可以通过以下工具应对金融机构间风险传染的问题。

第一，实行金融机构间敞口限制（Exposure Limits）。这种限制既包括银行对单一对手方的敞口限制，也包括对一类对手方（如银行间）敞口的限制。同时，有必要对系统重要性银行之间的敞口进行更为严格的限制。

第二，对金融系统内的敞口采用更高的风险权重。差异化的风险权重可以通过两种形式实现：一是对某一类对手方的敞口采用更高的风险权重；二是对某一类金融体系内活动或工具的敞口实行更高的风险权重。

第三，通过流动性要求引导银行减少对短期批发资金，尤其是来自其他金融机构的短期批发资金的依赖。例如，上文提到的净稳定资金比率工具，就有利于减少银行资金来源间的相互关联。

### （三）金融市场基础设施建设

金融市场基础设施的完善也有利于减轻风险在金融体系内的传染和扩散。例如，2009年G20峰会提出，对所有标准化OTC（场外交易）衍生品推行中央对手方清算。中央对手方清算机制可以避免某一主要对手方的风险在市场中扩散。

值得注意的是，中央对手方清算机制虽然减轻了交易对手风险，却可能导致系统性风险的集中。因此，中央清算所对金融体系具有系统重要性。为此，新加坡、韩国等国的中央银行都有针对中央清算所的流动性安排。

此外，证券借贷、回购和衍生品市场中的保证金要求也有利于减轻风险在金融机构间的传染。除了提供缓冲资金外，保证金要求的优势在于，在同一市场内，不论机构类型都需要遵守保证金要求。这可以减弱借贷活动向影子银行体系转移的动力。

## 四、应对部门性金融风险

金融体系的风险还可能来源于某一特定领域，如某一部门信用情况的恶化，或者对外部门面临的外汇风险。部门性资本要求、贷款与价值比等工具可以用于应对部门性金融风险。

### （一）部门性资本要求（Sectoral Capital Requirement）

部门性资本要求工具指，银行需要对某一特定部门的风险敞口持有更高的资本准备，以应对该部门信用情况恶化可能带来的损失。这一工具可以运用于居民按揭贷款、商业地产贷款、无抵押的消费贷款等。由于更高的部门性资本要求可能带来融资成本的上升，部门性资本要求工具可以用于抑制特定部门信贷的过度增长。

### （二）贷款与价值比率限制（Caps on Loan-to-value Ratio）

对于抵押贷款而言，对贷款金额与资产价值的比率进行限制，有助于降低信贷过热的风险。贷款与价值比率限制，一方面限制了贷款者可以获得的贷款金额，另一方面可以减轻资产泡沫与信用扩张之间的相互强化。贷款与价值比率工具通常运用于居民按揭贷款、商业地产按揭贷款和汽车贷款等。

### （三）偿债能力要求

监管机构还可以对贷款者的偿债能力提出要求，以提高贷款质量、减轻信用风险。常见的偿债能力指标，包括债务与收入比率（Debt Service to Income Ratio）和贷款与收入比率（Debt to Income Ratio）。

同贷款与价值比率相比，偿债能力指标的优势表现在两方面。第一，在资产价格快速上涨的时期，贷款与价值比的限制会因资产价格的上涨而放松。而偿债能力指标不受到资产价格的直接影响。当资产泡沫现象发生时，收入上涨速度往往低于资产价格增速，偿债能力指标的有效性不易受到削弱。第二，偿债能力指标刻画了贷款者应对利息和收入冲击的能力，有助于降低违约风险。

### （四）外汇风险管理

当外币贷款融资成本较低时，企业或居民部门可能更倾向于借入外币资金。然而，一旦本币发生较大幅度的贬值，就可能引发外币贷款违约风险。监管当局可以通过以下工具引导银行管理外汇风险。

第一，实施差异化的风险权重，赋予未对冲汇率风险的贷款者的外币贷款更高的风险权重。监管当局也可以要求银行对不同币种的外汇贷款采用不同的风险权重。

第二，限制外汇风险敞口。监管当局既可以限制未对冲汇率风险的外币贷款的增速，也可以限制新增外币贷款占全部新增贷款的比例。

在管理外汇风险时，监管当局可以借助外币债务占比、外币债务占GDP的比例，和外币债务与长期趋势项的偏离程度等指标监测外汇风险的变化。

综上，我们将常见的宏观审慎工具总结表中，以供参考。

表3–7　常见宏观审慎工具综览

| 类型 | 宏观审慎工具 |
| --- | --- |
| 应对信用过度扩张与高杠杆 | 逆周期资本缓冲 |
|  | 杠杆率 |
|  | 动态贷款损失准备 |
|  | 信贷增速上限 |

续表

| 类型 | 宏观审慎工具 |
| --- | --- |
| 应对期限错配和流动性风险 | 流动性覆盖率 |
|  | 净稳定资金比率 |
|  | 存贷比上限 |
|  | 贷款与稳定资金比率 |
|  | 准备金要求 |
|  | 流动性费用 |
| 应对系统重要性金融机构和金融体系内风险传染 | 系统重要性金融机构附加资本要求 |
|  | 系统重要性金融机构附加杠杆率要求 |
|  | 系统重要性金融机构流动性要求 |
|  | 金融机构间敞口限制 |
|  | 差异化的风险权重 |
|  | 净稳定资金比率 |
|  | 中央对手方清算机制 |
|  | 保证金要求 |
| 应对部门性金融风险 | 部门性资本要求 |
|  | 贷款与价值比率 |
|  | 债务与收入比率 |
|  | 贷款与收入比率 |
|  | 外币贷款风险权重 |
|  | 外汇风险敞口限制 |

资料来源：兴业研究。

## 五、宏观审慎工具的潜在风险

在国际组织、各国监管当局等的努力下，宏观审慎工具已经形成了较为完整的体系。然而，宏观审慎工具仍然存在潜在的风险。

一方面，以银行为主要监管目标的宏观审慎体系可能导致金融中介活动向非银金融机构、影子银行转移。应对上述挑战的方法,是扩大宏观审慎监管的边界,将非银金融机构也纳入宏观审慎管理的框架之中。例如,在英国,当金融政策委员会(Financial Policy Committee)认为监管漏洞影响了其对系统性风险的管理时,可以向财政部建议扩展一些宏观审慎工具的应用范围。

另一方面,国内外宏观审慎监管的差异可能导致金融中介活动向境外转移。要应对这一挑战,监管当局既可以加强对外资金融机构境内分支的监管,也可以通过互惠协议加强国际监管协作。例如,巴西、墨西哥等国家鼓励或要求外资机构在境内成立子公司而非分公司,使其进入当地的金融监管机构的管辖范围。在阿根廷、智利和韩国等国家,外资金融机构的境内分公司与子公司一样,都需要符合当地监管机构颁发的资本或流动性要求。

# 第四章 走近固定收益

> **投资策略：利率周期中的债券配置**
>
> 准确的择时无疑能够有效地提高债券投资的组合回报。站在回望过去的角度，利率的高点和低点一览无余；置身其中，投资者更像在"顺流而下"又"上下起伏"的小舟之上，努力找到利率之"锚"。然而，我们"无法踏入同一条河流"，展望未来，又该如何确定当前的债券利率是合意的配置点位？

## 一、债券利率的趋势和周期

2014年以来的3轮债市周期，我国债券市场的利率波动幅度下降、利率的顶部点位也不断下移，"通胀已死""利率将在长期内趋势下行"的观点一度深入人心；伴随着疫情之后高通胀时代的来临，全球国债共振上行，让投资者开始思考，我们是否正站在趋势的拐点上。

**影响债券投资成败的，既包括利率的长期趋势，也包括利率的短期波动；利率趋势影响长期投资回报，但变化相对缓慢，利率波动对中短期内的投资决策更为重要。** 债券市场投资者习惯使用"牛市"和"熊市"来划分债券利率的下行和上行周期，并统计债券利率的高点和低点之间的最大波动幅度。**我们尝试分解出利率的趋势项和周期项，为短期和中期内的债券投资提供参考。**

张嘉为等（2018）使用滤波方法对债券利率的长期趋势和短期趋势进行了拆分，并结合库存周期理论对债券利率走势进行了分析。我们在上述研究的基础上，通过对未来利率走势和策略回报的定量的测算，提供短期视角（1年左右）和中期视角（2—3年）下的债券市场配置和交易策略。

下面，我们对10年国债利率的月度均值做HP滤波处理，分离出趋势项和周期项，并分别对趋势项和周期项的影响因素进行分析。

**从10年国债的趋势项来看**，其在2003年至2014年期间呈区间波动的态势，2014年至今，10年国债的趋势项波动向下，自2017年末，趋势项见顶后，至今下行趋势已经超过4年，是2002年以来持续时间最长的下行。从曲线形态来看，2018年以来，趋势项接近直线下行，单月下行幅度在1bp左右。可以看出，在1年左右的债券投资周期中，趋势项变动幅度较小，并非影响投资回报的主要因素。

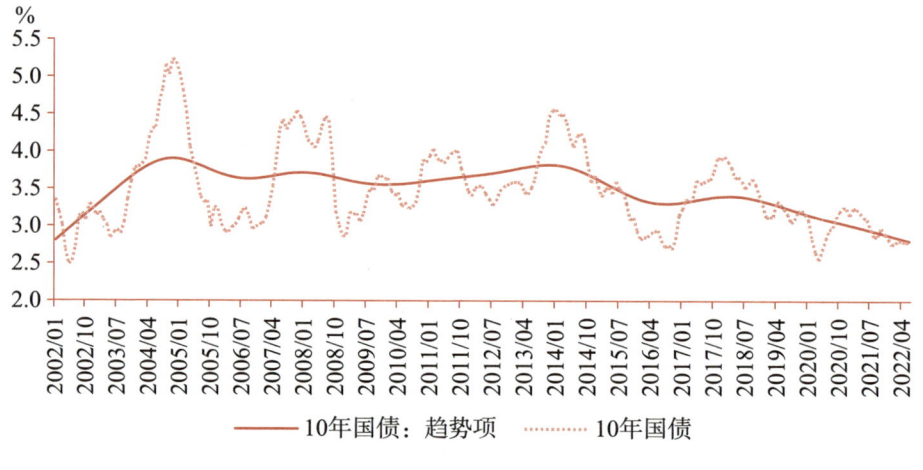

图4-1　10年国债利率的趋势项

资料来源：Wind，兴业研究。

**从10年国债的周期项来看**，其在2002年至2022年上半年在[-80bp，135bp]的区间内上下波动，并且利率的波动幅度呈收敛态势。在1年左右的投资周期中，周期项是影响债券利率波动的主要因素，也是债券波段交易的获利来源。

第四章 走近固定收益

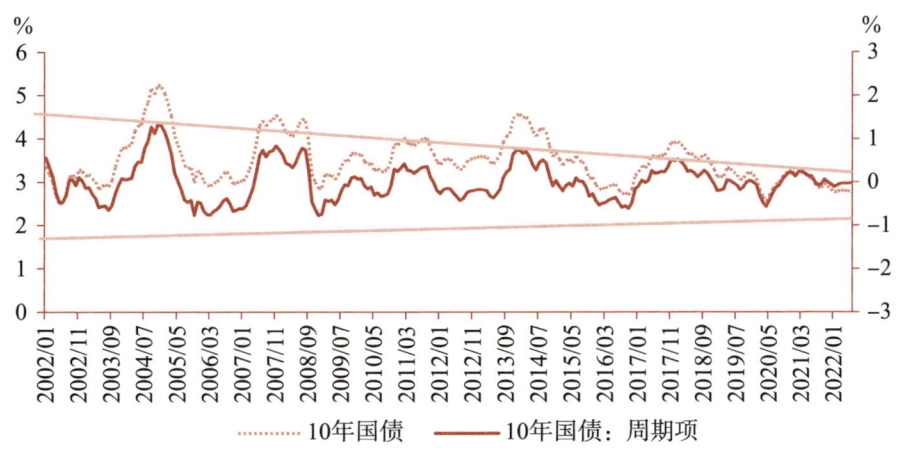

图4-2 10年国债利率的周期项

资料来源：Wind，兴业研究。

表4-1 10年国债利率周期项的波动幅度统计

| 利率周期项 | | | | | | | | | |
|---|---|---|---|---|---|---|---|---|---|
| 上行波段 | | | | | 下行波段 | | | | |
| 开始 | 结束 | 10年国债变动幅度(BP) | 利率周期项变动幅度(BP) | 间隔（月） | 开始 | 结束 | 10年国债变动幅度(BP) | 利率周期项变动幅度(BP) | 间隔（月） |
| 2003年8月 | 2004年11月 | 235 | 199 | 15 | 2004年11月 | 2005年8月 | 192 | 181 | 9 |
| 2006年10月 | 2007年11月 | 159 | 151 | 13 | 2008年7月 | 2008年12月 | 161 | 156 | 5 |
| 2008年12月 | 2011年2月 | 119 | 120 | 26 | 2011年2月 | 2012年1月 | 64 | 69 | 11 |
| 2013年5月 | 2014年1月 | 114 | 111 | 8 | 2014年1月 | 2016年10月 | 187 | 136 | 33 |
| 2016年10月 | 2018年1月 | 125 | 115 | 15 | 2018年1月 | 2020年4月 | 140 | 111 | 27 |

179

续表

| 利率周期项 | | | | | | | | | |
|---|---|---|---|---|---|---|---|---|---|
| 上行波段 | | | | | 下行波段 | | | | |
| 开始 | 结束 | 10年国债变动幅度(BP) | 利率周期项变动幅度(BP) | 间隔（月） | 开始 | 结束 | 10年国债变动幅度(BP) | 利率周期项变动幅度(BP) | 间隔（月） |
| 2020年4月 | 2020年11月 | 71 | 79 | 7 | 2020年11月 | 2022年1月 | 50 | 33 | 14 |
| 2022年1月 | ? | | | | | | | | |
| 所有波段的均值 | | 137 | 129 | 14 | 所有波段的均值 | | 132 | 114 | 16.5 |
| 最近3个波段的均值 | | 103 | 102 | 10 | 最近3个波段的均值 | | 126 | 93 | 25 |

资料来源：Wind，兴业研究。

从影响利率的趋势项的经济指标来看，利率趋势项和实际GDP同比趋势项的走势较为一致。从2002年以来，实际GDP同比趋势项的走势来看，实际GDP同比趋势项大致在2006年第四季度见顶，此后逐步下行；2002年至2022年上半年，10年国债趋势项和实际GDP同比的趋势项相关系数高达0.76，但节奏略有不同，10年国债趋势项呈"双顶"结构，在2013年出现了第2个顶部。人民银行曾在2021年3月发布的工作论文《"十四五"期间我国潜在产出和增长动力的测算研究》中，使用多元滤波法和生产函数法对于我国的潜在产出分别进行了测算，测算得出的潜在产出的历史走势和我们用HP滤波方法得到的实际GDP的趋势项大体一致。

**从利率周期项的影响因素来看，通胀、PMI供需缺口和利率周期项的走势较为一致，近年来，PPI和PMI供需缺口对利率周期项的解释力上升。**具体来看，2016年之前，CPI和PPI的走势一致，且CPI和利率周期项之间的关系较为显著，利率周期项对CPI、PPI回归的R方接近0.3；2016年之后，CPI波动下降，且CPI和利率周期项的关系不再显著，PPI和利率周期项之间的关系更为显著，回归的R方也略有下降。以PMI新订单和PMI产成品库存衡量的供需缺口，历史数据自2005年开始，2008年以后，该指标和利率周期项的走势较为一致；2017年以后，PMI供需缺口对利率周期项的解释力上升。2017年之后的利率周期项对PPI、PMI供需缺口的回归，R方为0.35左右。

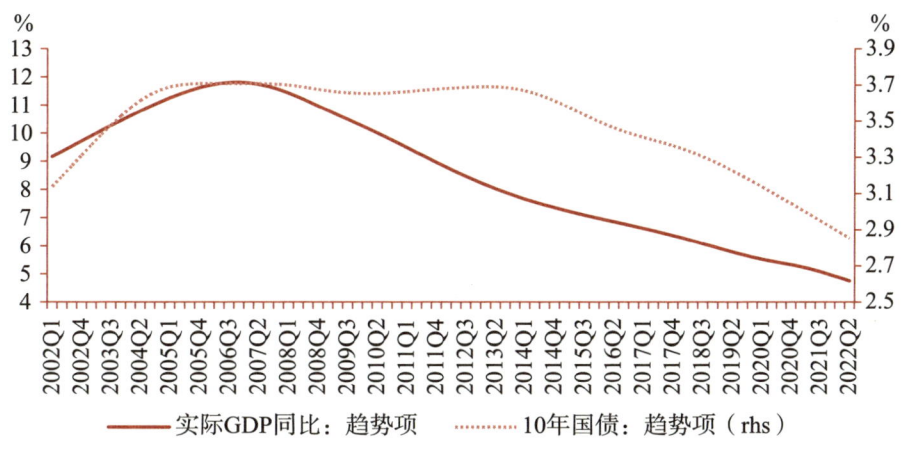

图4-3　10年国债利率趋势项和实际GDP同比的趋势项

资料来源：Wind，兴业研究。

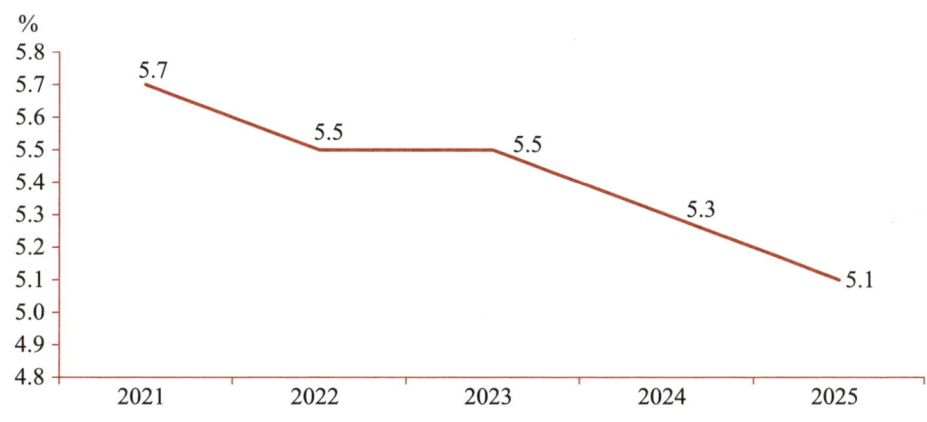

图4-4　央行工作论文对于2021年至2025年我国潜在产出测算结果

资料来源：人民银行调查统计司课题组（2021），兴业研究。

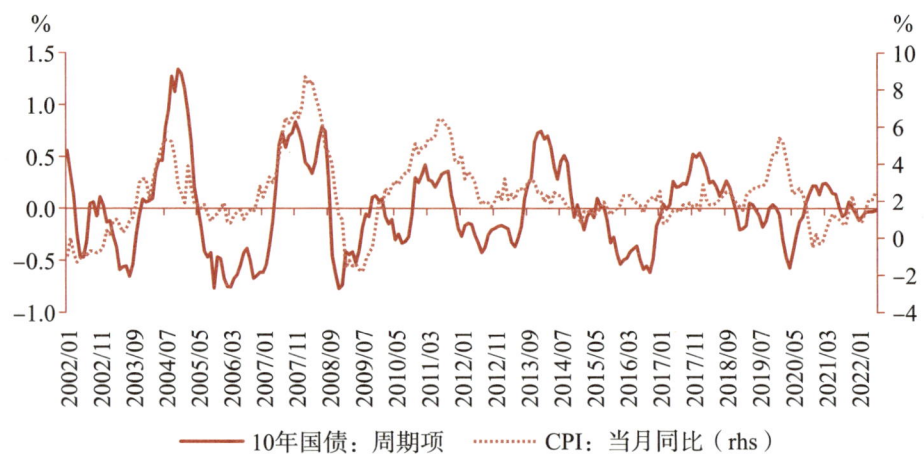

图4-5 10年国债利率周期项和CPI

资料来源:Wind,兴业研究。

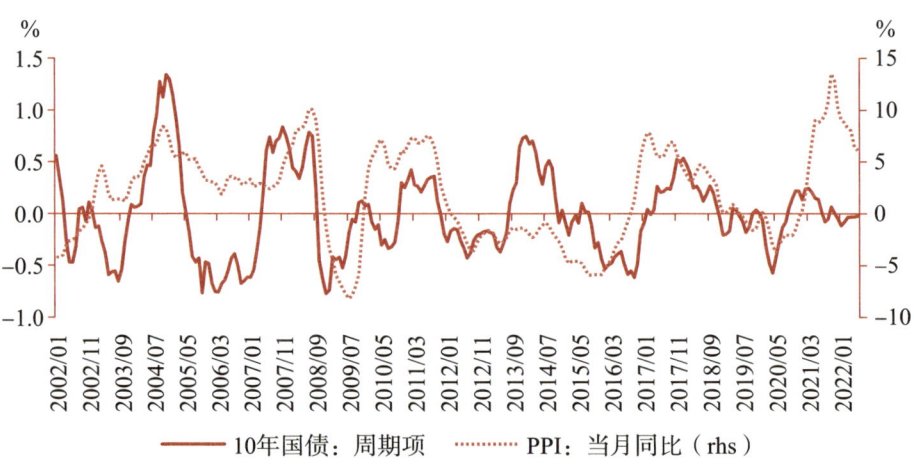

图4-6 10年国债利率周期项和PPI

资料来源:Wind,兴业研究。

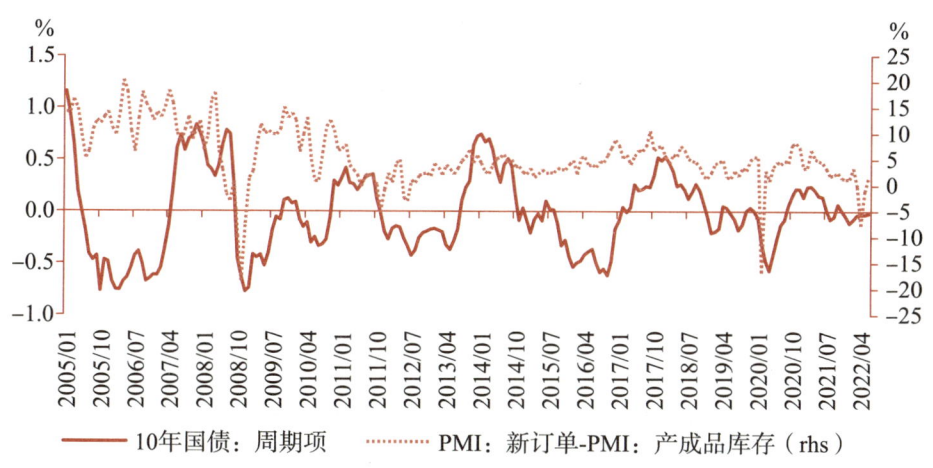

图4-7　10年国债利率周期项和PMI缺口

资料来源：Wind，兴业研究。

## 二、短期内债券利率走势的预测

为了定量分析利率未来的走势，我们使用时间序列模型分别对10年国债的趋势项和周期项进行了预测，同时为了比较各模型预测效果，我们还对历史数据进行了回测。考虑到时间序列模型的预测有效性，我们仅将模型预测结果用于2022年下半年的利率走势预测。

我们选取了Holt-Winters三次指数平滑模型（以下简称"Holt-Winters模型"）和ARMA模型，前者主要运用于既有趋势性也有季节性趋势的时间序列，在季节性趋势上预测精度更高；后者主要适用于平稳时间序列的预测，如果不平稳则需要通过差分手段得到平稳序列，其应用相对广泛，对模糊预测更为友好。

**从周期项的历史数据回测来看**，我们将2002年1月至2018年12月的数据设为训练集，将2019年1月到2020年12月的数据作为测试集，从2019年1月开始滚动预测，结果显示尽管ARMA模型的测试集滚动回测数据表现较好，但在非滚动预测上Holt-Winters模型表现更佳，且Holt-Winters模型在训练集的预测表现更好。

从两个模型的特点来看，Holt-Winters模型三次平滑能从更长的序列中分离出趋势性和季节性,并将其用在后续的预测上,因此在测试集的非滚动预测上会有向下偏移的趋势,主要是延续了周期项在2018年的下行趋势。而ARMA模型选择的最优阶数为(2,1)×(1,1,3)[①],因此只有最近两个月的数据才会对其产生较大影响。由于近些年我国国债利率呈现低波动性的特点,ARMA模型的预测结果相对平缓。

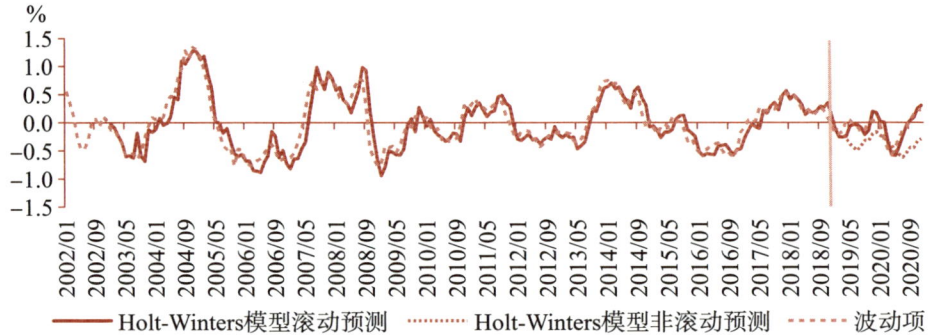

图4-8　Holt-Winters模型回测结果

资料来源:Wind,兴业研究。

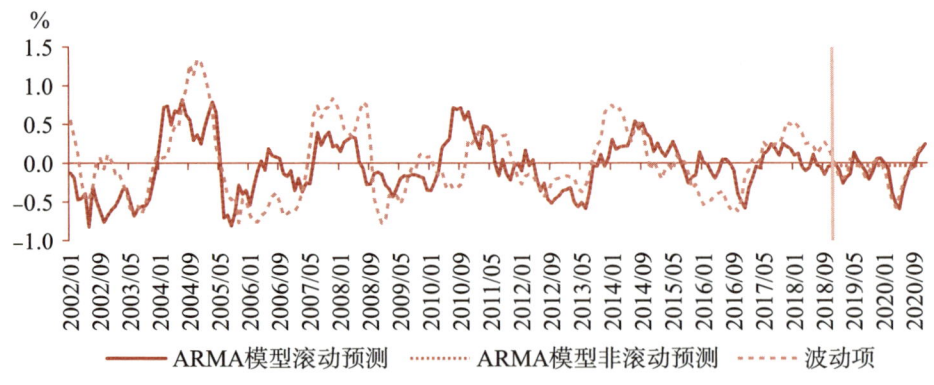

图4-9　ARMA模型回测结果

资料来源:Wind,兴业研究。

---

① 含季节性的 ARMA 模型参数形式为(p,q)×(p,q,s),p表示预测模型中采用的时序数据本身的滞后数,q表示预测模型中采用的预测误差滞后数,s表示几个月为一个小周期。其中前部分是全序列的最优参数,后半部分是季节项的最优参数。

我们使用这两个模型对2022年7月至2022年12月的10年国债走势进行了预测。

**从波动项的预测来看**，Holt-Winters模型显示2022年12月波动项将达到本轮波段的高点22BP，75%的置信区间给出了-25bp到69bp的波动区间；ARMA模型则显示波动项类对数函数平缓上升，到2022年底达到1.3BP，75%的置信区间给出了上下50BP的波动区间。

**从趋势项的预测来看**，由于其从2018年开始便接近直线下行，两个模型的预测效果类似，因此我们仍采用Holt-Winters模型进行预测。结果显示趋势项延续下行走势，至2022年底下行至2.72%。

**应当指出的是，由于时间序列模型基于历史走势规律的外推，如果考虑到趋势项自身也存在周期，未来有走平或回升的可能；若通胀波动性也较此前放大，波动项的幅度也可能随之放大，实际的利率走势可能和预测值出现偏离。**

### 三、中期内债券配置策略的测算

上面我们对年内利率不同走势下的债券投资策略进行了测算，接下来，我们将对2—3年的投资周期内的债券配置点位进行测算。站在中长期的视角回望，类似于2017年末的利率高点，对于提升中长期的组合回报十分重要；中期内的最优策略，也可能和年度考核目标下的策略选择不同。

在这部分测算中，我们将主要依据利率的趋势项和周期项的变动幅度，并结合利率周期的时长，来推算利率高点的位置，时间序列模型不再适用。

假设利率趋势项延续下行趋势，对于周期项的上行周期长度做不同的假设〔14个月（平均长度）、17个月、20个月和23个月〕，并计算不同的周期项波动幅度〔50bp、60bp、70bp、80bp（上一轮周期幅度）和90bp〕。我们对下一个利率高点的测算结果如下。

（1）如果利率趋势项延续下行趋势，且周期项波动幅度与上一轮相当（80bp），10年国债的高点在3.26%—3.37%；若周期项波动幅度不及上一轮周期，10年国债的高点将进一步降低；若通胀的波动加剧，周期项的波动幅度也随之放大至90bp，10年国债的高点有望达到3.36%—3.47%。

（2）如果利率趋势项走平，维持在2.8%附近的水平，周期项波动幅度80bp，则10年国债的高点可以接近3.5%。

表4-2 不同情景下利率周期的下一个高点测算（趋势项延续下行趋势）

| 利率上行周期长度 | 利率高点时间 | 趋势项 | 周期项波动幅度 | | | | |
|---|---|---|---|---|---|---|---|
| | | | 90bp | 80bp（基准） | 70bp | 60bp | 50bp |
| 14个月 | 2023年3月 | 2.68 | 3.47 | 3.37 | 3.27 | 3.17 | 3.07 |
| 17个月 | 2023年6月 | 2.64 | 3.43 | 3.33 | 3.23 | 3.13 | 3.03 |
| 20个月 | 2023年9月 | 2.61 | 3.40 | 3.30 | 3.20 | 3.10 | 3.00 |
| 23个月 | 2023年12月 | 2.57 | 3.36 | 3.26 | 3.16 | 3.06 | 2.96 |

资料来源：Wind，兴业研究。

## 投资策略：信用利差与经济周期

本部分简要介绍的信用利差的经典分析理论，并从整体信用利差和经济周期关系的分析框架出发，对比中美两国信用利差的走势异同。

### 一、信用利差的经典理论

对于信用利差和信用风险的研究理论可以大致分为三类，分别从经济周期、个体财务指标和资产定价模型的角度出发，去分析信用利差的规律、预测企业违约风险或者计算企业违约概率。

一是关于整体信用利差走势和经济周期的关系的研究。Fama &French（1989）、Guha 和 Hiris（2002）等文献认为信用利差存在逆周期性，即在经济扩张期，信用利差（或评级利差）通常收窄，经济衰退期，信用利差（或评级利差）通常走阔；Friedman& Kuttner（1992）发现信用利差（商业票据的利率和T-bill利率的差值）对于实际GDP的变动存在一定的领先性。本部分将从这一类理论出发，讨论经济周期和信用利差的关系。

二是关于个体信用风险和财务指标的关系的理论，如Z-score模型。在经典的Z-score模型〔Altman（1968）〕中，使用企业的财务指标构建Z-score打分指标，对企业违约进行预警。当Z-score超过一定的临界值时，判定企业违约风险较高。所谓Z-score，即营运资本/总资产、留存收益/总资产、EBIT/总资产、权益市值/账面债务和营业收入/总资产等5个财务指标的线性合计值，指标的系数来自对违约公司和对照组公司通过多元判别分析法

（multivariate discriminant analysis）得到的参数。

**三是信用风险定价模型，如结构化模型（Structural Model）和简式模型（Reduced-form Model）。** 由于结构化模型建立在Merton（1974）的研究基础上，这类模型也经常被称为Merton模型，其基本假设是公司资不抵债时将发生债券违约，将公司股票视为公司价值的看涨期权，因而可以用股价和波动率倒推出公司债券的隐含违约概率。对于Merton模型的著名运用包括穆迪的KMV模型。简式模型在结构化模型的基础上进一步发展，直接给定一个外生的随机过程，不再将违约和公司的资产价值等可观测变量相联系。

## 二、美国的信用利差和经济周期

我们以穆迪Baa和10年期美债的差值计算的信用利差作为美国信用利差的代表。1954年以来，NBER衰退期合计10次（不包括1953年8月至1954年5月），每次都伴随了信用利差的上行，信用利差上行的拐点通常都早于或同步于NBER衰退期开始的时间。

2022年第二季度，美国迎来实际GDP环比连续第2个季度负增长，而这通常被认为是美国经济步入技术性衰退期的标志。2021年11月，穆迪Baa信用利差达到低点1.72%，此后信用利差开始上行，2022年9月，该信用利差走阔至2.17%。

**与信用利差和实际GDP的关系一致，美国信用利差和PMI的走势存在较强的负相关关系。** 信用利差在PMI上行时收窄，在PMI下行时走阔，而且这种关系自1954年以来一直较为稳定。

**从美国信用债市场和股票市场的联动来看，2000年之后美国信用利差和股票指数的负相关性提升，并且信用利差和股票波动率的高点较为吻合。** Fama & French（1989）发现信用债和股票的超额回报（1个月的信用债或股票回报率–1个月T-bill的收益率）可以用相同的指标加以解释，二者均受到具有短周期特征的期限溢价（Aaa信用债收益率–T-bill收益率）和更长期的违约溢价（组合中的信用债收益率–Aaa信用债收益率）的影响。从美国信用利差和股票指数之间的关系来看，2000年之后，美国信用利差和标普500指数走势的负相关性明显上升，这种股债共振也体现在信用利差和股票波动率的关系上，信用利差和VIX的高点也十分吻合。

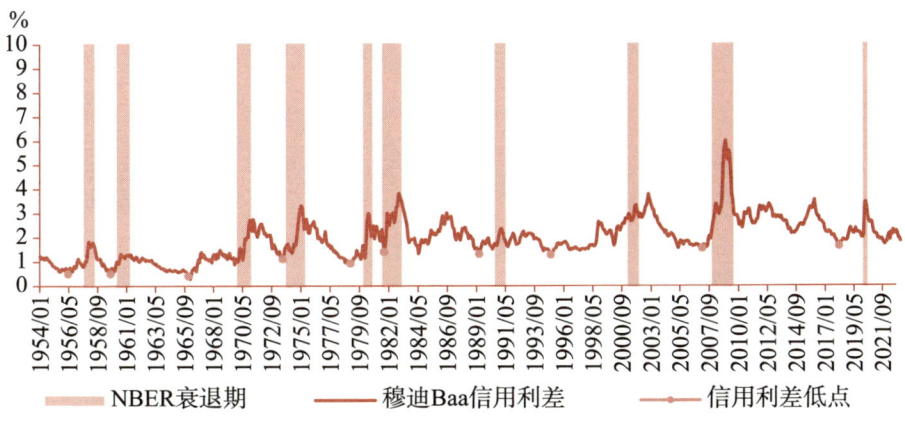

图4-10　穆迪Baa信用利差和经济周期

注：穆迪Baa信用利差＝穆迪Baa企业债收益率－10年美国国债收益率
资料来源：Bloomberg，NBER，兴业研究。

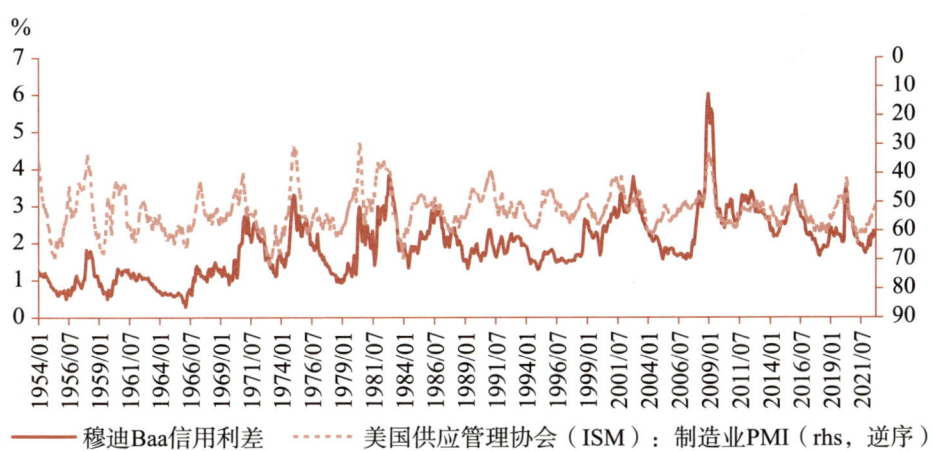

图4-11　穆迪Baa信用利差和PMI

资料来源：Wind，兴业研究。

图4-12 穆迪Baa信用利差和标普500指数

资料来源：Wind，兴业研究。

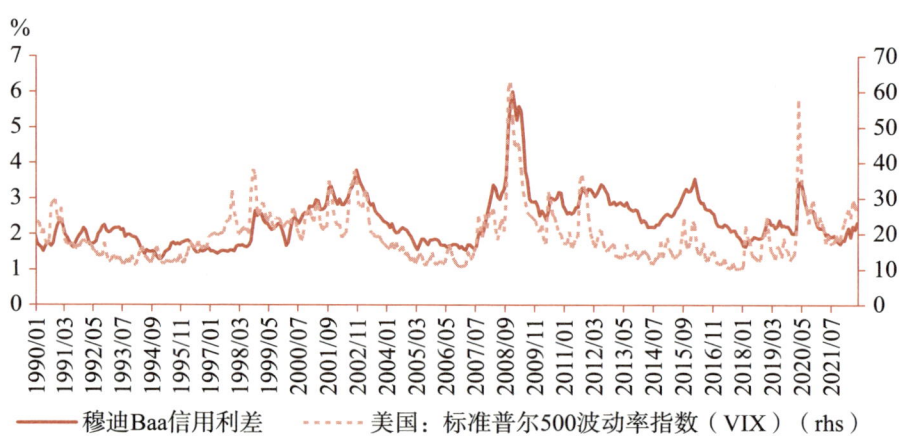

图4-13 穆迪Baa信用利差和VIX

资料来源：Wind，兴业研究。

## 三、我国的信用利差和经济周期

高评级的信用利差更多反映流动性溢价，而低评级信用利差受到违约风险溢价的影响更大。我们下面主要使用3年AA中短期票据的信用利差来分析我国信用利差和经济周期的关系。

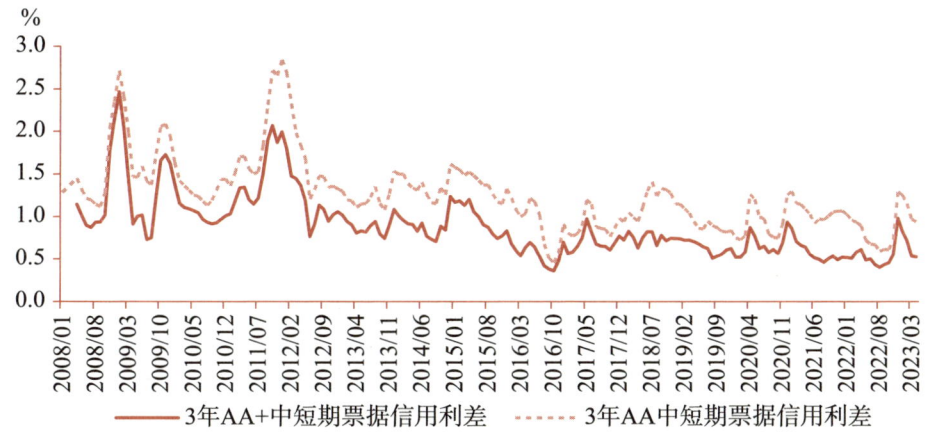

图4-14 AA+和AA信用利差

资料来源：Wind，兴业研究。

从我国信用利差和PMI的关系来看，我国信用利差和PMI的走势的负相关性不如美国市场，但和PMI新订单与PMI产成品库存的差值（PMI供需缺口）的负相关关系相对较好。

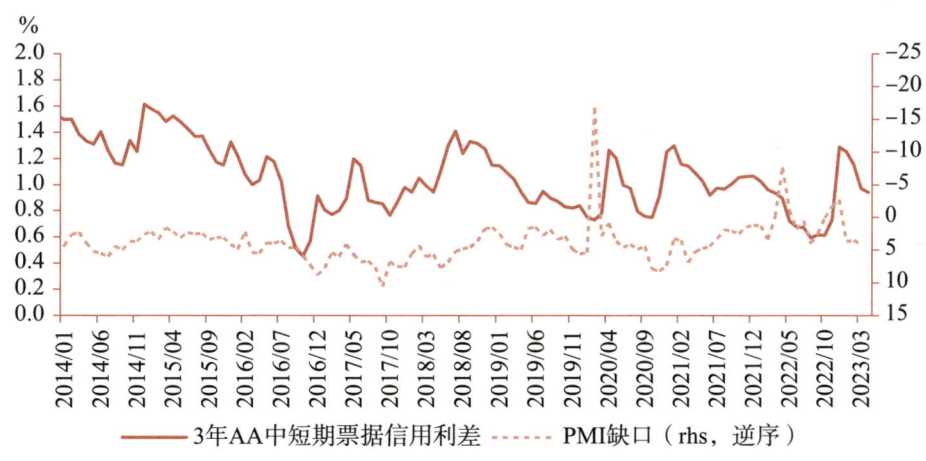

图4-15 我国的信用利差和PMI供需缺口

资料来源：Wind，兴业研究。

**从我国信用利差和货币信用相关指标的关系来看**,信用利差和M1同比存在较好的负相关关系,即M1同比较低,企业融资环境偏紧时,信用利差往往较高,反之,M1同比较高时,信用利差较低;M1同比的底部(顶部)附近,往往是信用利差的高点(低点)。从2022年以来的信用利差走势来看,2022年1月,M1同比见底,而3年AA信用利差在2022年12月见顶,此后开启了信用利差的持续压缩。

2015年和2019年,M1同比低点出现之后,信用债迎来了违约的高峰期,而上述年份,3年AA信用利差均在M1同比见底后出现了明显的压缩,这可能是因为,整体信用利差反映了企业平均的信用风险溢价,而违约主体是发债企业中的尾部主体,其信用风险发酵和违约的高峰滞后于整体信用环境的改善。

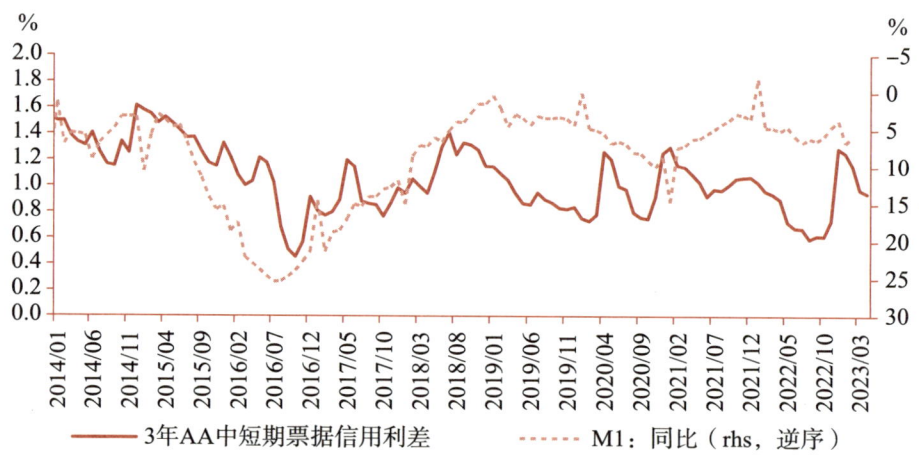

图4-16 我国的信用利差和M1同比

资料来源:Wind,兴业研究。

**从我国信用利差和股指的关系来看,二者呈较弱的负相关关系。** 2014年以来,我国信用债打破刚兑,但此后信用利差和股指的负相关关系反而弱化;这可能是因为我国上市公司和发债主体的重合度不高,导致上市公司股价无法完全反映发债主体的经营情况。

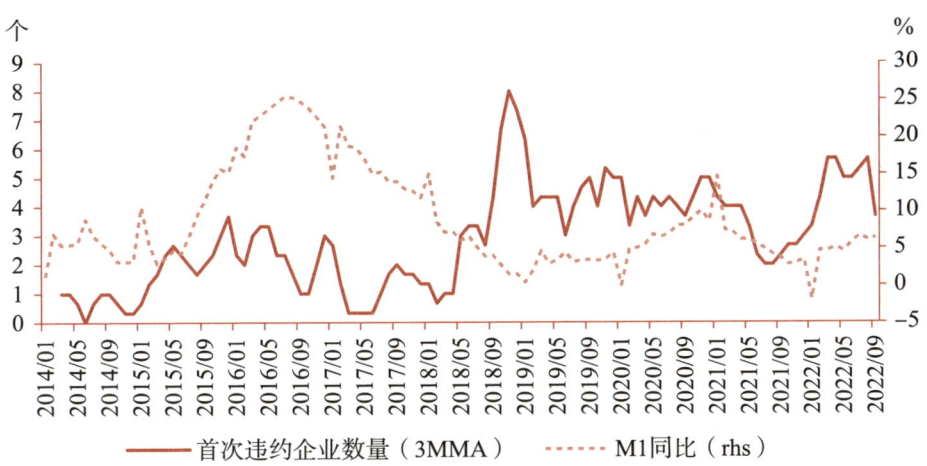

**图4-17 我国信用债边际违约主体数量和M1同比**

资料来源：Wind，兴业研究。

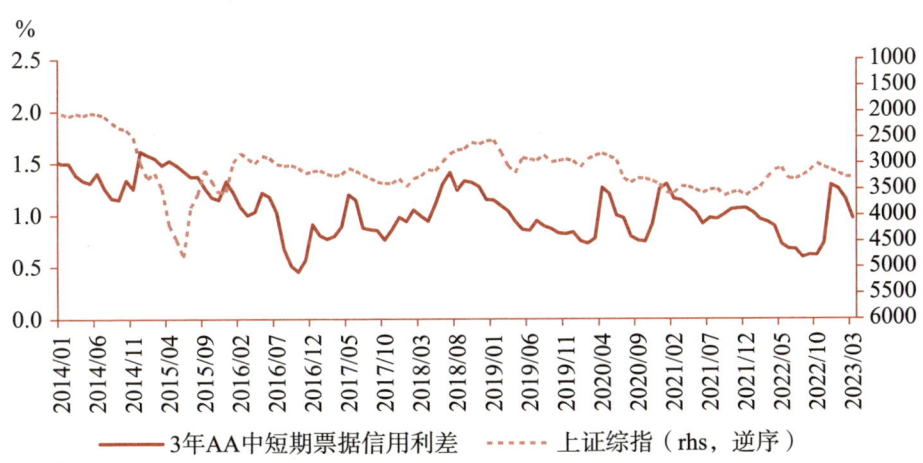

**图4-18 我国的信用利差和上证综合指数**

资料来源：Wind，兴业研究。

> **投资策略：期限利差策略**
>
> 期限利差是不同期限债券利率之间的差值。本部分在简要介绍债券期限结构经典理论的基础上，重点分析中国债券市场的期限利差的分布规律和周期规律，并简要介绍通过债券借贷和IRS实现曲线交易策略的差异。

## 一、期限利差的经典理论

经典的债券期限结构理论主要包括预期理论、流动性偏好理论和市场分割理论等。其中，预期理论认为长端的利率反映了投资者对未来短端利率走势的预期；流动性偏好理论认为短期限债券的流动性通常优于长期限债券，因而存在流动性溢价；市场分割理论认为短期债券和长期债券的投资者群体不同，是两个彼此分割的市场，因而定价不同。

所罗门兄弟公司在《理解收益率曲线》中将期限利差的决定因素分为利率预期（Rate Expectation），风险溢价（Bond Risk Premium）和凸性偏差（Convexity Bias）三个因素，这一框架对于传统的预期理论进行了完善，其主要建立在对收益率曲线的历史数据统计和数学推导的基础上。其中，**利率预期**大致对应传统预期理论中的远期利率的实现，**风险溢价**反映了较长期限债券的预期收益率和无风险利率之间的差值，涵盖了风险因素以及流动性差异、机构投资限制、债券供需等非风险因素的影响，**凸性偏差**反映了收益率曲线凸性特点对期限利差的影响，凸性偏差对超长债的期限利差影响较为明显。上述框架中的三因素在现实中无法精确地拆分，但可以为理解收益率曲线提供一个分析思路。

程昊和陈蔚宁（2019）将所罗门兄弟三因素框架应用于我国债券市场，他们发现，2012年之后，远期利率曲线中隐含的利率预期对于期限利差的解释力下降，期限利差需要更多依赖风险溢价来解释。

## 二、我国债券市场期限利差的分布规律

**2008年以来，期限利差和短端利率的走势负相关。**在使用日度数据的情况下，从代表性的国债10Y–1Y期限利差来看，2002年至2007年，国债10Y–1Y期限利差和10年国债的走势相关性较高，相关系数为0.62；2008年之后，国债10Y–1Y期限利差和和10年期国债的相关系数极低，仅有–0.07，而和1年期国债的相关系数达到了–0.75。考虑到前后的差异，本节重点讨论2008年以后的期限利差情况。

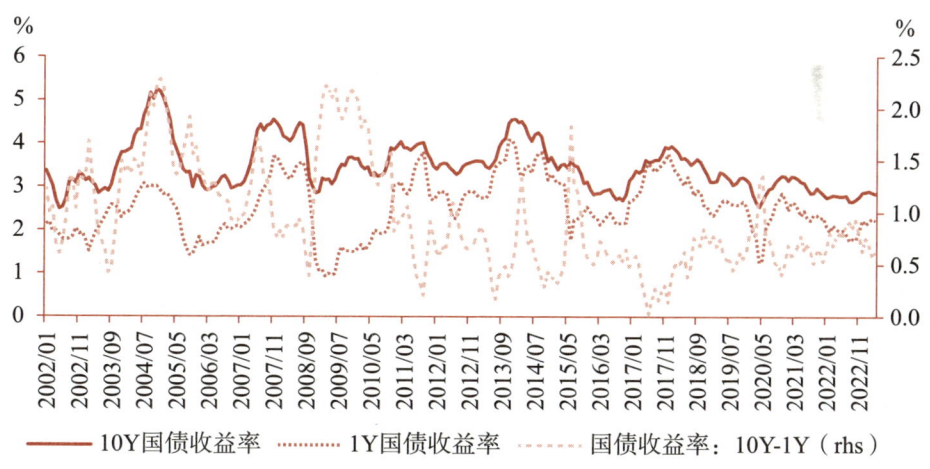

图4–19　我国国债10Y–1Y期限利差和1年国债

资料来源：Wind，兴业研究。

表4-3 我国国债10Y-1Y期限利差和1年国债、10年国债的相关系数

|  | 10Y-1Y 和 1Y 的相关系数 | 10Y-1Y 和 10Y 的相关系数 |
| --- | --- | --- |
| 2002 年至今 | -0.59 | 0.23 |
| 2008 年至今 | -0.75 | -0.07 |
| 2002 年至 2007 年 | -0.05 | 0.62 |

注：上表中使用日度收益率数据计算。
资料来源：Wind，兴业研究

由于债券风险溢价是久期的凹函数（concave），期限利差在各个期限上并非线性分布，2008年以来，10年以内国债期限利差主要集中在5年及以下的中短久期。数据显示，2008年以来，5Y-1Y期限利差明显高于10Y-5Y，且5Y-1Y的波动幅度也更大；2015年以来，10Y-7Y期限利差的均值接近于0，甚至在部分时点略有倒挂，期限利差向中短久期集中的特点更为明显。2015年以来，国债10Y-1Y期限利差的中枢为28-81bp；从分布来看，国债5Y-1Y的期限利差中枢为18-61bp，7Y-5Y的期限利差中枢为10-25bp，10Y-7Y的期限利差中枢为-1bp至3bp。所罗门兄弟在《理解收益率曲线》中指出，历史经验表明，通过现实的收益率曲线推导出的风险溢价（不同期限的预期收益率-3个月T-bill的收益率）是久期的凹函数（concave），展示了风险溢价的非线性分布现象，反映了养老金等投资者对于长久期债券的偏好。

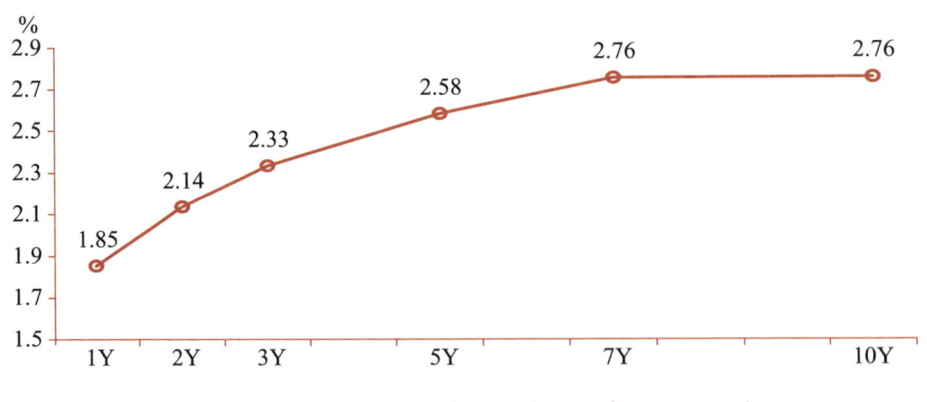

图4-20 我国国债收益率曲线（2022年9月30日）

资料来源：Wind，兴业研究。

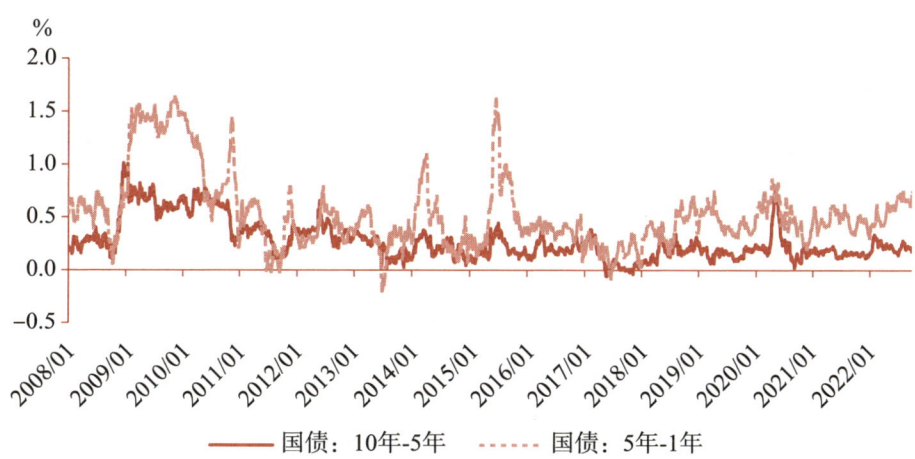

图4-21 我国国债10Y-5Y期限利差和5Y-1Y期限利差

资料来源：Wind，兴业研究。

表4-4 我国10Y以内国债期限利差的分布（单位：bp）

|  | 2Y-1Y | 3Y-2Y | 5Y-3Y | 7Y-5Y | 10Y-7Y |
|---|---|---|---|---|---|
| 2008 | 22 | 9 | 22 | 14 | 18 |
| 2009 | 29 | 48 | 64 | 35 | 32 |
| 2010 | 31 | 26 | 36 | 28 | 30 |
| 2011 | 15 | 8 | 16 | 18 | 13 |
| 2012 | 11 | 8 | 21 | 25 | 12 |
| 2013 | 17 | 4 | 11 | 14 | 6 |
| 2014 | 17 | 13 | 15 | 14 | 7 |
| 2015 | 21 | 20 | 20 | 17 | 3 |
| 2016 | 12 | 12 | 14 | 20 | 0 |
| 2017 | 6 | 4 | 9 | 10 | (0) |
| 2018 | 14 | 14 | 14 | 17 | 1 |
| 2019 | 15 | 12 | 18 | 16 | (1) |
| 2020 | 23 | 9 | 20 | 24 | 1 |
| 2021 | 23 | 9 | 16 | 16 | 1 |

资料来源：Wind，兴业研究。

**期限利差水平和资金利率的波动率正相关,在低利率、低波动的环境下,期限利差水平压缩。**我国市场的期限利差和DR007的波动率存在正相关关系,在资金面宽松、资金利率的波动性较小环境下,期限利差逐步被压缩,典型的是2015年8月至2016年8月,以及2021年5月之后,资金面宽松且平稳,期限利差被压缩。当资金利率的波动下降时,期限利差的水平也相应下降,这可以理解为,投资者通过杠杆套息做平曲线的难度较小;从所罗门兄弟三因子框架的角度,也可以解释为,短端资金利率波动较小,对应着由于货币政策不确定性导致的风险溢价的下降。

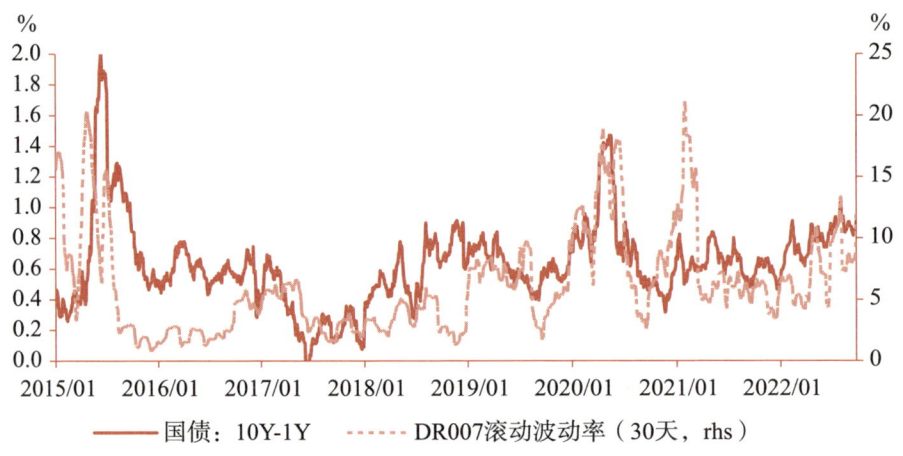

图4-22 资金利率的波动率和期限利差

资料来源:Wind,兴业研究。

## 三、期限利差的周期变化

市场对于经济基本面的预期反映在利率预期中,货币政策变动和流动性波动会影响风险溢价。下面,我们分别从债券交易中常用的货币政策周期和库存周期的角度,分别观察期限利差的变化。

### (一)货币政策周期和期限利差

货币信用周期本质上反映了从货币向信用的传导过程。按照货币信用周期来划分，在"宽货币"的初期，随着货币政策的放松，短端利率快速下行，期限利差通常走阔；随着"宽货币"向"宽信用"传导，期限利差转而收窄；在"紧货币"周期中，期限利差以压缩为主。

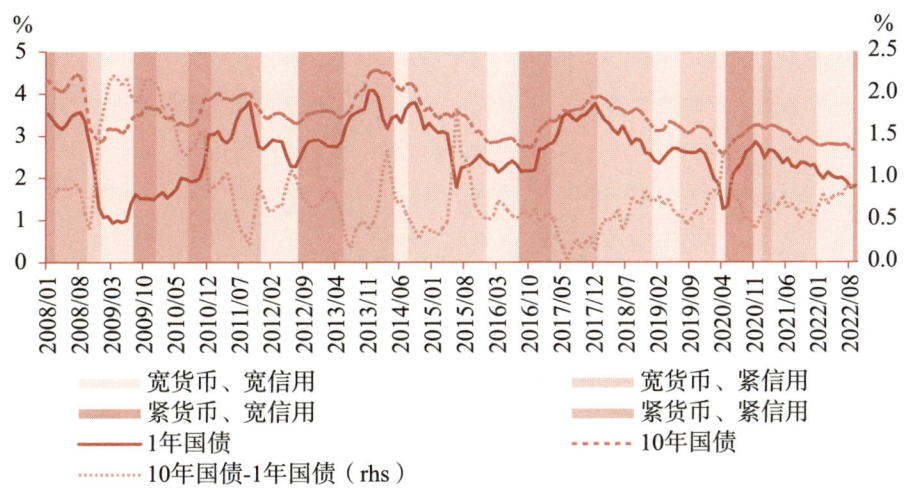

图4-23 货币信用周期和期限利差

资料来源：Wind，兴业研究。

**在降息/降准周期中，期限利差通常先走阔后收窄，预期之内的降息/降准，对期限利差的影响较小。**以2020年以来的降息/降准落地后的期限利差走势为例，2020年2月3日和3月30日，逆回购利率两次下调，短期内，短端利率的下行幅度大于长端，期限利差均走阔，尤其是3月30日，逆回购下调20bp后，期限利差大幅走阔，国债10Y-1Y期限利差由88bp（2020年3月30日）最高上行至147bp（2020年5月13日）；2021年7月7日，国常会宣布降准，7月15日正式降准，本次降准的时点超出市场预期，期限利差同样是先走阔、后收窄，国债10Y-1Y期限利差由65bp左右（7月7日至7月15日）最高上行至80bp（7月23日）。但2021年12月的降准宣布后，由于市场前期已经反映交易降准预期，期限利差没有走阔的过程，反而随着1年期国债收益率的上行而直接收窄，10Y-1Y期限利差由62bp（12月3日）最低压缩至45bp（12月29日）。在2015年的多次降息、降准中，同样出现了期限利差对降息"钝化"的现象，2015年2月至10月，央行降息5次、降准4次，降息、降准操作开启之初，期限利差走阔明显，2015年6月开始，期限利差达到高点，此后开始收窄，尽管此后央行仍继续降息操作，对期限利差的冲击逐渐减弱。

**图4-24 2020年两次降息后的期限利差走势**

资料来源：Wind，兴业研究。

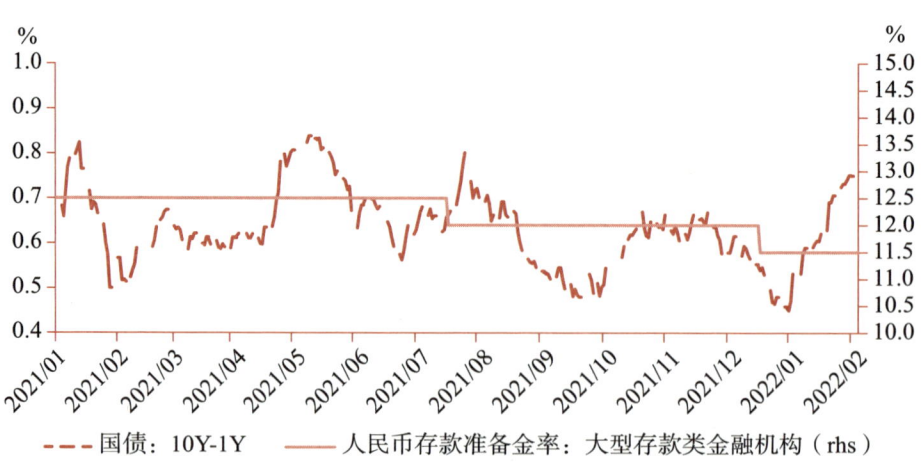

**图4-25 2021年两次降准后的期限利差走势**

资料来源：Wind，兴业研究。

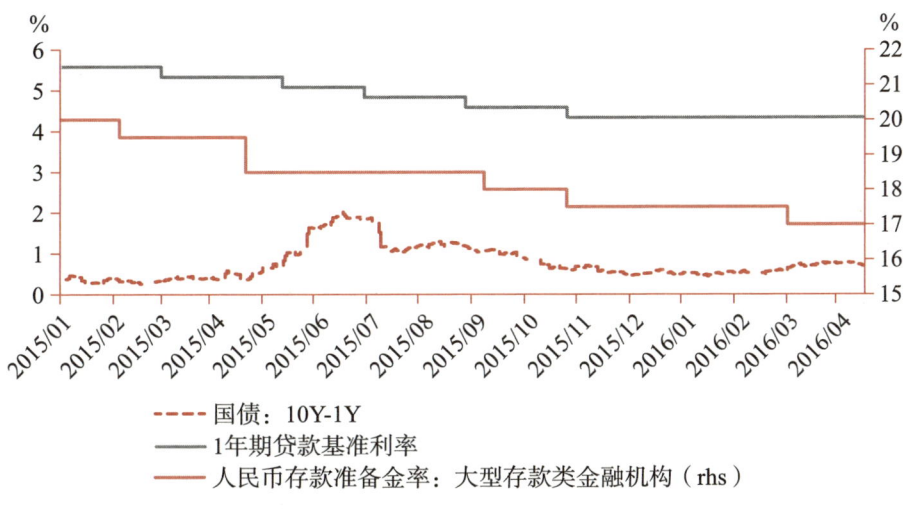

图4-26 2015年降息、降准周期中的期限利差走势

资料来源：Wind，兴业研究。

**在加息周期中，期限利差压缩**。2017年，7天逆回购利率3次上调，加息之后，期限利差压缩，尤其是2017年上半年，国债10Y-1Y期限利差压缩至极致，在2017年6月一度倒挂，此后开始从低点反弹，但仍处于相对较低的水平。

图4-27 2017年的加息周期中的期限利差

资料来源：Wind，兴业研究。

## （二）库存周期和期限利差

**在主动去库阶段，期限利差以走阔为主；主动去库的后期或进入被动去库后，期限利差回落。** 2022年上半年，库存周期将由被动补库向主动去库切换，从历史上主动去库阶段的期限利差来看，2008年以来的四次主动去库中，三次期限利差均出现了较为明显的上行，在主动去库的后期或者被动去库阶段，期限利差重新回落；2016年至2019年的这轮库存周期中，期限利差的走阔出现在被动补库阶段，进入主动去库后，期限利差以压缩为主。

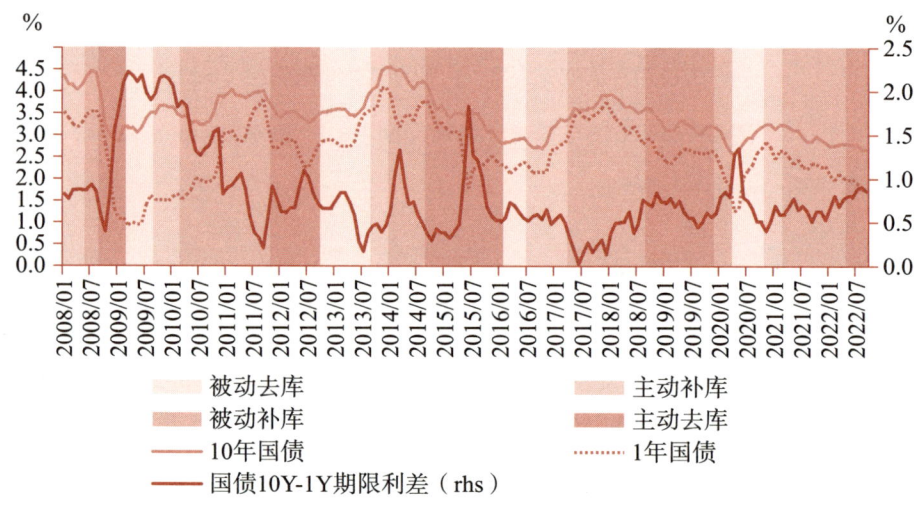

图4-28 库存周期和期限利差

资料来源：Wind，兴业研究。

## 四、通过债券借贷和IRS构建利差组合的比较

从曲线交易的工具而言，主要的选择包括债券借贷、利率互换和国债期货，国债期货，限于国债期货的资格问题，当前商业银行在曲线交易中可以使用的工具主要是债券借贷和利率互换。

在曲线交易中，通常可以构建一个久期中性的组合，在两个期限的利率同时变动1bp的情况下，两笔交易的估值变化抵消，保证利率曲线的平行移动不影响组合的整体估值。例如，对于 IRS Repo 1Y*5Y 的组合而言，1 年期和 5 年期的利率互换名义本金比例大概为 4.7∶1（随着时间的推移，组合不再是久期中性，需要动态调整本金的比例）。

**从期限利差的获利空间来看，IRS 期限利差的波动幅度小于现券。** 在利率上行或下行的拐点，5 年期 IRS Repo 的上行和下行速度较快，但由于 IRS Repo 挂钩的是短端的 FR007，5 年期 IRS Repo 变动幅度不及 5 年国债和 5 年国开债，通过 IRS 构建的期限利差组合的变动幅度也小于现券的期限利差变动幅度。

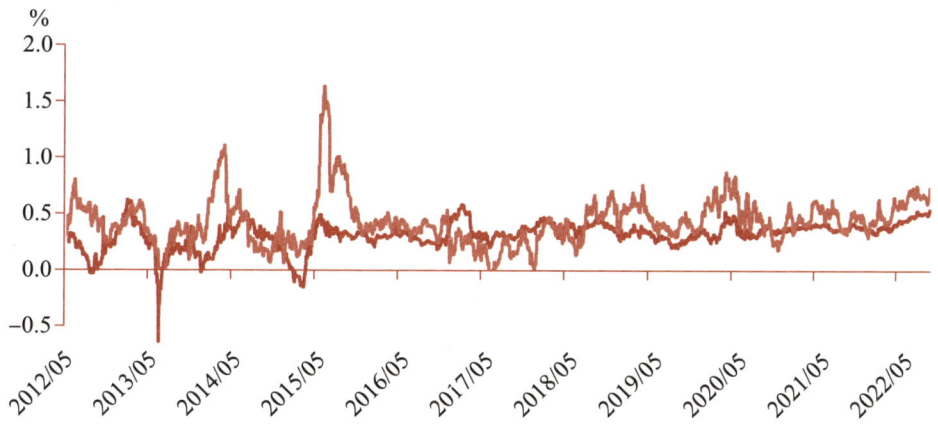

图 4-29　IRS Repo 5Y-1Y 和国债 5Y-1Y 的走势

资料来源：Wind，兴业研究。

**从曲线交易的成本来看，对于 IRS 构建的交易组合而言，需要考虑 carry 和 roll-down 对收益的影响。** IRS 的现值可以拆分为息差（carry）和剩余合约价值（roll-down）两部分，前者是浮动端和固定端利息的差异，后者是一段时间之后曲线没有变化情况下的剩余合约价值，理想情况下，曲线变动的收益应该至少可以覆盖 carry 和 roll-down 的负损益，例如在做陡曲线的交易中，如果曲线确实变陡，但变陡的幅度不及预期，交易仍然可能亏损。在 IRS Repo 1Y*5Y 做陡曲线的交易中，在组合持有期间，由于持有的 1 年期

IRS Repo 的名义本金是 5 年期的近 5 倍，涉及 1 年期 IRS Repo 多头的负 carry 问题。2017 年以来，IRS Repo 的负 carry 的出现频率明显多于正 carry，这可能和市场上套保需求的 IRS 多头占据主导有关。2021 年全年，1 年期 IRS Repo 的 carry 均值为 –20bp，已经成为不可忽视的成本。

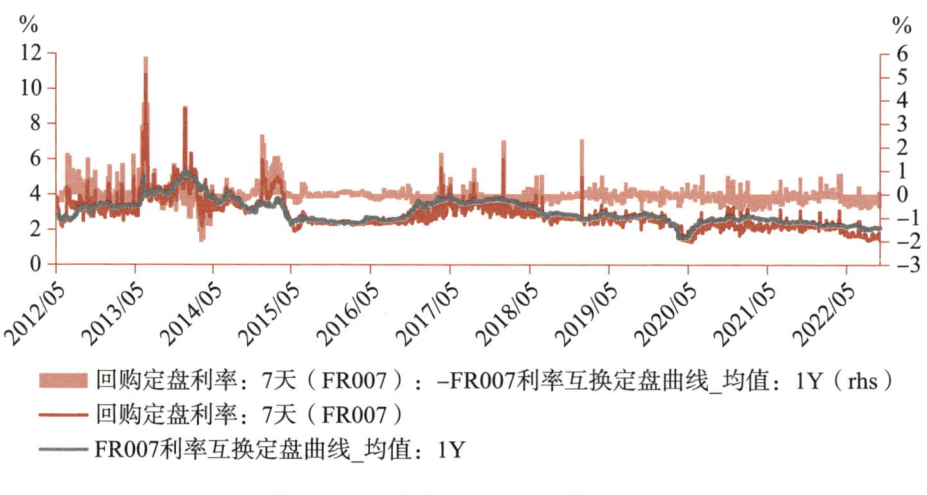

图 4–30　1 年期 IRS Repo 的 carry

资料来源：Wind，兴业研究。

对于债券借贷构建的组合而言，主要的交易成本来自债券借贷的费率。债券借贷费率以年利率表示，根据交易期限的差异，债券借贷的费率在 40—100bp，按照 50bp 的债券借贷费率估计，对于交易期限为 7 天、1 个月和 3 个月的交易，在组合持有期间，债券借贷的成本在 1bp、4bp 和 12.5bp 左右，只有期限利差变动带来的组合收益可以覆盖债券借贷的成本，交易才可获利。

## 投资品种：地方债投资交易指南

从存量规模来看，地方债已经成为银行间债券市场的第一大券种。那么，近年来，地方债的一级发行定价有哪些最新变化？在地方债二级交易中，有哪些可行的交易策略？如何看待地方债对于不同机构的投资价值？

### 一、地方债一级发行定价

**地方债的一级发行定价为参考前5日国债收益率均值基础上加点形成，2022年以来，最低加点已经降至10bp，区域间发行定价差异拉大。** 财政部在2020年10月发布的《关于进一步做好地方政府债券发行工作的意见》（财库〔2020〕36号）中提出要"促进地方债发行利率合理反映地区差异和项目差异"。2021年6月开始，部分地区的地方债发行利率在同期限国债利率基础上加点幅度由25bp降低至15bp；2022年1月以来，最低加点幅度进一步降低至10bp。从各地区平均加点幅度来看，2022年1—9月，平均加点幅度为15bp，较2021年下降9bp；最高加点为26bp，较2021年下降2bp；最低加点下降至11bp，较2021年下降9bp，区域间发行定价差异拉大。

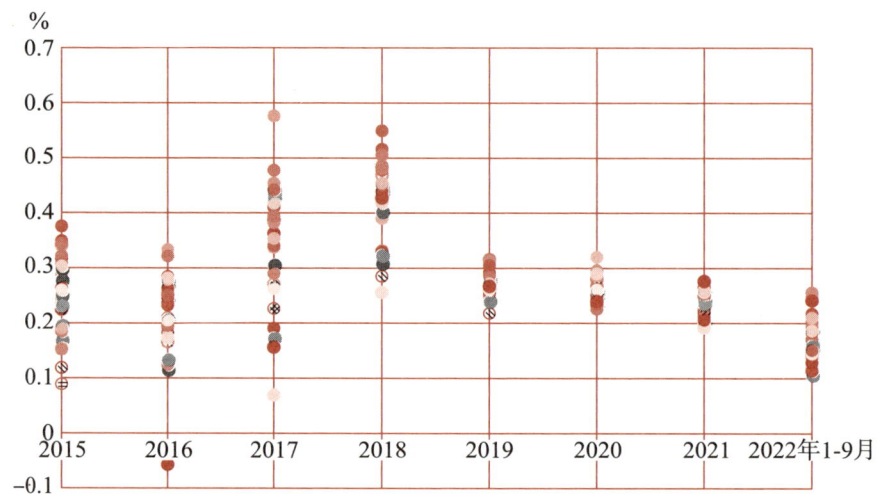

图4-31 不同省份的地方债发行利率相较于国债的加点情况

资料来源：Wind，兴业研究。

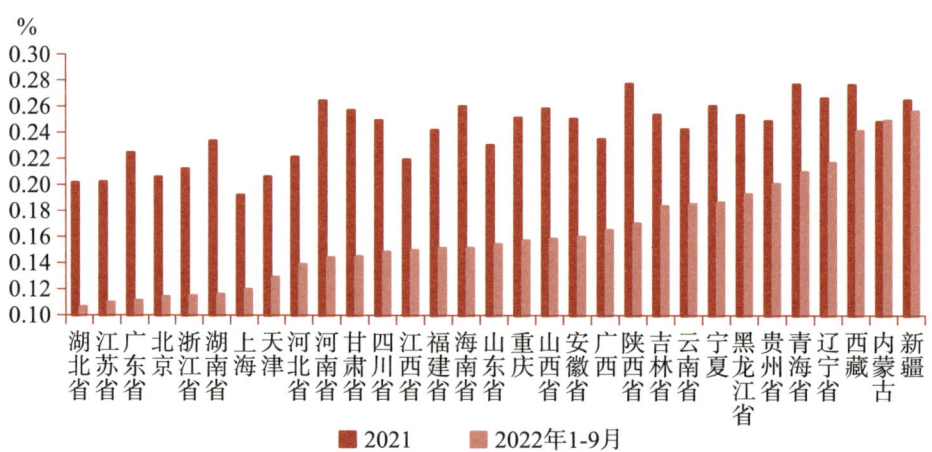

图4-32 2022年1—9月和2021年不同省份的地方债发行利率上浮均值的比较

资料来源：Wind，兴业研究。

**从发行期限分布来看**，2022年1—9月的地方债发行加权平均期限为13.29年，较2021年有所拉长，主要是超长期地方债的发行占比提升，而5—10年的地方债发行占比下降。

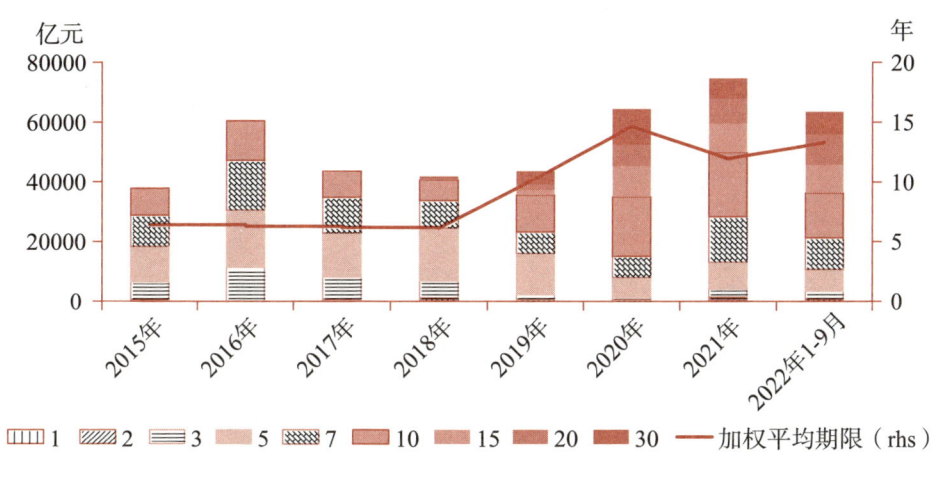

图4-33 地方债一级发行的期限分布

资料来源：Wind，兴业研究。

## 二、地方债二级交易活跃券种

**从地方债的二级市场交易活跃度来看，2022年1月和8月是地方债的成交量和换手率的高峰。** 虽然目前地方债的交易活跃度仍低于国债和金融债，但自2018年以来成交量和换手率均有明显提升，尤其是2020年下半年，在地方债供给集中的月份，地方债的单月成交量在1万亿元以上。2021年，由于地方债发行分布相对均匀，单月成交规模有所下降。2022年以来，1月和8月为2个成交高峰月份，分别达到10903亿元和9997亿元。从换手率来看，2020年下半年，地方债换手率一度达到6%—7%，2022年以来，地方债的换手率在2%—3%。

**从不同期限地方债的二级成交活跃度来看，活跃成交期限集中在10年以下的中短期地方债，以及20年以上的超长地方债。** 2022年1—9月，1—3年、3—5年、5—7年和7—10年的地方债成交占比分别为15%、14%、15%和16%，除此之外，20年以上的超长期限的交易也较为活跃，在全部交易中占比为17%。可以看出，由于上述中短期限的地方债的流动性较好，一二级价差倒挂也相对较小，而10年期地方债的一二级价差倒挂相对较大。

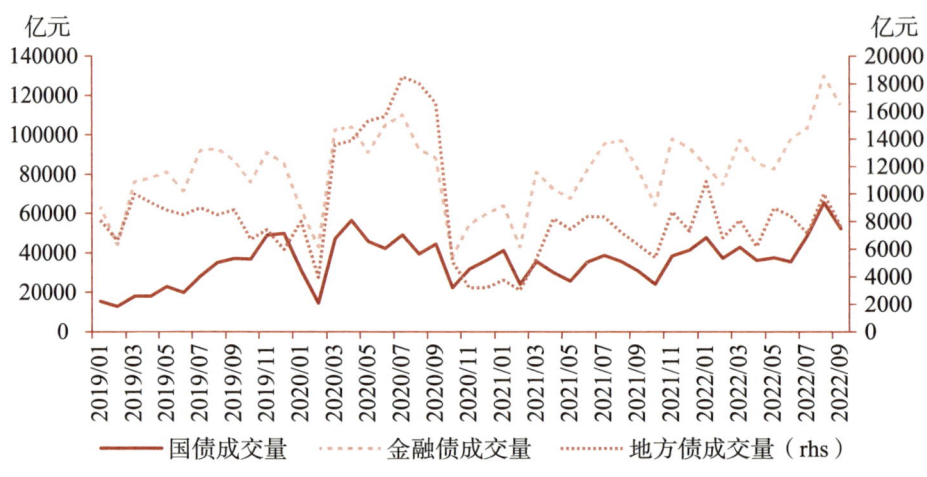

**图4-34 国债、地方债和金融债的月度成交量（银行间市场）**

资料来源：Wind，兴业研究。

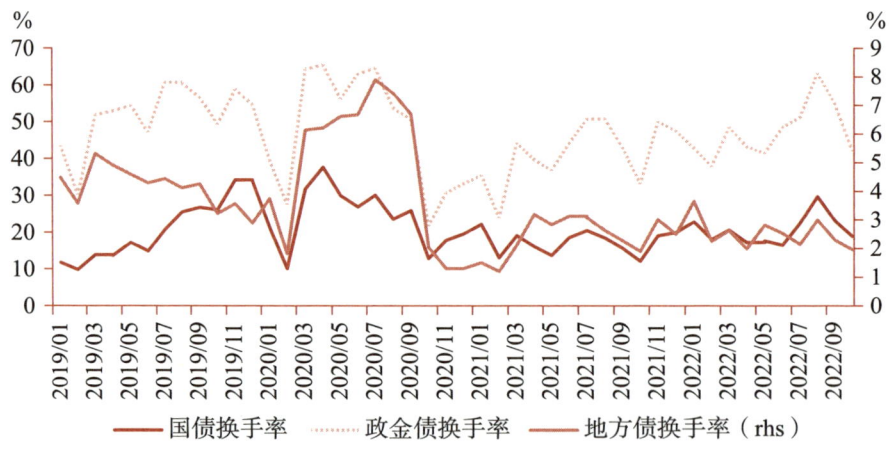

**图4-35 国债、地方债和金融债的月度换手率（银行间市场）**

资料来源：Wind，兴业研究。

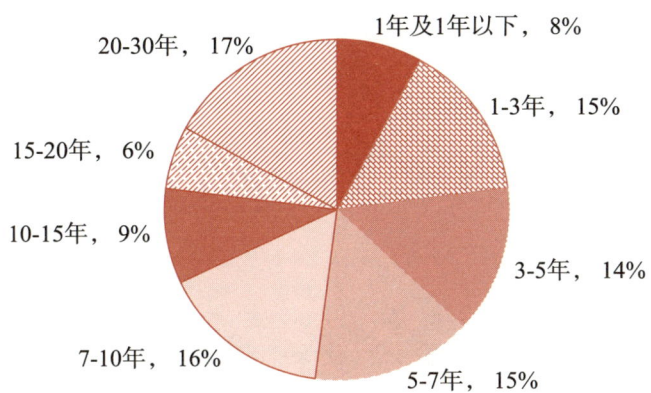

**图4-36 不同期限的地方债二级成交量(2022年1—9月)**

资料来源:Wind,兴业研究。

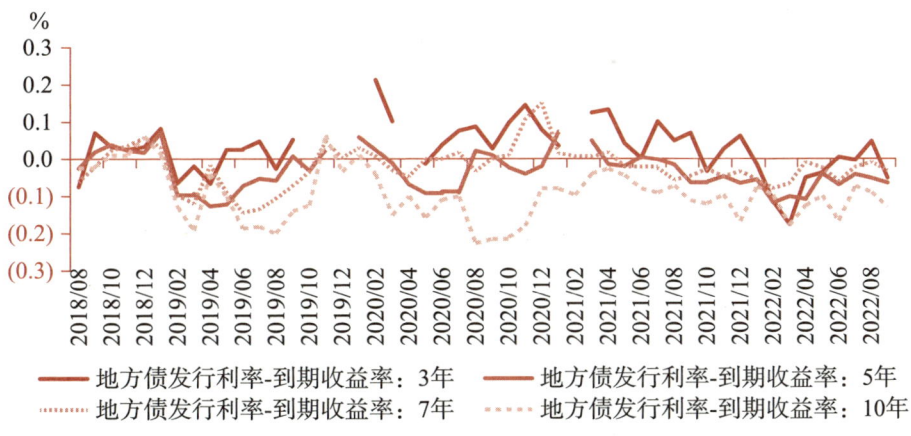

**图4-37 不同期限的地方债的一二级价差(10年及以下)**

注:上图中地方债收益率曲线为CFETS估值曲线。
资料来源:Wind,兴业研究。

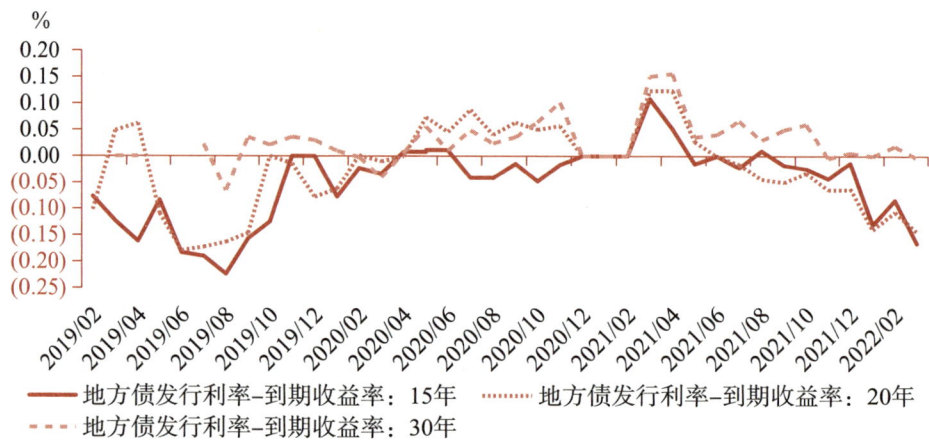

图4-38 不同期限的地方债的一二级价差（超长债）

注：上图中地方债收益率为中债估值，数据截至2022年3月，此后中债登不再披露地方债收益率曲线。

资料来源：Wind，兴业研究。

从不同省份的地方债二级成交活跃度来看，二级交易量相对较大的省份，以存量规模较高的省份和直辖市为主，如广东、山东、江苏、浙江和北京，也包括存量规模中等但发行加点较高的省份，如云南。

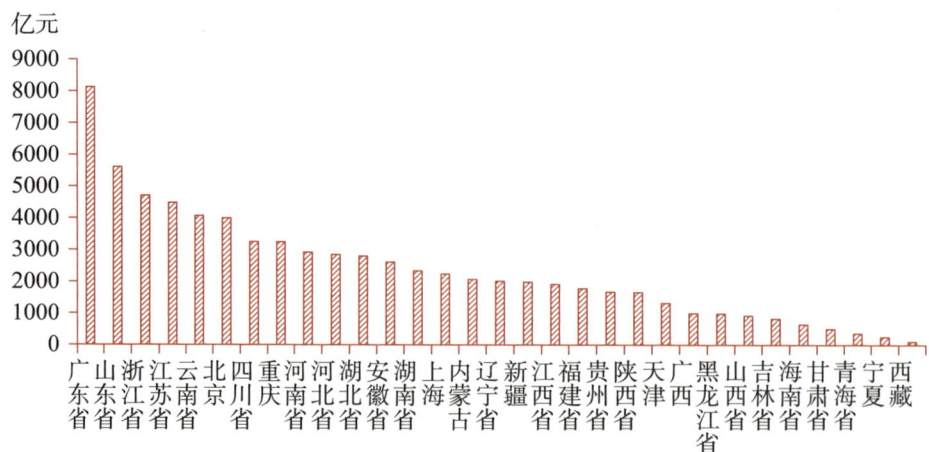

图4-39 不同省份的地方债交易量（2022年1—9月）

资料来源：Wind，兴业研究。

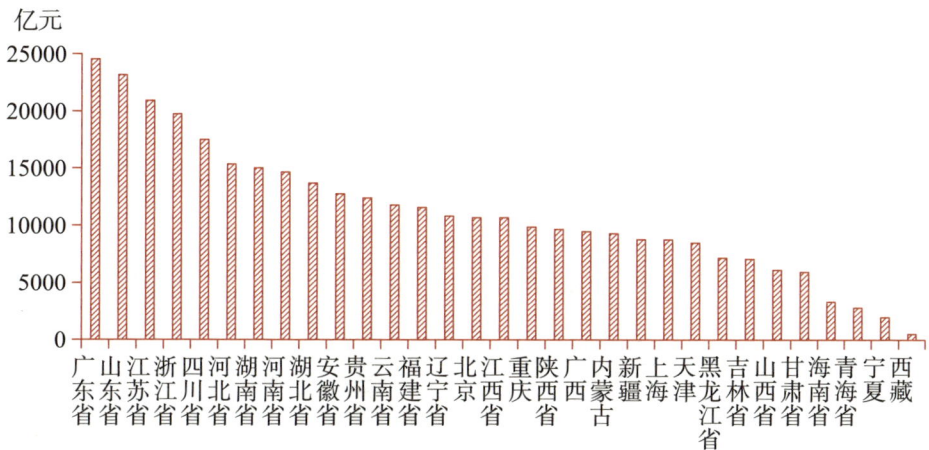

图4-40 不同省份的地方债存量规模（2022年9月末）

资料来源：Wind，兴业研究。

## 三、地方债的投资者结构

根据中债登披露，2022年8月末，地方债的合计托管规模为34.61万亿元，其中银行间市场为33.46万亿元，交易所市场为1.14万亿元，银行间市场占比接近97%。根据上交所和深交所披露，2022年8月末，交易所市场的地方债托管量合计1.14万亿元，其中，上交所的地方债托管量为1.09万亿元，深交所的地方债托管量为561亿元。

**从银行间市场的持有者结构来看，全国性银行是地方债的主要投资机构，持有七成左右的存量地方债。** 根据中债登披露的债券托管数据，截至2022年8月末，商业银行持有地方债28.82万亿元，在银行间托管的地方债中占比86%，广义基金（包括理财）、保险公司和证券公司分别持有14856亿元、12396亿元和4258亿元，在银行间托管的地方债中占比4%、4%和1%。从细分银行类型的统计来看，截至2021年2月（2021年3月以后，中债登不再披露分银行数据），地方债的投资机构以全国性银行（包括国有大行和股份制银行）为主，全国性银行持有规模18.50万亿元，在存量地方债中占比73%；而城商行、农村金融机构仅分别持有2.20万亿元、1.49万亿元，在存量地方债中占比分别为9%、6%。

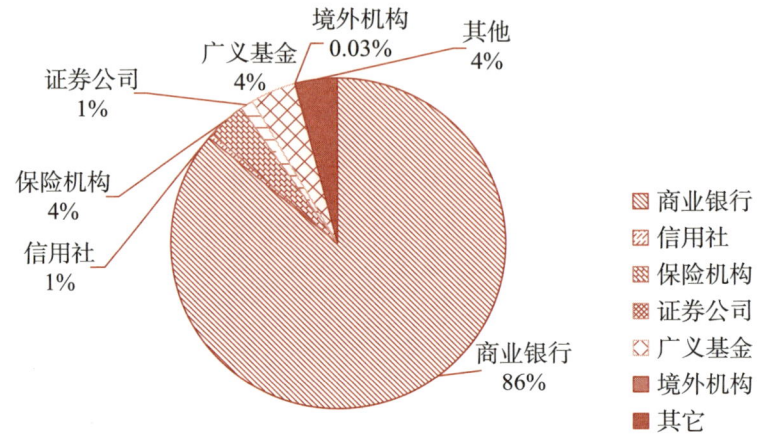

**图 4-41　2022 年 8 月末银行间市场地方债持有人结构（无细分银行类型）**

资料来源：Wind，兴业研究。

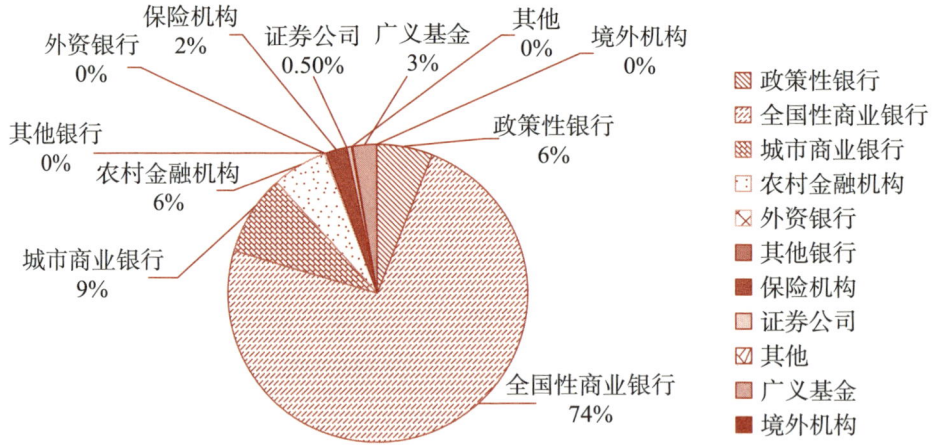

**图 4-42　2021 年 2 月末银行间市场地方债持有人结构（细分银行类型）**

资料来源：Wind，兴业研究。

**从交易所市场的持有人结构来看**，以保险机构、券商自营和公募基金为主，上述机构分别在交易所市场合计持有地方债5065亿元、2949亿元和988亿元，在交易所地方债托管量中分别占比45%、26%和9%。

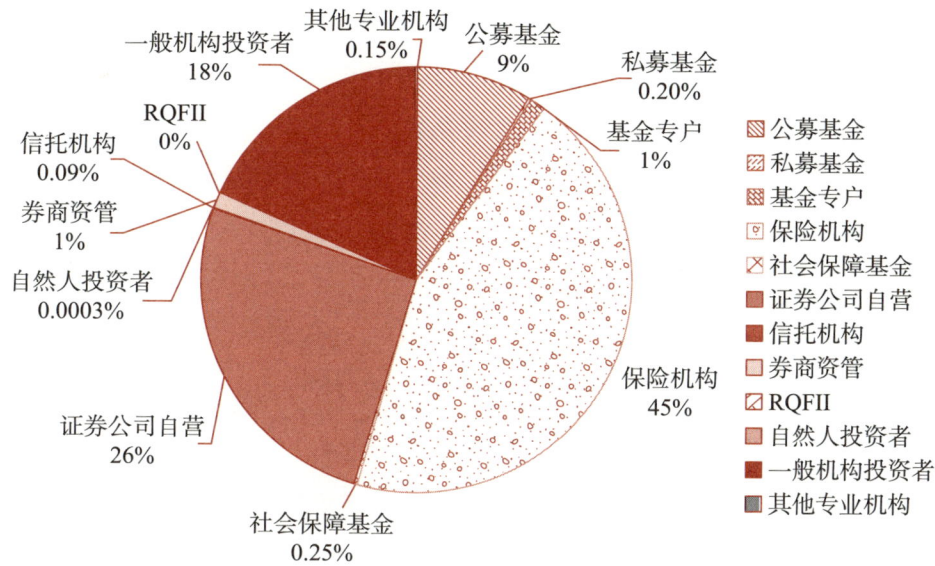

图4-43　2022年8月末交易所地方债持有人结构

资料来源：Wind，兴业研究。

**从地方债的二级交易来看**，国有大行和股份制银行是地方债的主要减持方，其中，股份制银行有典型的逢低减持特征；城商行、农村金融机构和保险机构是地方债的主要增持方，其中，保险机构自2021年以来持续大量买入地方债；公募基金和券商自营的地方债二级买卖均有，相较于公募基金，券商自营的地方债二级交易有更为典型的波段交易特征。

**保险公司成为超长地方债的大买家，保险公司的持仓中，地方债已经超过国债成为第一大券种**。不同于商业银行的资本计量中对于国债和地方债区别对待，保险公司的偿付能力监管中，对国债和地方债的风险权重相当，因而更高收益的地方债受到保险公司青睐，尤其是符合保险公司配置偏好的超长地方债，截至2022年8月末，保险公司的银行间债券持仓中，地方债占比36%，保险公司的地方债持仓占比已经超过国债。

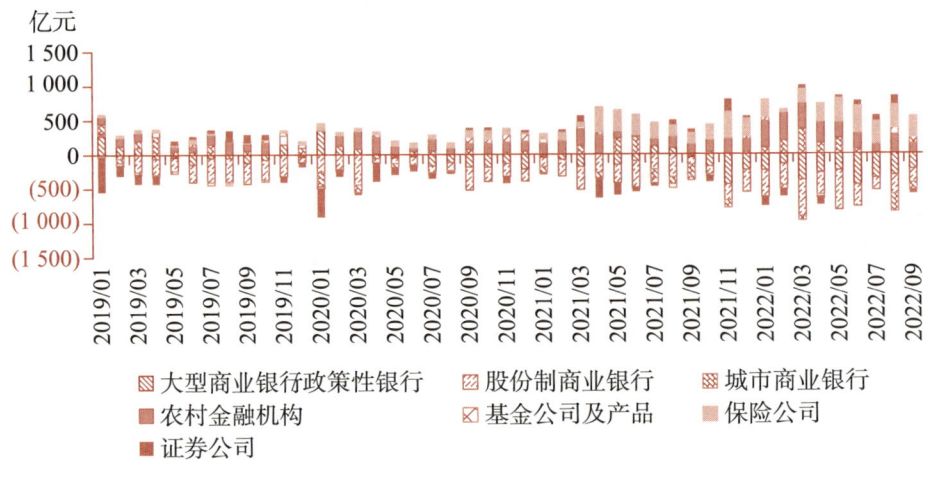

**图4-44 各类机构的地方债二级市场交易情况**

资料来源：CFETS，兴业研究。

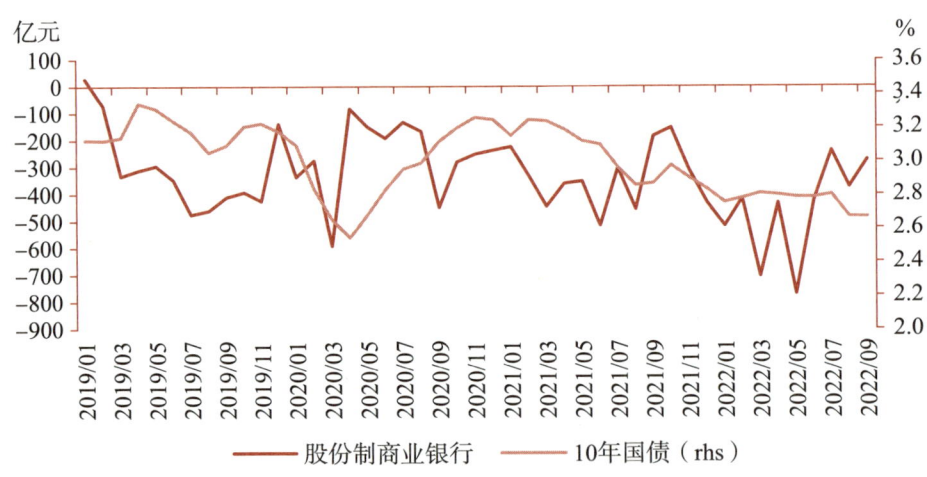

**图4-45 股份制银行的地方债二级市场交易情况**

资料来源：CFETS，兴业研究。

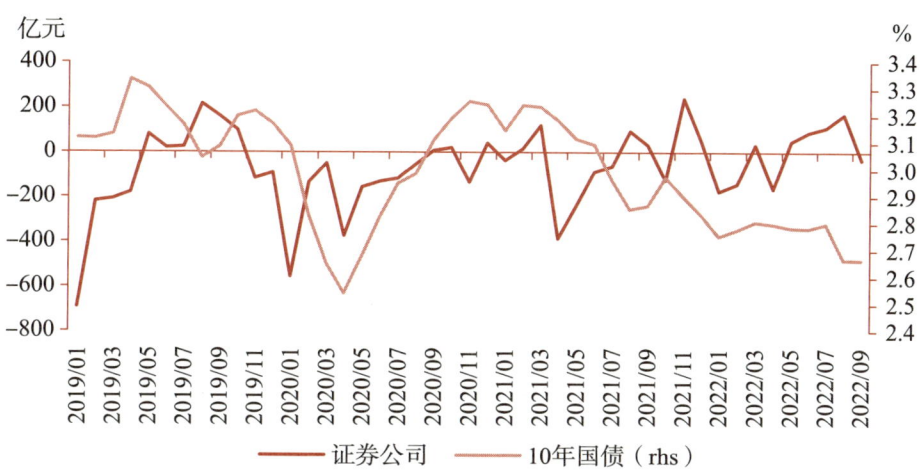

**图4-46 证券公司的地方债二级市场交易情况**

资料来源：CFETS，兴业研究。

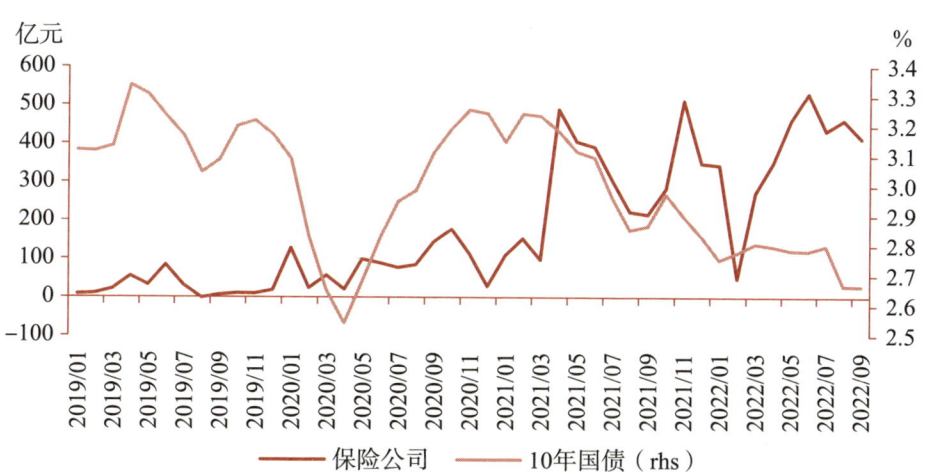

**图4-47 保险公司的地方债二级市场交易情况**

资料来源：CFETS，兴业研究。

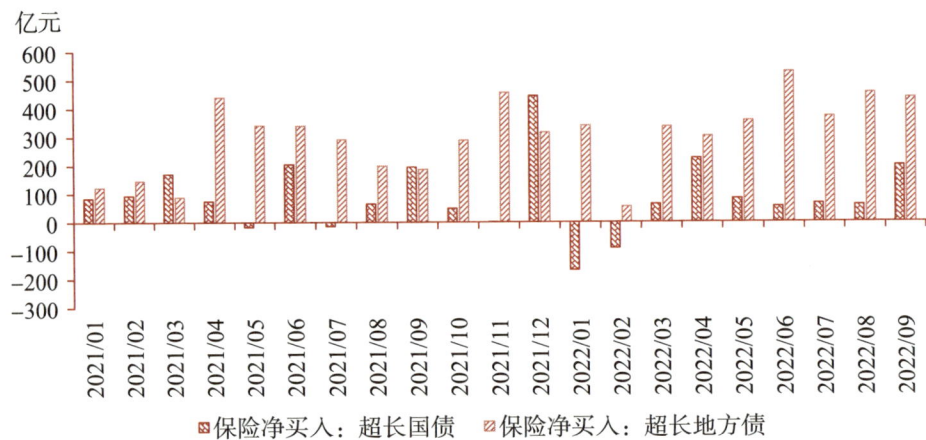

**图4-48 保险公司二级市场净买入超长国债和超长地方债情况**

资料来源：CFETS，兴业研究。

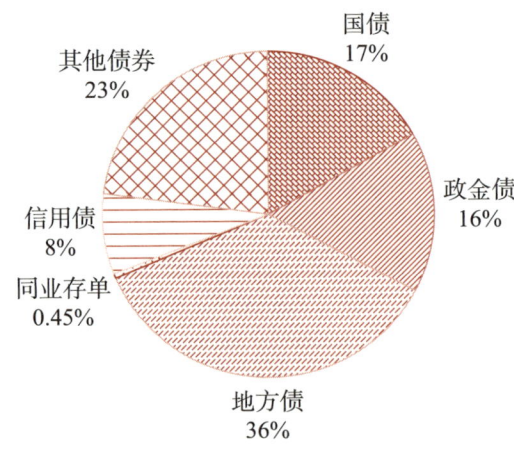

**图4-49 保险公司在银行间市场投资债券的券种分布（2022年8月）**

资料来源：Wind，兴业研究。

## 四、地方债的投资和交易策略

**从商业银行配置地方债资产的角度**，地方债和国债同样免税，区别主要在于风险权重，地方债的信用风险权重为20%，而国债的信用风险权重为0%；而政金债的税收成本高于地方债，信用风险权重为0%。考虑税收和资本占用，整体来看，调整后国债和地方债的收益大体相当，二者的调整后收益高于政金债。

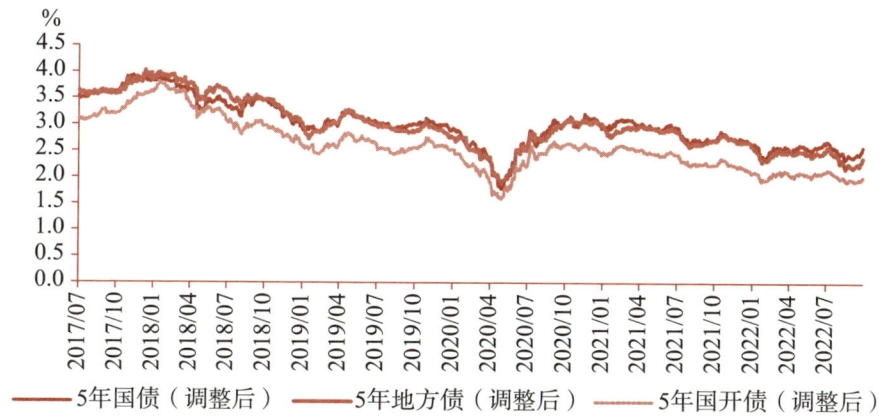

**图4-50 调整后的国债、地方债和政金债比价（5年期）**

资料来源：Wind，兴业研究。

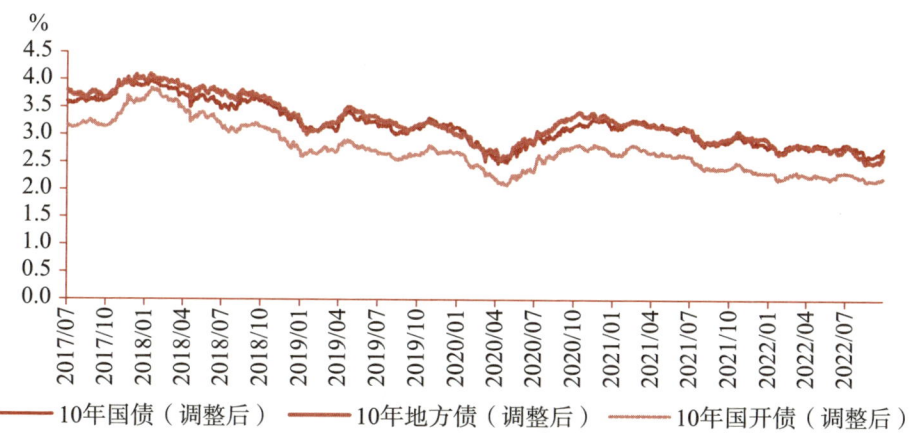

**图4-51 调整后的国债、地方债和政金债比价（10年期）**

资料来源：Wind，兴业研究。

从波段交易的角度，对于交易相对活跃的地方债品种，可以进行二级交易赚取价差。例如，由于保险机构对于超长债的需求量持续存在，在地方债发行的空档，超长债的利差通常收窄，2022年4月，30年—10年债券利差明显压缩，超长债走势强于10年期债券，此时，可以通过超长地方债择机进行波段交易操作，券商自营在上述时间内明显加大了超长债的减持力度。

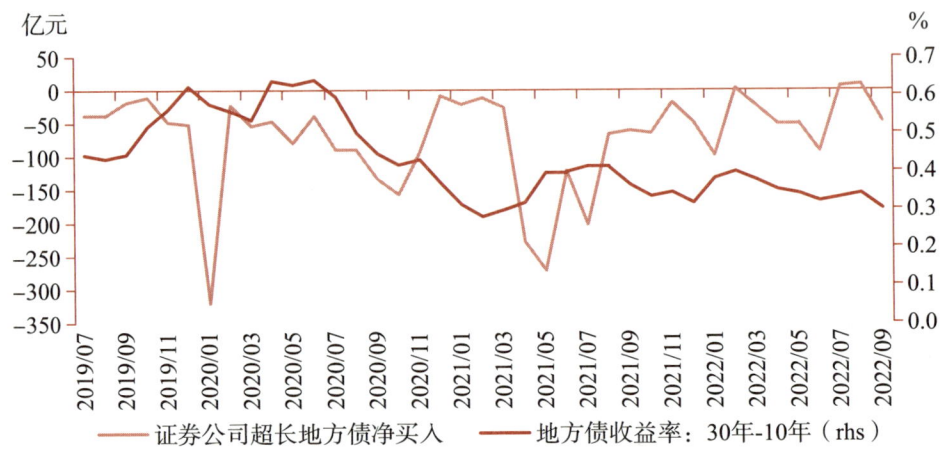

图4-52 证券公司的超长地方债交易和地方债30年—10年利差

注：由于中债停止发布地方债估值曲线，2022年4月开始，地方债收益率使用财政部地方债估值曲线，历史数据使用中债地方债估值曲线。

资料来源：CFETS，Wind，兴业研究。

**从套利交易的角度**，对非银机构而言，交易所市场近年来提高了信用债的质押准入门槛，而地方债的标准券折算率较高，并且地方债的收益率高于国债，随着地方债的活跃度提升，可以使用地方债进行杠杆套息交易。

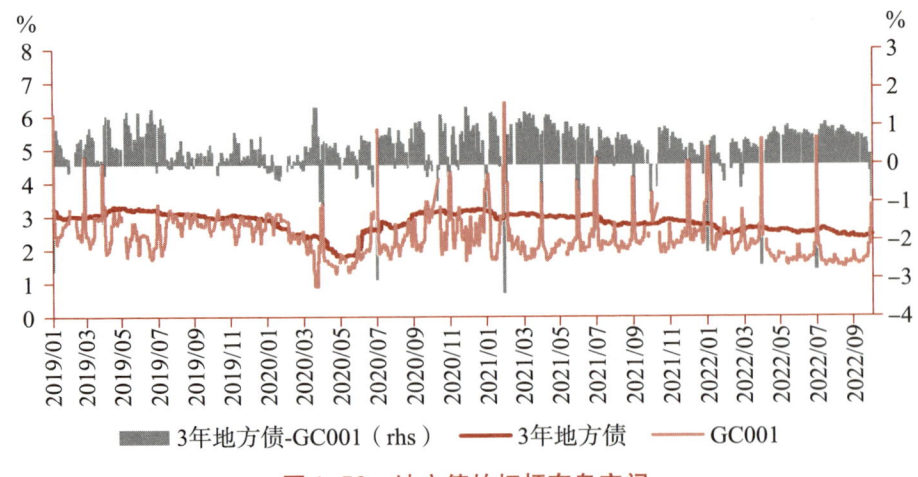

图4-53 地方债的杠杆套息空间

资料来源：Wind，兴业研究。

从价差交易的角度，利率债供给结构会影响地方债和国债的利差，在地方债供给放量的时点，地方债相较于国债的利差通常走阔。例如，在2022年5月地方债供给放量的时点，地方债和国债的利差反弹。

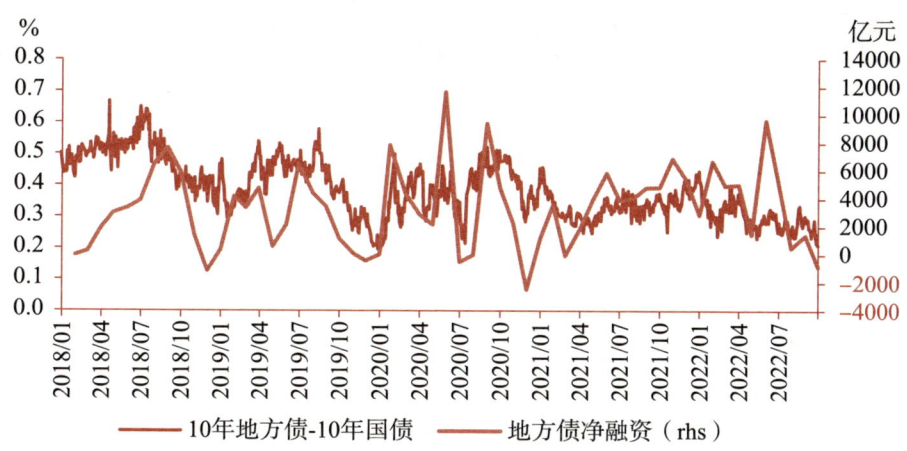

图4-54　地方债供给和地方债—国债利差

资料来源：Wind，兴业研究。

## 投资品种：货币市场工具比价

债券市场上对于银行资产配置中债券和信贷资产的比价研究较多，但对于各类货币市场工具的比价，讨论相对较少；同时，讨论因素集中在税收因素、资本占用、信用成本等，对于监管成本讨论较少。本部分尝试将NCD、票据、ABS、货币市场基金等货币市场工具纳入讨论，对利率债、信用债和货币市场工具的比价和影响因素进行系统梳理分析，为商业银行的投资和交易提供参考。

### 一、货币市场工具的主要比价因素

在对商业银行各类资产的收益率进行比价调整的过程中，主要的影响因素包括：**（1）税收因素**，例如国债和地方债相较于政金债，存在所得税优惠，商业银行通过投资公募基金、间接投资债券，相较于直接投资债券，存在税收优惠；**（2）资本占用**，相较于利率债，信用债和贷款的资本占用更高，交易账簿和银行账簿的资本占用存在差异；**（3）信用成本**，相较于利率债，信用债和贷款可能出现违约，存在信用成本；**（4）信贷属性溢价**，包括贷款的综合收益、存款派生、票据贴现可以计入信贷规模等，贷款和票据资产相较于债券，存在信贷属性溢价；**（5）监管成本**，大额风险暴露、流动性办法等监管要求对各类资产的计量存在差异。

表4-5 各类货币市场工具的税收差异

| 银行/保险自营 | 增值税 | | 所得税 | |
|---|---|---|---|---|
| | 持有期利息收入 | 资本利得 | 持有期利息收入 | 资本利得 |
| 国债 | 免 | 6% | 免 | 25% |
| 地方政府债 | 免 | 6% | 免 | 25% |
| 政策性金融债 | 免 | 6% | 25% | 25% |
| 企业债 | 6% | 6% | 25% | 25% |
| NCD | 免 | 6% | 25% | 25% |
| 货币基金/债券基金 | 持有期间的非保本收益,不属于利息收入,不收增值税 | — | 基金分配收入免税 | 申购赎回基金的价差收入免税 |
| 票据贴现/转贴现 | 6% | — | 25% | — |

| 证券投资基金 | 增值税 | | 所得税 | |
|---|---|---|---|---|
| | 持有期利息收入 | 资本利得 | 持有期利息收入 | 资本利得 |
| 国债 | 免 | 免 | 免 | 免 |
| 地方政府债 | 免 | 免 | 免 | 免 |
| 政策性金融债 | 免 | 免 | 免 | 免 |
| 企业债 | 3% | 免 | 代扣代缴 | 免 |
| NCD | 免 | 免 | 代扣代缴 | 免 |

资料来源:根据公开资料整理,兴业研究。

在货币市场工具的比价中,还存在由于会计科目(FVTPL、FVTOCI和AC)和账户差异(交易账簿和银行账簿),导致会计计量、投资收益考核和资本计提不同的问题,这也会影响投资目标和决策。**对于交易账簿**,投资策略以交易目的为主,收益包括盯市估值损益、买卖价差和利息收入(主要计入FVTPL科目),只计提市场风险资本,不占用信用风险资本,资本计提比例更低;**对于银行账簿**,投资策略以配置为主,当期损益主要是利息收入和买卖价差(FVTOCI)(IFRS9下银行账簿资产主要计入FVTOCI和AC,也可能计入FVTPL科目),只计提信用风险资本,不计提市场风险资本。另外,在IFRS9下,货币基金和债券基金只能计入FVTPL科目,这相较于直接投资债券,会加大银行的报表波动。

应当注意的是，监管账簿划分和会计分类不存在一一对应关系。交易账簿和银行账簿的划分主要根据持有目的不同，将各类资产归入不同账户，分别进行投资管理[①]；而在IFRS9下，金融资产的分类不仅和业务模式有关，还和现金流模式有关，无法通过SPPI测试的资产，即使不以交易为目的，也被计入FVTPL。本文仅考虑银行账簿下的货币市场工具比价，暂不考虑交易账簿和银行账簿的收益计量和资本占用差异。

表4-6　各类货币市场工具的资本计提和IFRS9下的会计科目

| 分类 | 资本计提 | | IFRS9下的会计科目 |
|---|---|---|---|
| | 交易账簿 | 银行账簿 | |
| 国债 | 计入交易户，则不占用信用资本，需要计提市场风险资本 | 信用风险权重为0% | 三个科目皆可 |
| 政金债 | | 信用风险权重为0% | |
| 地方债 | | 信用风险权重为20% | |
| 信用债 | | 信用风险权重为100% | |
| NCD | | 3个月以内（含）20%，3个月以上25% | |
| 票据 | — | 票据直贴参照贷款，信用风险权重为100%，针对小微企业为75%；票据转贴现参照同业，3个月以内（含）20%，3个月以上25% | 大部分票据贴现和转贴现进FVTOCI；票据资管，根据业务模式差异，分别计入三个科目 |
| ABS | — | AA-以上信用风险权重为20% | 次级档计入FVTPL；若基础资产通过SPPI测试，优先档可以计入三个科目，否则计入FVTPL |
| 货币基金 | 通常计入交易账簿，计提市场风险资本 | — | FVTPL |
| 债券基金 | — | 通常计入银行账簿，穿透计提信用风险权重 | FVTPL |

资料来源：根据公开资料整理，兴业研究。

---

①　关于交易账簿和银行账簿的划分标准，请见2012年6月8日原银监会发布的《商业银行资本管理办法（试行）》（银监会令　2012年　第1号）。

2018年以来，随着大额风险暴露、流动性办法的落地，在上述背景下，商业银行在对上述资产进行摆布时，监管指标的计量和达标因素也正在越来越多地被纳入考量。

表4-7  各类货币市场工具的监管差异

| 分类 | 大额风险暴露 | 流动性指标 | |
|---|---|---|---|
| | | LCR | 流动性匹配率 |
| 国债 | 豁免 | 一级资产 | 债券，分母中系数为0，有利于达标 |
| 政金债 | 豁免 | 一级资产 | |
| 地方债 | 豁免 | 2A资产 | |
| 信用债 | 占用非同业客户额度 | AA-以上是2A资产 | |
| NCD | 占用同业客户额度 | 非合格资产 | |
| 票据 | 票据贴现占用非同业客户额度；票据转贴现占用同业客户额度 | 若认为属于商业票据，参照信用债 | 信贷资产，分母中系数相对较小，有利于达标 |
| ABS | 小额分散，无须穿透；否则穿透至基础资产的最终债务人，占用非同业客户额度 | 若参照信用债，AA-以上是2A资产 | SPV，分母中系数100%，不利于达标 |
| 货币基金 | 无法穿透，可能占用匿名账户额度；未来可能加强基础资产的信息披露 | 非合格资产 | |
| 债券基金 | 定制化债基可穿透 | 非合格资产 | |

注：票据和ABS在LCR中的资产分类，存在一定争议；对于票据来说，若认为属于商业票据（commercial paper），则参照信用债，AA-以上评级为2A资产；对于ABS来说，由于我国的流动性管理办法删去了巴塞尔委员会关于ABS的规定部分，若认为ABS参照信用债，则AA-以上评级为2A资产。相关研究请见我们2018年1月4日报告《ABS是合格优质流动性资产吗？》。

资料来源：根据公开资料整理，兴业研究。

此外，对于国有大型银行和股份制银行等大中型银行而言，随着我国4家大型银行被纳入全球系统重要性银行，国内系统重要性银行规则的出台也提上日程，系统重要性银行评分的影响也成为大中型银行选择资产的重要掣肘。

表4-8 全球系统重要性银行评分中对各类资产的计算系数

| 分类 | 全球系统重要性银行 | |
|---|---|---|
| | LCR 中的资产分类 | 交易类和可供出售证券 |
| 国债 | 一级资产 | 不计入 |
| 政金债 | 一级资产 | 不计入 |
| 地方债 | 2A 资产 | 扣除 85%，以 15% 计入 |
| 信用债 | AA- 以上是 2A 资产 | AA- 以上扣除 85%，以 15% 计入 |
| NCD | 非合格资产 | 100% 计入 |
| 票据 | 若认为属于商业票据，参照信用债 | AA- 以上扣除 85%，以 15% 计入 |
| ABS | 若参照信用债，AA- 以上是 2A 资产 | AA- 以上扣除 85%，以 15% 计入 |
| 货币基金 | 非合格资产 | 100% 计入 |
| 债券基金 | 非合格资产 | 100% 计入 |

资料来源：原银监会，兴业研究。

从监管达标的角度，对各类货币市场工具进行排序，结果如下。

**大额风险暴露**。从大额风险暴露的达标来看，各类工具的优劣排序为：**国债、地方债、政金债＞信用债、NCD、票据＞ABS、货币基金**。其中，国债、地方债、政金债属于豁免的资产类型，不占用大额风险暴露的相关额度；信用债、NCD、票据资产根据债务人的属性，分别占用同业或非同业客户的风险暴露额度；ABS 和货币基金在投资规模小或基础资产分散的条件下，无须穿透，可以将产品作为交易对手方，否则需要穿透，若无法穿透，则占用匿名账户额度。

**流动性办法**。从 LCR 定义的合格优质流动性资产的角度，各类工具的优劣排序为：**国债、政金债＞地方债、信用债、票据、ABS＞NCD、货币基金**。其中，国债和政金债属于一级资产；地方债和 AA- 以上的信用债属于 2A 资产，若票据和 ABS 参照信用债分类，则 AA- 以上属于 2A 资产；NCD 是金融机构发行的证券，货币基金在压力环境下存在集中赎回、净值大幅下跌的风险，不属于合格优质流动性资产。

从流动性匹配率的达标来看，各类工具的优劣排序为：**债券（国债、政金债、地方债、信用债、NCD）＞贷款（含票据）＞SPV（ABS、货币基金）。

**系统重要性银行**。系统重要性银行的"交易类和可供出售证券",扣除比例依照LCR中的资产分类,因而二者的优劣排序一致,即**国债、政金债＞地方债、信用债、票据、ABS＞NCD、货币基金**。

## 二、定量和定性因素的探讨：税收优势、信贷属性和监管成本

### （一）货币基金 vs NCD：基金的税收优势还在吗

由于申购赎回便利、存在税收优惠,货币基金近年来已经成为商业银行重要的流动性管理工具。与此同时,2018年以来,货币基金的监管成本上升。那么综合来看,与其他货币市场工具相比,货币基金还存在相对优势吗?

**从货币基金和NCD的历史收益率来看**,未经税收调整的货币基金收益率,与NCD相比不存在显著优势,甚至很多时候低于NCD收益率;从调整后的收益率来看,由于公募基金存在税收优惠,2014年至2020年5月之间的大多数时间,货币基金的调整后收益率高于股份制银行的1年期NCD,货币基金和股份制银行1年期NCD的调整后利差平均在50bp左右。在流动性紧张的环境下,货基被动缩久期、降杠杆,货币基金收益率优势减弱,上述利差通常收窄。2020年初新冠疫情发生后,流动性宽松环境下,上述利差走阔,2020年5月以后,流动性边际收紧后,上述利差再度压缩并转负,2020年6月至2022年9月,调整后的货基收益率与1年期股份行NCD收益率的利差均值在0附近,二者收益率基本持平。

**从监管成本来看**,2018年以来,随着货币基金监管趋严,货币基金T+0大额赎回受限;同时,从商业银行自身的监管要求来看,商业银行持有货币基金也存在监管上的不利因素,在流动性指标（LCR指标中货币基金不属于合格优质流动性资产、流动性匹配率中属于SPV投资）、大额风险暴露（无法穿透,可能计入匿名账户）和系统重要性银行的监管（计入"交易性和可供出售金融资产"科目的规模）等多项监管中,持有货币基金均不利于指标达标。其中,大额风险暴露的穿透问题,未来如果货币基金改进披露标准、

补充披露货币基金持仓中同一发债主体的集中度,可以解决上述问题。

综合以上因素,由于货基收益率和NCD之间的利差空间收窄,同时货币基金的监管成本上升,现阶段货币基金相对于NCD的优势下降。

**图4-55　货币基金和NCD收益率比较(未调整)**

资料来源:Wind,兴业研究。

**图4-56　货币基金和NCD收益率比较(调整后)**

注:调整后的收益率＝市场收益率/(1+增值税率)×(1-所得税率)-风险权重×资本充足率×资本利润率-信用成本

资料来源:Wind,兴业研究。

## (二)票据资产:信贷属性有多少溢价

票据资产作为货币市场工具,同时兼具信贷资产的特性,在定价上不仅取决于资金利率,还与阶段性的信贷规模松紧程度有关。由于票据的信贷属性,票据规模可以计入信贷规模统计,在流动性匹配率指标的计量中也可以作为贷款统计,有利于指标达标。

**从票据资产和NCD的历史收益率来看**,二者整体走势大体一致,但随着信贷松紧的变化,二者的收益率存在阶段性背离,当信贷宽松时,票据利率通常下行(或者上行幅度不及资金利率),反之,当信贷紧张时,票据利率通常上行(或者下行幅度不及资金利率);从调整后的收益率来看,考虑税收差异后,NCD利率在多数时间略高于票据转贴利率,体现出票据的信贷属性溢价,6个月NCD利率和6个月转贴现利率的利差平均为23bp左右。例如,2019年7月,银行信贷额度较为宽松,7月下旬,二者利差显著走阔,7月初仅为15bp左右,7月29日,银行业金融机构信贷结构调整优化座谈会召开,要求坚持"房子是用来住的,不是用来炒的"定位,7月末,上述利差走阔至50bp。

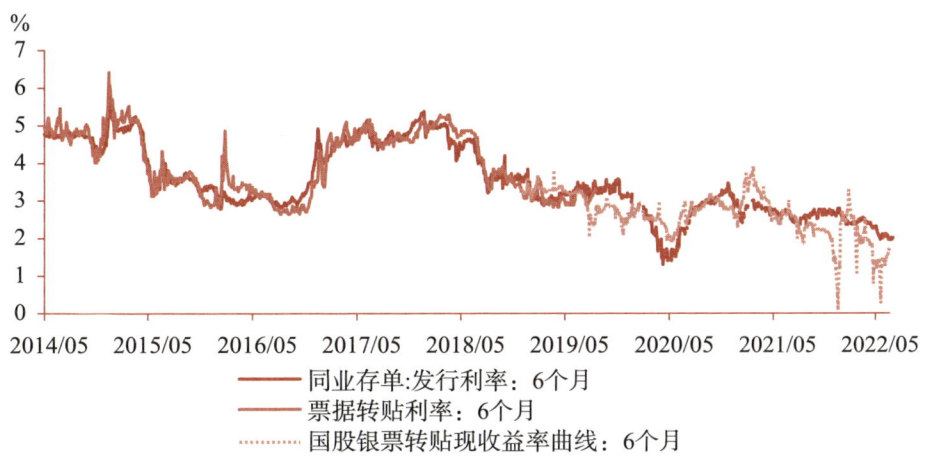

**图4-57 票据转贴现和NCD收益率比较(未调整)**

资料来源:Wind,兴业研究。

图4-58 票据转贴现和NCD收益率比较（调整后）

注：调整后的收益率＝市场收益率/（1+增值税率）×（1-所得税率）-风险权重×资本充足率×资本利润率-信用成本

资料来源：Wind，兴业研究。

## 三、货币市场工具比价：调整后的收益率比较

考虑税收、资本占用、信用成本和信贷属性溢价因素，按照"调整后的收益率＝市场收益率/（1+增值税率）×（1-所得税率）-风险权重×资本充足率×资本利润率-信用成本+信贷属性溢价"来对各类资产的收益率进行调整。其中，增值税率和所得税率根据银行自营利息收入的税率计算，资本充足率和资本利润率按银保监会季度公布的银行业统计数据计算，信用债的信用成本设定为20bp。

表4-9 各类货币市场工具的调整后收益率比较（以2022年9月30日收益率为例）

| | 同业存单（股份制）:1年 | 国股银票转贴现收益率:1年 | 国债:5年 | 国开债:5年 | 地方政府债:5年 | 短融(AAA):1年 | 中票(AA+):5年 | 资产支持证券(AA+):5年 | 货币基金7日年化收益率平均值 |
|---|---|---|---|---|---|---|---|---|---|
| 市场收益率 | 2.02% | 1.59% | 2.58% | 2.66% | 2.69% | 2.14% | 3.24% | 3.37% | 1.46% |
| 增值税率 | 0% | 6% | 0% | 0% | 0% | 6% | 6% | 6% | 0% |
| 所得税率 | 25% | 25% | 0% | 25% | 0% | 25% | 25% | 25% | 0% |
| 税后收益率 | 1.52% | 1.12% | 2.58% | 1.99% | 2.69% | 1.52% | 2.29% | 2.38% | 1.46% |
| 信用风险权重 | 25% | 25% | 0% | 0% | 20% | 100% | 100% | 20% | 20% |
| 信用成本 | 0% | 0% | 0% | 0% | 0% | 0.20% | 0.20% | 0.20% | 0% |
| 资本和信用风险调整后收益率 | 1.14% | 0.75% | 2.58% | 1.99% | 2.38% | −0.19% | 0.59% | 1.88% | 1.16% |
| 信贷属性溢价 | 0% | 0.40% | 0% | 0% | 0% | 0% | 0% | 0% | 0% |
| 信贷属性调整后收益率 | 1.14% | 1.14% | 2.58% | 1.99% | 2.38% | −0.19% | 0.59% | 1.88% | 1.16% |

注：调整后的收益率＝市场收益率／(1＋增值税率)×(1−所得税率)−风险权重×资本利润率×资本充足率−信用成本＋信贷属性溢价。其中，增值税率＝6%，所得税率＝25%，资本利润率＝10.10%，资本充足率＝14.87%，企业债信用成本＝0.2%。债券收益率使用2022年9月30日数据。

资料来源：Wind，兴业研究。

## 长期视角：高杠杆如何影响利率水平？

2014年以来，我国10年国债利率的中枢出现了逐渐下移。除了潜在经济增速放缓外，杠杆率的抬升可能也是利率中枢下降的重要原因。根据国际清算银行（BIS）披露的数据，2022年第一季度我国的非金融部门杠杆率为291.5%，较2014年第一季度提高了69.8个百分点。通常认为，杠杆率越高，非金融部门的债务负担就越重，就越需要引导利率水平下降以减轻偿债压力。

那么，债务的可持续性与利率水平之间究竟有什么关联？我国不同部门的偿债负担有多大？如何在珍惜正常货币政策空间的前提下减轻偿债负担？本部分将围绕上述问题展开探讨。

图4-59 10年中债利率

资料来源：Wind，兴业研究。

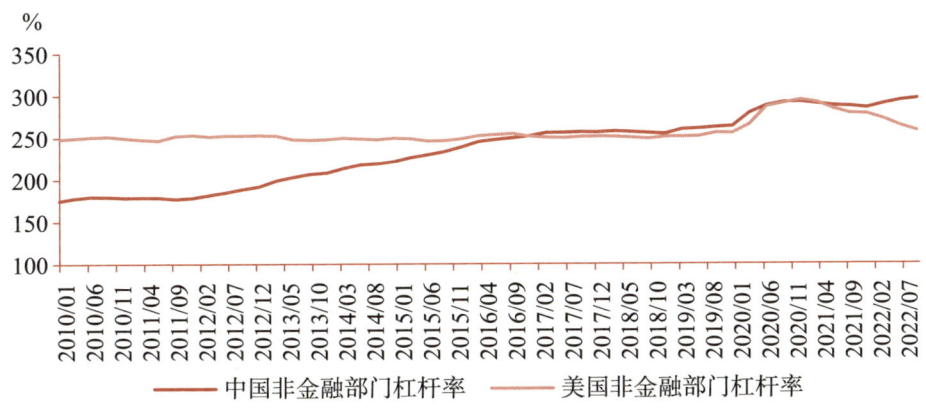

图4-60 中美非金融部门杠杆率

资料来源：BIS，兴业研究。

## 一、债务可持续性与利率水平

### （一）对杠杆率指标的反思

在探讨债务可持续性问题时，人们通常使用不同部门的杠杆率指标，即不同部门债务与GDP之比。早在1992年，马斯特里赫特条约就要求欧元区国家需要将政府债务与GDP之比保持在60%以下。2008年金融危机之后，发达经济体债务与GDP之比显著攀升，对合宜杠杆率水平的探讨再度成为市场关注的焦点。

**然而，从数据上，我们却很难找到杠杆率与债务可持续性之间的直接关联。**

如果在同一个经济体内进行纵向比较，我们会发现：2008年美国陷入债务危机时，其非金融部门杠杆率达到240.2%；在一系列刺激政策作用下，美国逐渐走出了债务危机的影响，在此过程中非金融部门的杠杆率是稳中有升的，没有出现所谓的"去杠杆"，到2022年第一季度美国非金融部门杠杆率已进一步上升到了274.8%，债务危机却没有再度上演。

如果在不同经济体之间进行横向比较，我们会发现：日本的非金融部门杠杆率显著高于西班牙与希腊，市场却更加担心西班牙和希腊的信用风险，同时把日元作为一种"避险货币"。

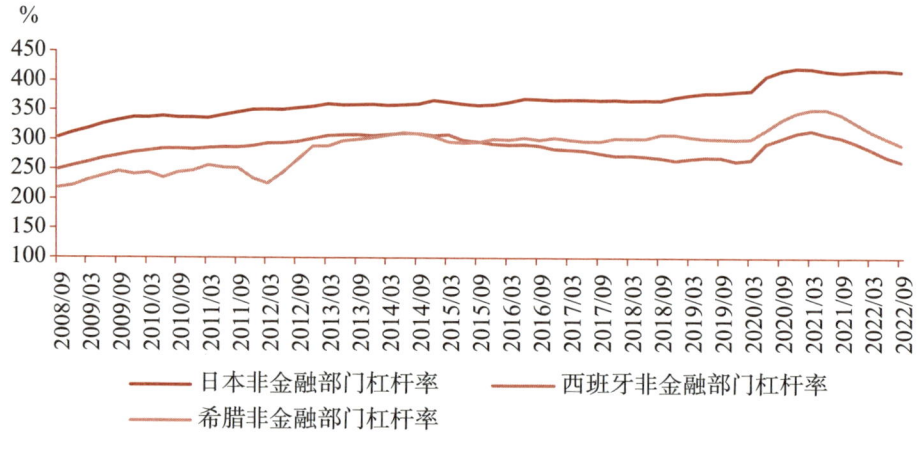

图4-61 非金融部门杠杆率的横向比较

资料来源：Wind，兴业研究。

### （二）对债务可持续性的新认知

2008年金融危机后发达经济体杠杆率普遍攀升，却没有出现严重的债务危机。这一现实使政策制定者和研究者对债务可持续性问题有了新的认识。

2020年11月，美国前财政部长萨默斯在其与哈佛教授福曼合作的文章（Furman & Summers，2020）中对杠杆率指标进行了强烈的批判。他们认为，将"债务"这一"存量"指标与"GDP"这一"流量"指标进行比较，并据此判断债务风险是不合理的。只要举债带来的GDP增长能够超过利息负担，这种举债就是有益的，就可以使杠杆率下降。美国现任财政部长耶伦也提出了类似的看法。2021年1月耶伦呼吁忘记债务的绝对数量，重点关注债务的利率与其带来的回报率。考虑到对于政权稳定的政府来说，通常债务本金是可以通过债券的滚动续发来融资偿还的，因此，利息负担（这里定义为利息与GDP之比）就显得更为重要。耶伦指出，虽然当前美国的债务总量高于2008年金融危机时期，但利息与GDP之比与那时相比是下降的。

桥水基金的达利欧在其《债务危机：我的应对原则》一书（Dalio，

2019）曾经举过一个例子，能够帮助我们理解上述问题。在一个正在去杠杆的经济体，假设其债务和名义GDP都是100，杠杆率则为100%，债务的利率是2%。那么，一年之后如果债务本身的规模没有变化，该经济体的负债将变成102，即100的债务与2的利息之和。如果这一年里，名义GDP只增长了1%，则杠杆率将上升；如果名义GDP增长率等于利率，则杠杆率将保持不变；如果名义GDP增长率超过利率，则杠杆率将出现下降。

我们可以通过简单的数学演算将上述例子进行总结与推广。假设一个经济体非金融部门t期的杠杆率、债务本金、GDP和利率分别为$L_t$、$D_t$、$Y_t$和$r_t$。为了简便起见，我们假设名义GDP增长率为g，不随时间发生变化。

**从杠杆率来看**，如果不偿债，到下一期，该经济体的杠杆率可能出现两种变化。

第一种情况，如果债务本金不增加，则

$$L_{t+1} = \frac{D_t(r_{t+1}+1)}{Y_t(g+1)}$$

此时，只要名义经济增长率等于利率，杠杆率即可保持不变。这也是为什么桥水基金的达利欧在其《债务危机：我的应对原则》一书（Dalio, 2019）中指出，去杠杆时央行的合理措施包括"使名义经济增长率略高于名义利率，在可容忍的限度内拉长去杠杆化进程"。

第二种情况，如果债务本金增加，则

$$L_{t+1} = \frac{D_t(r_{t+1}+1) + \Delta D_t}{Y_t(g+1)}$$

此时，使利率等于名义GDP增长率已经不足以稳定杠杆率。要稳定杠杆率，需要使利率低于名义GDP增长率。

**从利息负担（这里定义为利息与GDP之比）来看**，在t+1期，该经济体的利息负担为

$$\frac{D_t \cdot r_{t+1}}{Y_{t+1}}$$

在第一种情况下，如果债务本金不增加，到了t+2期，则该经济体的利息负担为

$$\frac{D_t \cdot r_{t+2}}{Y_{t+1}(g+1)}$$

此时，要使利息负担保持不变，则需要

$$\frac{r_{t+2}}{r_{t+1}} = g+1$$

这表明，只要名义GDP正增长，即使利率出现一定程度的上升，只要利率增幅不高于名义GDP增速，该经济体的利息负担也不会加重。

在第二种情况下，如果债务本金以d的速度出现了增长，到了t+2期，则该经济体的利息负担为

$$\frac{D_t(d+1) \cdot r_{t+1}}{Y_{t+1}(g+1)}$$

此时，要使利息负担保持不变，则需要

$$\frac{r_{t+2}}{r_{t+1}} = \frac{g+1}{d+1}$$

**这意味着，如果债务本金增长的速度超过了经济增长的速度，那么，就必须要利率下降才能使利息负担保持稳定。**

表格中展示了几种不同情境下，保持利息负担不变所要求的利率水平。例如，如果债务本金的增速是10.00%，名义GDP的增速是8.00%，初始利率水平为5.00%，要使利息负担保持不变，那么，利率需要下降至约4.91%。不过，如果名义经济增速更低，但债务保持较快速度的增长，利率水平需要下降更多才能够维持利息负担不变。由此，我们更加容易理解为什么《国民经济和社会发展第十四个五年规划和2035年远景目标纲要》会提出"保持宏观杠杆率以稳为主、稳中有降"。在其他因素不变的情况下，如果债务的增

长持续高于名义GDP的增长,我们需要将利率水平不断降低才能够减轻偿债压力,而这将影响到我国实行维持正常货币政策空间;反过来,给定其他因素不变,如果宏观杠杆率能够稳中有降,利率就不需要持续下行。

表4-10 利息负担不变时经济增长与利率之间的关系

| 初始利率水平 | 名义经济增速 | 债务本金增速 | 保持利息负担不变所需的下一期利率水平 |
| --- | --- | --- | --- |
| 5.00% | 8.00% | 10.00% | 4.91% |
| 5.00% | 6.50% | 10.00% | 4.84% |
| 5.00% | 5.00% | 10.00% | 4.77% |

资料来源:兴业研究。

当然,上文中的演算只是一种粗略的估算,现实中的情况会更加复杂。不过,上述估算依然能够帮助我们理解现实世界中维持债务可持续性的办法。以美国为例,2008年以来的大部分时间内,美国的名义GDP增速都是高于10年国债利率的。因此,虽然2008年以来美国政府部门杠杆率明显上升,但联邦政府利息支出与GDP之比稳中有降。

图4-62 美国名义GDP与国债利率

资料来源:Wind,兴业研究。

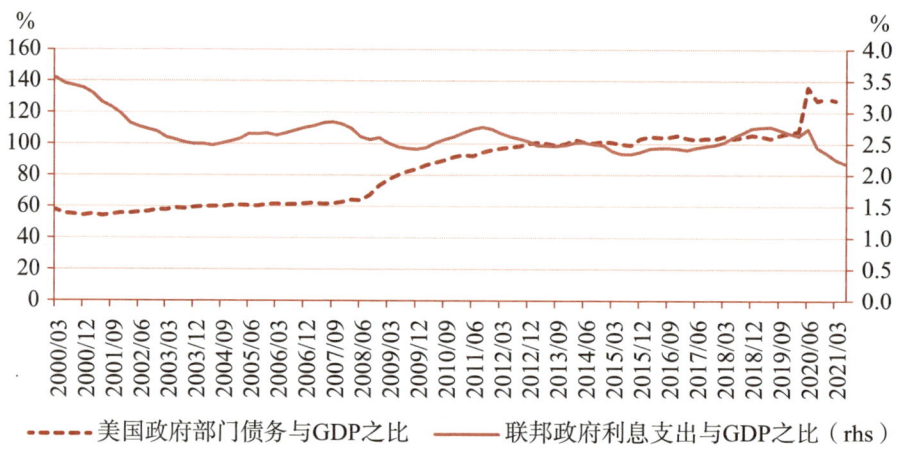

图 4-63　美国政府债务负担

资料来源：Federal Reserve Bank of St. Louis，Wind，兴业研究。

## 二、中国非金融部门的利息负担

那么，中国非金融部门的利息负担水平如何？我们可以从私人非金融部门和政府部门两个角度来考察。

**从私人非金融部门来看**，本部分用社融中人民币贷款、委托贷款、信托贷款、未贴现票据和企业债券5项之和来衡量私人非金融部门的债务水平，再分别使用贷款加权平均利率、信托产品收益率、票据利率和3年期AA+中票利率来衡量人民币贷款、信托贷款、未贴现票据与企业债券的融资成本。考虑到委托贷款中包含一定规模的公积金贷款，我们用公积金贷款利率来衡量公积金贷款的融资成本[①]，其余委托贷款的融资成本则用信托产品收益率来代替。**数据显示，2010年以来我国私人非金融部门债务同比增速通常高于名义GDP增速，由此带动我国私人非金融部门杠杆率波动上升，但由于利率中枢下降，其利息支出与名义GDP之比多数时间内稳定在9%至13%之间。**

---

① 注：由于2012年才公布公积金贷款余额，我们假设2010年与2011年公积金贷款余额在委托贷款中的占比与2012年相等。

图4-64 私人非金融部门债务与名义GDP

注：2020年至2021年名义GDP增速为两年平均增速。
资料来源：Wind，兴业研究。

图4-65 私人非金融部门债务负担

资料来源：Wind，兴业研究。

通过对付息支出的分析，我们可以得到货币政策两个重要的风向标。第一，私人非金融部门利息与名义GDP之比。自2011年起，每当经济出现下行压力时，融资成本往往会出现下降，将私人非金融部门利息与名义GDP之比引导至9%—10%一线附近。

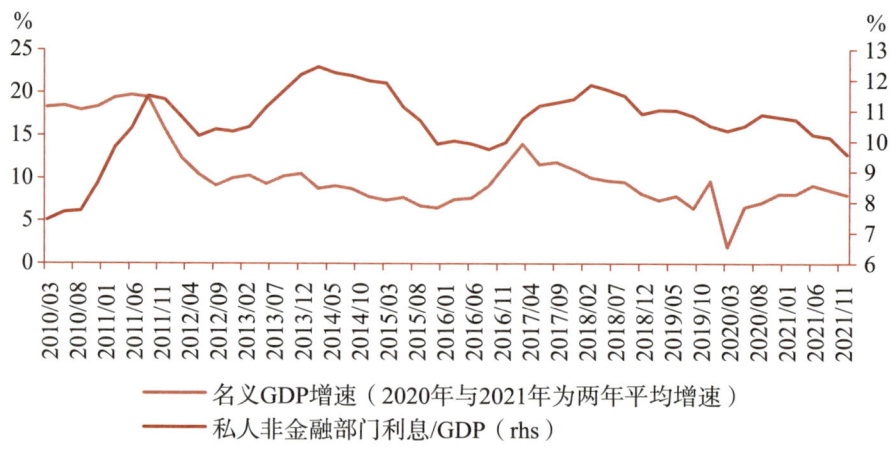

图4-66 名义GDP增速与私人非金融部门利息负担

资料来源：Wind，兴业研究。

**第二，工业企业ROA与私人非金融部门融资成本之差。**工业企业ROA通常要高于私人非金融部门综合融资成本，一旦二者之差收缩到较低的水平，则表明融资成本偏高，可能引发货币政策调整。

数据显示，每当工业企业ROA与私人部门综合融资成本之差收缩到0.8%左右，甚至更低时，融资成本通常会出现下降，央行可能通过降低法定存款准备金率等手段引导融资成本下降。例如，2011年第四季度，工业企业ROA与综合融资成本之差显著下降至0.34%，2011年12月，央行降低存款准备金率，综合融资成本也步入下行通道。2014年，这一差值持续低于0.8%，央行多次通过定向降准和全面降准等手段引导融资成本下降。2018年第二季度，工业企业ROA与综合融资成本之差收缩至0.75%。此后直至2019年末，这一差值始终徘徊在较低水平。因此，2018年第二季度至2019年第四季度央行多次降准，大型存款类金融机构法定准备金率累计下降了4个百分点，带动融资成本逐渐回落。

从政府部门来看，我们可以用财政部公布的公共财政付息支出来衡量一般预算付息支出，用地方政府专项债余额与专项债剩余平均利率来估算专项债的付息支出，用二者之和来刻画政府债务总的付息支出。囿于数据的可得性，这里仅展示2016年以来的一般预算债务付息情况和2017年以来的政府债务付息情况。数据显示，2022年6月一般预算债务付息与名义GDP之比约为0.9%，政府债务付息与名义GDP之比约为1.5%。而2000年以来美国联邦政府利息支出与GDP之比通常在2.0%以上[①]。可见，我国的政府债务付息负担相对美国较轻。

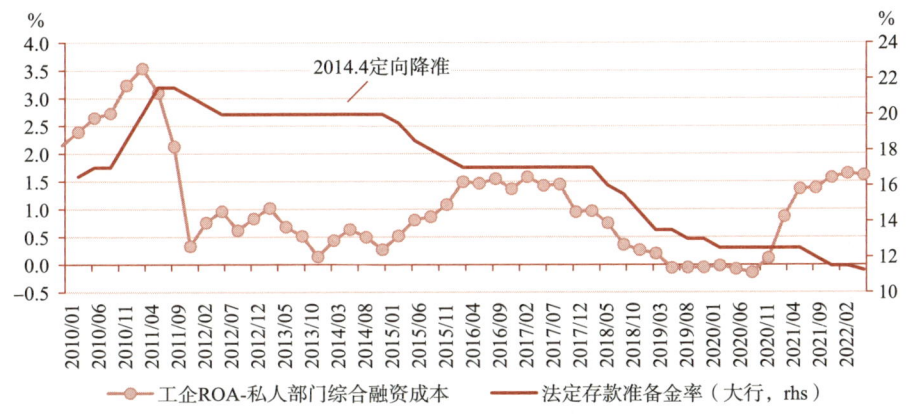

图4-67　付息负担与货币政策

资料来源：Wind，兴业研究。

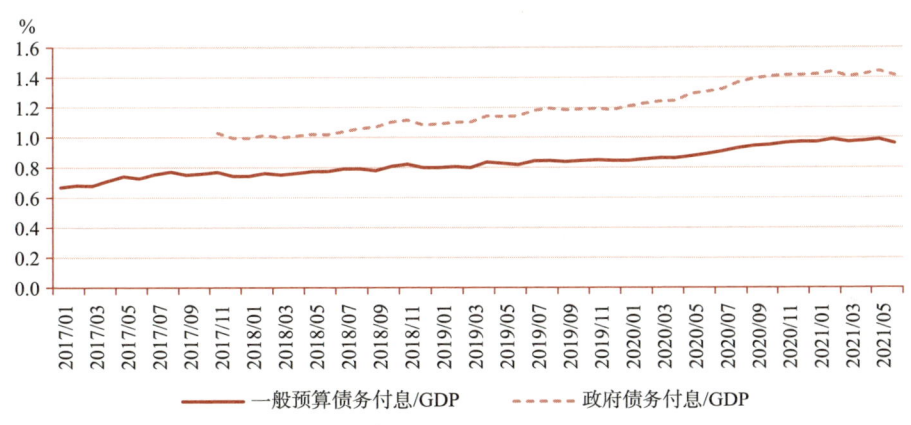

图4-68　政府付息负担

资料来源：Wind，兴业研究。

---

① 注：为了保持与中国数据的可比性，这里我们用联邦政府总利息支出与GDP之比，而非净利息支出与GDP之比。而美国国会预算办公室在计算这一比值时通常使用净利息支出。

## 三、债务可持续性与正常货币政策空间

上文的分析显示，目前我国私人非金融部门和政府部门的付息压力均可控，债务风险总体较低。然而，面对波动上升的杠杆率，只有利率中枢下降才能够将付息支出与名义GDP之比控制在相对稳定的水平。这可能对正常的货币政策空间形成挑战。那么，我们是否能够在保持正常货币政策空间的前提下，保证债务可持续？

**第一，保持人民币汇率的灵活性有助于维持正常的货币政策空间。**如果人民币汇率具有一定的弹性，能够在经济下行时起到放松货币条件的作用，这样可以节约国内利率调整的有限空间。

**第二，发展股权融资有助于减轻债务压力。**2020年下半年以来，我国股票融资增长较快，但在社融中的占比依然偏低。2022年8月股票在社融存量中的占比为3.0%，股票融资存量的同比增速为13.9%。如果我们希望在降低债务融资增速的同时保持实体经济获得的资金支持相对稳定，则需要大力发展股权融资，提高股权融资对整体社融的拉动。

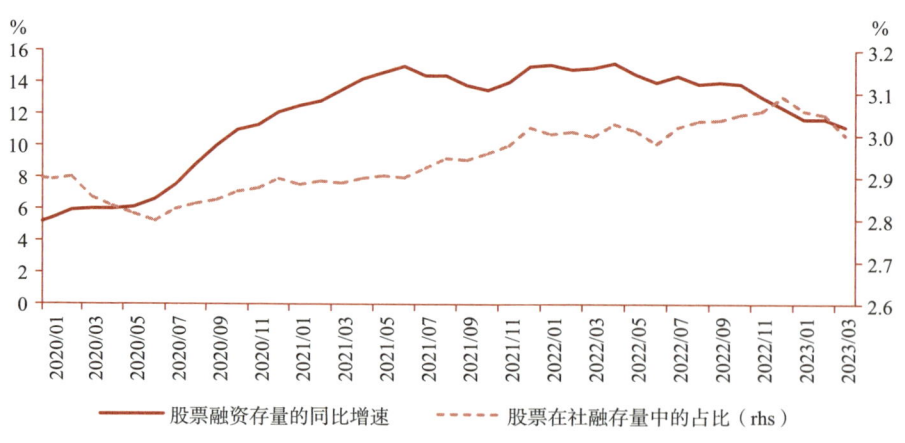

图4-69 社融中的股票融资

资料来源：Wind，兴业研究。

## 长期视角：国债收益率会向名义GDP增速收敛吗？

在美国、日本等经济体，国债收益率往往围绕着名义GDP增速上下波动。以美国为例，如果不考虑较为特殊的疫情后，2003年至2019年，美国名义GDP增速与10年期国债收益率之差平均为0.9%。而同期中国名义GDP增速与10年期国债收益率之差平均为9.6%。两国的情况相去甚远。

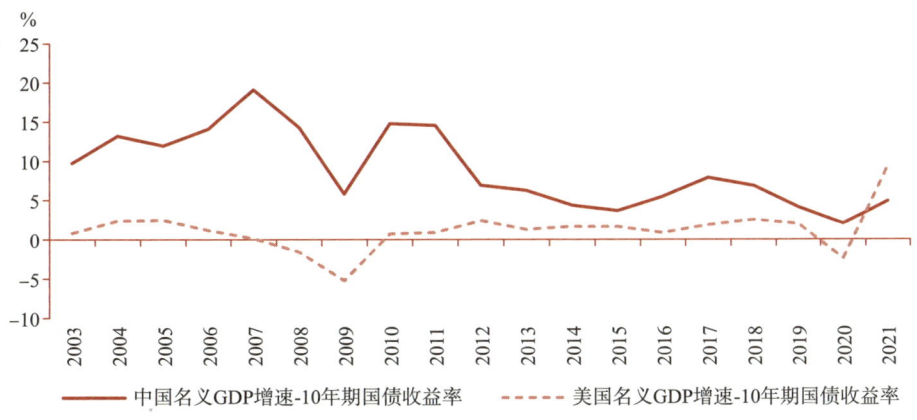

图4-70　中美名义GDP增速与10年期国债收益率之差

注：中国2020—2021年名义GDP增速为两年均值。
资料来源：Wind，兴业研究。

这是否意味着，中国的利率水平将出现趋势性的抬升，逐步靠近名义GDP增速？在考察美国、日本、韩国、巴西和越南的历史数据后，我们发现两个经验特征。

第一，国债收益率与名义GDP增速绝对水平之间的背离可能长期存在。二者之间的收敛，不是表现为国债收益率和经济增速在较长时间内逐步接近，而往往是在一两年之内通过二者绝对水平的剧烈调整来完成的。

第二，滞胀是国债收益率与经济增速收敛的重要触发器。美国、日本、韩国、巴西和越南国债收益率围绕经济增速波动的发端点，几乎都是发生在较为严重的经济滞胀之后。

一种流行的观点认为，利率管制压制了资金回报率，导致长期国债收益率低于名义GDP增速。而利率市场化能够促使资金回报率抬升至合理水平。

然而，经验数据显示，长期国债收益率与名义GDP增速的收敛既可能发生在利率市场化之前，也可能在利率市场化后多年才发生。例如，日本长期国债利率与名义GDP增速的收敛始于1975年。而到1993年10月，日本的流动性存款利率才实现自由化。再如，巴西在1975年实行了激进的利率市场化改革，但长期政府债券收益率与名义GDP增速的收敛发生在2003年末。

表4-11 利率市场化历程

| | 长期政府债券收益率与名义GDP增速收敛时间 | 利率市场化历程 |
| --- | --- | --- |
| 美国 | 1979年 | 1980年美国决定逐步取消存款利率限制。1986年最终完成利率市场化。 |
| 日本 | 1975年 | 1985年实施大额定期存款储蓄利率自由化。1993年实行定期存款和流动性存款利率自由化。 |
| 韩国 | 1979年 | 1988年韩国央行放开了对大部分贷款利率和部分长期定期存款利率的管制。到1997年7月，除活期存款外，对存款和贷款利率的管制已经基本放开。 |
| 巴西 | 2003年 | 1975年，巴西通过激进式改革实现存贷款利率的市场化。 |

资料来源：兴业研究。

下文中，我们将具体介绍美国等经济体国债收益率与经济增速由分化到收敛的历史。

## 一、国债收益率与经济增速的收敛：美国

1960年至1978年，美国10年期国债收益率常常明显低于名义GDP增速。1960年至1978年，美国名义GDP增速平均为8.3%，而10年期国债收益率平均仅为5.9%，二者相差2.4%。二者的走势也时常出现背离。

1979年后，美国10年期国债收益率与名义GDP增速间的关系发生了改变，二者的绝对水平更为接近。1979年至2016年，美国名义GDP增速平均为5.6%，10年期国债收益率平均为6.4%，二者相差约0.8%。

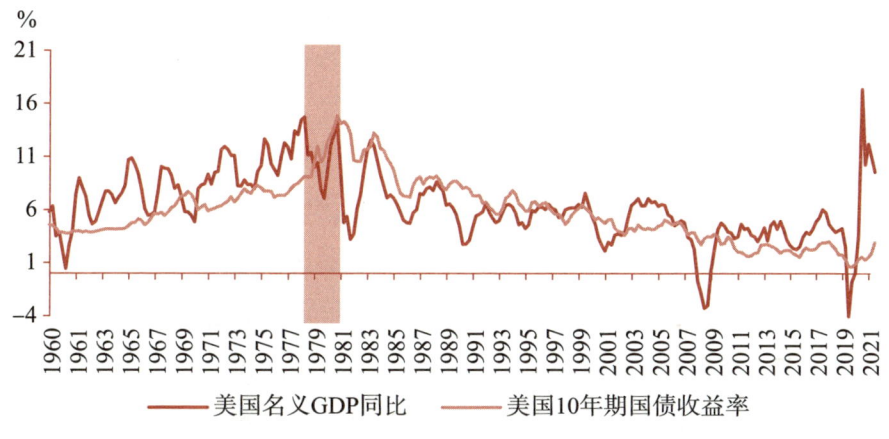

图4-71　美国国债收益率与名义GDP增速

资料来源：CEIC，Wind，兴业研究。

1979年的美国正处于滞胀末期。1964年，美国总统约翰逊提出"伟大社会"计划，通过反贫困、改善社会保障等措施开展社会改革。社会福利水平的提高推动工资水平上升，加之20世纪70年代石油危机引起的油价上涨，引起"工资—物价"相互推动、螺旋上升的局面。在1960年至1965年，美国的CPI同比始终保持在1%到2%之间。而自1966年起，通胀压力开始逐渐显现。到1979年，CPI同比已经达到11.2%的高位。

在通胀高企的同时，经济形势却陷入低迷。实际GDP增速从1978年第四季度的6.7%下滑至1979年第四季度的1.3%。到1980年，实际GDP甚至

一度出现负增长。

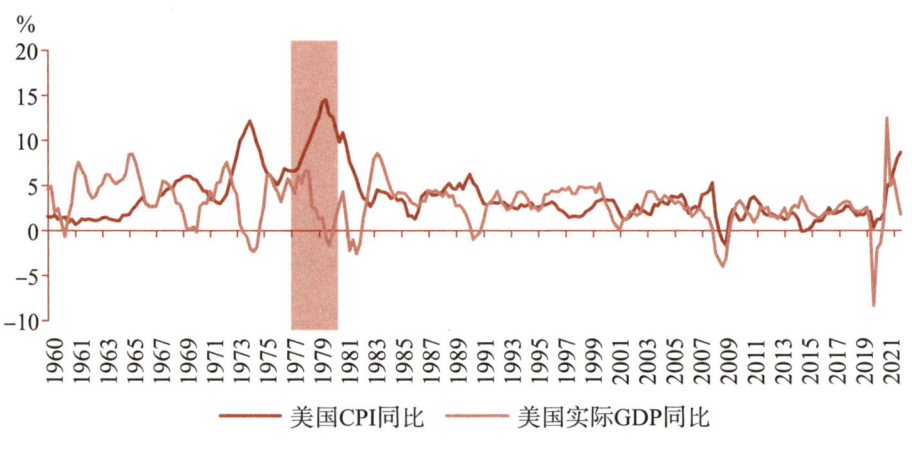

图4-72 美国CPI同比与实际GDP同比

资料来源：CEIC，Wind，兴业研究。

为治愈通胀顽疾，1979年沃尔克担任美联储主席后收紧货币政策，导致美国10年期国债收益率由1978年第四季度的8.8%快速攀升至1979年第四季度的10.4%。与此同时，名义GDP增速从1978年第四季度的14.5%大幅下滑至1979年第四季度的10.0%。滞胀的发生促使国债收益率与名义GDP增速在短期内发生剧烈调整并趋于一致。此后，国债收益率与名义GDP增速的绝对水平较为接近。

## 二、国债收益率与经济增速的收敛：日本

由于日本10年期国债收益率数据起始时间为1972年第二季度，我们仅考虑此后的情况。日本国债收益率与名义GDP增速的收敛始于1975年。1972年至1974年，日本名义GDP增速显著高于国债收益率。1972年至1974年，日本名义GDP增速平均为18.4%，而10年期国债收益率约7.4%。二者相差约11.0%。

在1975年后，日本10年期国债收益率与名义GDP增速的绝对水平趋于

接近。1975年至2016年，日本名义GDP增速约2.6%，10年期国债收益率平均为3.9%，二者相差约1.3%。

**图4-73 日本国债收益率与名义GDP增速**

注：日本10年期国债收益率数据起始时间为1972年第二季度。
资料来源：CEIC，Wind，兴业研究。

无独有偶，日本名义GDP增速与国债利率收敛时，经济也正处于滞胀期。当时日本通胀率的大幅攀升是流动性过剩和石油冲击共同影响的结果。

一方面，1971年起，日本货币供应大幅增加。1970年日本M2同比增速仅为17%。而到了1972年，M2同比攀升至26.5%的高位。

另一方面，受1973年秋石油危机影响，油价大幅攀升。1974年日本石油及煤制品业PPI同比高达77.3%。

货币超发和石油危机导致日本物价水平大幅攀升。日本CPI同比从1972年的4.9%大幅攀升至1974年的23.2%。1975年，日本CPI同比虽有所回落，但仍高达11.9%。

同时，在20世纪70年代初，美国宣布中止美元与黄金的固定兑换比率，导致日元升值，对日本出口产生负面影响。日本实际GDP增速从1972年的8.4%下降至1974年的-1.2%。1975年日本实际GDP增速回升至3.1%。

**图4-74　日本20世纪70年代初流动性过剩叠加石油危机冲击**

资料来源：CEIC，Wind，兴业研究。

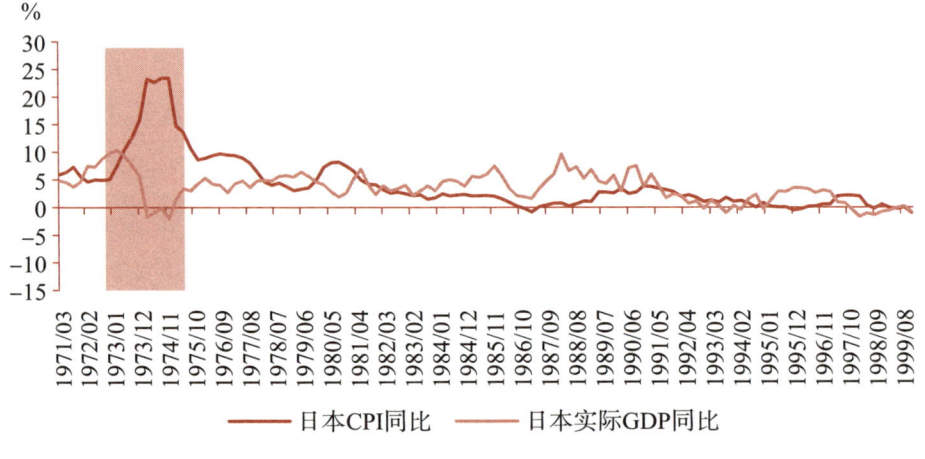

**图4-75　日本CPI同比与实际GDP同比**

资料来源：CEIC，Wind，兴业研究。

在滞胀的影响下，日本10年期国债收益率从1973年第一季度的6.7%上行至1975年第三季度的8.4%，而名义GDP增速从1973年第一季度的20.1%大幅下滑至1975年第三季度的8.3%。此后，日本名义GDP增速和10年期国债收益率的绝对水平趋于接近。

## 三、国债收益率与经济增速的收敛:韩国

在韩国,长期政府债券收益率与名义GDP增速的收敛始于1979年。自1973年第三季度有数据以来至1978年第四季度,韩国名义GDP增速显著高于长期政府债券收益率。其间,韩国名义GDP增速平均为35.1%,长期政府债券收益率为21.0%,二者相差15.1%。

1979年后,韩国长期政府债券收益率与名义GDP增速的绝对水平更为接近。1979年至疫情前的2019年,韩国名义GDP增速平均为11.4%,而长期政府债券收益率平均为9.8%,二者相差不到1.7%。

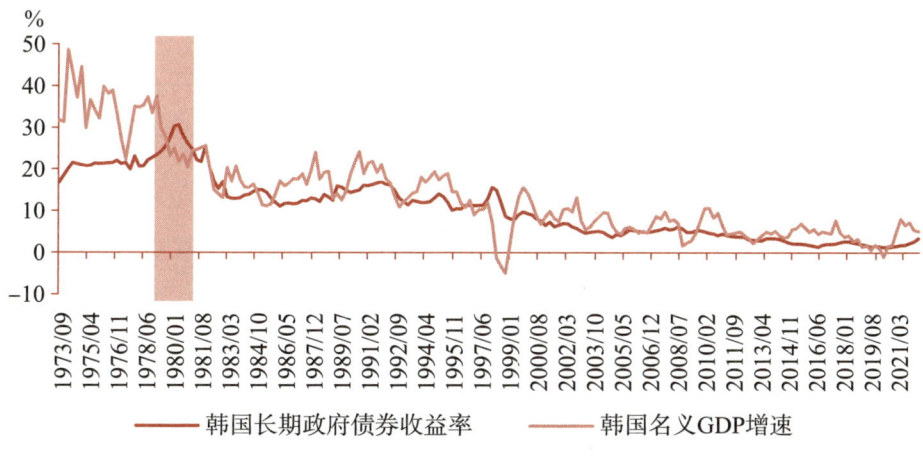

**图4-76 韩国长期政府债券收益率与名义GDP增速**

注:韩国政府债券收益率数据起始时间为1973年第三季度。
资料来源:CEIC,Wind,兴业研究。

与美国和日本类似,1979年韩国经济也正处于滞胀阶段。根据《韩国央行六十年史》中的记载,在20世纪70年代末,经常项目顺差带来的货币供应增加、第二次石油危机和工资上涨使韩国物价水平大幅攀升。韩国CPI同比从1977年的10.1%大幅上涨至1980年的28.6%。而实际GDP增速从1977年的接近12.0%下滑至1980年的-1.5%。

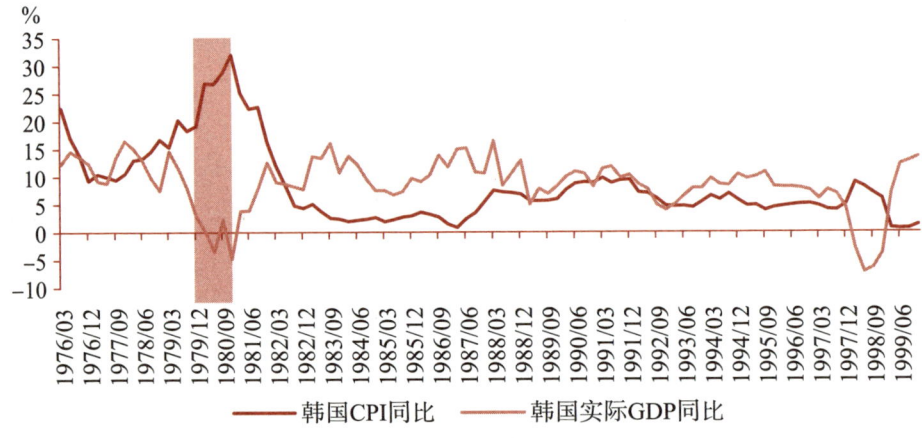

图4-77 韩国CPI同比与实际GDP同比

资料来源：CEIC，Wind，兴业研究。

在经济滞胀的影响下，韩国长期政府债券收益率从1977年第四季度的23.1%提高至1979年第四季度的27.5%，而名义GDP增速从1977年第四季度的35.1%下降至1979年第四季度的23.3%。长期政府债券收益率和名义GDP增速趋于接近。此后，韩国长期政府债券收益率大致围绕名义GDP增速上下波动。

### 四、国债收益率与经济增速的收敛：越南

越南10年期国债收益率与名义GDP增速的收敛始于2013年第一季度。自2007年第三季度有数据之始，至2012年第四季度，越南名义GDP增速往往显著高于10年期国债收益率。其间，越南名义GDP增速平均为20.4%，而10年期国债收益率均值为10.9%。名义GDP增速较10年期国债收益率高出9.5%。

然而，自2013年第一季度至2016年第四季度，越南名义GDP增速平均为8.5%，而10年期国债收益率平均为7.5%。名义GDP增速仅高出10年期国债收益率1.0%。

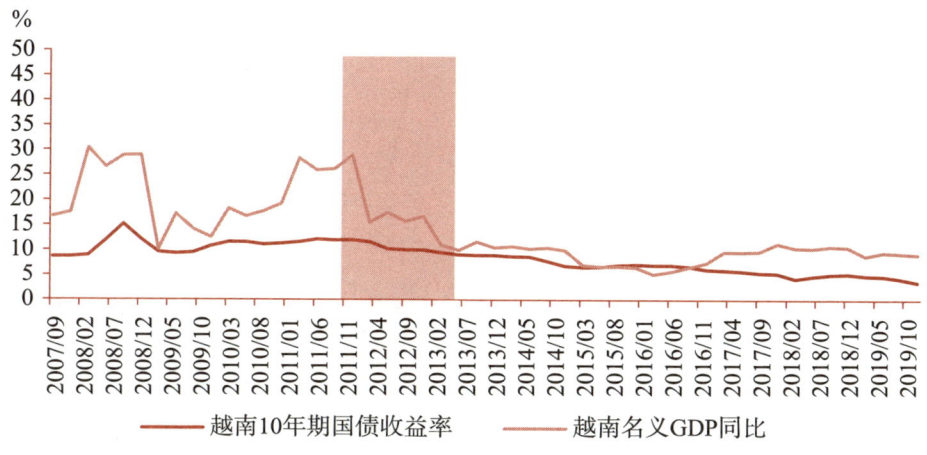

图4-78　越南国债收益率与名义GDP增速

注：越南10年期国债收益率起始时间为2007年第三季度。
资料来源：CEIC，Wind，兴业研究。

促成二者收敛的是越南2012年的滞胀。2010年至2012年越南发生了高通胀，CPI同比从2010年3月的8.5%攀升至2011年12月的19.9%。2012年，越南CPI同比有所下降，但仍处于9.3%的高位。这一时期越南的高通胀与两方面因素有关。一方面，在次贷危机爆发后，越南大幅下调基准利率。再融资利率从2008年6月的15%大幅下调至2009年4月的7%。利率大幅下调造成的流动性过剩是推升通胀的重要原因。

另一方面，2009年3月，越南政府将越南盾兑美元汇率浮动区间从上下浮动3%扩大到5%。此后，越南盾大幅贬值。2009年1月至2010年12月间，越南盾兑美元汇率贬值幅度达到11.5%。越南盾的剧烈贬值进一步加剧了越南国内的通货膨胀。

为遏制高通胀，越南于2011年多次调高基准利率。再融资利率从2011年1月的9%逐步提高到2011年10月的15%。货币条件的突然收紧导致越南经济增速下滑。越南实际GDP增速从2010年的6.4%下滑至2012年的5.3%。

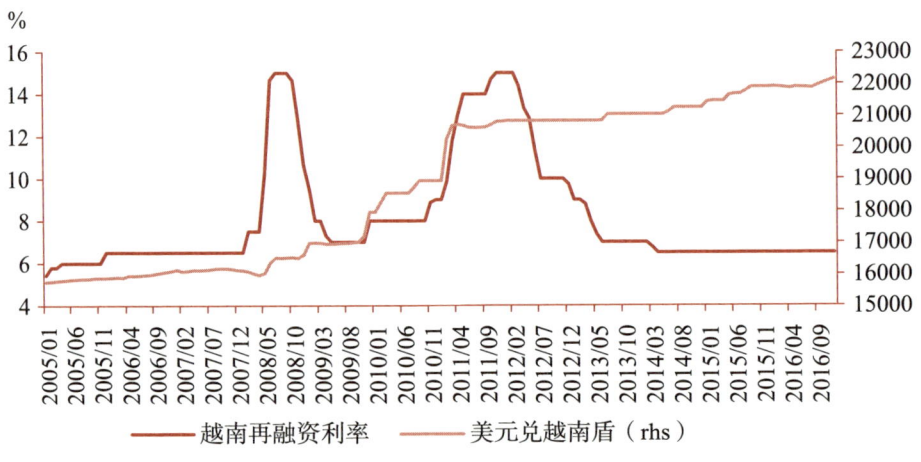

**图4-79 越南再融资利率与汇率**

资料来源：CEIC，Wind，兴业研究。

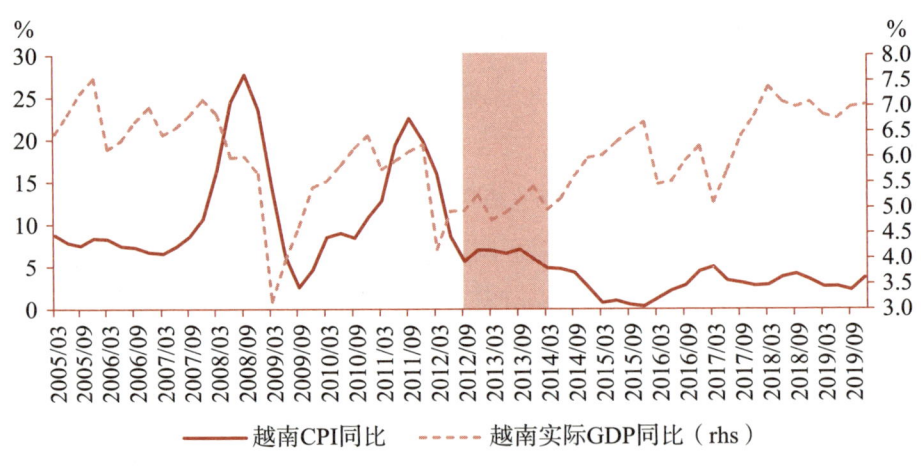

**图4-80 越南CPI同比与实际GDP同比**

资料来源：CEIC，Wind，兴业研究。

在滞胀后期，越南央行的反通胀政策使国债收益率随通胀率而下降。同时，货币政策收紧带来的通胀和实际经济增速下行，使名义GDP增速大幅下降。到2013年第一季度，越南10年期国债收益率从2010年第一季度的11.6%下降至9.5%，名义GDP增速从2010年第一季度的18.3%下降至不到

11.0%。此后,越南10年期国债利率与名义GDP增速的绝对水平更为接近。

## 五、国债收益率与经济增速的收敛:巴西

考虑到1999年前巴西政府债券收益率数据不完整,这里仅考虑1999年后的情况。巴西政府债券收益率与名义GDP增速的收敛始于2003年第四季度。自1999年第一季度至2003年第三季度,巴西政府债券收益率均值为21.5%,而名义GDP增速为11.2%。政府债券收益率较名义GDP增速高10.3%。

而2003年第四季度至2022年第二季度,巴西政府债券收益率均值为11.0%,名义GDP增速为9.6%。二者相差1.4%。

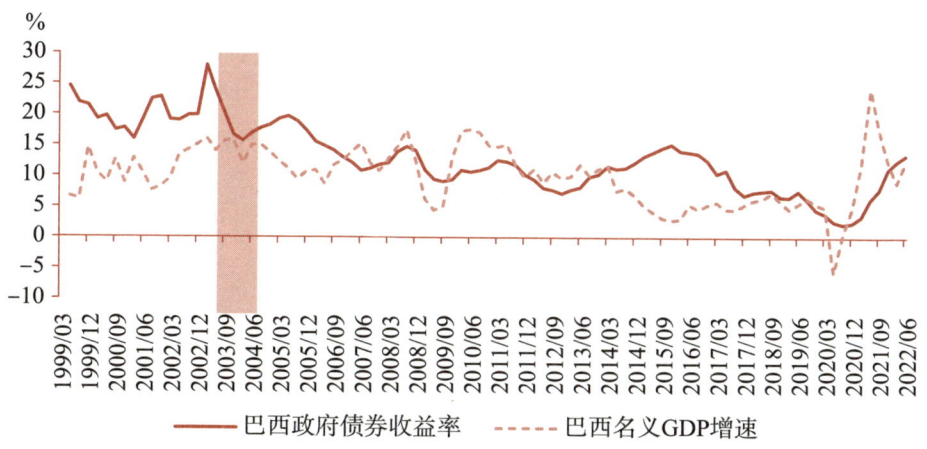

图4-81 巴西政府债券收益率与名义GDP增速

注:1999年前巴西政府债券收益率数据不完整。
资料来源:CEIC,Wind,兴业研究。

巴西政府债券收益率与经济增长的收敛也发生在滞胀时期。2003年,巴西广义消费者物价指数同比从2002年的8.4%攀升至14.8%,实际GDP增速从2002年的3.0%下降至1.2%。

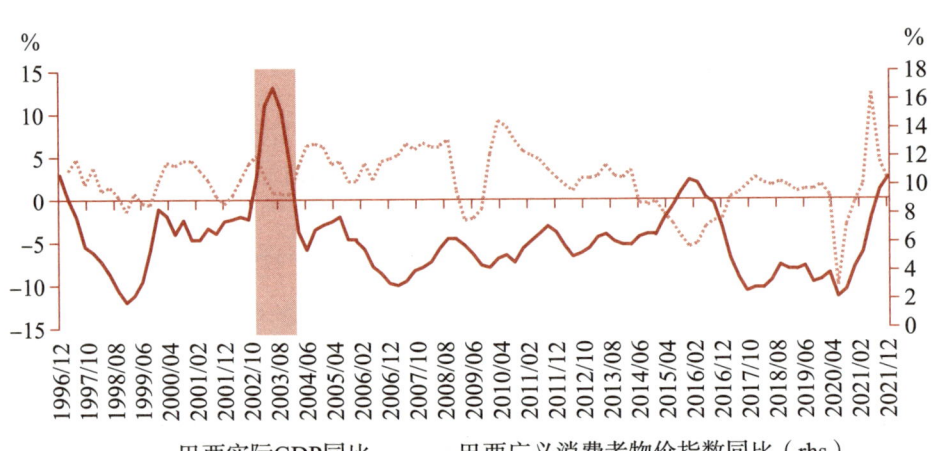

图4-82 巴西消费者物价指数同比与实际GDP同比

资料来源：CEIC，Wind，兴业研究。

赤字货币化和本币贬值是导致2003年巴西高通胀的主要原因。一方面，2003年前，巴西公共债务快速攀升。巴西公共债务占GDP的比例从1995年的28.0%提高至2003年的54.2%。另一方面，2002年巴西雷亚尔大幅贬值52.5%，导致进口商品价格上涨，加剧国内通胀。

图4-83 巴西公共债务占比和汇率

资料来源：CEIC，Wind，兴业研究。

2003年巴西总统卢拉上台后实施紧缩的货币政策，使广义消费者物价指数同比从2003年的14.8%大幅下降至2004年的6.6%。与此同时，巴西政府债券收益率大幅下滑。2003年第一季度，巴西政府债券收益率接近28.0%。到2003年第四季度，政府债券收益率已经下降至16.6%，非常接近当时的名义GDP增速15.8%。此后，巴西政府债券收益率开始围绕名义GDP增速上下波动。

## 六、中国国债收益率与名义GDP增速

2003年至2021年，我国名义GDP增速（2020年至2021年考虑两年平均增速）在5.0%至23.2%的区间内波动，而10年期国债收益率水平大部分时间都在4.5%以下。二者的绝对水平存在明显差异。

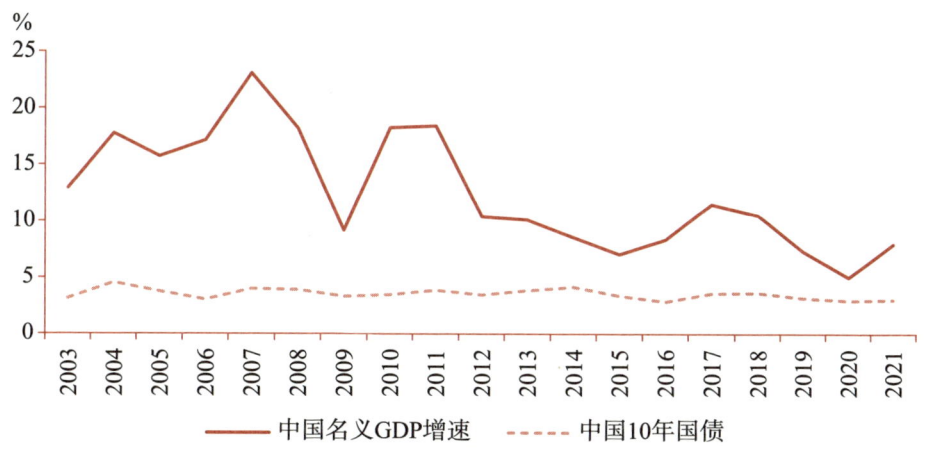

图4-84　中国名义GDP增速与10年期国债收益率

注：2020年至2021年为两年平均增速。
资料来源：CEIC，Wind，兴业研究。

然而，从国际经验来看，长期政府债券收益率的绝对水平将与名义GDP增速趋于一致。这是否意味着我国的国债收益率水平将出现趋势性的抬升？或许前述国际经验有助于我们认识这一问题。

一方面，从国际经验来看，国债收益率与名义GDP增速之间的收敛往往表现为一两年内二者水平的剧烈调整，而非二者在较长时间内逐步靠近。因此，我们可能无须担忧国债收益率的长期趋势性上行。

另一方面，国际经验显示，国债收益率与名义GDP增速之间的收敛往往由滞胀触发。而我国并未发生严重的滞胀。尽管2016年9月至2017年2月，PPI同比快速走高，并于2017年2月达到7.8%的高位。但PPI的抬升并未传导至CPI。这一时期价格的上涨更多地表现为部分产品价格的结构性上涨，而非物价水平的普遍抬升。同时，我国的实际GDP增速仍然平稳，并未出现大幅的下滑。

由此来看，我国国债收益率暂时难以与名义GDP增速收敛。

## 长期视角：国际利率联动的经验规律

2022年10年美债利率显著上升，突破了其1985年以来的下行通道。在全球通胀中枢上移的背景下，美债利率的大幅上扬可能意味着逾40年的全球利率下行期已经结束，我们或许正站在全球利率的长期拐点之上。历史经验表明，全球主要经济体利率的长期走势基本一致。那么，如果美债利率中枢出现趋势性的上升，中债利率能否走出独立行情？本部分将从国际利率联动的理论与历史经验出发，探讨美债利率下行趋势逆转后中债的未来。

### 一、国际利率联动的原因

**虽然短期来看，全球主要经济体的利率走势时有分歧，但长期而言，全球主要经济体的利率趋势总体一致。** 全球利率共振的现象在全球金融市场一体化前就早已出现。自18世纪末有数据以来，全球主要经济体的利率趋势就已经较为一致，而且呈现出60年左右的周期性波动。自1945年10年美债利率见底到2020年10年美债利率再次见底，其间跨越了75年。如果我们认为10年美债利率是全球利率之锚，那么，全球利率确实有进入新一轮上行周期的可能性。

图4-85 10年美债利率

资料来源：Wind，兴业研究。

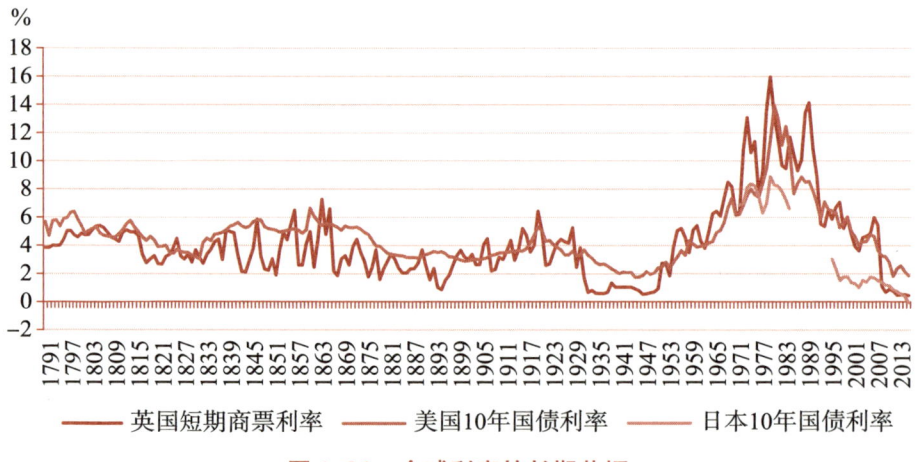

图4-86 全球利率的长期共振

注：对于英国，由于英国短期商品利率样本时间较长，我们使用短期商票利率。
资料来源：Richard E. Sylla, Jack Wilson and Robert E. Wright, Price Quotations in Early U.S. Securities Markets, 1790—1860, Hunt's Merchants Magazine（1843—1853）, The Economist（1854—1861）, The Financial Review（1862—1918）, Federal Reserve Bank, National Monetary Statistics, New York：FRB, 1941, 1970（annually thereafter）, Salomon Brothers, Analytical Record of Yields and Yield Spreads, New York：Salomon Brothers, 1995, Bank of England, Wind，兴业研究。

什么因素导致了全球利率共振？一方面，经济基本面的联动是导致全球利率共振的重要原因。在世界银行的工作论文中，Beyer & Milivojevic（2020）

估算了50个经济体的均衡利率，指出通胀的相关性、GDP增速的相关性、抚养比的相关性和双边贸易均会促进利率的联动。不过，从系数来看，**通胀相关性和GDP相关性对利率联动的影响明显高于其他因素**。

表4–12 利率同步性的影响因素

|  | 利率的同步性 |
| --- | --- |
| 抚养比相关性 | 0.0609*** |
|  | （0.0167） |
| GDP增速相关性 | 0.0915*** |
|  | （0.0280） |
| 通胀相关性 | 0.244*** |
|  | （0.0304） |
| 双边贸易 | 0.0526*** |
|  | （0.0137） |
| 常数项 | −0.636*** |
|  | （0.0116） |

资料来源：Beyer & Milivojevic（2020）。

**另一方面，在基本面因素之外，金融开放也影响着利率联动的强弱。** Kharroubi & Zampolli（2016）指出，当金融开放程度更高时，国内利率对国外利率的敏感性会更强。

## 二、海外利率联动的经验

本部分将分析英国、德国、日本、韩国与美国利率联动的历史情况，并总结利率联动的经验规律。

### （一）德国、英国与美国的利率联动

1. 德国、英国与美国利率联动的强弱变化

由于滚动相关系数所反映的信息偏滞后，在本文中，我们用两个经济体

的某一指标在当期之前和之后共计36个月的相关系数来刻画该指标联动的强弱。数据显示，一方面，美德、美英国债利率走势密切相关。自20世纪60年代以来，多数时间内美德、美英长期国债利率的相关系数在0.6以上。另一方面，随着时间的推移，美德、美英国债利率的联动性在加强。无论是美德还是美英国债利率的相关系数，都呈现出底部随时间抬升的特点，表明其利率负相关的可能性越来越低，而且当出现负相关时，其负相关的程度也越来越弱。

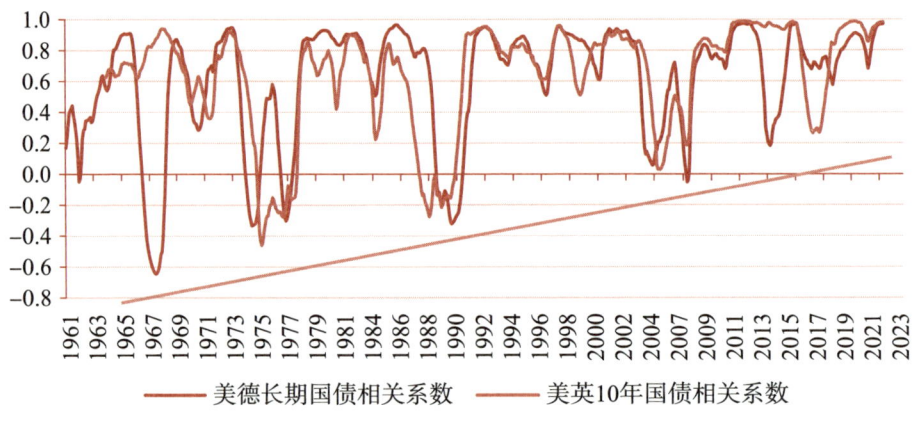

图4-87 美德、美英利率联动

注：图中相关系数为前后36个月相关系数，下同。由于德国的10年期国债样本时间较短，这里使用欧盟统计局公布的德国长期国债收益率与美国10年期国债的相关系数。下同。

资料来源：Wind，兴业研究。

**从经济增长来看**，美德、美英GDP的相关性能够一定程度上解释其国债利率的相关性，但是，与国债利率联动日益密切不同，美德、美英GDP的相关性并没有出现日益强化的特点。无论是德国，还是英国，其GDP走势都时常与美国的GDP走势发生背离。

**从物价来看**，美国和德国CPI的相关性日益增强。在1998年后，美德CPI就再未出现过负相关的情况。美国与英国的CPI虽然时有背离，但20世纪80年代后，美国和英国CPI背离的概率要小于80年代前。

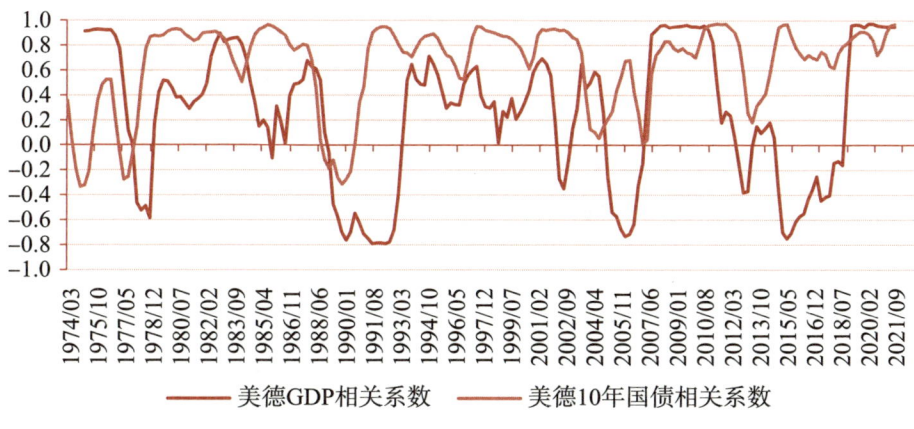

**图4-88　美德经济与利率的相关性**

资料来源：Wind，兴业研究。

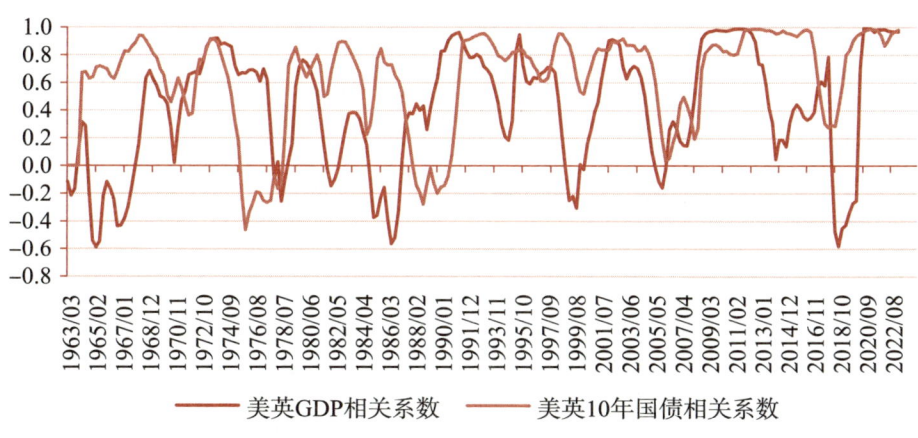

**图4-89　美英经济与利率的相关性**

资料来源：Wind，兴业研究。

从投资者结构来看，20世纪90年代后，海外投资者持有德债和英国国债的比例都显著上升，美德、英德利率负相关的现象随之消失。

在德国，我们用海外投资者持有德国债券占全部德国债券之比来衡量德国债市的开放程度。数据显示，海外投资者持有德债的比例从1991年3月的13.1%提高到2015年3月的72.1%。2015年以来，尽管海外投资者持有德债

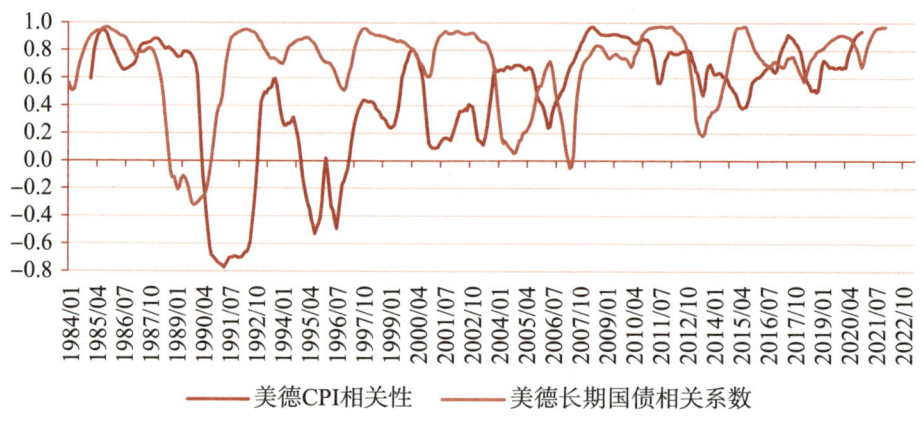

图4-90 美德物价与利率相关性

注：1992年前德国的CPI为西德的CPI。
资料来源：CEIC，Wind，兴业研究。

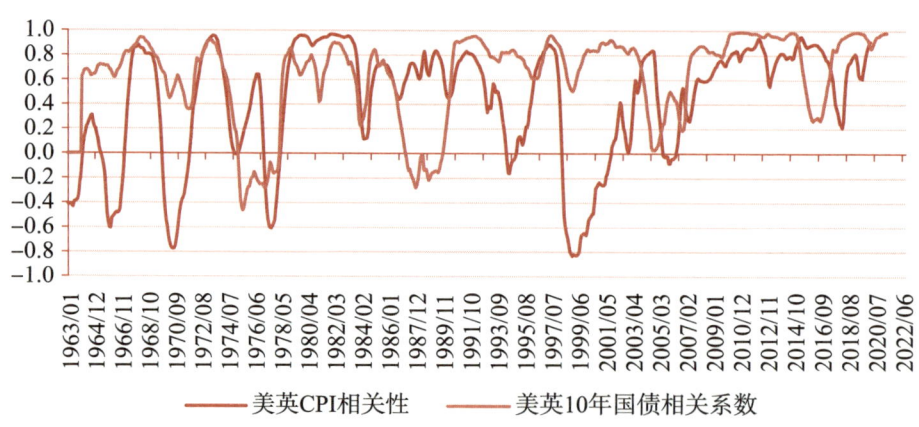

图4-91 美英物价与利率相关性

资料来源：CEIC，Wind，兴业研究。

的比例有所下降，但仍然维持在55%以上。在20世纪90年代初，当海外投资者持有德债比例低于15%时，美德利率还出现过负相关的情况。然而，随着德国债券市场开放程度的提高，美德利率的联动性日益增强。

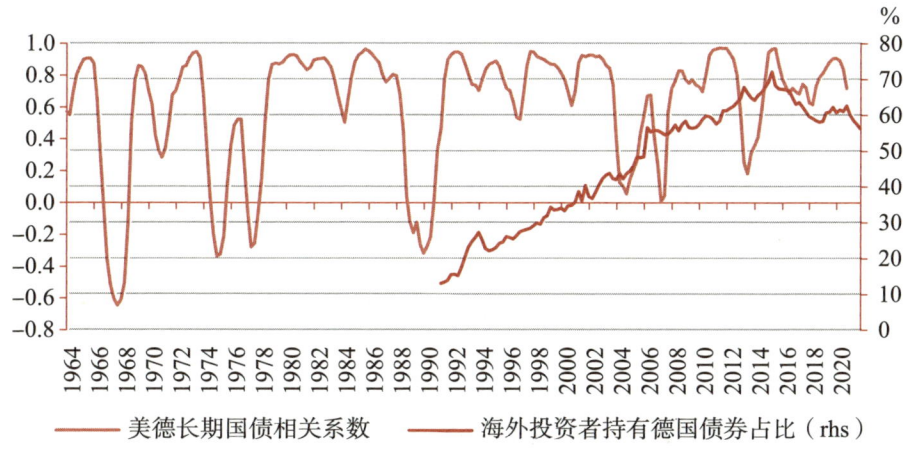

**图4-92 德债投资者结构与美德利率相关性**

资料来源：CEIC，Wind，兴业研究。

在英国，海外投资者持有英国国债的比例从1987年3月的11.2%上升至2008年9月的35.9%。此后海外投资者持债占比有所回落，但多数时间内仍高于25%。在20世纪80年代末，海外投资者持有英国国债的比例不到15%，美英国债利率一度负相关。不过，20世纪90年代以来，随着海外投资者持有英国国债的比例提高，美英利率负相关的现象消失了。

可见，海外投资者的增加是导致美德、美英利率联动强化的主要原因。

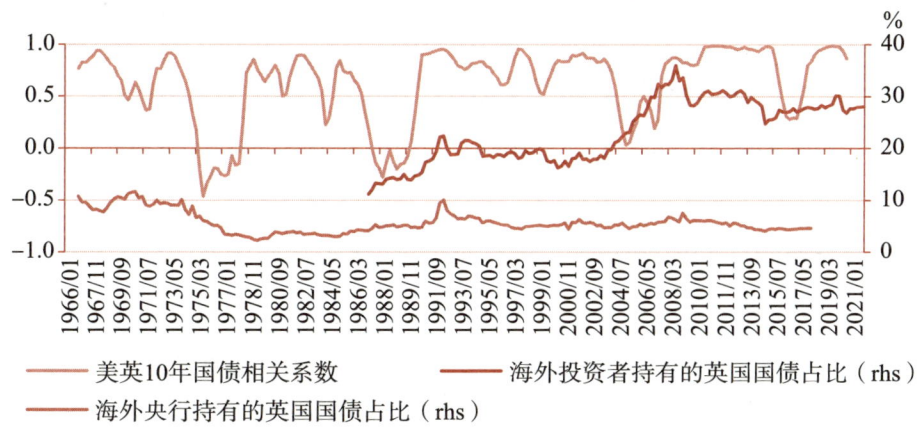

**图4-93 英债持有者结构与美英利率相关性**

资料来源：CEIC，Wind，兴业研究。

## 2. 德国与美国利率背离的案例分析

在历史上,德国与美国利率出现过数次背离。由于20世纪60年代德国的数据相对较少,本文主要分析20世纪70年代后美德利率出现过的三个阶段的背离:20世纪70年代的背离、20世纪80年代末至90年代初的背离和2008年金融危机附近的背离。

**图4-94 美德利率关联**

注:图中的负相关指当期前后36个月国债利率负相关的时期。需要计算时还需要用到当期之后18个月的利率,因此,最近18个月的相关系数缺失。下同。
资料来源:CEIC,Wind,兴业研究。

**第一阶段,20世纪70年代,德国和美国国债走势背离,主要受到通胀走势不同的影响。**1973年至1975年期间,德国CPI同比领先美国CPI同比1年见顶,德债也领先美债见顶,德国CPI同比在1973年12月见顶,德国国债收益率在1974年7月见顶;而美国CPI同比在1974年12月末见顶,美国国债收益率在1975年9月见顶。1977年,美国CPI又先于德国CPI回升,美债同样先于德债上行。

**第二阶段,20世纪80年代末至90年代初,德国和美国国债走势相关性较低,主要受到东西德统一和两国通胀环境差异的影响。**1989年5月,美国CPI同比见顶,但德国的CPI还在高位徘徊,两国利率随之分化。1990年初,德国经济的持续增长强化了对通胀的担忧,加之东西德统一的相关提议对德国债券市场情绪造成影响，德债收益率出现大幅上行，而此时美国经济增速已经开始放缓，美债收益率上行相对缓慢，10年德债和美债出现倒挂；1990年7月，西德马克在东德实现了较为平稳的引入，市场情绪缓解；1990年8月，海湾危机爆发，全球范围内对通胀的担忧再度上升，德国国债和美国国债共振上行。1990年10月以后，全球国债开启了牛市行情。1991年至1993年期间，德国CPI同比多次出现阶段性上行，德国央行持续调升基准利率，而美国CPI同比下行并保持相对平稳，德债下行滞后于美债，德债和美债的倒挂延续至1993年末。

**第三阶段，2008年金融危机前后，美债收益率见顶时间早于德债，主要是次贷危机首先出现在美国，此后触发了全球金融危机。** 2007年开始，次贷危机已经在美国国内出现苗头，2007年6月，美国国债收益率已经见顶；而直到2008年上半年，通胀预期的上行仍在推升德国国债收益率，德国国债于2008年6月见顶，2008年9月雷曼兄弟的倒闭，引发全球金融市场危机，10月8日，欧央行和其他5家央行共同决定将政策利率下调50bp，各国国债利率共振下行。

图4-95 德国国债和美国国债的走势

资料来源：Wind，德国联邦银行，兴业研究。

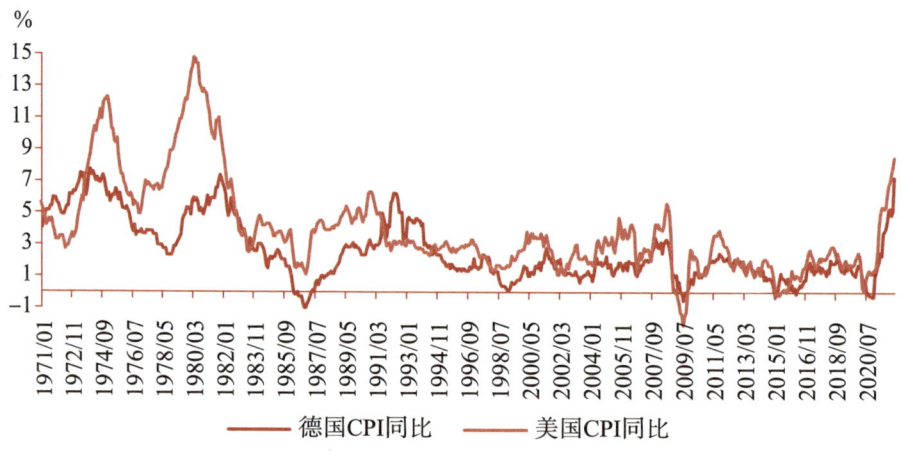

图4-96　德国CPI同比和美国CPI同比

资料来源：Wind，CEIC，兴业研究。

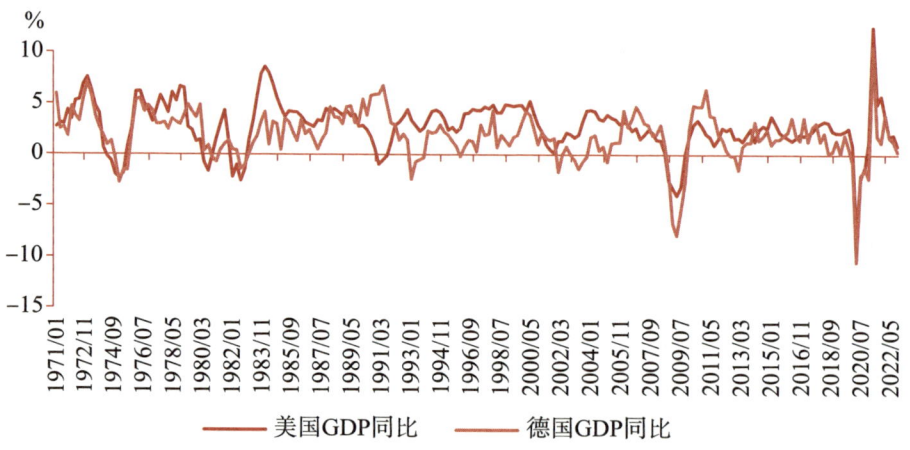

图4-97　德国GDP同比和美国GDP同比

资料来源：Wind，兴业研究。

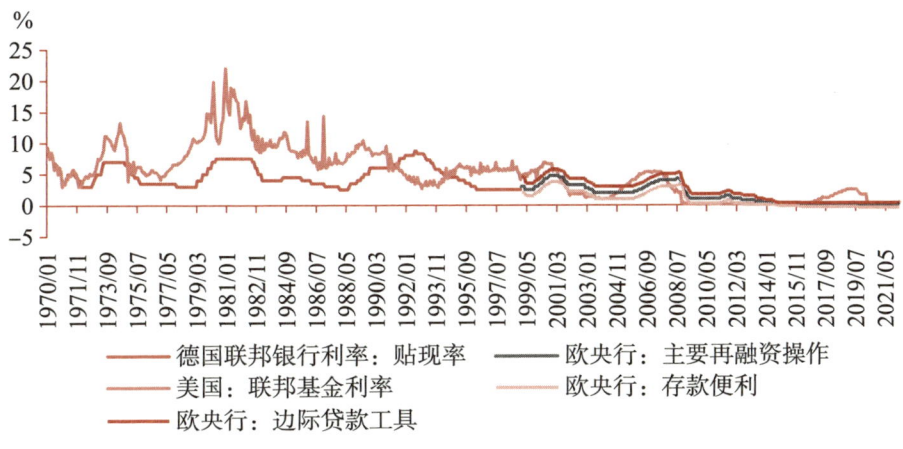

图4-98　德国和美国的主要基准利率

资料来源：CEIC，兴业研究。

3.英国与美国利率背离的案例分析

与德国类似，英国国债和美国国债同样在20世纪70年代、20世纪80年代末至90年代初和2008年金融危机前后出现了背离。

**一是20世纪70年代，英国和美国国债走势背离，同样主要源于通胀走势不同。**这一期间，英国通胀见顶时间较美国更晚，1975年8月，英国CPI同比才见顶，较美国晚8个月，同时，1978年，英国CPI同比才自底部回升，同样较美国更晚，因而出现了两国国债走势的背离。

**二是1989年至1990年初，英国和美国的国债阶段性背离，和美国国内发生储贷危机，对美联储操作产生影响有关。**与德国不同，这一时期，英国和美国的CPI走势和GDP走势的相关性相对较高，然而，两国货币当局做出了不同的选择。1989年1月至10月，英国央行进行了多次加息操作，英国国债利率随之持续上行至1990年4月；1989年初，美联储出于对通胀的担忧，提高了联邦基金利率，但储贷危机对美联储加息形成了制约，美联储的货币政策操作在加息和降息之间切换，1989年5月，美国联邦基金利率到达高点，美国国债在1989年3月到达高点后开始震荡回落。

**三是2008年金融危机发生前后，英国受制于高通胀，货币政策的放松**

晚于美国。直到2008年10月，多国央行共同行动，将基准利率下调50bp，此后，英国央行又分别于2008年11月和12月下调基准利率，将基准利率累计下调了3个百分点。与德国类似，英国国债收益率在2008年上半年出现了快速上行，2008年6月为年内高点，略低于2007年6月的前高，国债走势呈双顶形态。

图4-99　英国国债和美国国债的走势

资料来源：Wind，英格兰银行，兴业研究。

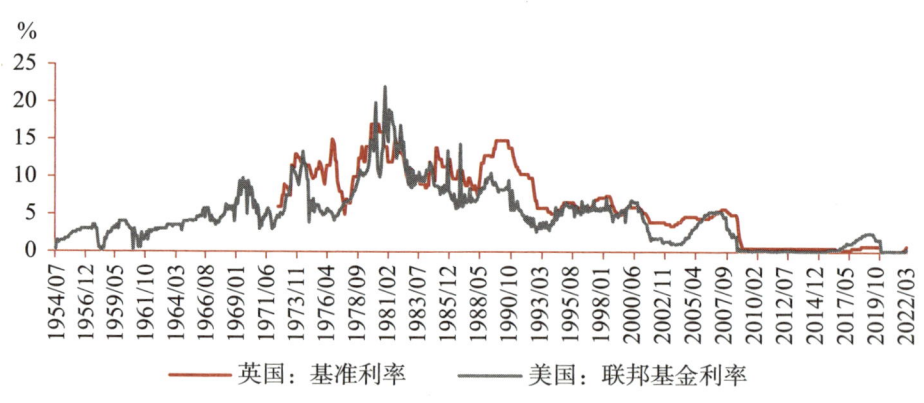

图4-100　英国和美国的主要基准利率

资料来源：CEIC，兴业研究。

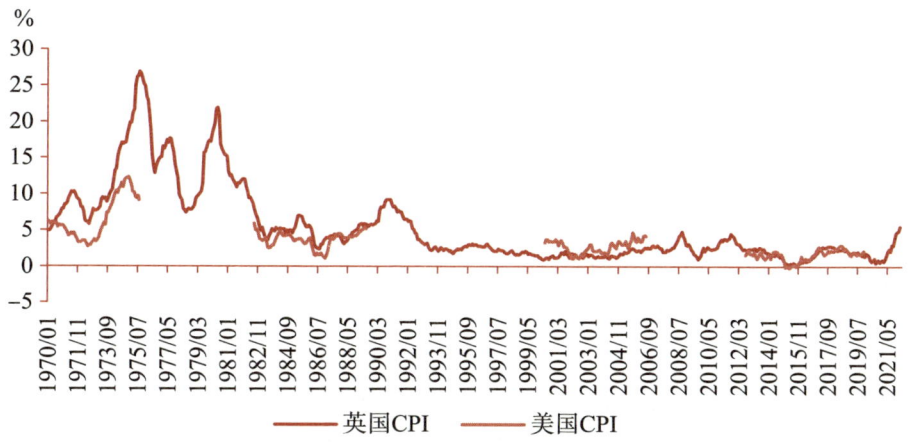

图4-101 英国CPI和美国CPI的走势

资料来源：Wind，英国统计局，兴业研究。

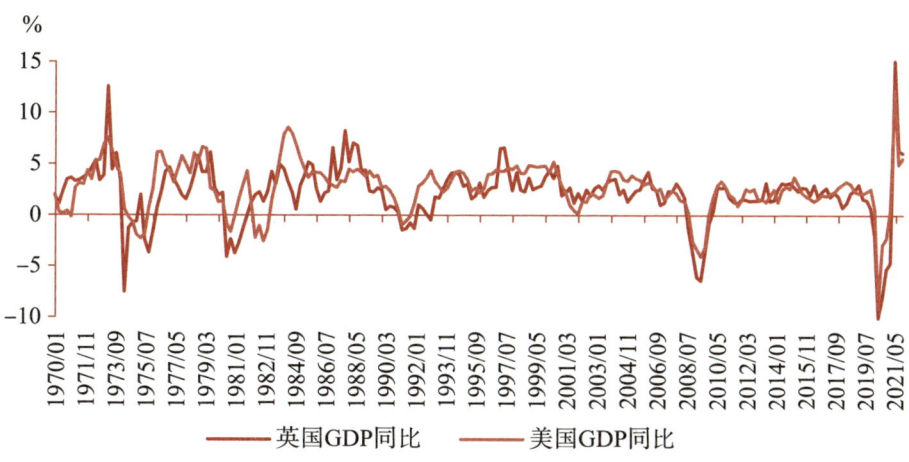

图4-102 英国GDP和美国GDP的走势

资料来源：Wind，CEIC，兴业研究。

## （二）日本与美国的利率联动

### 1.日本与美国利率联动的强弱变化

美日国债相关性的变化可以分为三个阶段：在第一阶段，即1975年至1990年，美日10年国债利率会出现阶段性的背离；在第二阶段，即1991年至2011年，美日10年国债利率高度相关；在第三阶段，即2012年以来，美日国债利率联动再度减弱。

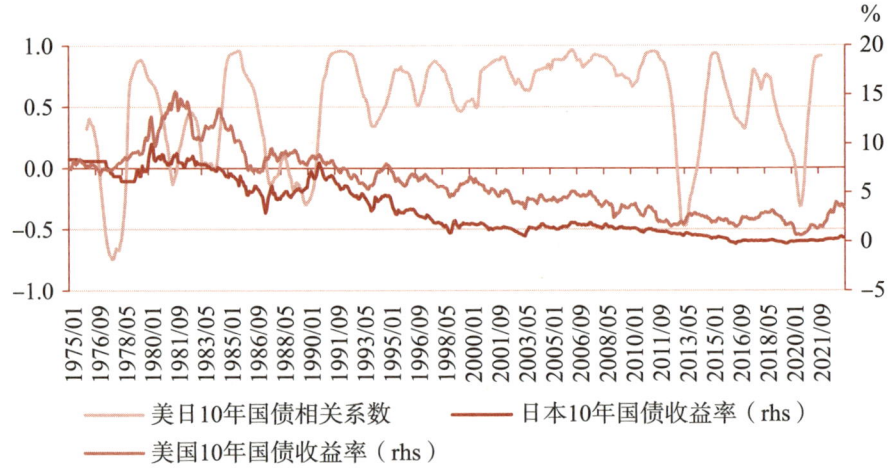

图4-103　美日10年国债相关性

资料来源：Wind，兴业研究。

为什么美日利率联动会出现三个阶段的变化？

**在第一阶段，即1975年至1990年，海外投资者较少参与日本债券市场，美日基本面的相关性直接影响着其利率的相关性，因此，美日债券利率时有背离。**李松梁和侍获（2018）指出，整个20世纪80年代，境外投资者持有日本债券的比例基本维持在4%至7%。

就经济基本面而言，与经济增长相比，美日通胀相关性对其利率相关性的影响更强。数据显示，当美日CPI相关性上升时，其10年国债利率的相关性容易出现上升，反之亦然。

**在第二阶段，即1991年至2011年，美日债券利率高度相关，二者都呈现出波动下降的趋势。**从经济基本面来看，这段时间内，无论是美日GDP的相关性，还是CPI的相关性都不高，甚至出现过很长一段时间的背离。因此，这段时间内美日的货币政策存在明显的分歧。由于经济泡沫破灭，1991年至2011年间日本的货币政策总体是放松的，美国却经历了两轮货币政策由松到紧再转松的小周期。

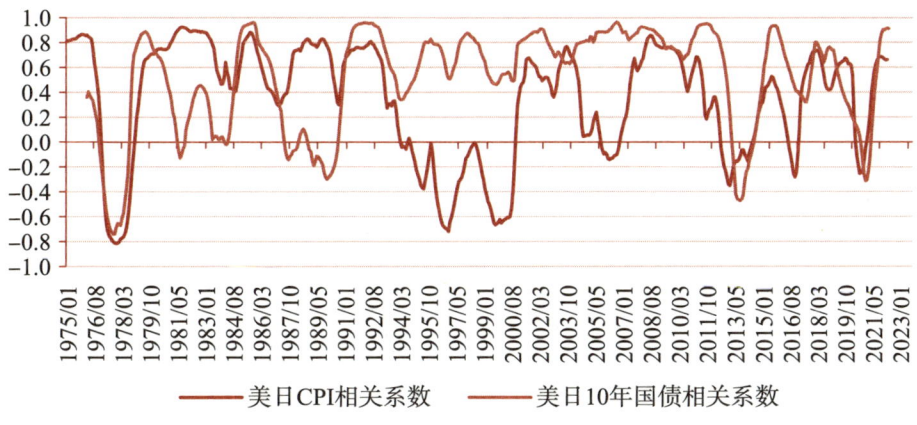

图4-104 美日利率联动与通胀相关性

资料来源：Wind，兴业研究。

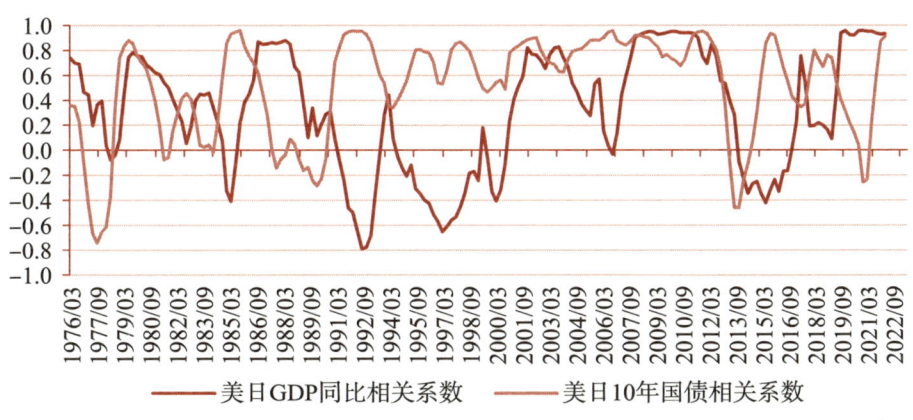

图4-105 美日GDP相关性与利率联动

资料来源：Wind，兴业研究。

不过，当时美国与日本都处于物价趋势性下降的阶段。日本泡沫经济破灭后，陷入了低增长和通缩的泥潭，央行不得不持续降低利率，以刺激经济增长。在美国，全球化使可贸易品价格明显下降，同时，货币政策控制通胀的可信度提升，通胀预期得到有效的管理。

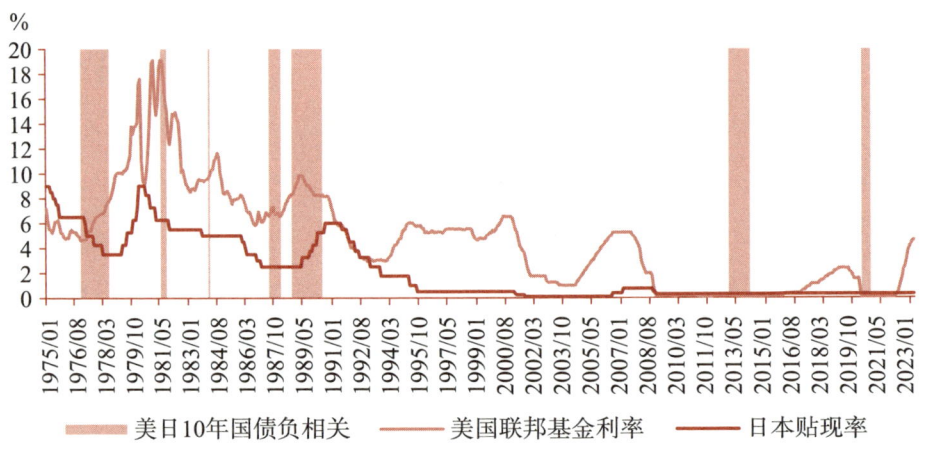

图4-106 美日货币政策与利率联动

注：图中的负相关指当期前后36个月国债利率负相关的时期。需要计算时还需要用到当期之后18个月的利率，因此，最近18个月的相关系数缺失。下同。

资料来源：Wind，兴业研究。

图4-107 美国与日本CPI同比

资料来源：Wind，兴业研究。

从投资者结构来看，这一阶段海外投资者持有日本国债的占比也不高。但日本市场有其特殊之处。**虽然外资没有深度参与日本的债券市场，但日本的资金却高度活跃于海外市场**。1984年后，日本推出了一系列政策，放松离岸日元市场的发债要求。直到1993年，全部的发行门槛要求都被取消。为了规避国内高额的费用和烦琐的程序，大量日本企业选择在离岸市场发债，而这些债券也多由日本投资者购买。数据显示，1985年起日本对海外的证券投资规模开始超过海外投资者对日本的证券投资规模。1998年至2011年间，日本对外债券投资（不含储备资产）与境内债券存量之比在20%左右。由于日本债券投资者高度活跃于境内外两个市场之间，日本利率与海外利率的联动性也出现了明显的增强。

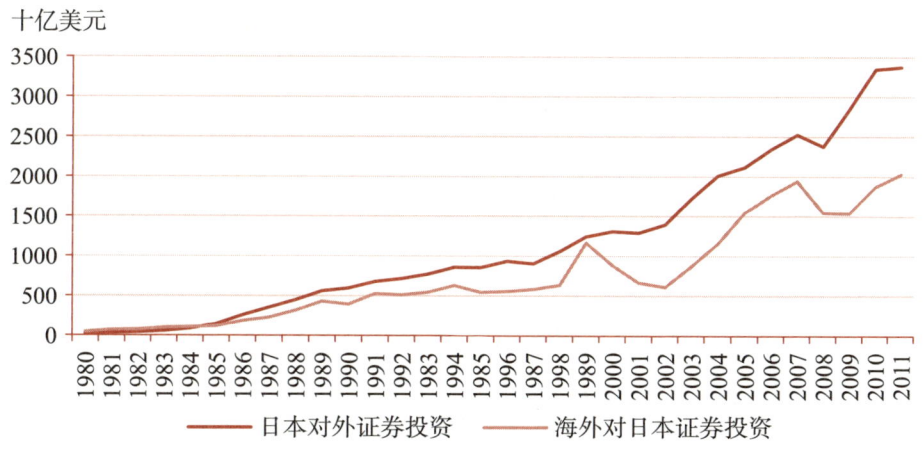

**图4-108　日本证券投资**

注：上图中日本对外证券投资不含储备资产。
资料来源：CEIC，兴业研究。

**在第三阶段，即2012年以来，日本央行持有国债的比例显著提高，美日债券利率再度出现背离。**2012年起，日本央行加大了国债购买力度。日本央行持有国债的比例从2012年3月的9.6%提高到2021年12月的43.4%。日本央行对日本国债利率的影响力随之增强。因此，2012年以来数次出现了美日利率负相关的情况，而且国债利率的相关系数与美日CPI的相关系数走势十分紧密，当两国CPI分化时，其国债利率也会出现分化。可见，日央行的购债行为使得日本利率更加"以我为主"。

**图4-109　日本对外债券投资的相对规模**

注：上图中日本对外债券投资不含储备资产。
资料来源：CEIC，兴业研究。

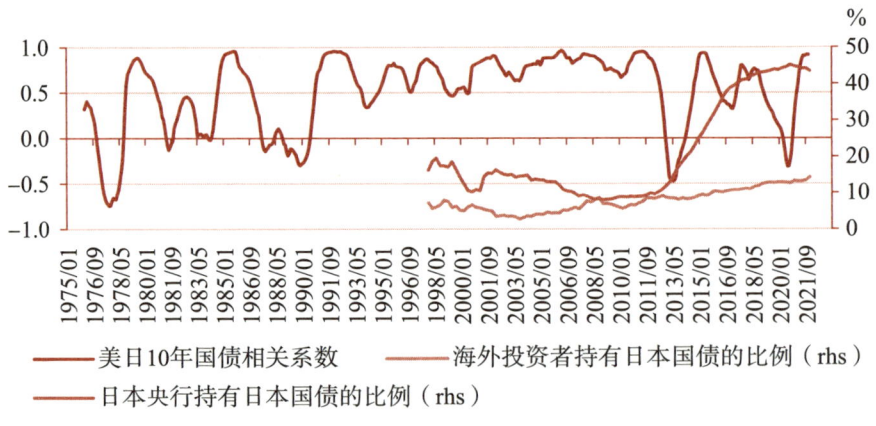

**图4-110　日本国债持有者结构与利率联动**

资料来源：日本央行，Wind，兴业研究。

2.日本与美国利率背离的案例分析

日本与美国利率在历史上出现过多次背离，其中，持续时间较长的背离主要出现在20世纪70年代末至80年代初、20世纪80年代末至90年代初、2013年至2014年初，以及2020年后。

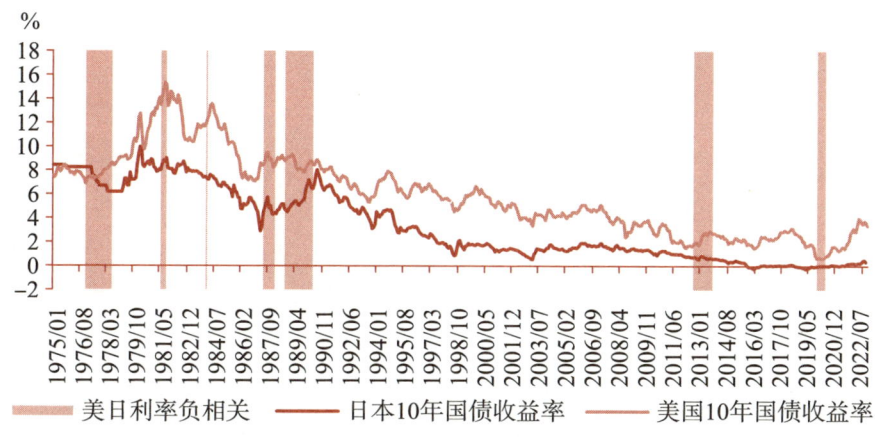

图4-111 美日利率联动

资料来源：Wind，兴业研究。

**一是20世纪70年代末至80年代初，通胀走势与反通胀货币政策的不同使美日利率走势背离。** 20世纪70年代末美日通胀走势出现分化。一方面，1977年美国卡特总统上任后采取积极的财政政策，导致美国通胀压力卷土重来。另一方面，1976年，牙买加协议确立了新的国际货币体系，承认固定汇率制与浮动汇率制并存的格局，并决定取消黄金的官方定价，使黄金非货币化。1976年至1978年间，美元显著贬值，而日元大幅升值。到1978年12月，日元较1975年12月升值了35.8%。因此，1977年起美国的CPI同比上升，日本的CPI却在回落。随着通胀走势的分化，美日两国利率走势背离。直到1979年第二次石油危机爆发后，两国通胀和利率共振上升。不过，由于美国的通胀压力更大，在1980年3月美国的CPI同比触顶之后，美国依然采取紧缩政策，联邦基金利率的顶部直到1981年6月才出现，而日本在1980年下半年通胀压力回落后就已经开始放松货币政策，导致两国利率走势再度背离。

**二是20世纪80年代末至90年代初，广场协议后美日货币政策的背离导致两国利率走势出现分歧。** 1985年广场协议后，日元大幅升值。1988年12月日元较1984年12月升值了50.1%。为了应对升值压力，日本采取了较为宽松的货币政策，并导致经济过热，而美国在1987年至1989年3月间货币政策是总体趋紧的，直到1989年4月后才逐步有所放松。因此，1987年至1990年间，美日利率一度出现背离。

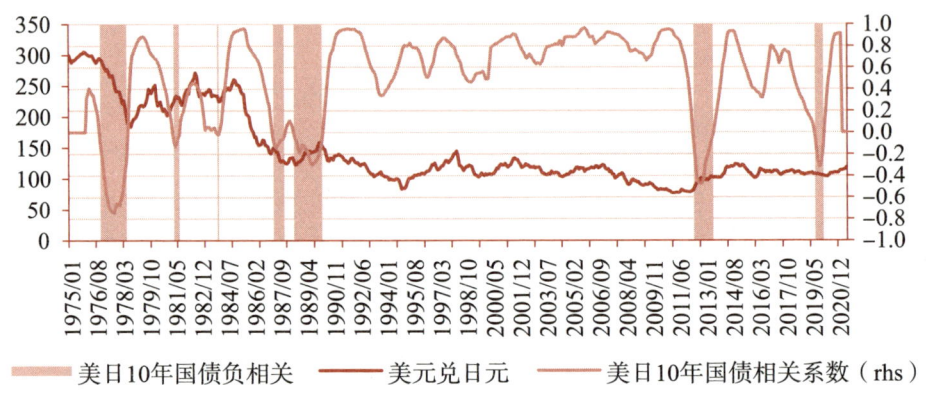

图4-112 美日利率联动与汇率

资料来源：Wind，兴业研究。

**三是2013年至2014年初，美日基本面的背离导致货币政策背离。**随着美国经济逐步走出金融危机的影响，2013年5月美联储讨论缩减资产购买，2013年12月美联储宣布缩减资产购买。因此，2013年美债利率出现一波快速的上行。而日本物价持续低迷，为应对通缩压力并提振经济增长，日本于2013年4月推出QQE（质化和量化的货币宽松），大幅提高资产购买规模。由于货币政策分化，美日两国利率走势出现背离。

**四是2020年新冠疫情后，美日基本面的背离引发利率分化。**在新冠疫情暴发后，美国推出了强有力的财政与货币刺激政策，经济实现了较快的复苏，推动国债利率上行。而日本经济低迷，2020年10月至2021年8月再度陷入通缩，使日本国债利率在低位徘徊。

### （三）韩国与美国的利率联动

#### 1.美韩利率联动的强弱变化

韩国与美国利率的联动可以分为两个阶段：在第一阶段，即2008年国际金融危机前，美韩国债利率时有背离；在第二阶段，即2009年以来，美韩利率的相关性有所提高。

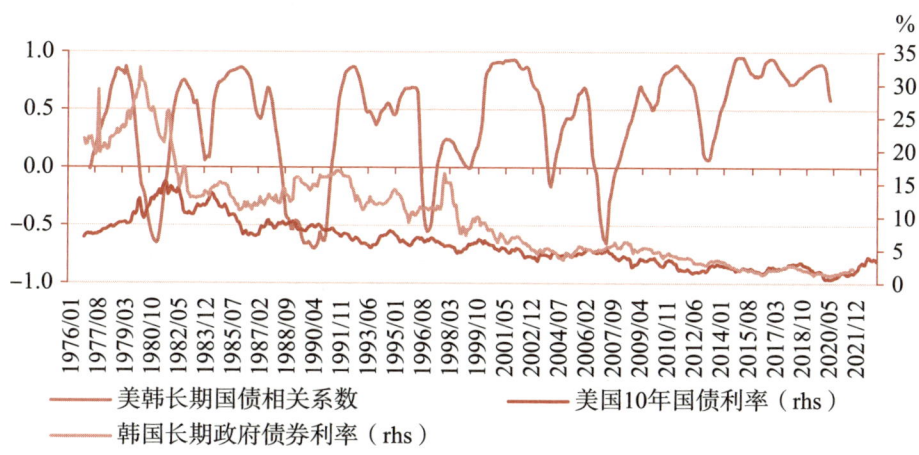

图4-113　美韩利率相关性

注：由于韩国10年期国债利率数据较短，这里使用IMF发布的韩国长期国债利率。
资料来源：CEIC，Wind，兴业研究。

在第一阶段，即2008年金融危机前，美韩利率的相关性取决于其经济基本面的相关性。数据显示，当美韩GDP和CPI的相关性高时，其利率相关性也会更高；反之亦然。

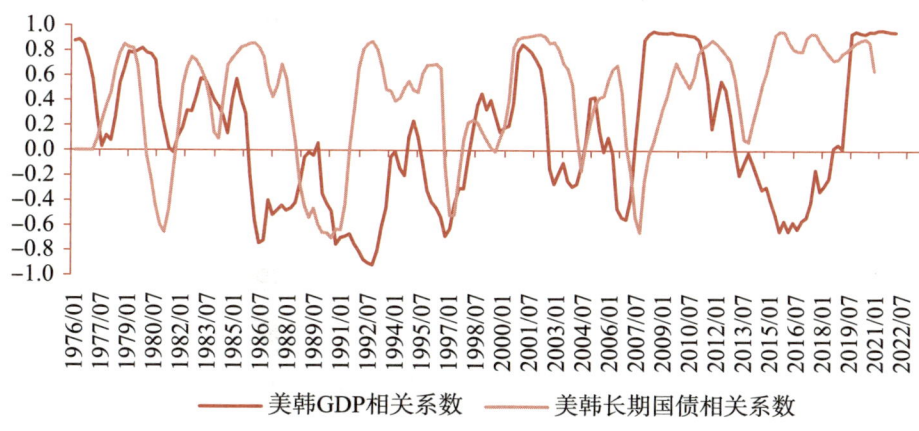

图4-114　美韩经济与利率相关性

资料来源：CEIC，Wind，兴业研究。

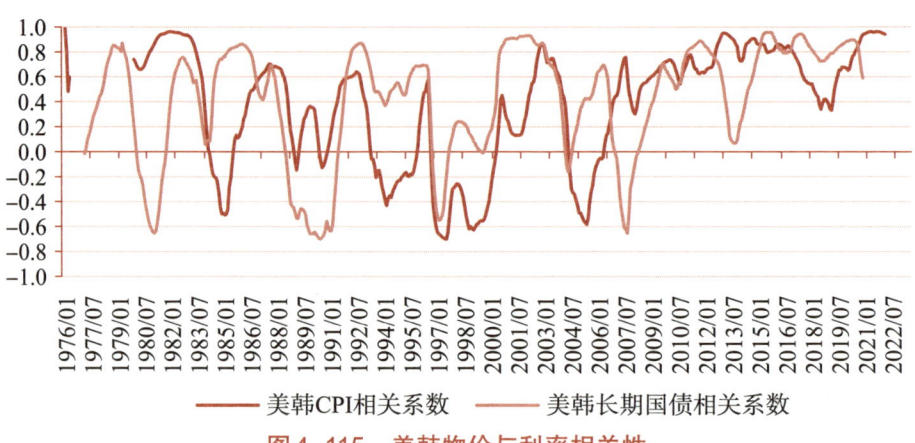

图4-115 美韩物价与利率相关性

资料来源：CEIC，Wind，兴业研究。

**在第二阶段，即2009年以来，随着韩国国债投资者结构的变化，美韩利率的联动出现强化。**2009年以来，美韩利率不再出现负相关的情况，而且美韩利率相关系数的均值达到0.72。不过，在美韩利率联动增强的同时，美韩经济基本面的联动并没有增强，只是在美韩基本面背离时，美韩利率依然保持着一定程度的正向关联。

之所以出现上述现象，是因为韩国国债中海外投资者的比例显著上升。在2008年末，海外投资者持有韩国国债的比例为6.5%。2009年起，海外投资者加速增持韩国国债。到2021年末，海外投资者持有韩国国债的比例已经达到16.6%。

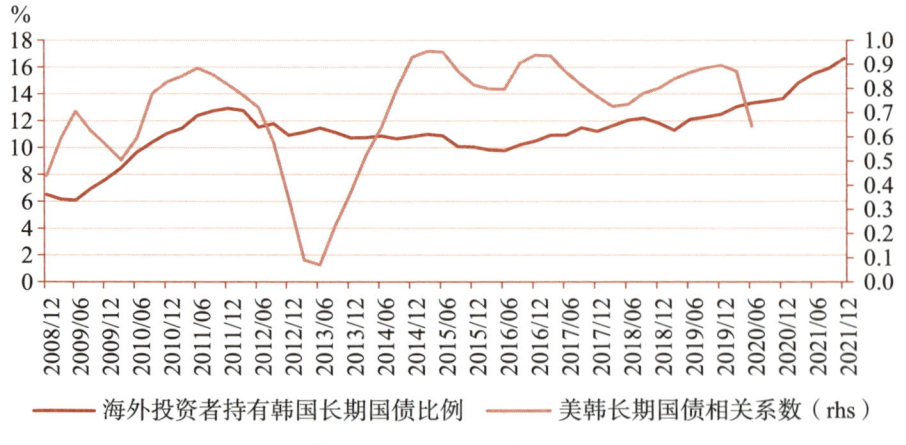

图4-116 韩国国债投资者结构与美韩利率联动

资料来源：CEIC，Wind，兴业研究。

2.美韩利率背离的案例分析

历史上美韩利率出现过四段持续时间较长的背离,分别发生在20世纪70年代至80年代初全球滞胀时期、20世纪80年代末至90年代初、1997年东南亚金融危机时期和2008年全球金融危机附近。

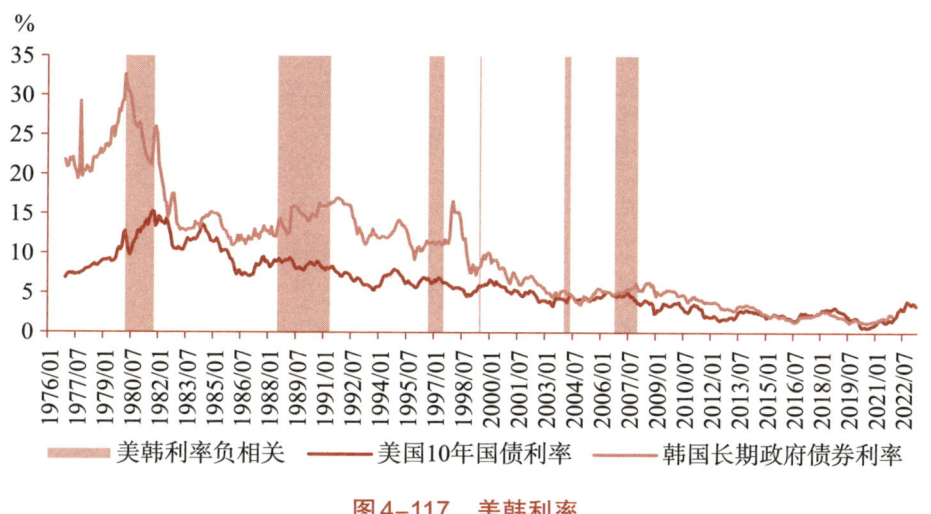

图4-117 美韩利率

资料来源:CEIC,Wind,兴业研究。

**一是20年代70年代至80年代初,通胀走势分化导致美韩利率背离。** 1976年下半年至1977年初,美国CPI同比回落,美债利率也有所下降。同期韩国的CPI同比虽然有所回落,但依然在10%上下的较高水平,使利率高位震荡。到80年代初,虽然韩国与美国的通胀压力都较大,但韩国的外汇占款下降,导致基础货币投放出现缺口。为此,1980年1月和9月韩国央行两次大幅下调准备金率,使韩国利率先于美国见顶。

**二是20世纪80年代末至90年代初,基本面的分歧导致美韩利率出现背离。** 一方面,1989年初,美联储出于对通胀的担忧,提高了联邦基金利率,但储贷危机对美联储加息形成了制约,美国国债在1989年3月到达高点后开始震荡回落。另一方面,虽然美国CPI同比在1990年11月见顶,但韩国CPI同比直到1991年3月才见顶。因此,这一阶段韩国国债利率见顶的时间要晚于美国。

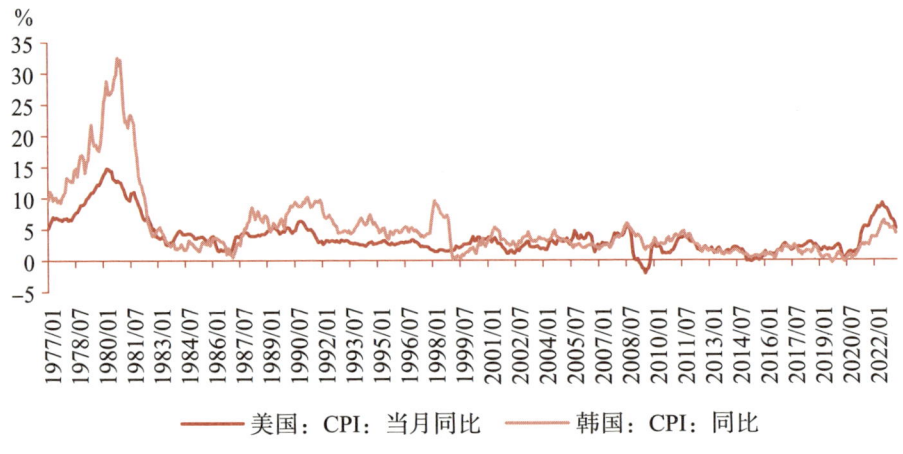

图4-118 美国与韩国CPI

资料来源：CEIC，Wind，兴业研究。

图4-119 美国联邦基金利率与韩国准备金率

资料来源：CEIC，Wind，兴业研究。

**三是1997年东南亚金融危机前后，韩国遭遇金融危机，导致美韩利率分化。** 1997年东南亚金融危机爆发后，大量资本流出韩国，导致韩国国债利率急速攀升，汇率大幅贬值。而同期美国经济运行相对平稳，因此，美韩利率走势分化。

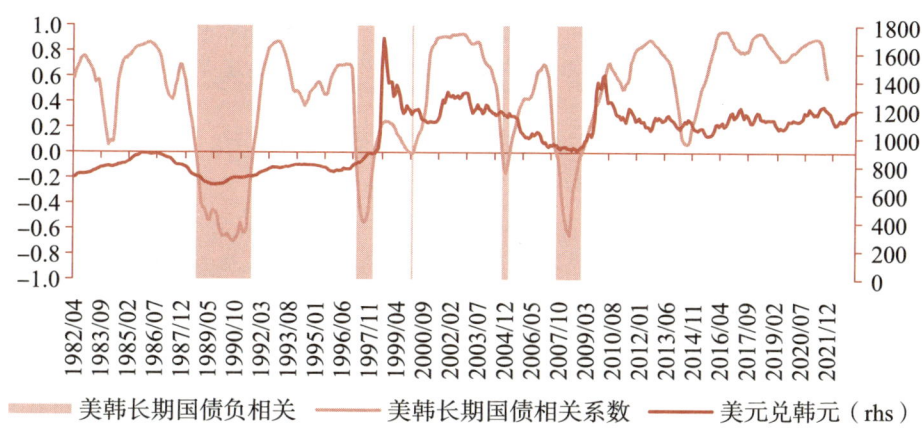

图4-120 汇率与美韩利率联动

资料来源：CEIC，Wind，兴业研究。

**四是2008年国际金融危机前后，危机扩散的时滞导致美韩利率背离。**虽然2006年次贷危机就已经发生在美国，但是韩国经济在2007年依然保持着较快的增长，直到2008年金融危机才波及韩国。因此，这一阶段美国利率下行早于韩国。

### （四）国际利率联动的经验规律

从上文的分析中，我们可以发现国际利率联动中的一些规律。

**第一，当两个经济体的经济增长和物价相关性较高时，其利率的相关性也较高。**此时，经济基本面的共振是驱动利率共振的主要因素。这也与文献的研究结论相符。

**第二，如果海内外债市的投资者重合度较高，例如，海外投资者持有国内债券的比例较高，或者国内投资者深度参与海外市场，海内外利率的联动就会增强。**当海内外债市投资者的重合度较高时，即使经济基本面分化，利率也难以出现明显的背离。

**第三，央行大量持有国债可以对国内利率走势施加影响，使国内利率随国内基本面走出独立行情。**

第四，利率背离容易出现在通胀高波动的滞胀时期，如20世纪70年代至80年代初；和经济高波动的危机时期，如2008年全球金融危机前后。

第五，在部分案例里，本国利率与美国利率背离前后，本国汇率出现大幅波动。

### 三、中美利率联动情况

随着美联储加速紧缩，中美国债利率一度出现倒挂。然而，2022年中美经济基本面存在分歧：美国面临严重的通胀压力，而中国物价表现相对稳定。中国利率能否在全球利率上行的背景下走出独立行情？

在2011年前，中美国债利率负相关的情况较为常见。而且，**2011年前，中美利率的相关系数与GDP相关系数、CPI相关系数走势较为一致**。然而，2011年以来，中美国债利率的相关性较2011年前出现了提升。即使在中美GDP分化的情况下，中美国债利率也存在一定的正向关联。不过，2016年以来，由于中美CPI相关性总体弱化，中美国债利率的相关系数也出现一定程度的下降，但相关系数依然为正。

图4-121　中美利率联动

资料来源：Wind，兴业研究。

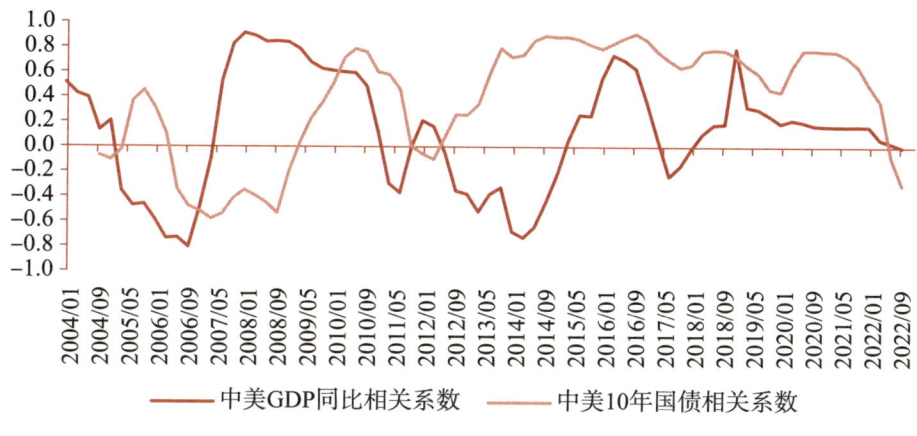

图4-122 中美经济与利率联动

资料来源：Wind，兴业研究。

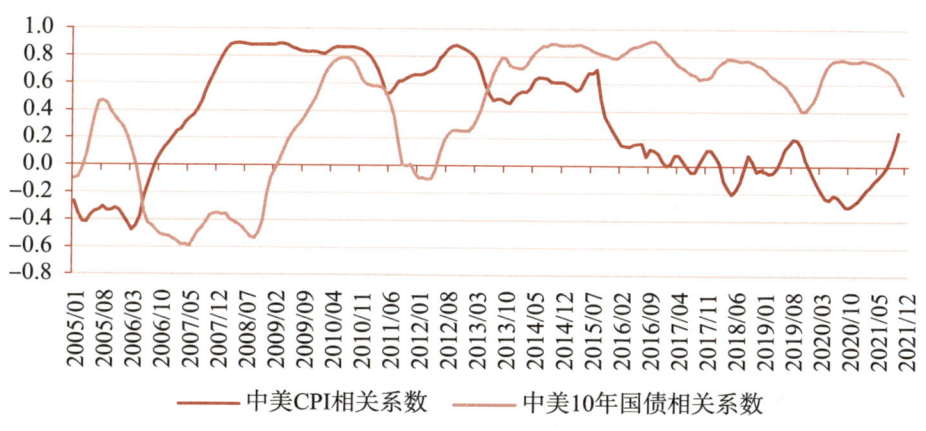

图4-123 中美物价与利率联动

资料来源：Wind，兴业研究。

**从经济增长来看**，未来中美经济增长可能分化。2023年中国经济正处于防疫优化后的修复期，而美国经济正面临着货币紧缩的考验。

**从通胀来看**，中美物价也可能分化。由于疫后逆周期政策适度，2023年我国CPI同比有望维持在较为温和的水平，美国通胀虽然可能回落，但绝对水平依然较高。

**从投资者结构来看**，上文指出，在英国、德国海外投资者持债比例超过15%，韩国海外投资者持债比例超过10%之后，美英、美德、美韩利率负相关的现象就消失了。截至2022年3月，中国海外投资者持有国债的比例为10.8%，海外利率对中国利率的影响正在强化。

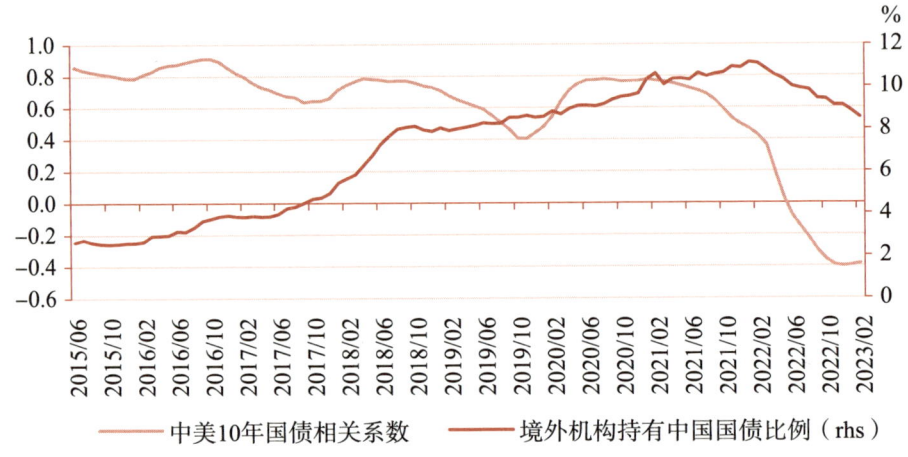

图4-124　中国国债投资者结构与中美利率联动

资料来源：Wind，兴业研究。

综上所述，近年来中美经济增长的相关性对利率相关性的影响已经弱化，海外投资者持有国内债券的比例有所提高。在此背景下，如果要使利率走势长期"以我为主"，可能需要央行等加大对债券市场的引导力度。此外，如果出现中美利率持续分化，我们还需关注汇率波动上升的可能性。

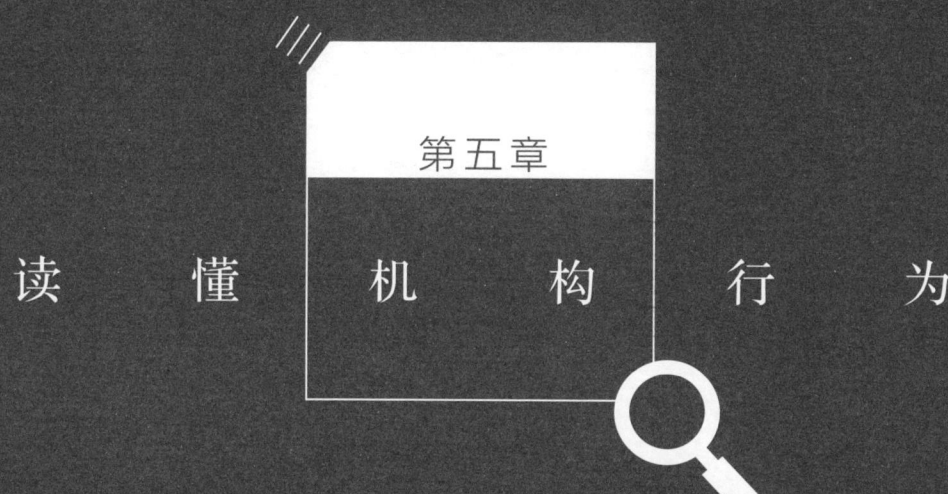

# 第五章

# 读懂机构行为

## 国有大行：配置型机构的代表

国有大型银行是债券配置型机构的代表，以一级市场投资为主，较少参与二级市场交易。本部分将对6家国有大行的债券投资行为进行分析。

### 一、国有大型银行的债券配置概况

从国有大型银行的金融资产投资（包括FVTPL、FVTOCI和AC分类中的投资）大类结构来看，6家国有大型银行的债券投资占比均在80%以上，基金投资、资管计划和信托计划等资管产品的投资占比在1%—13%左右，可以看出，国有大型银行的金融资产投资中资管产品投资占比明显低于股份制银行，以直接投资债券为主。

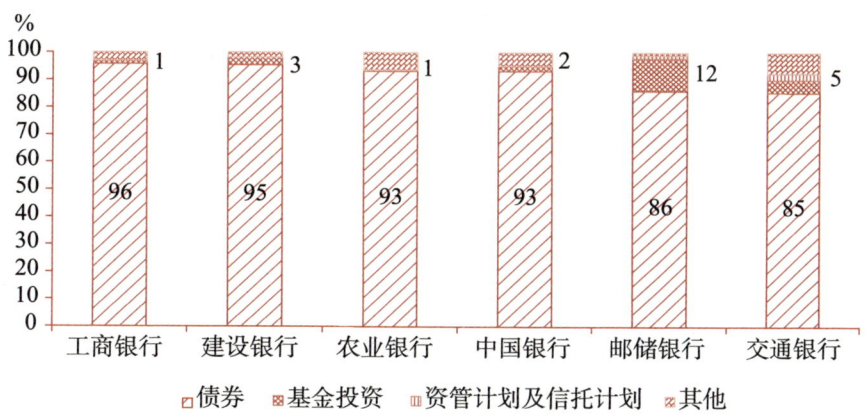

图5-1 2022年6月末国有大型银行金融资产配置情况

资料来源：根据上市银行年报整理，兴业研究。

**从债券投资品种来看**,2021年6月末,在国有大型银行的债券品种配置中,除邮储银行外,政府债券(含国债和地方债)的占比在60%—80%;对于政金债和金融机构债券的占比,除邮储银行的占比高达55%以外,其他银行的占比在16%—32%;信用债及ABS的占比均在10%以下。相较于股份制银行,国有大行持有的国债和地方债的占比更高,政金债的占比较低,信用债及ABS的占比显著低于股份制银行。

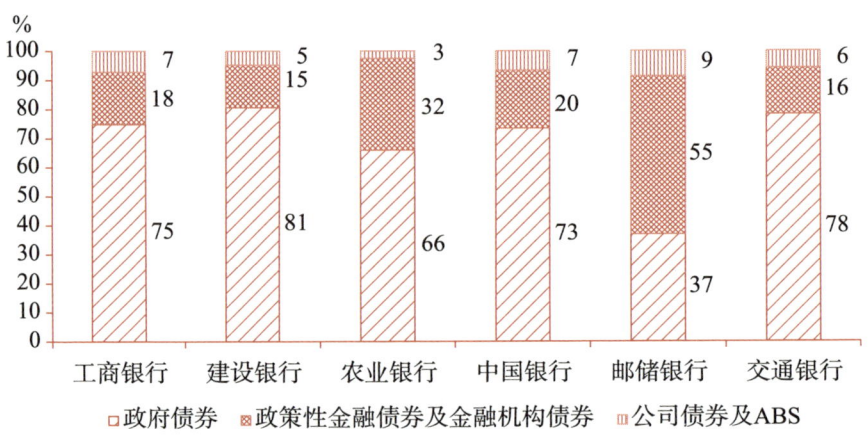

图5-2　2022年6月末国有大型银行债券品种配置情况

资料来源:根据上市银行年报整理,兴业研究。

## 二、国有大型银行债券投资和利率走势的关系

**国有大型银行的债券投资以净增持为主,较少出现明显的净减持操作,不过,增持节奏整体仍跟随债券利率走势,2019年以来,随着债市波动的下降,国有大行债券投资的波动性也相应下降。**我们在此前对股份制银行的研究中指出,股份制银行的债券投资规模波动较大,债券投资环比时正时负,体现出配置和交易兼而有之的特点;对比来看,在半年左右的周期上,国有大行的债券投资以净增持为主,除2017年下半年之外,净减持的操作较为罕见,这表明国有大行的债券投资具有更强的配置特征,交易活跃度低于股份制银行。

第五章 读懂机构行为

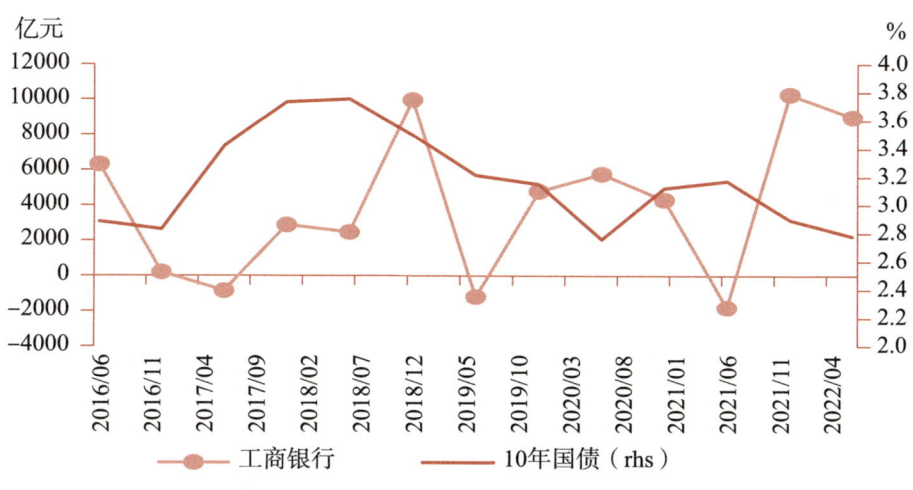

图5-3　工商银行债券投资环比和10年国债利率

资料来源：根据上市银行年报整理，兴业研究。

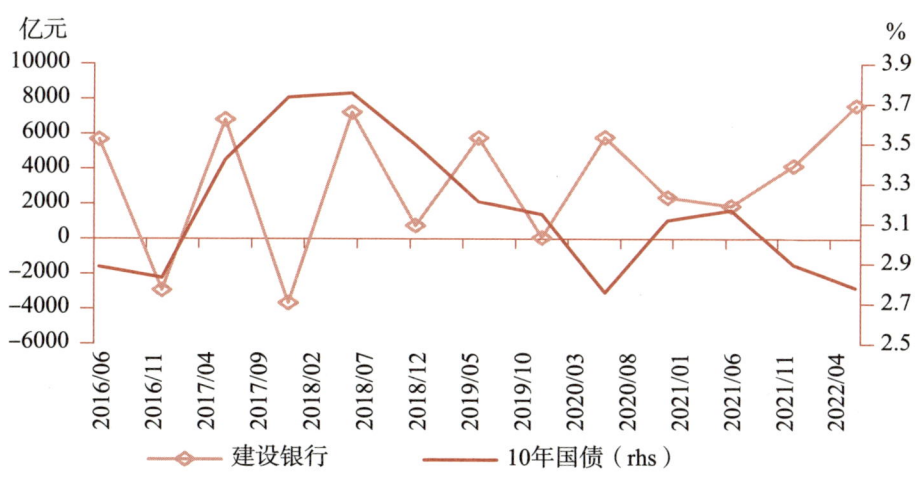

图5-4　建设银行债券投资环比和10年国债利率

资料来源：根据上市银行年报整理，兴业研究。

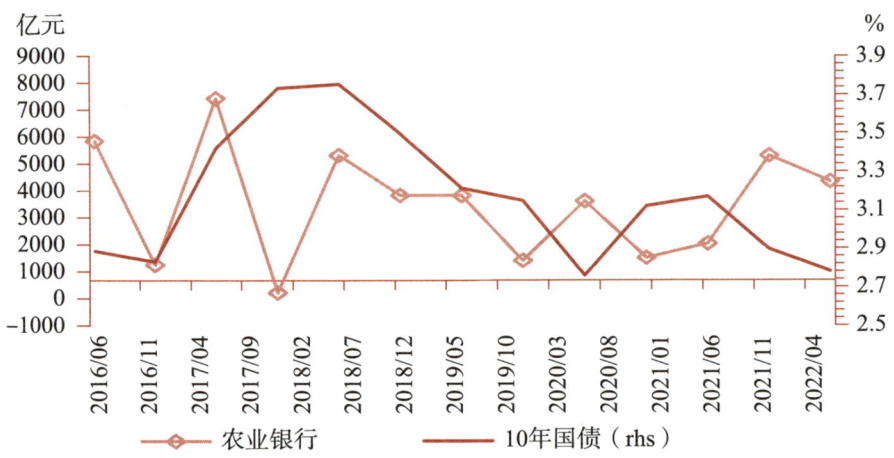

**图5-5 农业银行债券投资环比和10年国债利率**

资料来源：根据上市银行年报整理，兴业研究。

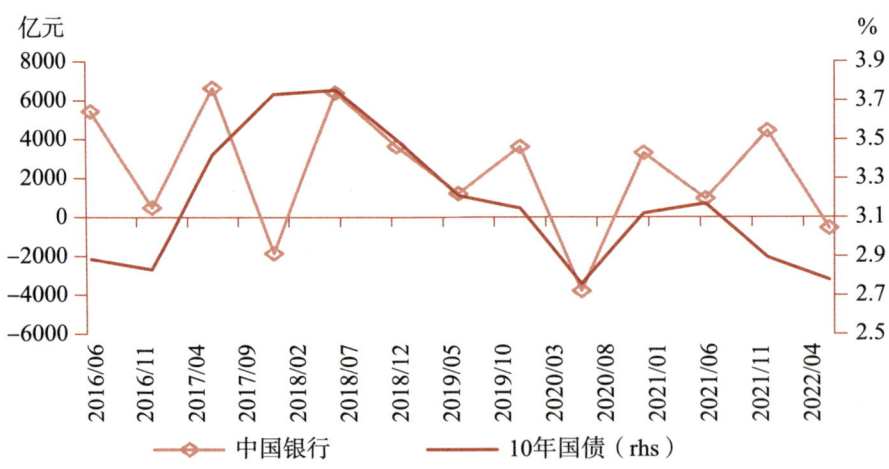

**图5-6 中国银行债券投资环比和10年国债利率**

资料来源：根据上市银行年报整理，兴业研究。

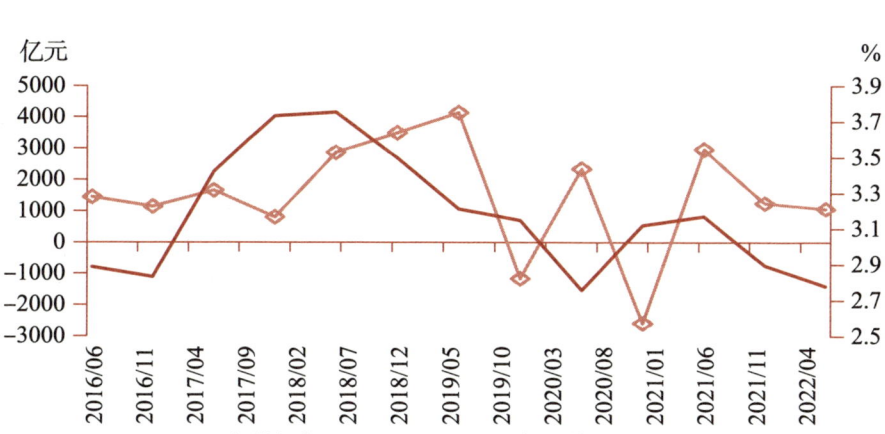

**图5-7　邮储银行债券投资环比和10年国债利率**

资料来源：根据上市银行年报整理，兴业研究。

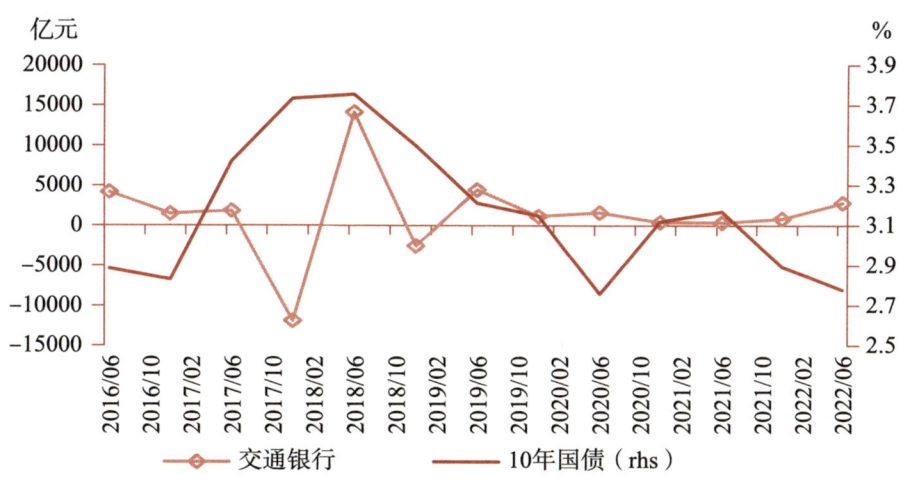

**图5-8　交通银行债券投资环比和10年国债利率**

资料来源：根据上市银行年报整理，兴业研究。

## 三、国有大型银行的债券交易行为

从二级交易行为来看，国有大型银行的交易活跃度低于中小银行。国有大型银行在二级市场买入和卖出均有，且交易规模小于其他类型的银行，不同于股份制银行以净卖出为主的交易行为。

**从国有大行对于不同期限的券种的交易来看，国有大行更为偏好中长期债券。**国有大行在二级市场净买入的主要期限是5—7年以及少量的10—15年超长债，卖出的主要期限是1—3年期、20—30年期和30年以上债券，2022年以来，7—10年和3—5年期由净买入转为净卖出。国有大行的平均持仓久期长于股份制银行，二级交易同样反映出国有大行更为偏好中长期债券。

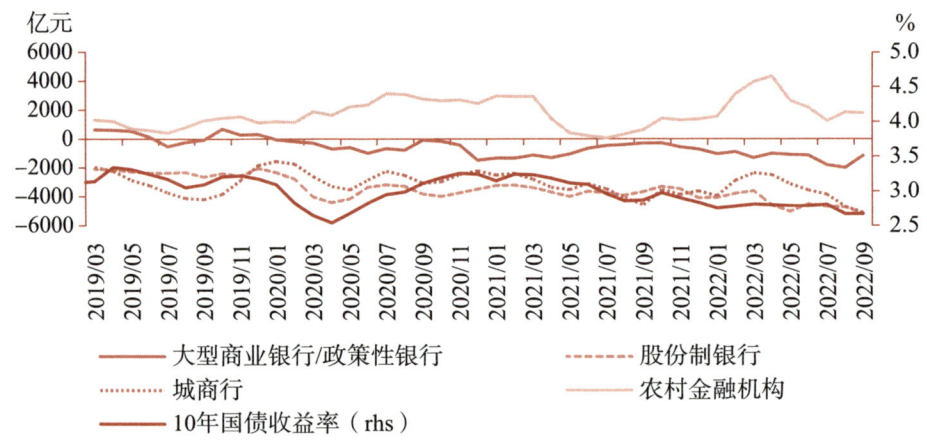

**图5-9 不同类型银行的现券净买入和净卖出情况**

资料来源：CFETS，兴业研究。

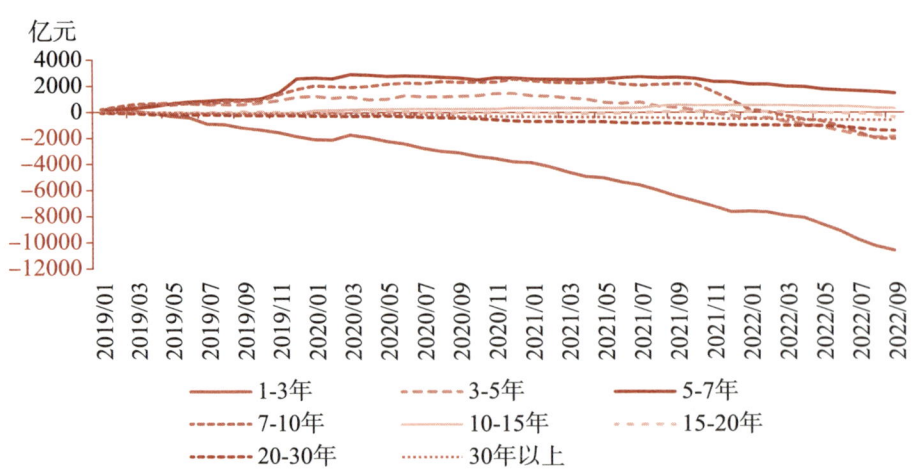

**图5-10 国有大型银行累计净买入（净卖出）的债券期限分布**

资料来源：CFETS，兴业研究。

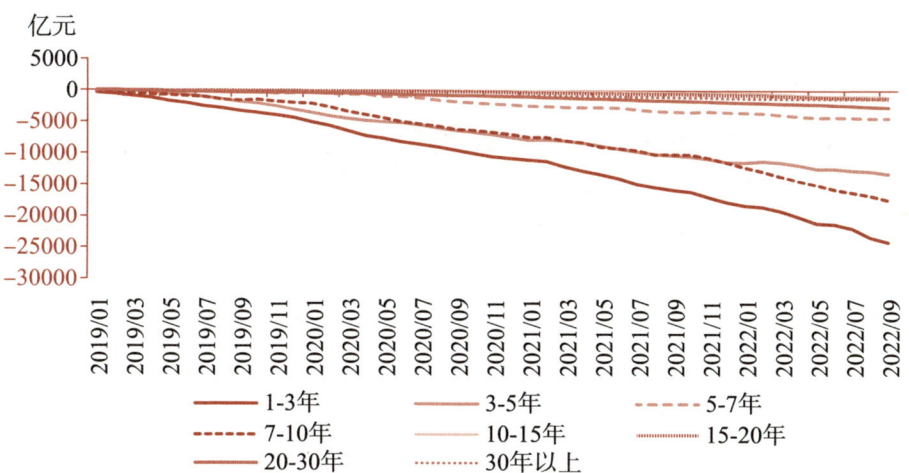

图5-11 股份制银行累计净买入（净卖出）的债券期限分布

资料来源：CFETS，兴业研究。

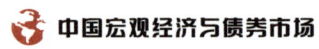

## 股份行：配置和交易的"双面手"

> 股份制银行的债券投资特点与国有大行显著不同。股份制银行的债券投资中配置和交易兼而有之，债券持仓的波动幅度较大。为了便于分析时间序列数据，本部分仅选择2016年以前上市的8家股份制银行作为样本。

### 一、股份制银行债券配置概况

**从股份制银行的金融资产投资（包括FVTPL、FVTOCI和AC分类中的投资）大类结构来看，** 主要包括债券投资、基金投资和资管计划及信托计划，以及少量的权益工具投资，其中，基金投资主要是货币基金和债券基金，2022年6月末，各家股份制银行直接投资的债券在金融投资中占比50%—90%不等，基金投资在金融投资中占比在7%—21%。2016年以来，股份制银行基金投资规模上升较为明显，除招商银行以外，其他银行的基金投资在金融资产投资中的占比均超过10%。

**从债券投资品种来看，** 2022年6月末，在股份制银行的债券品种配置中，政府债券（含国债和地方债）的占比多数在60%左右，政金债及金融机构债券的占比在7%—52%不等，信用债和ABS的占比在5%—25%之间，体现出不同银行的偏好差异。其中，招商银行、浦发银行、中信银行和平安银行的利率债占比（包括政府债、政金债及金融机构债券）均超过80%。

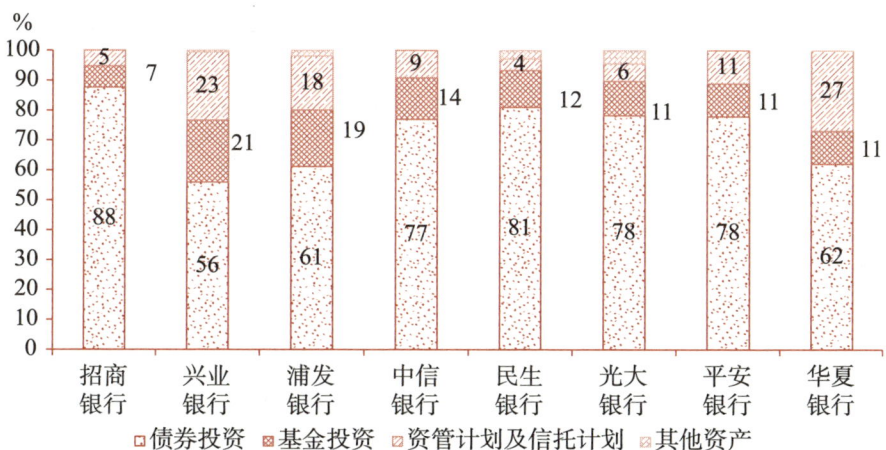

图5-12 2022年6月末股份制银行金融资产配置情况

资料来源：根据上市银行年报整理，兴业研究。

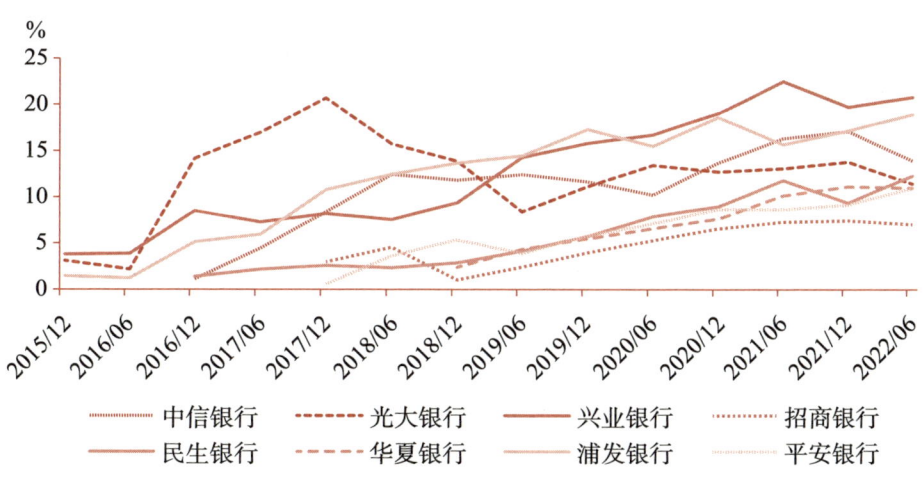

图5-13 股份制银行金融投资中基金投资占比变化

资料来源：根据上市银行年报整理，兴业研究。

从2016年以来，各家银行利率债的占比变化来看，中信银行、光大银行和浦发银行提升了利率债占比，民生银行、华夏银行和平安银行降低了利率债占比、相应提升信用债占比。

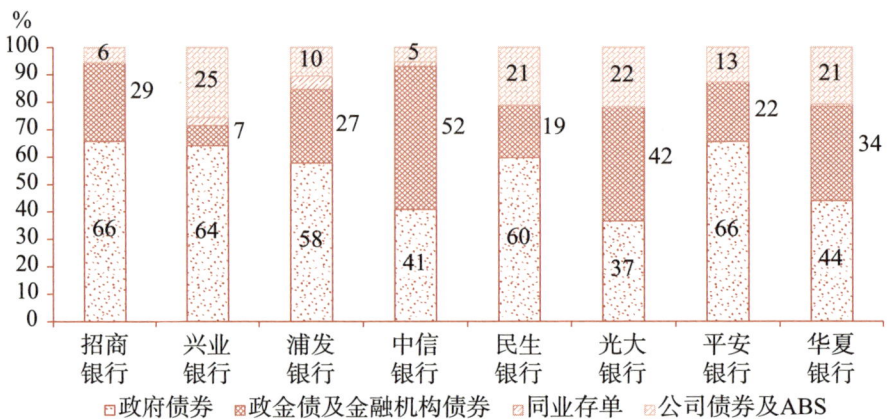

**图5-14 2022年6月末股份制银行债券品种配置情况**

资料来源：根据上市银行年报整理，兴业研究。

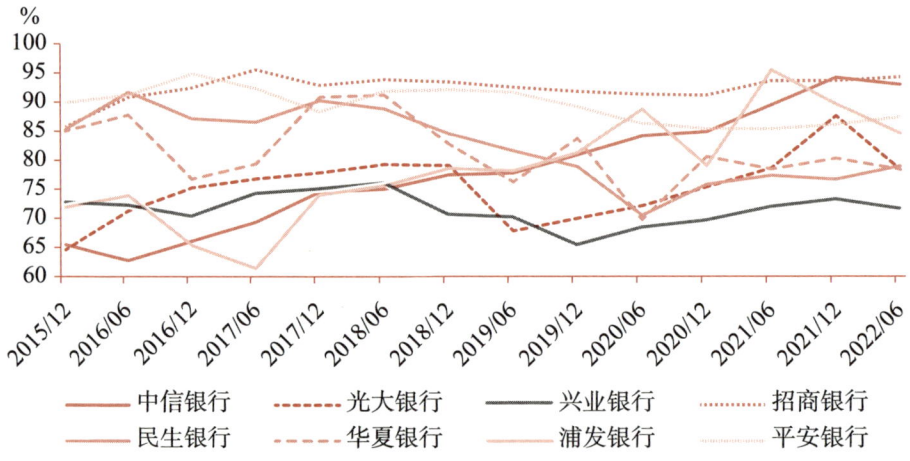

**图5-15 股份制银行债券品种配置中利率债占比变化**

注：上图中利率债口径包括政府债、政金债及金融机构债券，部分银行未将政金债和金融机构债券区分披露。

资料来源：根据上市银行年报整理，兴业研究。

## 二、股份制银行债券投资和利率走势的关系

通过上市银行年报和半年报中披露的数据，计算银行债券投资的半年环

比规模，可以发现：股份制银行债券投资环比的波动幅度较大，并且时正时负，体现出股份制银行债券投资中配置和交易兼而有之的特点，这与保险机构的债券投资以正向增持为主、主要关注票息收益的投资风格存在明显差异。具体而言，银行FVTPL科目主要对应交易账户，以交易为主，主要获取价差收益；FVTOCI和AC科目主要对应银行账户，其中既包括持有获取票息策略的AC科目，也包括较为灵活、可择机减持获利的FVTOCI科目，其中，FVTPL和FVTOCI分类的债券都可以通过二级交易获利。

**从股份制银行的债券投资和利率走势的关系来看**，各家银行债券投资环比大体与债券利率走势一致，即在利率上行期增配债券，在利率下行期减持债券或降低增持规模，典型的如2018年上半年，债券利率见顶下行，上市股份制银行普遍减持债券获利了解，2020年债券利率呈V形走势，银行选择上半年减持（或减少增持规模）、下半年增持；不过，基于各家银行对债券市场走势判断和流动性等约束条件所存在的差异，各家银行在小波段上的配置节奏有先后。

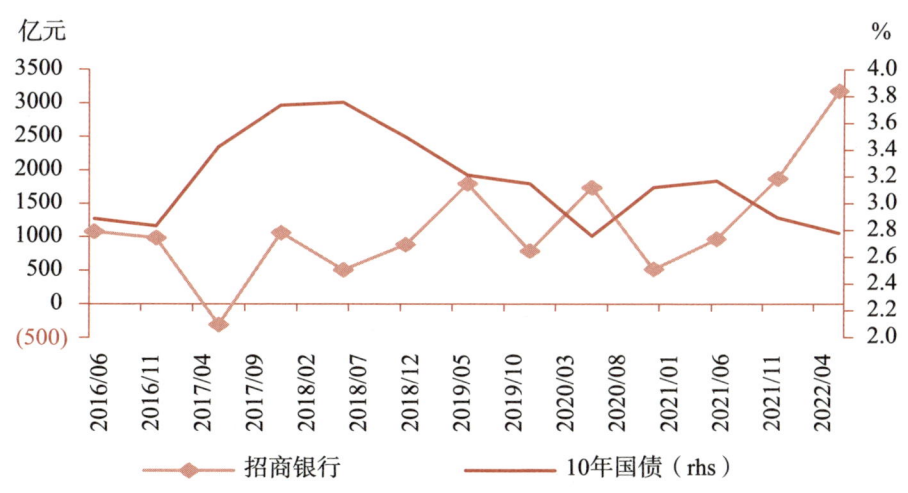

图5-16 招商银行债券投资环比和10年国债利率

资料来源：根据上市银行年报整理，兴业研究。

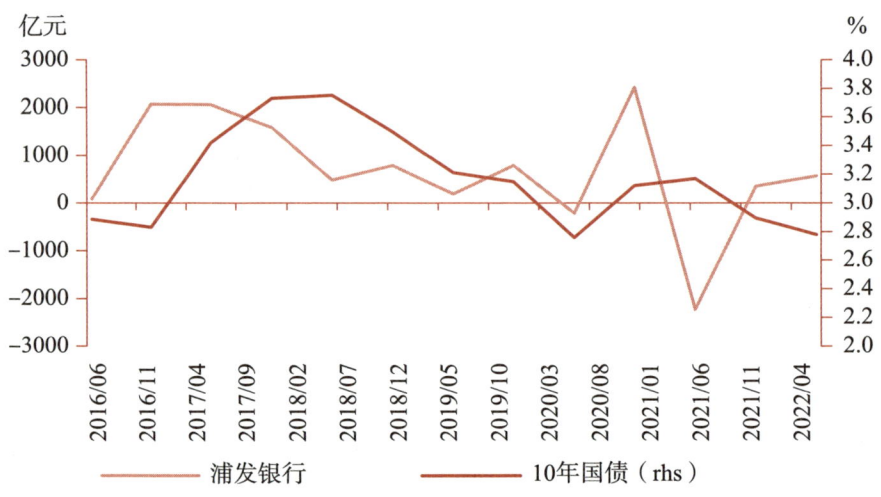

图5-17 浦发银行债券投资环比和10年国债利率

资料来源：根据上市银行年报整理，兴业研究。

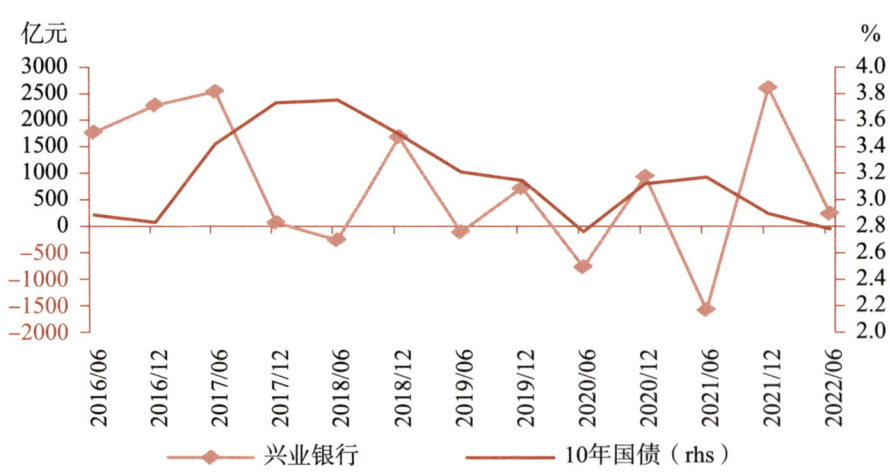

图5-18 兴业银行债券投资环比和10年国债利率

资料来源：根据上市银行年报整理，兴业研究。

第五章 读懂机构行为

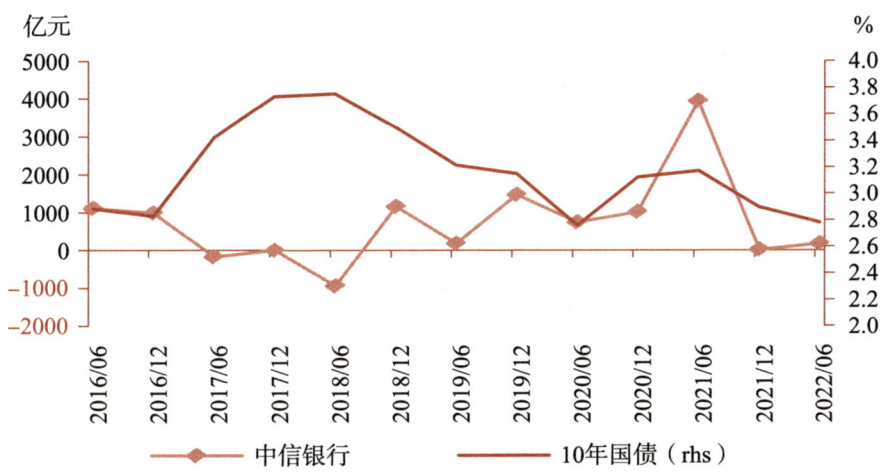

图5-19　中信银行债券投资环比和10年国债利率

资料来源：根据上市银行年报整理，兴业研究。

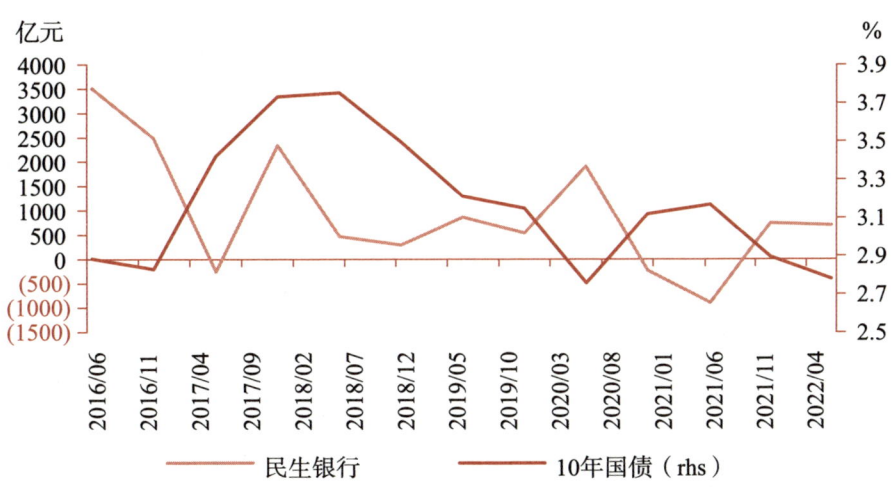

图5-20　民生银行债券投资环比和10年国债利率

资料来源：根据上市银行年报整理，兴业研究。

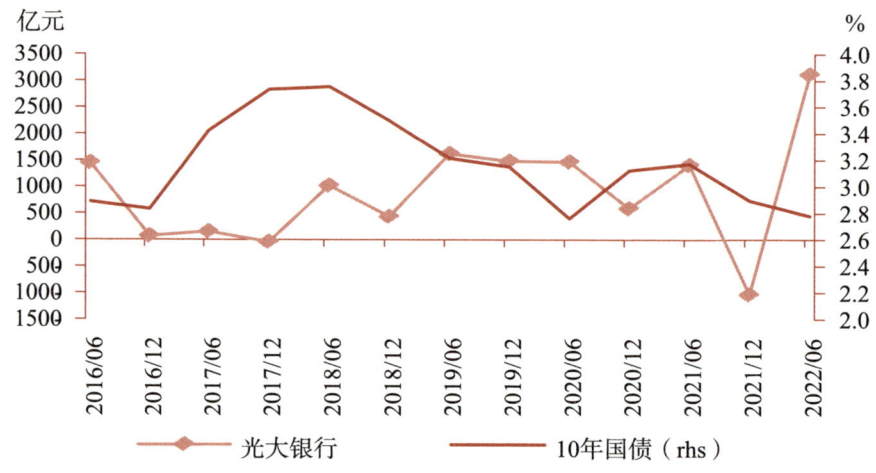

图5-21　光大银行债券投资环比和10年国债利率

资料来源：根据上市银行年报整理，兴业研究。

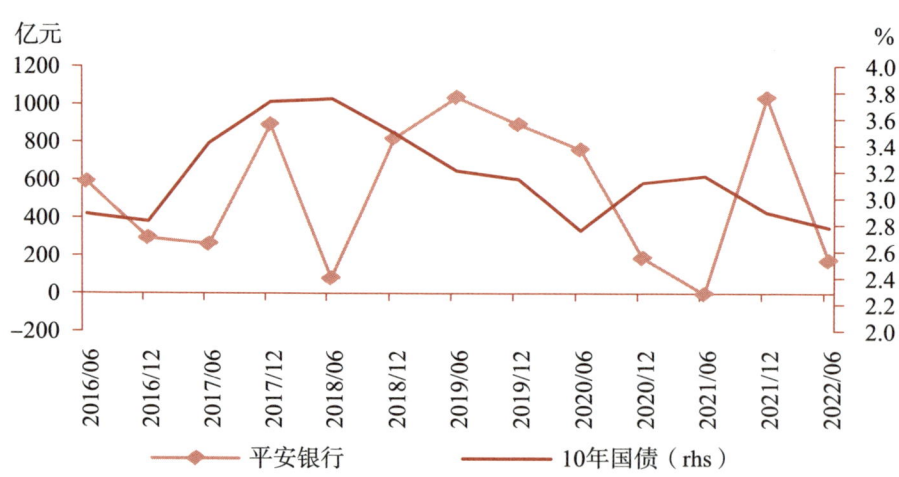

图5-22　平安银行债券投资环比和10年国债利率

资料来源：根据上市银行年报整理，兴业研究。

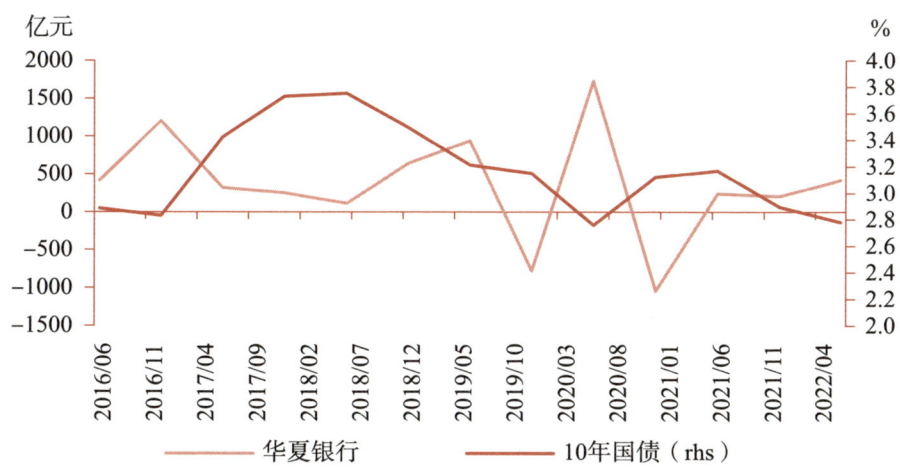

图5-23　华夏银行债券投资环比和10年国债利率

资料来源：根据上市银行年报整理，兴业研究。

## 三、股份制银行的债券交易行为

### （一）股份制银行的二级交易行为

从CFETS的现券交易数据来看，股份制银行在债券二级市场主要扮演净卖出方，其交易行为以一级买入、二级净卖出为主，参与二级交易的账户包括交易户和FVTOCI科目，由于后者减持的规模大于交易户买卖交易的规模，股份制银行在二级市场上表现为净卖出；对比而言，国有大行在二级市场买卖均有，城商行与股份制银行的行为较为接近，二级市场以净卖出为主，农商行在二级市场则以净买入为主。

从股份制银行在二级市场净卖出债券的期限结构来看，以交易最为活跃的1—3年、3—5年和7—10年期债券为主，其次是5—7年，超长债的净卖出规模在各期限中占比相对较小；从股份制银行的超长债交易行为来看，2020年下半年以来，超长债受到保险机构等配置型机构追捧，20—30年期超长债和10年国债的利差压缩，股份制银行乘势加大了20—30年期超长债的减持规模。

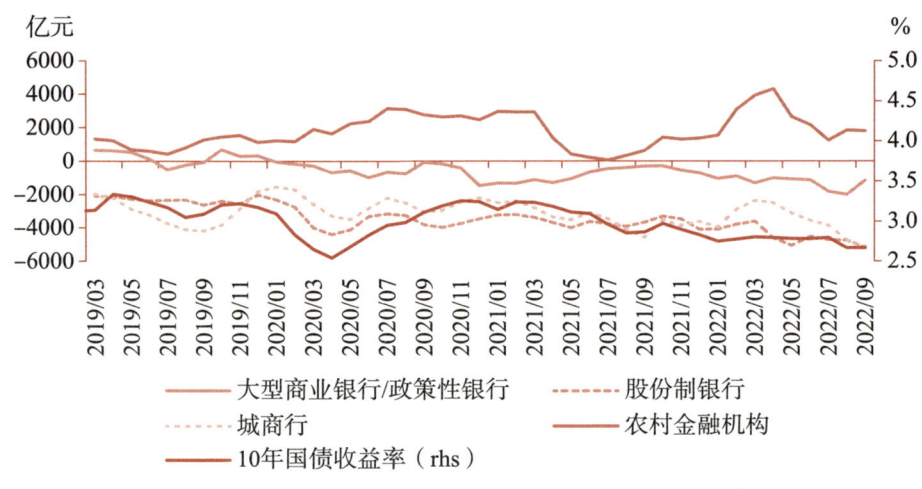

图 5-24　不同类型银行的现券净买入和净卖出情况

资料来源：CFETS，兴业研究。

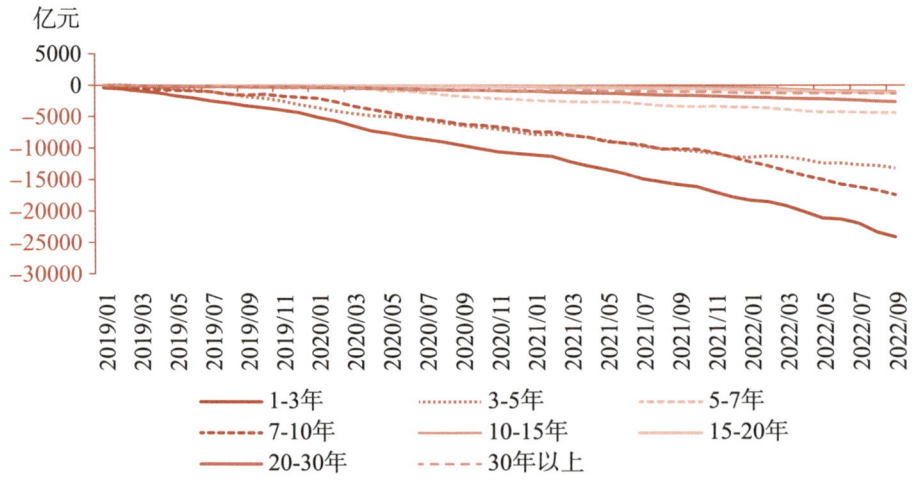

图 5-25　股份制银行累计净卖出的债券期限分布

资料来源：CFETS，兴业研究。

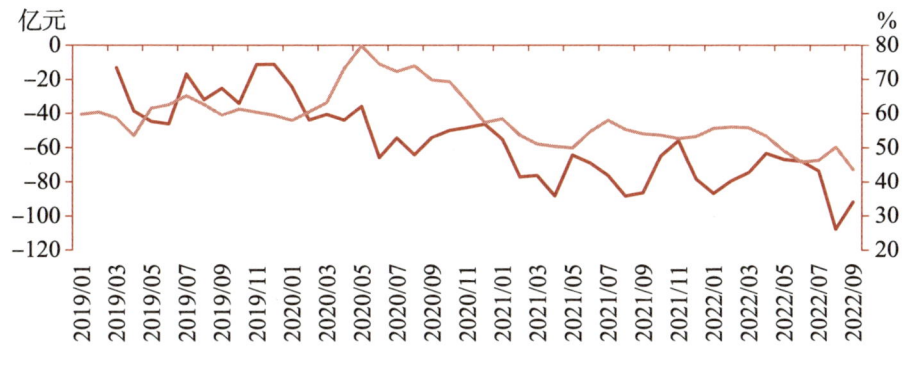

**图 5-26 股份制银行超长债净卖出情况和超长债利差走势**

资料来源：CFETS，Wind，兴业研究。

### （二）股份制银行的债券二级交易和利率走势

从股份制银行二级交易行为和利率走势来看，以7—10年期债券为例，股份制银行的现券净买入（或净卖出）和10年国债利率的走势较为吻合；这反映了股份制银行作为一个整体，其二级交易量对债券利率走势的影响较大，可以作为分析债券利率走势的辅助指标，与债券利率走势较为同步。从上文的年报数据可以看出，仅从单家股份制银行的债券投资来看，各家银行对利率波段的把握存在差异，仅在大的市场拐点表现出同步性。

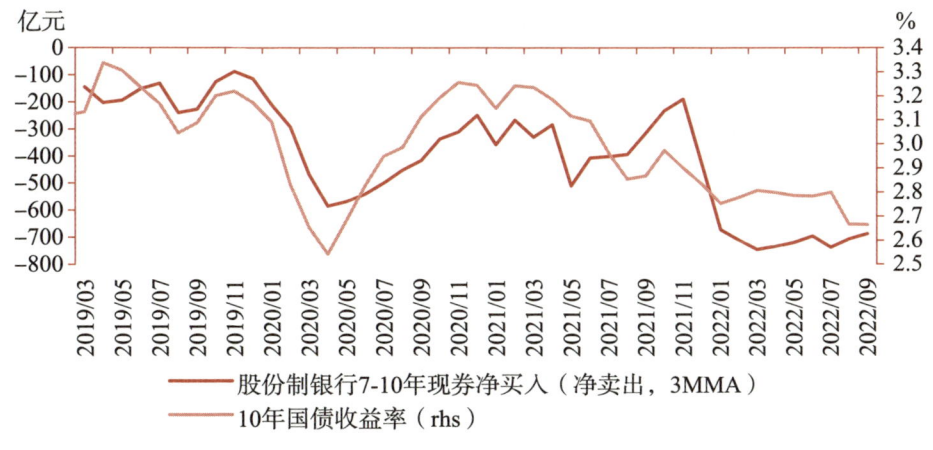

**图 5-27 股份制银行7—10年债券净卖出和利率走势**

资料来源：CFETS，兴业研究。

## 城商行农商行：债市二级交易的"正反方"

> 近年来，城商行、农商行等中小银行更加活跃地参与债券市场的交易。不过，同样作为中小银行，二者的交易行为却存在差异，城商行的交易行为更接近股份制银行，而农商行的债券投资受到更多专门监管限制，也相对更加依赖二级市场增持债券。为了便于分析时间序列数据，本部分选择了2017年以前上市的7家城商行和5家农商行作为样本。

### 一、城商行农商行的债券配置概况

**从上市城商行农商行的金融资产配置情况来看**，2022年6月末，在金融资产的配置结构中，城商行直接投资于债券的比例在50%—65%居多，相较而言，城商行投向基金产品、资管计划及信托计划的比例高于股份制银行，这可能说明城商行委托投资的占比更高；农商行投资于债券的比例在70%—86%之间，高于城商行和股份制银行，这主要是因为，农商行对于资管产品的投资，受到更为严格的监管限制，仅有二级（含）以上的较高评级的农商行，才可以投资于资管计划及信托计划[①]。

**此外，在全部资产的配置比例上，农商行也面临着贷款占比不得低于50%的要求。** 2019年1月14日银保监会《关于推进农村商业银行坚守定位

---

① 2021年9月10日，银保监会印发了《商业银行监管评级办法》（银保监发〔2021〕39号），最新监管评级体系划分为1—6级和S级，新的监管评级如何与上述业务范围对应有待进一步明确。

强化治理 提升金融服务能力的意见》(银保监办发〔2019〕5号)针对县域和城区农商行,提出了"各项贷款占比"这一新增指标,要求"各项贷款期末余额/表内总资产期末余额≥50%"。随着上述要求的提出,农商行的平均贷款占比已经从2016年低点的47%提升至2020年末的55%。

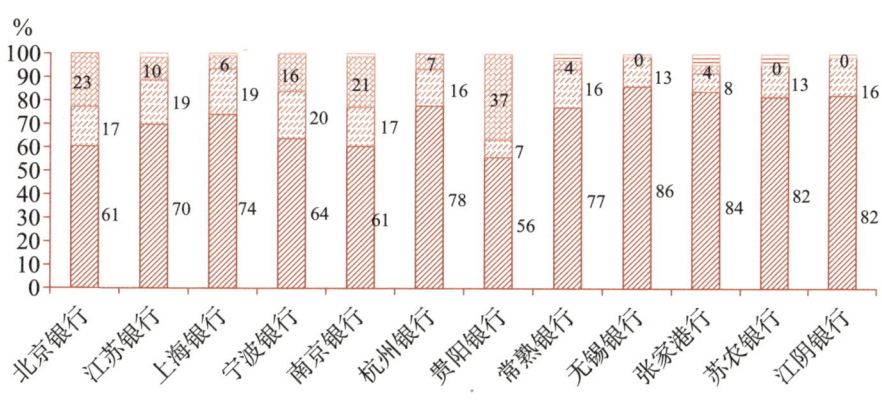

图5-28 2022年6月末上市城商行农商行金融资产配置情况

资料来源:根据上市银行年报整理,兴业研究。

表5-1 农商行的监管评级和对应的金融资产投资范围

| 文件名称 | 监管对象 | 监管评级 | 投资范围 |
| --- | --- | --- | --- |
| 《关于加强农村合作金融机构资金业务监管的通知》(银监办发〔2014〕215号) | 农村信用社、农村合作银行、农村商业银行 | 三级以下 | (1)开办同业存款、同业拆借、同业借款、风险权重为零以及AAA级债券投资、以债券为标的的资产回购(返售)、保本和保证收益型理财投资等业务。 |
| | | 三级(含)以上 | 在(1)的基础上,增加(2)AA+级债券投资、以票据为标的的资金回购以及非保本浮动收益型理财投资。 |
| | | 二级(含)以上 | 在(1)和(2)的基础上,增加(3)AA级(含)以下债券投资、信托产品投资、券商(基金公司、保险公司)发行的资产管理类产品投资等业务。 |
| | 省联社 | | 低风险业务品种:国债、央行票据、金融债、AAA企业债(含短期融资券和中期票据)及同业存单等,严禁投资信用风险高、流动性差的业务品种。 |

资料来源:原银监会,兴业研究。

图 5-29 农商行的"贷款/总资产"比例变化

资料来源：Wind，兴业研究。

从城商行和农商行的债券配置品种来看，根据中债登和上清所的数据，2021年2月，城商行持仓中，国债、政金债和地方债的占比分别为28%、25%和30%，信用债和NCD的占比均为7%，其余为3%的商业银行债；农商行持仓中，国债、政金债和地方债的占比分别为15%、32%和16%，NCD占比高达28%，信用债和商业银行债的占比分别为5%和4%。相较于全国性银行，城商行、农商行的地方债持仓占比更低、政金债的持仓占比更高，农商行的NCD持仓占比明显高于其他类型的银行。

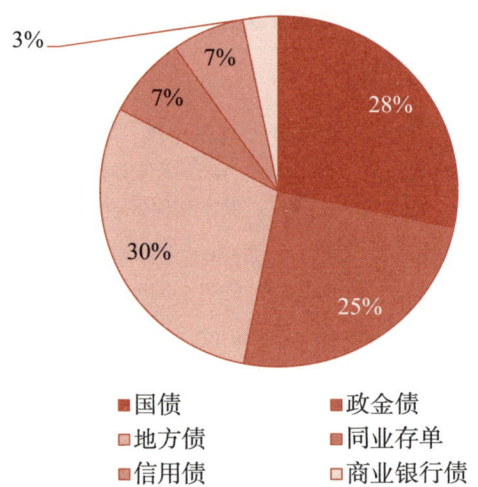

图 5-30 城商行持仓品种分布（2021年2月）

注：2021年3月起，中债登不再披露分银行类型托管数据。
资料来源：Wind，兴业研究。

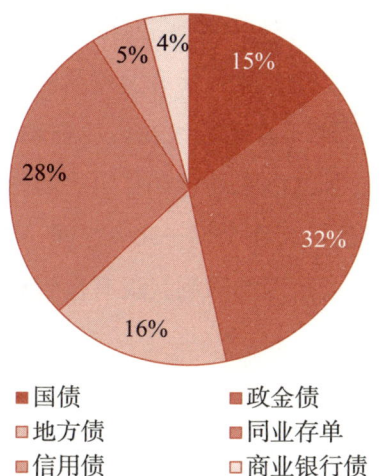

图5-31 农商行持仓品种分布（2021年2月）

资料来源：Wind，兴业研究。

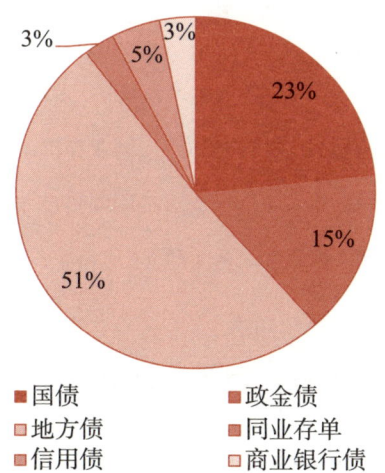

图5-32 全国性银行（国有大行和股份制银行）的持仓品种分布（2021年2月）

注：2021年3月起，中债登不再披露分银行类型托管数据。
资料来源：Wind，兴业研究。

从上市城商行农商行的债券品种配置情况来看，上市城商行和农商行的债券品种配置比例表现出较大的个体差异。2022年6月末，在上市城商行的债券品种配置中,除宁波银行外,其他银行的政府债券(含国债和地方债)的占比多数在50%—70%之间,政金债和金融机构债券的比例在10%—30%之间,信用债的配置比例同样差异较大,占比在4%—26%之间;在上市农商行的债券品种配置中,张家港农商行和江阴农商行的政府债券占比分别达到77%和接近100%,其他银行在55%—70%之间。农商行的债券投资品种,同样受到监管评级对应投资范围的限制,仅有监管评级较高的农商行,才可以投资于低评级的信用债。

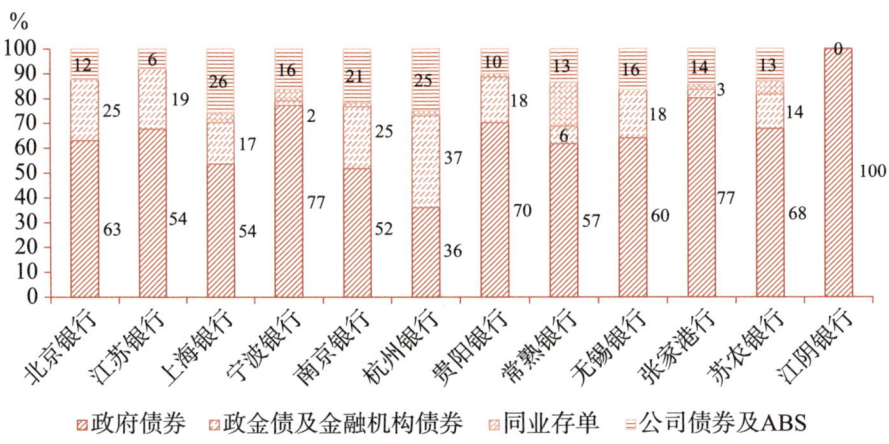

**图5-33　2022年6月末上市城商行农商行债券品种配置情况**

资料来源:根据上市银行年报整理,兴业研究。

## 二、城商行农商行债券投资和利率走势的关系

通过上市银行年报和半年报中披露的数据,计算银行债券投资的半年环比规模,可以发现:整体而言,城商行债券投资的波段交易特征更为明显,债券投资的半年环比变动有正有负,而多数农商行的债券投资的配置特征更为明显,以增持债券为主,较少净卖出债券,不过,个体银行之间的投资风格也存在较大差异,例如,江阴农商行的债券投资以政府债券为主,较少参与信用债投资,净买入和净卖出的波动幅度较大,通过利率债做波动交易的特点较为明显。

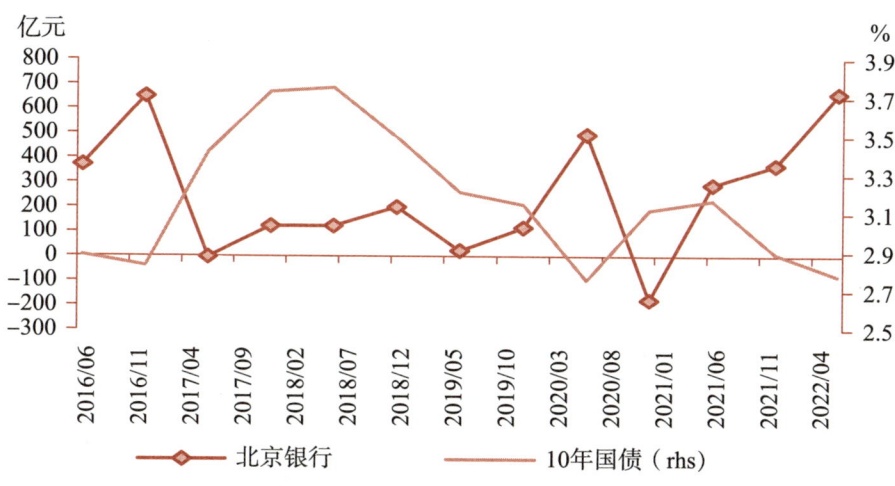

图5-34　北京银行债券投资环比和10年国债利率

资料来源：根据上市银行年报整理，兴业研究。

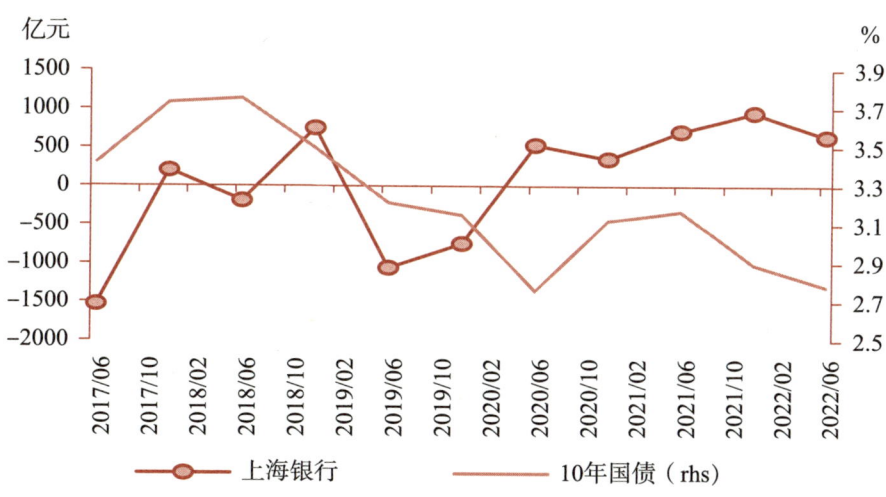

图5-35　上海银行债券投资环比和10年国债利率

资料来源：根据上市银行年报整理，兴业研究。

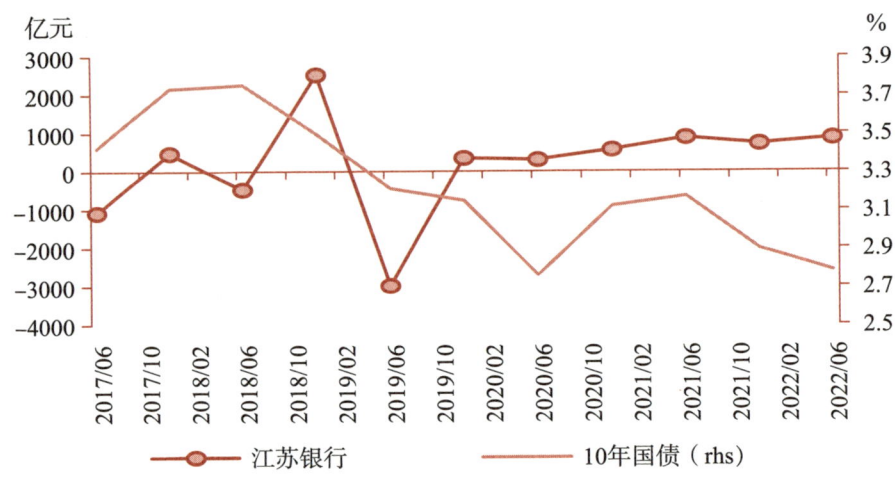

图5-36 江苏银行债券投资环比和10年国债利率

资料来源：根据上市银行年报整理，兴业研究。

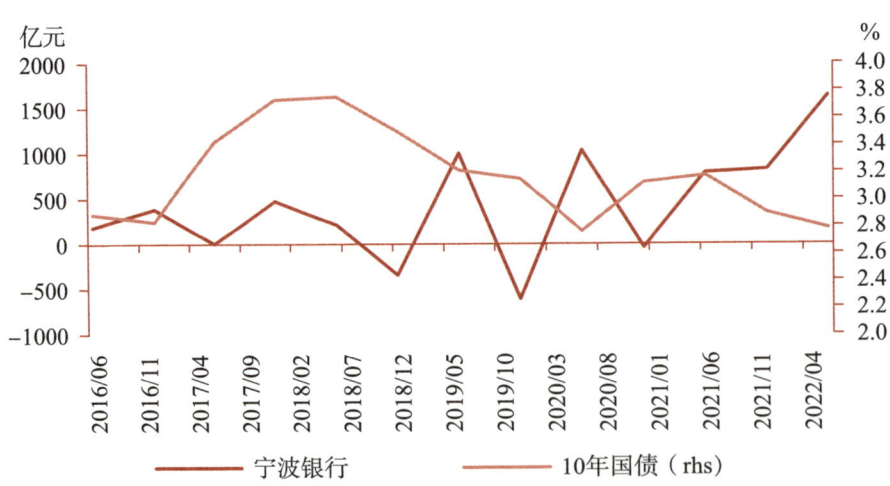

图5-37 宁波银行债券投资环比和10年国债利率

资料来源：根据上市银行年报整理，兴业研究。

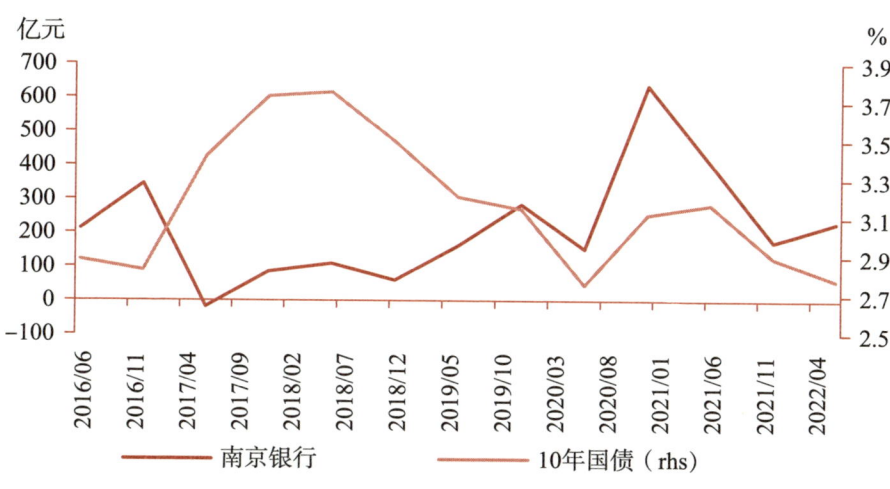

**图5-38 南京银行债券投资环比和10年国债利率**

资料来源：根据上市银行年报整理，兴业研究。

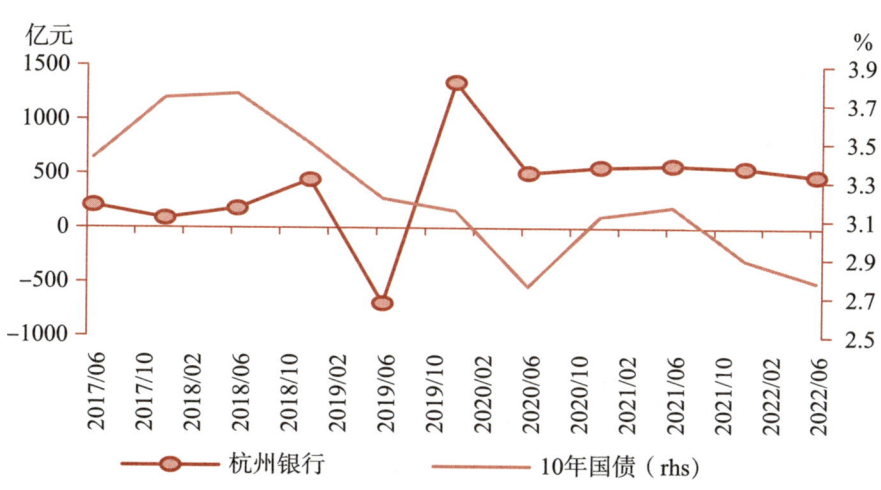

**图5-39 杭州银行债券投资环比和10年国债利率**

资料来源：根据上市银行年报整理，兴业研究。

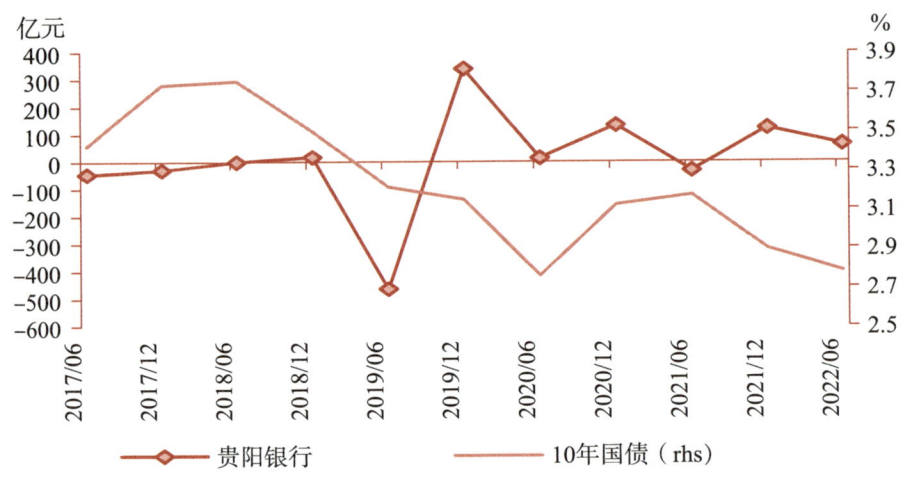

图5-40 贵阳银行债券投资环比和10年国债利率

资料来源：根据上市银行年报整理，兴业研究。

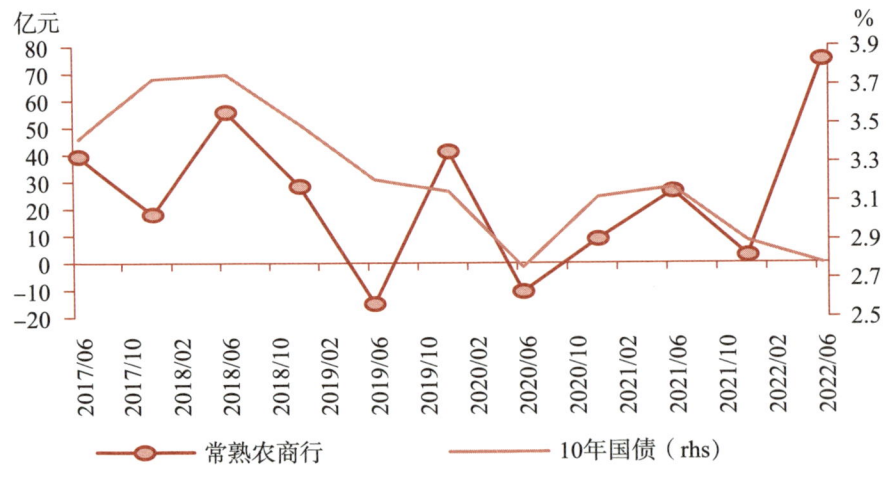

图5-41 常熟农商行债券投资环比和10年国债利率

资料来源：根据上市银行年报整理，兴业研究。

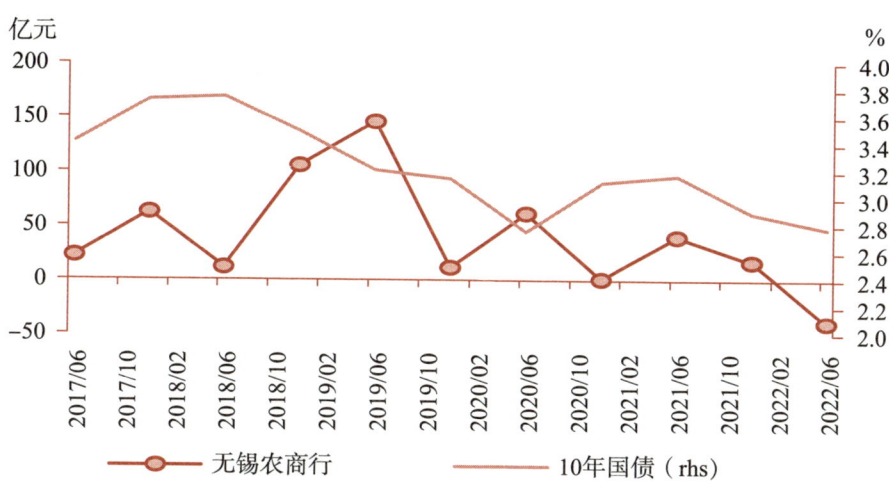

图5-42 无锡农商行债券投资环比和10年国债利率

资料来源：根据上市银行年报整理，兴业研究。

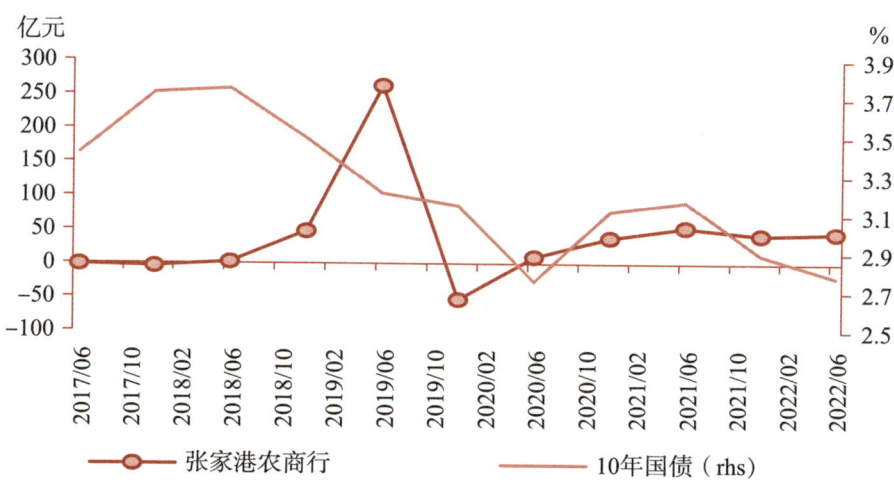

图5-43 张家港农商行债券投资环比和10年国债利率

资料来源：根据上市银行年报整理，兴业研究。

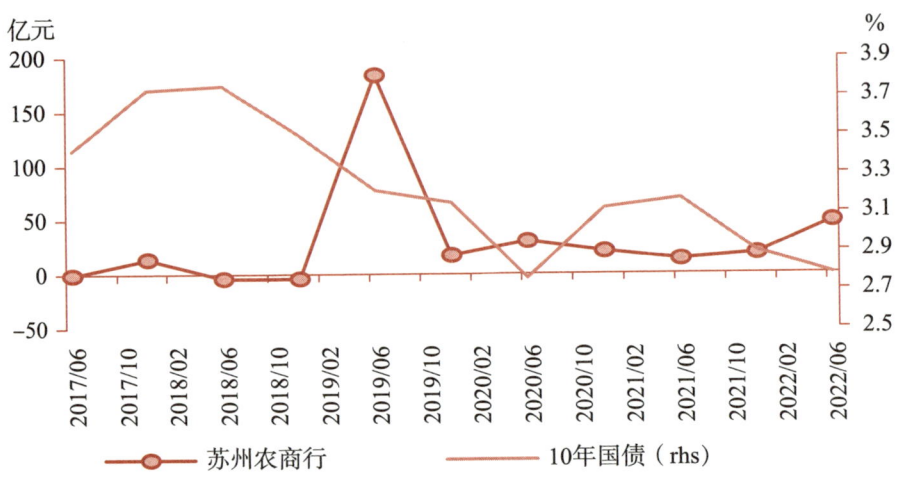

图5-44 苏州农商行债券投资环比和10年国债利率

资料来源：根据上市银行年报整理，兴业研究。

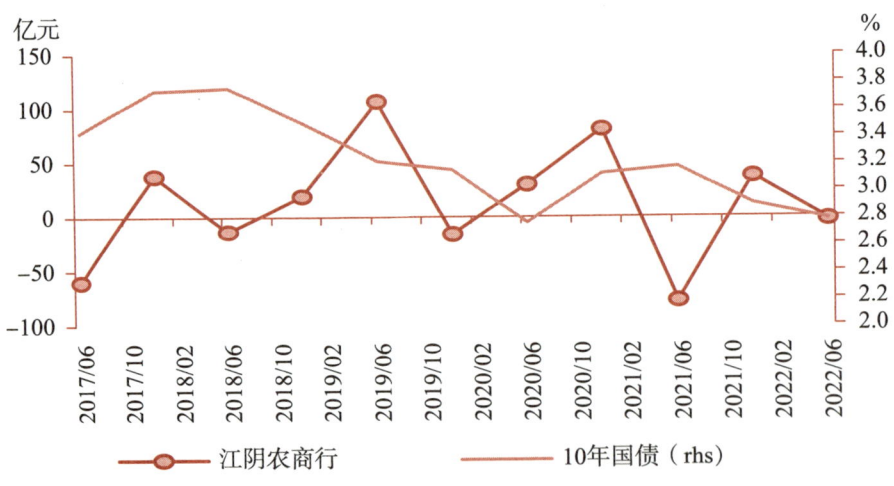

图5-45 江阴农商行债券投资环比和10年国债利率

资料来源：根据上市银行年报整理，兴业研究。

## 三、城商行农商行的债券交易行为

### （一）城商行农商行的二级交易行为

从CFETS的现券交易数据来看，城商行是仅次于股份制银行的第二大净卖出方，农村金融机构在债券二级市场主要扮演净买入方。

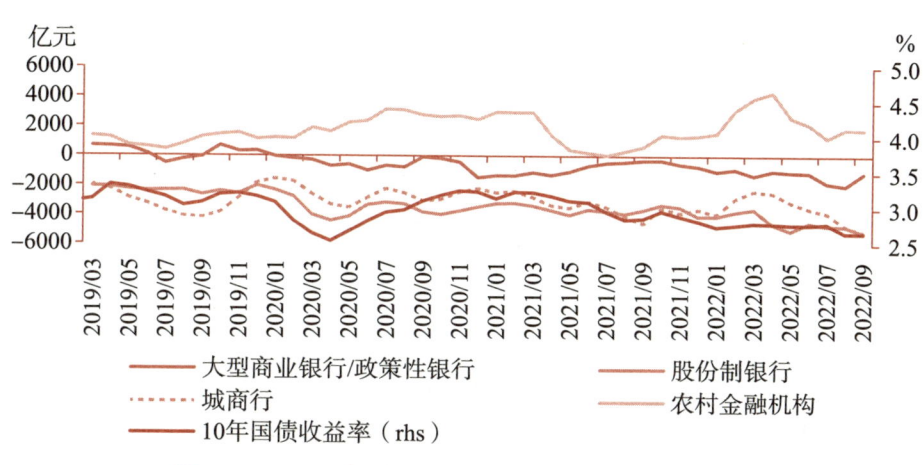

图5-46 不同类型银行的现券净买入和净卖出情况

资料来源：CFETS，兴业研究。

从城商行和农村金融机构在二级市场的净卖出和净买入债券的期限结构来看，城商行的主要卖出期限为1年及1年以下、7—10年和1—3年，其次是3—5年和5—7年，超长债的卖出规模相对较少；农村金融机构的主要买入期限为1年及1年以下和7—10年，其次为3—5年和1—3年，超长债以减持为主。

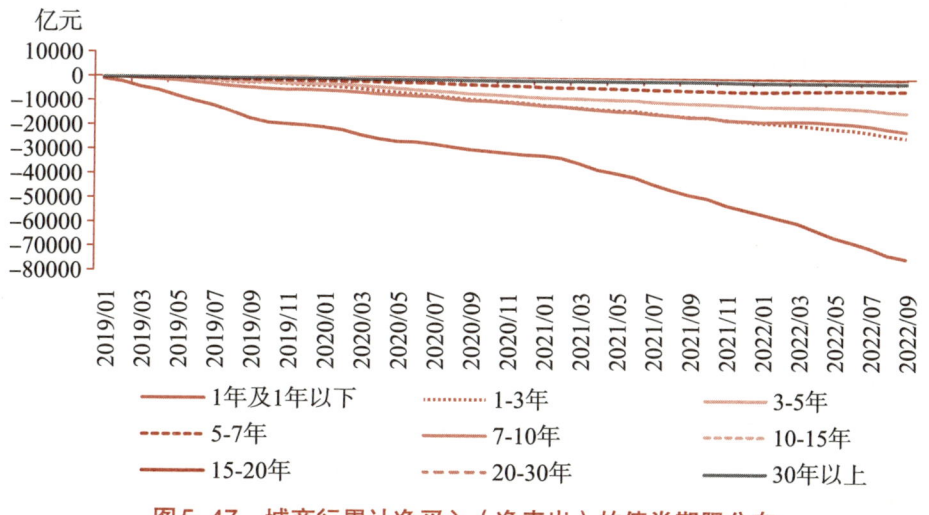

图5-47 城商行累计净买入（净卖出）的债券期限分布

资料来源：CFETS，兴业研究。

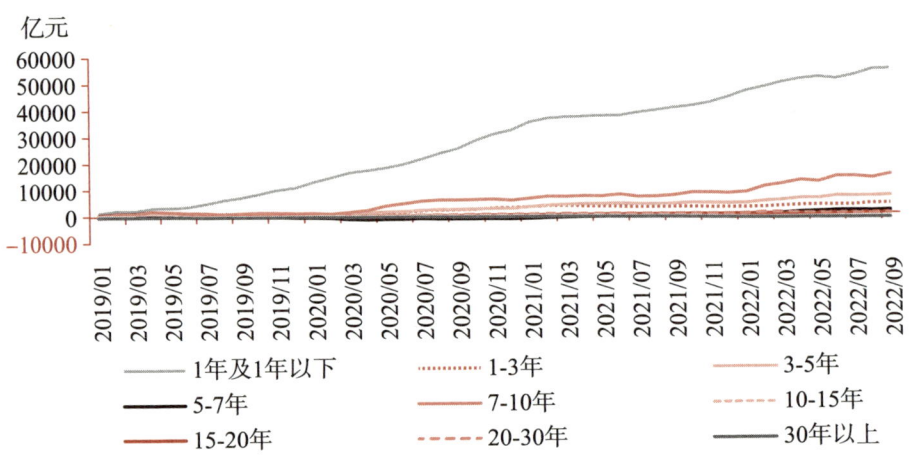

**图5-48 农村金融机构的累计净买入（净卖出）的债券期限分布**

资料来源：CFETS，兴业研究。

## （二）城商行农商行的债券二级交易和利率走势

**城商行在银行间债券市场以卖出为主，但交易节奏和利率走势的相关度不及股份制银行。**虽然股份制银行和城商行都是银行间债券市场二级交易的主要卖出方，但是，城商行的卖出节奏与利率走势的相关性不及股份制银行：例如，2020年5月开始，国债利率自底部上行，城商行减小了净卖出规模，到2020年8月时，国债利率仍处于上行阶段，城商行却重新扩大了净卖出规模，这可能是由于流动性紧张环境下，城商行债券投资受到的制约大于股份制银行。

**农村金融机构的债券配置更为依赖二级市场买入，买入力度和债券走势相关，同时受到被动配置需求和流动性环境的影响。**不同于股份制银行和城商行在一级买入、二级卖出的交易模式，农村金融机构的债券配置更为依赖债券二级市场买入，整体而言，其现券净买入规模和10年国债利率的走势正相关，呈典型的配置型交易特征，但是，在一些时点，其债券买入与利率走势背离，可能的原因包括：一是与城商行类似，农村金融机构的交易同样较为受制于流动性，在2020年8月至11月流动性较为紧张的时期，农商行也降低了买入规模；二是主要依赖二级市场进行配置，即使在利率明显下行至低位时期，农村金融机构仍有一定的被动配置需求，例如2020年3月至4月。

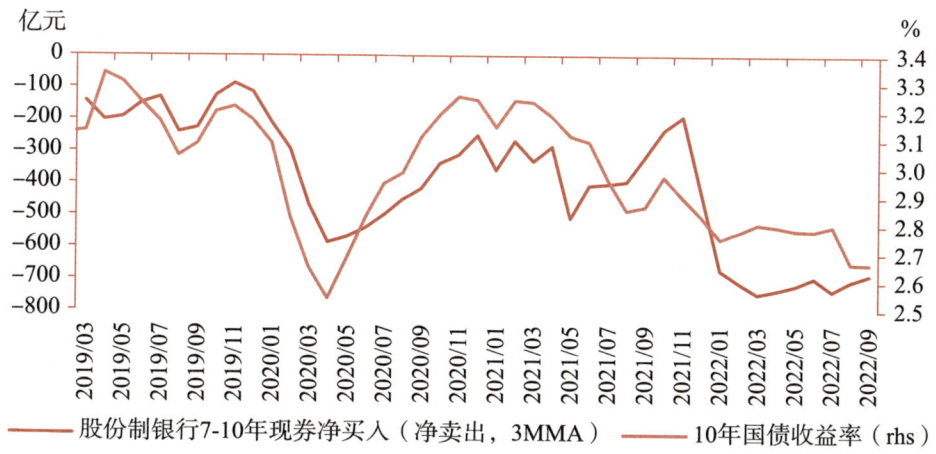

图5-49　股份制银行7—10年债券净卖出和利率走势

资料来源：CFETS，兴业研究。

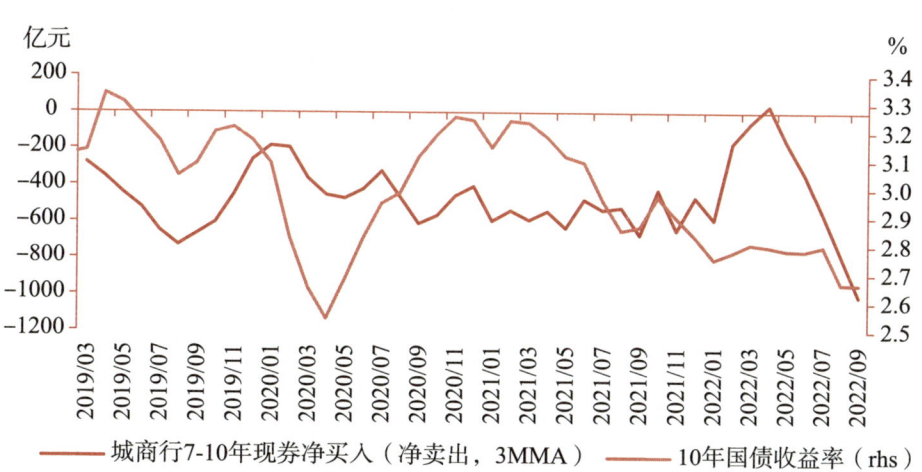

图5-50　城商行7—10年债券净买入和利率走势

资料来源：CFETS，兴业研究。

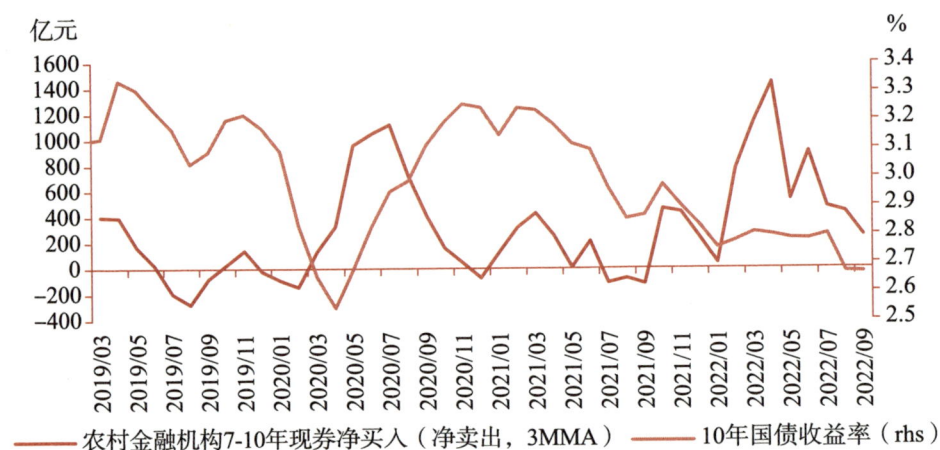

图5-51　农村金融机构7—10年债券净买入和利率走势

资料来源：CFETS，兴业研究。

## 投资策略：商业银行的债券择时策略

我们经常听到，对于投资而言，"**时机就是一切**"（Timing is everything），择时策略是债券投资中非常重要的议题。对于商业银行而言，债券投资的增长规模受制于资本充足率等指标，通常在年初就已经确定了当年可以新增的债券投资规模；**如何在给定的规模之下，在合适的时机完成当年的债券投资，以实现投资回报最大化？在短期和中长期视角之下，最优策略是否存在差异？**

在我们前面对于商业银行债券投资的研究中，发现各家银行采取了不同的策略，有些银行根据资产规模的增速稳定增持债券、很少进行减持操作，有些银行有明显的波段交易特征（如在利率低点减持，在利率高点增持），有些银行的交易表现出明显的季节性特征（如上半年增持、下半年减持）。**过去几年，我国债券市场利率的波动幅度逐步下降，这是否对于商业银行债券投资的最优策略产生了影响？**

在本部分中，我们将使用历史的债券利率走势数据和中债财富指数，对商业银行债券投资的回报率进行测算，考虑到中债财富指数的特点，本部分的测算结果对于商业银行的交易账户和OCI科目的资产较为适用。

### 一、商业银行的主要债券投资策略

根据商业银行的债券投资特点，我们将在本文中选取以下交易策略，并使用中债财富指数，对不同策略下债券投资的单位净值增长进行近似模拟回测。

**均匀增持策略**：在年内不择时，在各月份均匀增加持仓，直到完成全年债券资产的增长目标。

**年内择时策略**：假设银行可以在年内较为精准地择时，在债券利率的高点增持，债券利率的低点减持，同时兼顾债券资产的增长目标。

我们假设在年内利率整体下行的行情中（如2014年、2015年、2018年和2021年），银行在年初增持、年末减持；在年内利率上行的行情中（如2016年、2017年），银行在年初减持、年末增持；在年内V形反转行情中（如2020年），银行在利率底部减持、在年初和年末分别增持；在震荡行情中，银行在低点减持，高点增持（如2019年）。在所有年份，增持规模均是减持规模的2倍，以保证实现资产的增长目标。

**季节性策略**：上半年增持、下半年减持，达到全年债券资产的增长目标，假设增持规模是减持规模的2倍。

**早投资早收益策略**：银行贷款存在"早投放、早收益"的业务习惯，参照贷款的投放模式，债券配置相对靠前有利于提升全年的票息收入。这里假设在年初一次性增持债券，达到全年债券资产的增长目标。

**被动增持策略**：对于全国性银行而言，债券配置的重要来源为一级市场，债券投资节奏一定程度上受到利率债供给节奏的影响。这里假设银行根据全年利率债的供给节奏，被动增持利率债，实现全年的债券资产的增长目标。

## 二、不同交易策略的效果比较

下面，我们对2014年至2021年期间，银行根据上述不同策略投资后的收益情况进行测算，为了便于不同年份间的比较，我们将银行的年度资产增速设定为每年10%。

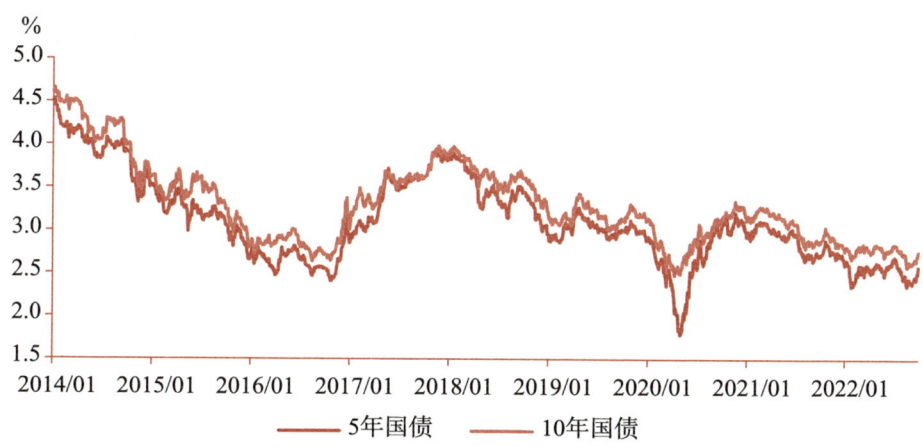

图5-52 2014年以来国债利率的走势

资料来源：Wind，兴业研究。

## （一）银行年内收益比较

在年内测算的场景下，我们假设银行年初的资产净值为100，每年新增投资额度为10，为了剔除规模增长的影响，我们参考基金单位净值的概念，以单位净值的增长衡量银行投资回报。

**在牛市年份，择时策略往往可以有效地提高银行的投资回报**。在2014年、2015年和2018年等利率大幅下行的年份，以中债5年期国债财富指数计算，择时策略的回报较均匀增持策略高出100bp左右，若以10年期国债财富指数计算，择时策略和其他策略的差距进一步提升；即使在2021年，利率的最大下行幅度仅50bp左右，择时策略的回报也高出均匀增持策略70—80bp。

**而熊市年份，择时策略由于需要等待利率高点的到来而损失了部分票息，在年内的表现并不突出**。可以发现，在2016年，债券利率在第四季度才出现快速上行，我们的择时策略选择在年末增持，尽管对于利率时点的把握较为准确，该策略的全年单位净值增长（1.9%）略低于均匀增持策略（2.2%）。对于典型的熊市2017年，债券利率持续上行，我们同样比较择时策略和均匀增持2种策略，以中债5年期国债财富指数计算，二者收益差别较小；以中债10年期国债财富指数计算，择时策略的表现略优。

**在区间震荡的年份如2019年，择时策略实现的难度较高，并且择时策略的表现和其他策略差别不大。** 2019年，债券利率整体呈区间震荡走势，我们的择时策略假设中，假设银行准确把握了2019年主要的高点和低点，然而，从最终的效果来看，择时策略和均匀增持策略的回报持平。

**对于行情反转的年份如2020年，在准确把握时点的假设下，择时策略依然表现更好。** 2020年较为特殊，年内债券利率出现V形反转，对比2020年的不同策略，择时策略的回报较其他策略高出40bp左右。

表5-2 不同策略的单位净值增长（5年期国债财富指数）

| 年份 | 10年国债 | 5年国债波动区间 | 中债-5年期国债财富（总值）指数回报 | 均匀增持策略 | 年内择时策略 | 季节性策略 | 早投资早收益策略 | 被动增持策略 |
| --- | --- | --- | --- | --- | --- | --- | --- | --- |
| 2014 | | [3.3%,4.5%] | 9.5% | 9.0% | 10.2% | 9.4% | 9.4% | 9.0% |
| 2015 | | [2.7%,3.5%] | 7.8% | 7.4% | 8.3% | 7.9% | 7.7% | 7.4% |
| 2016 | | [2.4%,3.2%] | 2.3% | 2.2% | 1.9% | 2.2% | 2.3% | 2.2% |
| 2017 | | [2.9%,3.9%] | -1.0% | -0.9% | -0.9% | -0.9% | -1.0% | -0.9% |
| 2018 | | [3%,3.9%] | 7.7% | 7.4% | 8.4% | 7.7% | 7.7% | 7.3% |
| 2019 | | [2.9%,3.3%] | 4.1% | 4.0% | 4.0% | 4.3% | 4.1% | 4.0% |
| 2020 | | [1.8%,3.2%] | 3.0% | 2.7% | 3.1% | 2.7% | 2.9% | 2.7% |
| 2021 | | [2.6%,3.1%] | 5.0% | 4.8% | 5.5% | 5.1% | 5.0% | 4.8% |

资料来源：Wind，兴业研究。

表5-3 不同策略的单位净值增长（10年期国债财富指数）

| 年份 | 10年国债 | 10年国债波动区间 | 中债-10年期国债财富（总值）指数回报 | 均匀增持策略 | 年内择时策略 | 季节性策略 | 早投资早收益策略 | 被动增持策略 |
|---|---|---|---|---|---|---|---|---|
| 2014 | | [3.5%,4.7%] | 12% | 11.0% | 12.4% | 11.4% | 11.5% | 11.0% |
| 2015 | | [2.8%,3.7%] | 9% | 8.9% | 9.8% | 9.7% | 9.1% | 8.8% |
| 2016 | | [2.6%,3.4%] | 2% | 1.7% | 1.5% | 1.7% | 1.8% | 1.7% |
| 2017 | | [3.1%,4%] | −3% | −2.9% | −2.7% | −3.0% | −3.0% | −2.9% |
| 2018 | | [3.2%,4%] | 9% | 8.3% | 9.5% | 8.6% | 8.7% | 8.2% |
| 2019 | | [3%,3.4%] | 4% | 4.2% | 4.3% | 4.5% | 4.3% | 4.2% |
| 2020 | | [2.5%,3.3%] | 2% | 2.2% | 2.6% | 2.1% | 2.3% | 2.2% |
| 2021 | | [2.8%,3.3%] | 6% | 5.5% | 6.2% | 5.9% | 5.7% | 5.4% |

资料来源：Wind，兴业研究。

## （二）不同策略的累计收益比较

**从中长期的视角来看，2014年至2021年期间，择时策略的累计单位净值增长跑赢了其他策略**，其次是季节性策略和早投资早收益策略，最后是均匀增持策略和被动增持策略。在我们选取的样本年份，牛市年份的数量更多，此时，季节性策略和早投资早收益策略的节奏恰好与择时策略一致，因而表现较好。均匀增持策略和被动增持策略的特点都是将债券配置分摊到全年的各个时点，不对债券走势做判断，与基金定投的策略较为类似，从实际结果来看，累计回报最低。

表5-4 不同策略的累计单位净值增长（5年期国债财富指数）

| 年份 | 均匀增持策略 | 年内择时策略 | 季节性策略 | 早投资早收益策略 | 被动增持策略 |
|---|---|---|---|---|---|
| 2014 | 9.0% | 10.2% | 9.4% | 9.4% | 9.0% |
| 2015 | 17.1% | 19.3% | 18.1% | 17.8% | 17.1% |

续表

| 年份 | 均匀增持策略 | 年内择时策略 | 季节性策略 | 早投资早收益策略 | 被动增持策略 |
|---|---|---|---|---|---|
| 2016 | 19.7% | 21.5% | 20.7% | 20.5% | 19.6% |
| 2017 | 18.5% | 20.4% | 19.7% | 19.4% | 18.5% |
| 2018 | 27.3% | 30.5% | 28.8% | 28.6% | 27.2% |
| 2019 | 32.4% | 35.7% | 34.4% | 33.8% | 32.3% |
| 2020 | 35.9% | 40.0% | 38.0% | 37.7% | 35.8% |
| 2021 | 42.5% | 47.7% | 45.0% | 44.6% | 42.3% |

资料来源：Wind，兴业研究。

表5-5 不同策略的累计单位净值增长（10年期国债财富指数）

| 年份 | 均匀增持策略 | 年内择时策略 | 季节性策略 | 早投资早收益策略 | 被动增持策略 |
|---|---|---|---|---|---|
| 2014 | 11.0% | 12.4% | 11.4% | 11.5% | 11.0% |
| 2015 | 20.8% | 23.4% | 22.2% | 21.6% | 20.7% |
| 2016 | 22.8% | 25.3% | 24.3% | 23.8% | 22.8% |
| 2017 | 19.3% | 21.8% | 20.6% | 20.1% | 19.2% |
| 2018 | 29.1% | 33.4% | 30.9% | 30.6% | 29.0% |
| 2019 | 34.6% | 39.2% | 36.9% | 36.2% | 34.5% |
| 2020 | 37.5% | 42.8% | 39.7% | 39.4% | 37.4% |
| 2021 | 45.1% | 51.7% | 47.9% | 47.4% | 44.9% |

资料来源：Wind，兴业研究。

**熊市年份的择时策略，对于提升组合的中长期收益较为重要。**在短期视角下，熊市中的择时策略的年内表现可能并不突出，典型如2016年和2017年；但是，在中长期视角下，2017年末无疑是仅次于2014年初的利率高点，在上述利率的高点或者2017年更早时点配置的债券，在短期内可能要扛住估值损失，而如果将2017年末配置的债券持有至2021年末，其估值增长接近23%，年化投资回报超过5%。从中长期的视角来看，熊市中准确的择时策略回报颇丰，可以进一步提升累计收益。

表5-6 不同时点建仓债券的年化投资回报（10年期国债财富指数）

| | | 估值时点 | | | | | | | |
|---|---|---|---|---|---|---|---|---|---|
| | | 2014/12/31 | 2015/12/31 | 2016/12/31 | 2017/12/31 | 2018/12/31 | 2019/12/31 | 2020/12/31 | 2021/12/31 |
| 建仓时点 | 2013/12/31 | 12% | 10% | 7% | 5% | 5% | 5% | 5% | 5% |
| | 2014/12/31 | | 9% | 5% | 3% | 4% | 4% | 4% | 4% |
| | 2015/12/31 | | | 2% | −1% | 2% | 3% | 3% | 3% |
| | 2016/12/31 | | | | −3% | 3% | 3% | 3% | 4% |
| | 2017/12/31 | | | | | 9% | 7% | 5% | 5% |
| | 2018/12/31 | | | | | | 4% | 3% | 4% |
| | 2019/12/31 | | | | | | | 2% | 4% |
| | 2020/12/31 | | | | | | | | 6% |

资料来源：Wind，兴业研究。

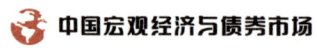

# 保险公司：大类资产配置的轮动

保险公司是非银机构中典型的配置型投资机构，本部分将从保险公司的大类资产配置情况、债券投资的品种偏好及逻辑，以及低利率环境下美国保险公司的配置经验等方面，对保险公司的债券投资行为进行简要分析。

○ ○ ○ ●

## 一、保险公司的大类资产配置情况

**从保险公司大类资产配置情况来看，债券为占比最高的一类资产。** 根据银保监会统计，2022年8月，保险业的资金运用余额合计24.5万亿元，其中，银行存款、债券、股票和基金以及其他资产的规模分别为2.8万亿元、9.9万亿元、3.1万亿元以及8.7万亿元，占比分别为11%、40%、13%以及36%。

**2013年以来，保险公司持有的"其他资产"占比提升明显。** 2013年至2021年，保险公司持有的其他资产的占比由11%提升至37%左右。进一步分析上市保险公司的年报，"其他资产"主要是保险公司持有的银行理财产品、长期股权投资和非上市股权以及债权计划和信托计划等非标资产。其他资产占比提升的背后，是保险公司通过"举牌"成为上市公司的股东（报表上体现为长期股权投资），同时，通过保险债权计划和信托计划等方式，参与基建、不动产等领域的债权项目投资。

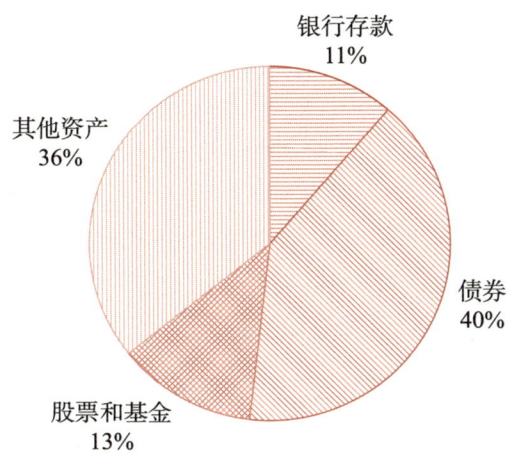

**图5-53　2022年8月保险公司的大类资产配置情况**

资料来源：Wind，兴业研究。

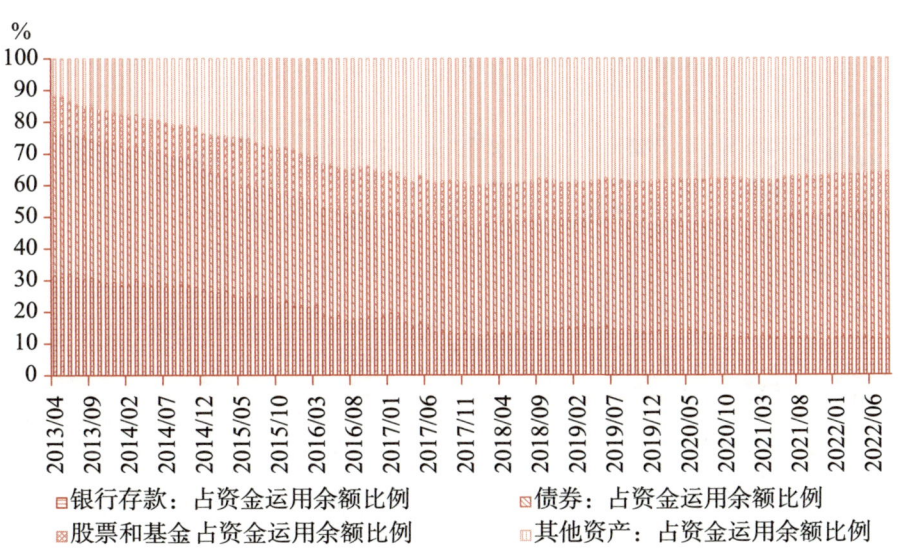

**图5-54　2013年以来保险公司的大类资产配置变化**

资料来源：Wind，兴业研究。

**图 5-55　中国人寿—保险资金投资组合**

注：其他股权投资包括银行理财产品、其他权益类投资和联营企业和合营企业投资。
资料来源：公司年报，兴业研究。

**图 5-56　中国平安—保险资金投资组合**

注：其他债权投资包括保户质押贷款、债权计划投资、理财产品投资；其他股权投资包括理财产品投资、非上市股权、长期股权投资。
资料来源：公司年报，兴业研究。

第五章　读懂机构行为

图5-57　中国太保—保险资金投资组合

注：其他债权投资包括债权投资计划、理财产品、其他固定收益投资；其他股权投资包括理财产品和其他权益投资。

资料来源：公司年报，兴业研究。

图5-58　新华人寿—保险资金投资组合

注：其他债权投资包括信托计划、债权计划、项目资产支持计划和其他；其他股权投资包括其他、长期股权投资。

资料来源：公司年报，兴业研究。

327

从保险资金的大类资产配置比例和各品种的收益率关系来看，保险资金股票和基金配置比例与上证综指趋势一致、债券配置比例与10年国债的趋势一致；从保险资金在不同类型资产中的配置比例调整来看，保险资金在股票牛市时期的配置调整明显。在2006—2007年、2014年下半年至2015年上半年两段股票牛市时期，保险机构增配股票、减配债券的行为较为明显，2006—2007年，股票配置比例从8%最高提升至27%，债券配置比例从55%最低下降至41%；2014年下半年至2015年上半年，股票配置比例从9%上升至16%，债券配置比例从41%下降至34%。

从保险机构债券配置对利率走势的反应来看，保险机构的债券配置比例和债券利率的走势一致，调仓节奏滞后于债券市场的拐点。保险机构的债券配置更注重债券票息、偏好长久期债券，保险资金的债券比例和债券利率走势正相关，即保险资金在债熊时期增配债券，这与基金类机构的配置行为不同。从历次债券市场拐点前后保险公司的调仓来看，2016年9月，债券利率开始上行，保险公司自2017年2月开始提升债券资产占比；2018年1月，债券利率见顶，保险公司自2018年6月左右开始降低债券资产占比；2020年4月，债券利率筑底回升，保险公司自2020年7月开始增持债券资产。保险公司在右侧交易，可能和保险公司追求票息收益、对于债券投资的绝对收益存在要求有关，只有票息处于保险公司要求的区间，保险公司才会选择进场。

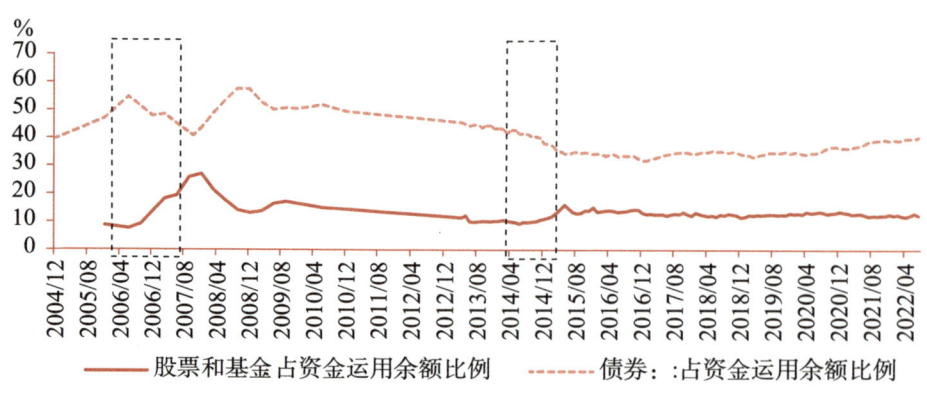

图5-59 保险资金的股债配置比例变化

注：2013年之前的保险业数据不连续，自2013年4月开始为月度数据。
资料来源：Wind，兴业研究。

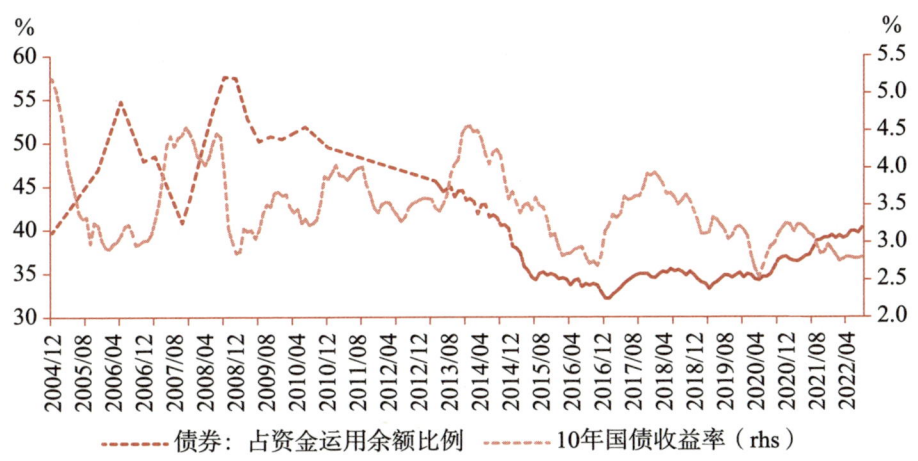

**图 5-60　保险资金债券配置比例和利率走势关系**

注：2013 年之前的保险业数据不连续，自 2013 年 4 月开始为月度数据。
资料来源：Wind，兴业研究。

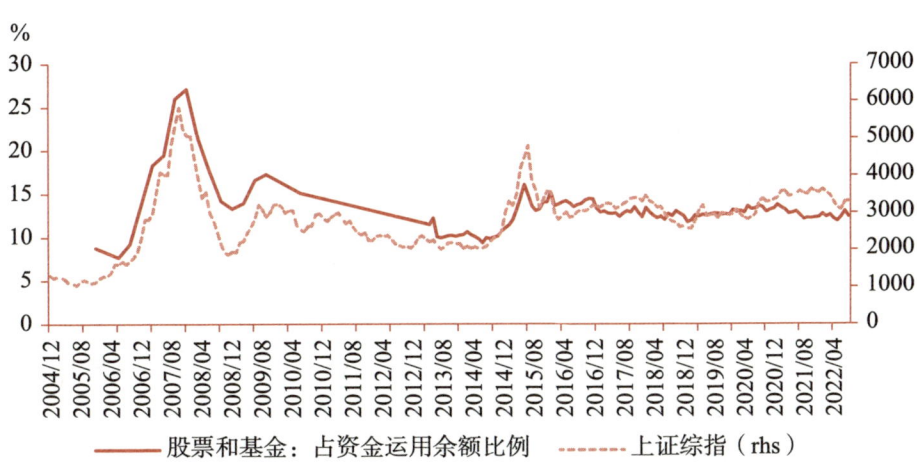

**图 5-61　保险资股票和基金配置比例和上证综指的关系**

注：2013 年之前的保险业数据不连续，自 2013 年 4 月开始为月度数据。
资料来源：Wind，兴业研究。

从影响保险公司对于投资收益的最低要求的几条"红线"来看，主要包括以下四个维度。

**一是偿付能力要求**，偿付能力事实上是保险公司的最低资本监管要求。

**二是平均负债成本**，从财务报表资产和负债匹配的角度，投资收益应大于负债成本，保险公司的投资收益通常用净投资收益和总投资收益来衡量，前者主要包括利息收入和现金分红，大致为现金流较为稳定可预期的收入部分，后者在此基础上还包括买卖价差、公允价值变动、资产减值等。2016年以来，保险公司的净投资收益率下行明显。2021年，4家上市保险公司的净投资收益率由高到低依次为中国平安、中国太保、中国人寿、新华保险，净投资收益率分别为4.6%、4.5%、4.38%、4.3%。

**三是产品定价利率**，例如万能险的结算收益率，由于万能险结算收益率的调整具有价格黏性，在债券利率上行（或下行）期，跟随上调（或下调）的节奏较慢，对应的资产和负债的利差在利率上行初期走阔，在利率下行初期收窄。

**四是同类产品的比价**，保险产品收益率和理财产品、定期存款、基金产品存在比较竞争关系，事实上也间接对其资产的投资收益形成约束。

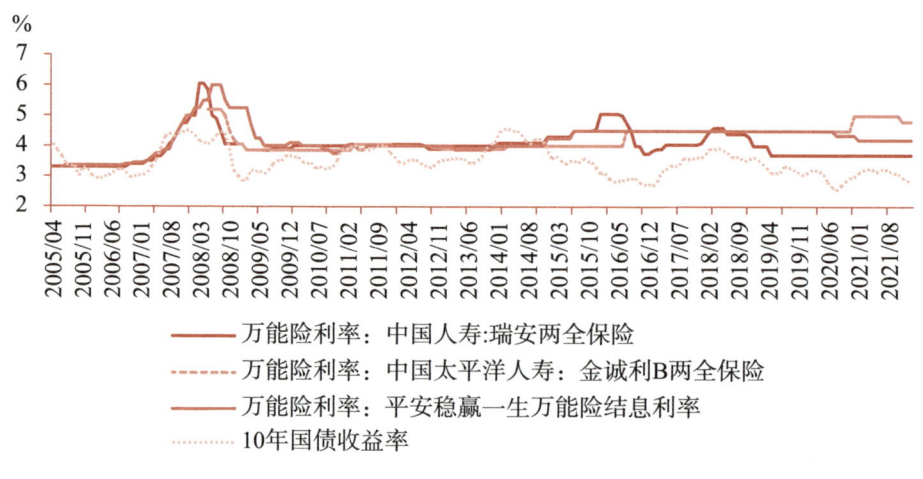

图5-62 万能险结算收益率和国债收益率走势

资料来源：公司官网、Wind，兴业研究。

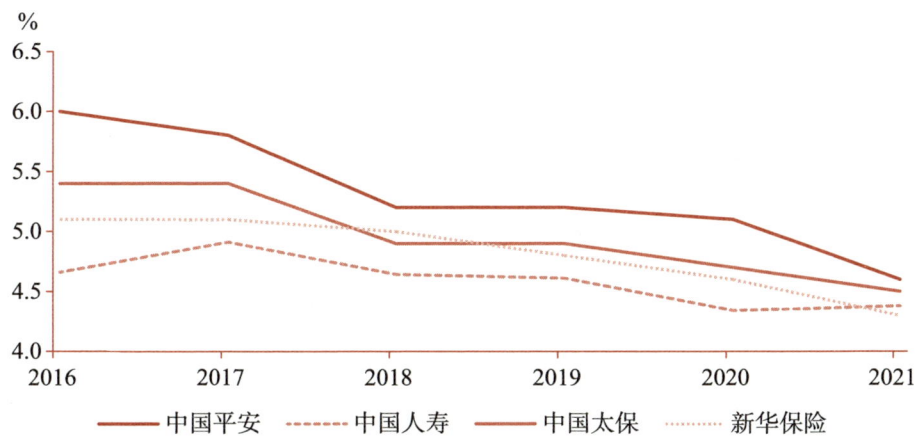

**图5-63　上市保险公司净投资收益率走势**

注：净投资收益包括存款利息收入、债权型金融资产利息收入、股权型金融资产分红收入、投资性物业租金收入以及应占联营企业和合营企业损益等。

资料来源：公司年报，兴业研究。

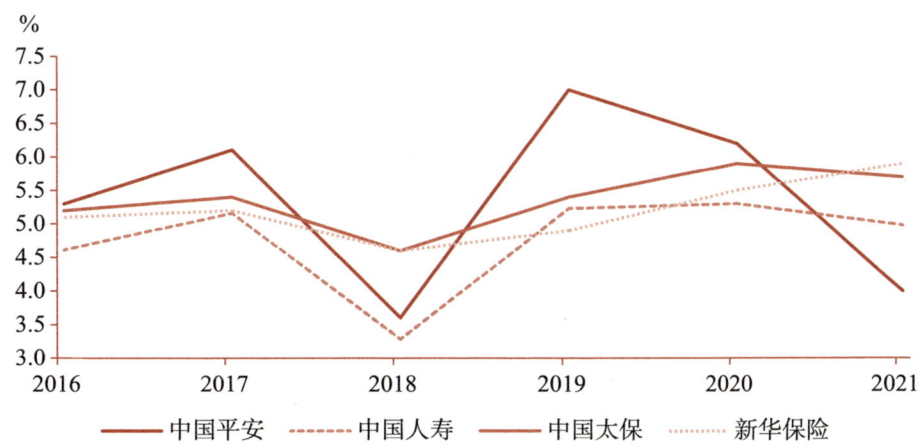

**图5-64　上市保险公司总投资收益率走势**

注：总投资收益在净投资收益的基础上，增加了证券投资差价收入、公允价值变动损益、投资资产减值损失等。

资料来源：公司年报，兴业研究。

## 二、保险公司的债券投资品种偏好

结合银保监会和债券托管数据,截至2022年8月末,保险公司合计持有债券9.8万亿元,其中,银行间债券市场的债券持仓3.47万亿元,交易所市场的债券持仓2.14万亿元。下面分别通过银行间市场和交易所市场的数据分析保险机构的债券投资行为。

**从保险公司持有的银行间市场券种来看**,截至2022年8月末,保险公司持有银行间债券规模合计3.47万亿元,在银行间债券托管量中占比约2.8%。从持有的债券品种分布来看,保险公司投向国债、政金债、地方债、信用债、NCD的占比分别为17%、16%、36%、8%、0.45%,其他债券占比23%,根据2021年2月的数据推测,其他债券中包括超过3000亿元的商业银行债券(商业银行普通债、次级债和二级资本债等),在保险公司持仓中占比超过10%。

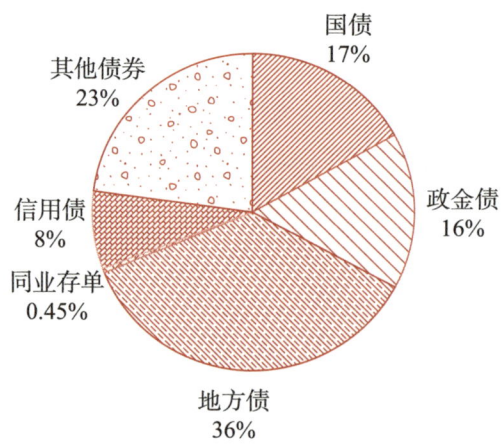

图5-65 保险公司在银行间市场投资债券的券种分布(2022年8月)

资料来源:Wind,兴业研究。

**从保险公司持有的交易所市场券种来看**,截至2022年8月末,保险公司持有银行间债券规模合计2.14万亿元,在交易所债券托管量中占比约11.4%,

其中，国债、地方债、信用债的占比分别为21%、24%、48%，其他债券包括金融债券、可转债、可交债等。

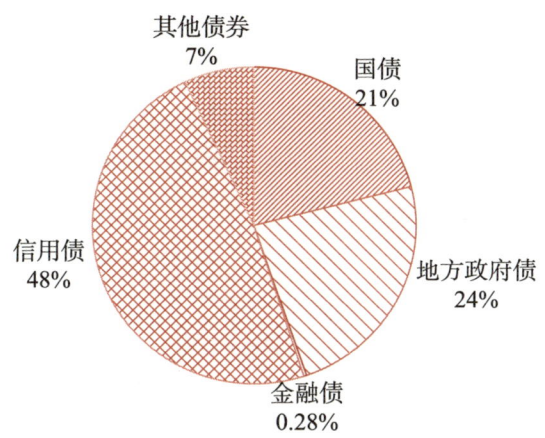

**图5-66　保险公司在交易所市场投资债券的券种分布（2022年8月末）**

资料来源：Wind，兴业研究。

保险公司投资债券时，需要衡量不同券种收益率、税收成本，同时，与商业银行的资本充足率监管类似，保险公司也面临偿付能力监管，需要考虑不同资产的偿付能力成本差异。2015年2月，原保监会印发了《保险公司偿付能力监管规则（1—17号）》（保监发〔2015〕22号），即"偿二代"；根据2021年1月，银保监会印发的《保险公司偿付能力管理规定》（银保监会令2021年第1号），综合偿付能力充足率=实际资本/最低资本，其中，最低资本=量化风险最低资本+控制风险最低资本+附加资本。

**偿二代下市场风险最低资本的占比最高，超过保险风险和信用风险。**量化风险最低资本包括保险风险、市场风险、信用风险对应的最低资本，计算中三者并非直接相加，而是使用了相关系数矩阵，并扣减了损失吸收效应。**根据2015年9月原保监会披露的测算数据，偿二代下市场风险最低资本占比最高，超过量化风险最低资本的97%，其次才是保险风险（28%）和信用风险（22%）**，此外，还有风险分散效应（–25%）和损失吸收效应（–22%）的扣减项，这与商业银行的资本占用结构明显不同，商业银行的资本占用中占比最高的是信用风险，其次才是市场风险和操作风险等。

市场风险主要包括利率风险、权益价格风险、房地产价格风险、境外资产价格风险和汇率风险。**其中，利率风险最低资本在市场风险中占比最高，主要针对以公允价值计量且具有明确期限的境内投资资产**，即主要针对计入FVTPL和FVTOCI科目的债权类资产，尤其是对于期限较长的利率债、利率风险占用较高，除人身险公司外，财险公司的利率风险最低资本主要基于债券的修正久期和风险因子计算。

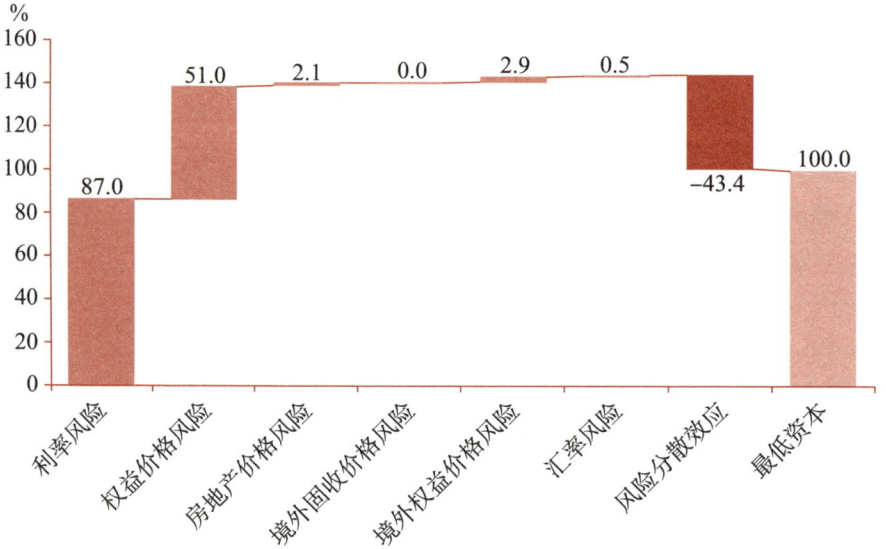

**图5-67　2015年2季度实行偿二代后人身险公司的市场风险最低资本结构**

资料来源：原保监会《保险行业的风险管理——偿二代视角》（2015年9月），兴业研究。

**保险公司信用风险最低资本的计量与商业银行信用风险加权资产有相似之处**，信用风险最低资本=风险暴露×风险因子=风险暴露×基础因子×（1+特征因子），信用风险包括利差风险和交易对手违约风险，其中，交易对手违约风险根据不同资产的评级、期限等赋予不同的基础因子和特征因子。

若仅考虑交易对手违约风险，基于不同债券品种的税收差异和偿付能力要求差异，我们可以参考银行投资于不同券种的调整后收益计算方式，计算保险公司投资于不同券种的调整后投资收益，列表如下。需要指出的是，由于人身险公司的利率风险最低资本的模型较为复杂、需要计算不利情景假设下债券估值变动、此处未估算，仅扣除了交易对手违约风险的资本占用，实际中利率风险的资本占用高于信用风险资本占用。

表5-7 银行和保险自营投资于主要债券品种的税率

| 银行/保险自营 | 增值税 | | 所得税 | |
|---|---|---|---|---|
| | 持有期利息收入 | 资本利得 | 持有期利息收入 | 资本利得 |
| 国债 | 免 | 6% | 免 | 25% |
| 地方政府债 | 免 | 6% | 免 | 25% |
| 政策性金融债 | 免 | 6% | 25% | 25% |
| 企业债 | 6% | 6% | 25% | 25% |
| NCD | 免 | 6% | 25% | 25% |

资料来源：Wind，兴业研究。

表5-8 保险公司投资于不同券种的调整后收益

| 2022/9/30 | 10年国债 | 10年地方债 | 10年国开债 | 3年AAA中期票据 | 3年AA+中期票据 | 1年股份行NCD | 5年国有大行二级资本债 |
|---|---|---|---|---|---|---|---|
| 原始收益率 | 2.76% | 2.98% | 2.93% | 2.67% | 2.83% | 2.02% | 3.11% |
| 所得税 | 0 | 0 | 25% | 25% | 25% | 25% | 25% |
| 增值税 | 0 | 0 | 0 | 6% | 6% | 0 | 0 |
| 税后收益 | 2.76% | 2.98% | 2.20% | 1.89% | 2.00% | 1.52% | 2.33% |
| 信用风险最低资本 | | | | | | | |
| 基础因子（RF0） | 0 | 0 | 0 | 0.015 | 0.036 | 0 | 0.1 |
| 特征因子（K） | —— | —— | —— | 0.05 | 0.05 | —— | —— |
| 交易对手违约风险因子（RF=RF0*（1+K）） | 0 | 0 | 0 | 0.01575 | 0.0378 | 0 | 0.1 |

续表

| 2022/9/30 | 10年国债 | 10年地方债 | 10年国开债 | 3年AAA中期票据 | 3年AA+中期票据 | 1年股份行NCD | 5年国有大行二级资本债 |
|---|---|---|---|---|---|---|---|
| 偿付能力成本 | 0.00% | 0.00% | 0.00% | 0.42% | 1.02% | 0.00% | 2.69% |
| 调整后收益 | 2.76% | 2.98% | 2.20% | 1.47% | 0.98% | 1.52% | −0.36% |

注：调整后收益率 = 原始收益率 ×（1− 所得税）/（1+ 增值税）− 交易对手违约风险因子 × 资本利润率 × 综合偿付能力充足率，取资本利润率 =12%，综合偿付能力充足率 =224.20%。

资料来源：Wind，兴业研究。

**从保险公司的利率债偏好来看，地方债已成为保险公司持有的第一大券种，这可能是由于地方债同时具有税收优势和偿付能力成本优势。** 对于期限接近的利率债，其市场风险最低资本大致相当、交易对手违约风险最低资本均为0，国债和地方债的税收成本均为0，同时，地方债的收益更高；而政金债则需要缴纳25%的所得税。应当指出的是，商业银行自营和保险公司的税率一致，但商业银行资本监管中，国债和政金债的信用风险权重为0，地方债的信用风险权重为20%，这与保险公司偿付能力中三类利率债的基础因子均为0不同。

**对于信用债投资，保险公司的风险偏好较低，持仓主要集中于AAA级的高评级信用债。** 上市保险公司的信用债的持仓中AAA级占比均超过90%。在交易对手违约风险因子的计算中，AA+评级的信用债的基础因子（0.036）是AAA评级的基础因子（0.015）的2倍多，这也提升了保险公司投资于低评级信用债的偿付能力成本。

**从债券投资的久期来看，保险公司尤其是寿险业务面临资产负债期限的负缺口，因而对长久期资产存在持续的增持需求。** 从现券交易数据可以看出，2019年以来，保险公司持续增持10年以上的超长债，这是因为，保险公司尤其是寿险业务板块的负债端期限较长，市场上少有能够匹配负债端的资产，因而保险公司持续面临资产负债期限错配的问题，随着存量资产的逐步到期，保险公司通常通过换券交易，卖出老券、买入新券，拉长资产久期。以中国平安为例，2013年至2018年，该公司通过拉长资产久期、缩短负债久期，将资产负债的缺口由8.6年缩短至6.6年。

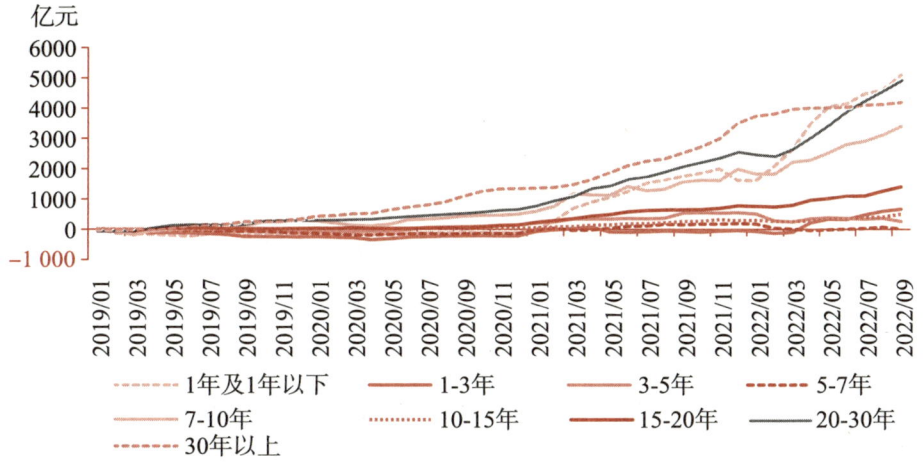

**图5-68　保险公司累计净买入债券的久期分布**

资料来源：CFETS，兴业研究。

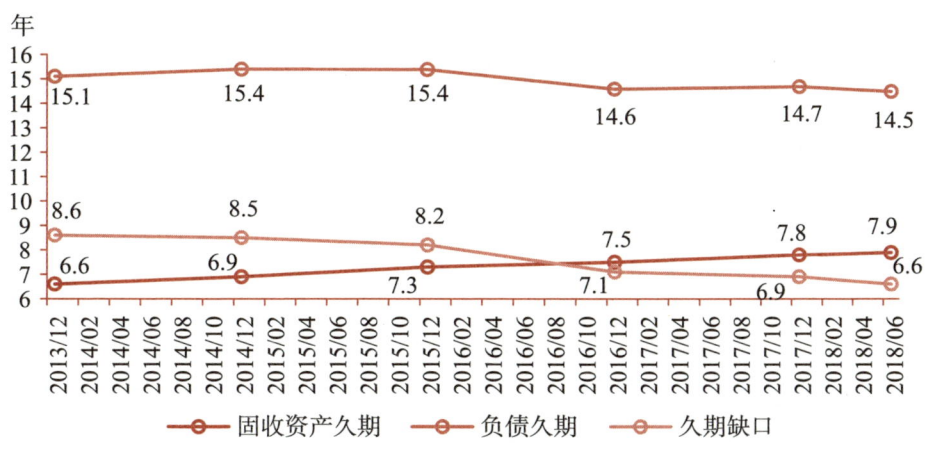

**图5-69　中国平安资产负债久期缺口**

资料来源：中国平安2018年投资者公开日材料，兴业研究。

## 三、低利率环境下保险公司的选择：美国保险业的经验

从美国保险业的投资收益率来看，在1990年前后达到顶峰之后便开始下行。然而，2008年至2019年，在低利率甚至接近零利率的环境下，保险公司总资产的净投资收益率仍能保持相对稳定，处于4%—5%的区间内，其行为或许能够为我国保险公司的资产配置提供借鉴。

**从美国保险业的大类资产配置来看，同样存在明显的股债配置轮动，2008年之后股票占比保持在较高水平、增配另类资产、减配债券。**与我国保险业类似，美国保险业同样在股票牛市中提升权益资产占比、降低债权资产占比，这在20世纪90年代和2003—2007年的两轮美国股票牛市中表现得较为明显，在这两轮牛市周期中，美国保险业的股票投资占比分别从9%提升至32%、从23%提升至33%。2008年之后，美国保险业的股票资产的占比持续保持在30%左右的历史较高水平，2007年至2020年，债券占比由51%小幅下降至47%，增配资产主要集中于另类和多元化投资，后者的占比由7%左右提升至12%，这和近年来美国另类共同基金规模快速扩张的趋势较为一致。保险公司是海外另类投资市场的重要参与者，美国保险公司尤其是寿险公司，是美国传统私募债权市场的最主要投资机构，占比超过80%，美国保险监督官协会也对私募债权存在专门的评级。

图5-70 美国保险业的投资收益率

资料来源：ACLI，兴业研究。

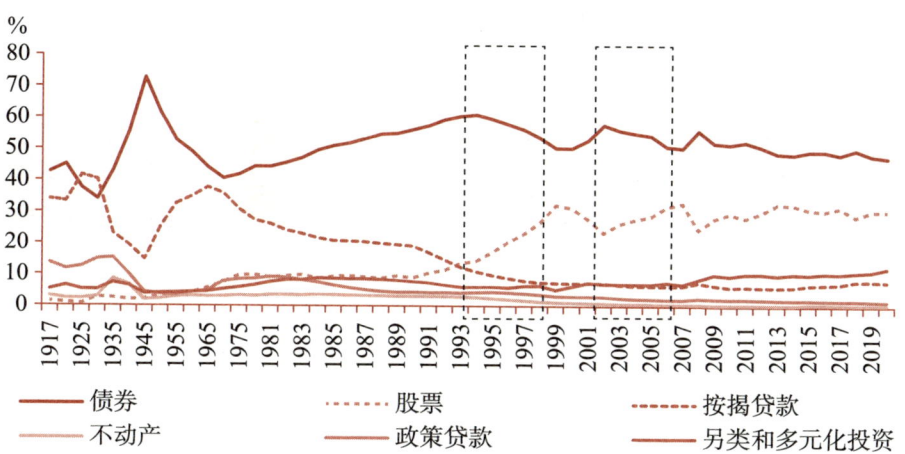

图5-71 美国保险业的大类资产配置

资料来源：ACLI，兴业研究。

## 境外机构：外资进入中国债市的逻辑

> 境外机构已成为我国内地债券市场的重要参与主体。本部分将对境外机构对我国债券市场投资的现状、投资特点，以及影响境外机构债券投资的主要因素进行分析。

### 一、境外机构对我国内地债券的投资概况

#### （一）境外机构参与我国内地债券市场的主要渠道

截至2022年8月末，境外机构已累计持有我国银行间市场债券3.48万亿元，其中，中债登的托管量为3.23万亿元，上清所的托管量为2425亿元，合计约占银行间债券市场总托管量的2.8%。与2014年末[1]相比，境外机构的债券投资规模增长了5倍，在银行间债券市场总托管量中的占比提升了1.1个百分点。

**境外机构对我国内地债券市场投资规模的快速增长，得益于我国金融市场对外开放的步伐加快，境外投资者参与我国债券市场的渠道不断丰富。** 境外投资者参与我国内地债券市场的渠道主要包括QFII/RQFII模式，结算代理模式（CIBM Direct）和债券通模式（Bond Connect）。

---

[1] 由于中债登披露的境外机构债券托管数据自2014年6月开始，此处使用2014年末数据作为比较基准。

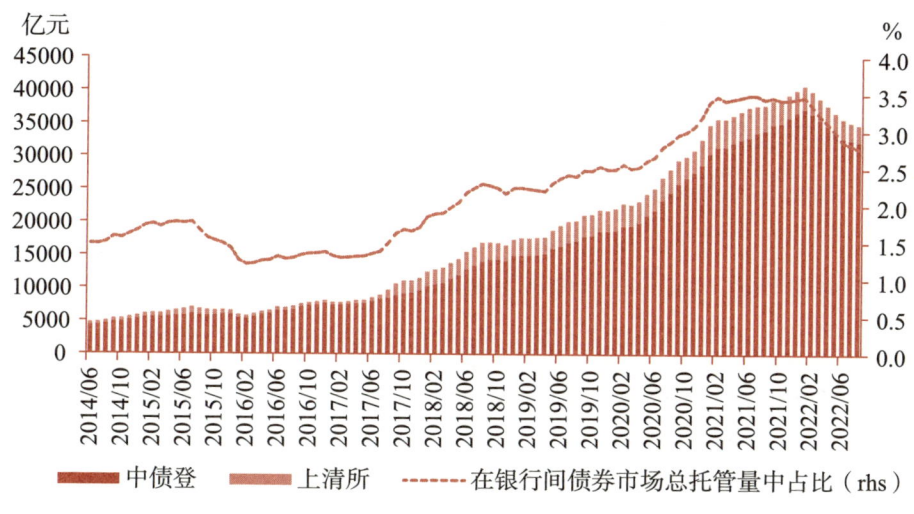

图5-72 境外机构持有的银行间债券规模

资料来源：CEIC，兴业研究。

**一是QFII、RQFII模式：由允许境外机构投资于交易所市场的股票和债券到向境外机构开放银行间市场，投资额度由逐步扩大到完全取消。**

2002年11月5日，证监会、人民银行发布了《合格境外机构投资者境内证券投资管理暂行办法》（证监会、人民银行令第12号），**启动合格境外机构投资者（QFII）试点**，允许符合条件的境外基金管理机构、保险公司、证券公司以及其他资产管理机构等合格境外机构投资者（QFII），在获得证监会批准，并取得外管局额度后，投资在证券交易所挂牌交易的除境内上市外资股以外的股票、在证券交易所挂牌交易的国债、可转换债券和企业债券等。2010年8月，人民银行发布《关于境外人民币清算行等三类机构运用人民币投资银行间债券市场试点有关事宜的通知》（银发〔2010〕217号），**允许境外央行等三类机构进入银行间市场**，境外中央银行或货币当局，香港、澳门地区人民币业务清算行，跨境贸易人民币结算境外参加银行等三类机构可以申请进入银行间债券市场，在人民银行批准的额度内，通过结算代理人或直接开立债券账户交易联网进行债券交易结算。2011年12月，证监会、人民银行、外管局发布《基金管理公司、证券公司人民币合格境外机构投资者境内证券投资试点办法》（证监会、人民银行、外管局　第76号令），启动了人民币合格境外机构投资者（RQFII）试点，允许境内基金管理公司、证券公司的香港子公司（以下简称香港子公司），运用在香港募集的人民币资金投资境内证券市场，包括交易所市场和银行间债券市场。2012年7月，证监会发布《关于实施〈合格境外机构投资者境内证券投资管理办法〉有关问题的规定》，明确QFII可以投资于银行间债券市场。2013年3月，中国人民银行发布《关于合格境外机构投资者投资银行间债券市场有关事项的通知》（银发〔2013〕69号），进一步明确QFII应当委托结算代理人进行债券交易和结算。在这一阶段，除境外央行境外央行和港澳人民币清算行可以直接办理交易联网，QFII、RQFII进入银行间市场，均需要委托银行间债券市场结算代理人进行债券交易和结算。此后QFII、RQFII的额度不断扩大。2020年5月7日，人民银行、外管局发布《境外机构投资者境内证券期货投资资金管理规定》（人民银行　外管局公告〔2020〕第2号），取消了合格境外机构投资者（QFII）和人民币合格境外机构投资者（RQFII）境内证券投资额度管理要求。

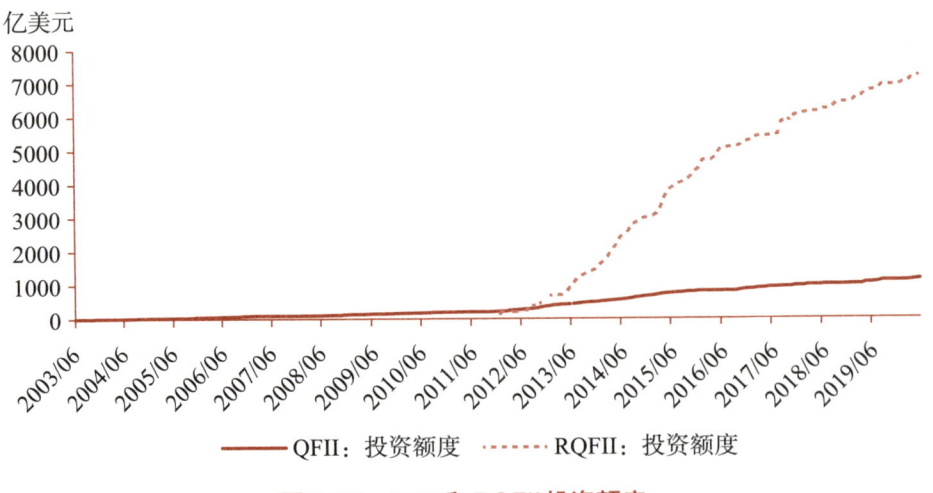

图5-73　QFII和RQFII投资额度

资料来源：Wind，兴业研究。

### 表5-9 中国债券市场开放的进程

| 时间 | 事件 |
|---|---|
| 2002年11月 | 证监会、人民银行发布了《合格境外机构投资者境内证券投资管理暂行办法》（证监会、人民银行令第12号），允许合格境外投资者（QFII）在经批准的投资额度内，投资在证券交易所挂牌交易的除境内上市外资股以外的股票、在证券交易所挂牌交易的国债、可转换债券和企业债券等。 |
| 2010年8月 | 人民银行发布《关于境外人民币清算行等三类机构运用人民币投资银行间债券市场试点有关事宜的通知》（银发〔2010〕217号），允许境外央行等三类机构进入银行间市场，境外中央银行或货币当局，香港、澳门地区人民币业务清算行，跨境贸易人民币结算境外参加银行等三类机构可以申请进入银行间债券市场，在人民银行批准的额度内，通过结算代理人或直接开立债券账户进行债券交易结算。 |
| 2011年12月 | 证监会、人民银行、外管局发布《基金管理公司、证券公司人民币合格境外机构投资者境内证券投资试点办法》（证监会、人民银行、外管局第76号令），启动了人民币合格境外机构投资者（RQFII）试点，允许境内基金管理公司、证券公司的香港子公司（以下简称香港子公司），运用在香港募集的人民币资金投资境内证券市场，包括交易所市场和银行间债券市场。 |
| 2012年7月 | 证监会发布《关于实施〈合格境外机构投资者境内证券投资管理办法〉有关问题的规定》，明确QFII可以投资于银行间债券市场。 |
| 2015年7月 | 中国人民银行发布《关于境外央行、国际金融组织、主权财富基金运用人民币投资银行间市场有关事宜的通知》（银发〔2015〕220号），允许上述机构进入银行间债券市场，并委托银行间市场结算代理人进行交易和结算，不设投资额度限制。 |
| 2016年2月 | 人民银行发布《关于进一步做好境外机构投资者投资银行间债券市场有关事宜的公告》，允许境外商业银行、保险公司、证券公司、基金管理公司及其他资产管理机构等各类金融机构，上述金融机构依法合规面向客户发行的投资产品，以及养老基金、慈善基金、捐赠基金等中国人民银行认可的其他中长期机构投资者以结算代理模式进入银行间市场，标志着债券市场全面开放。 |
| 2017年6月 | 中国外汇交易中心与香港交易所合资成立债券通公司。 |
| 2018年10月 | 财政部、税务总局发布《关于境外机构投资境内债券市场企业所得税、增值税政策的通知》（财税〔2018〕108号），进一步明确税收政策，对境外机构投资者投资中国债券市场，免征企业所得税和增值税，期限暂定三年。 |
| 2019年4月 | 从2019年4月1日起，以人民币计价的中国国债和政策性银行债券开始被纳入彭博巴克莱全球综合指数，并将在20个月内分步完成。 |
| 2020年2月 | 自2020年2月开始，摩根大通开始将中国债券纳入其新兴市场指数。 |

续表

| 时间 | 事件 |
|---|---|
| 2020年9月 | 富时罗素公司宣布中国国债将于2021年10月被纳入富时世界国债指数。届时，全球三大债券指数将均纳入中国债券。 |
| 2020年5月 | 人民银行、外管局发布《境外机构投资者境内证券期货投资资金管理规定》（人民银行 外管局公告〔2020〕第2号），取消了合格境外机构投资者（QFII）和人民币合格境外机构投资者（RQFII）境内证券投资额度管理要求。 |

资料来源：根据公开资料整理，兴业研究。

**二是结算代理模式（CIBM Direct）：逐步向更多类型境外机构开放银行间债券市场，不设投资额度。**

2015年7月，中国人民银行发布《关于境外央行、国际金融组织、主权财富基金运用人民币投资银行间市场有关事宜的通知》（银发〔2015〕220号），**允许上述机构进入银行间债券市场，并委托银行间市场结算代理人进行交易和结算，不设投资额度限制。** 2016年2月，人民银行发布《关于进一步做好境外机构投资者投资银行间债券市场有关事宜的公告》，允许境外商业银行、保险公司、证券公司、基金管理公司及其他资产管理机构等各类金融机构，上述金融机构依法合规面向客户发行的投资产品，以及养老基金、慈善基金、捐赠基金等中国人民银行认可的其他中长期机构投资者以结算代理模式进入银行间市场，不设投资额度限制，仅需向人民银行提交拟投资规模备案，也就是银行间债券市场直接投资模式（CIBM Direct，也称结算代理模式）。2020年9月1日，外汇交易中心开始试运行直投模式下直接交易服务（CIBM Direct），包括银行间债券市场开立债券账户（以下简称直投模式）的境外机构投资者、QFII和RQFII在内的境外机构均可参与，**境外机构投资者可通过请求报价方式与境内做市机构开展现券交易，**向做市机构发送只含量、不含价的报价请求，做市机构通过交易中心系统向境外投资者回复可成交价格，境外投资者确认价格并在交易中心系统达成交易，清算方式为全额清算，结算方式为券款对付，清算速度支持T+0、T+1、T+2和T+3。

**三是推出"债券通"模式（Bond Connect）：境外投资者可以通过"债**

券通"参与银行间债券市场的交易。

2017年6月,中国外汇交易中心与香港交易所合资成立债券通公司。2017年7月,债券通上线。2022年8月,债券通交易量为7830亿元,交易笔数为7185笔。债券通支持逐笔实时券款对付,支持T+0、T+1、T+2和T+3交易,参与"债券通"交易的投资者包括一些小型机构,单笔交易金额1000万元以下的交易数量占比25%。

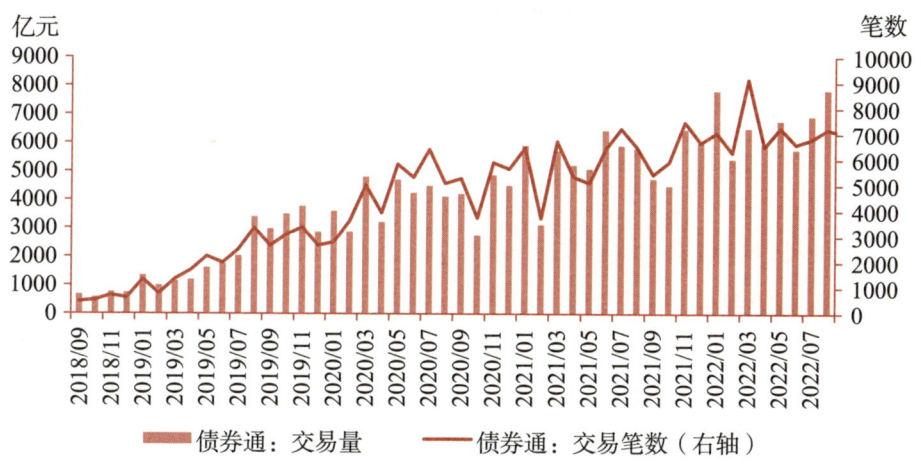

图5-74 债券通交易规模

资料来源:Wind,兴业研究。

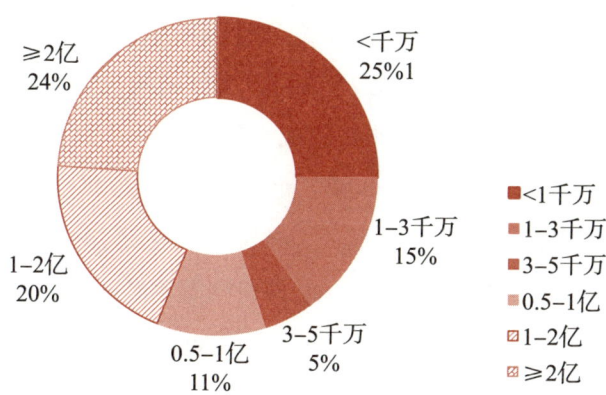

图5-75 2022年8月末债券通二级交易的单笔交易量

注:按交易笔数分布,区间左闭右开。
资料来源:债券通,兴业研究。

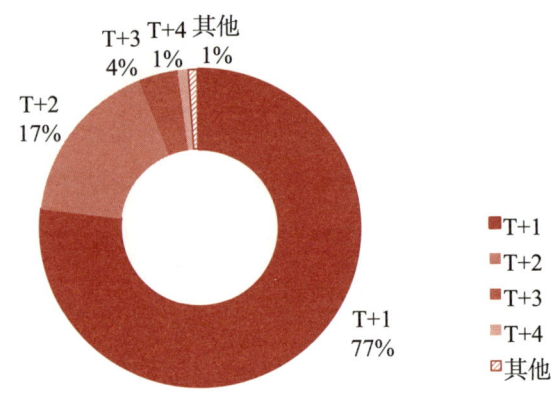

图 5-76　2022 年 8 月末债券通二级交易的清算速度

资料来源：债券通，兴业研究。

**结算代理和债券通渠道交易规模相当，海外央行以结算代理模式为主，参与债券通的海外资管机构数量更多。** 截至 2022 年 8 月末，共有 1057 家境外机构主体进入我国银行间债券市场，其中 524 家通过结算代理模式（CIBM Direct）入市，766 家通过债券通模式（Bond Connect）入市，233 家同时通过两个渠道入市。根据外汇交易中心的披露来看，境外机构的类型主要包括海外央行、商业银行、非银金融机构、其他中长期投资者、资管机构等，其中，海外央行以结算代理模式为主，海外资管机构通过债券通模式入市的数量更多，据债券通披露，全球前 100 大资管机构中已有 78 家开通了债券通交易。据外汇交易中心披露，2022 年 8 月，境外机构投资者共达成现券交易 12723 亿元，交易量占同期现券市场总成交量的约 5%，其中，通过结算代理模式达成 4893 亿元（代理交易 4589 亿元、直接交易 304 亿元），净买入 420 亿元；通过债券通模式达成 7830 亿元，净买入 65 亿元。

总结来看，QFII、RQFII 模式下，境外机构需要经证监会批准并获得外管局额度，从初期仅允许进入交易所市场，到通过结算代理人方式进入银行间市场，已经取消额度限制；**结算代理模式（CIBM Direct）** 下，境外机构仅需要在人民银行备案，即可通过结算代理人方式进入银行间市场，不设额度限制；**债券通模式（Bond Connect）** 下，境内外投资者通过香港与内地债券市场基础设施机构连接，通过"北向通"进入银行间市场。

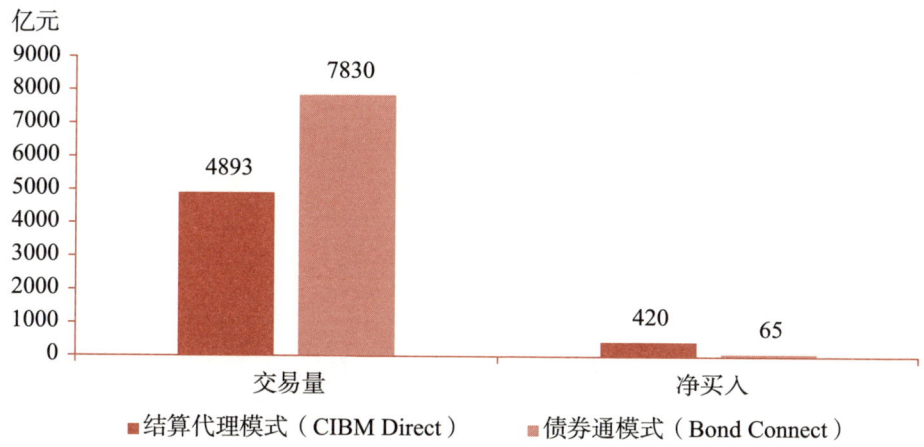

图5-77　结算代理模式和债券通的交易规模比较（2022年8月）

资料来源：外汇交易中心，兴业研究。

在我国金融市场进一步扩大对外开放的背景下，金融监管部门推动进一步简化、统一境外机构进入内地债券市场的方式。2019年10月16日，人民银行、外管局发布《关于进一步便利境外机构投资者投资银行间债券市场有关事项的通知》（银发〔2019〕240号），允许QFII/RQFII债券账户和银行间债券市场直接投资项下的债券账户中所持有的银行间市场债券进行双向非交易过户。

（二）境外机构的主要持仓债券品种

从境外机构的债券投资品种来看，国债、政金债是境外机构的主要持仓品种，境外机构对NCD（为叙述方便，本部分也将NCD称为"债券"）的投资增长较快，对信用债保持谨慎。截至2022年8月末，境外机构累计持有国债23252亿元、政金债8033亿元、地方债100亿元、信用债1112亿元、金融机构债券156亿元、NCD 1182亿元，国债、政金债、NCD在境外机构的持仓中占比分别为61%、29%、8%；境外机构对地方债的投资规模较小，这可能是由于对境外机构而言，地方债具有异质性，而其收益率和流动性相较于政金债又不具有相对优势；境外机构的信用债投资规模增长较慢，2022年8月末规模为1112亿元，占比由2016年之前的10%以上下降至3%左右；相较而言，NCD更受境外机构欢迎，自2017年债券通交易渠道开通之后，境外机构对NCD的投资量增长明显。

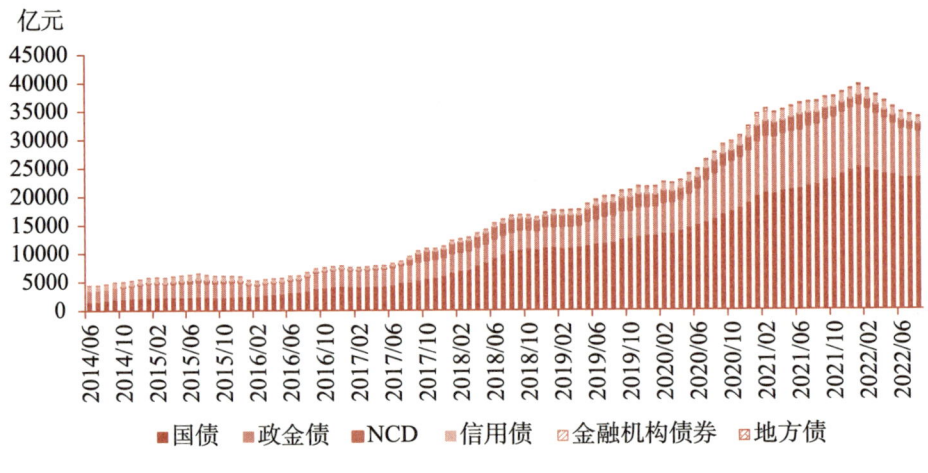

图5-78　境外机构债券投资品种（规模）

资料来源：CEIC，兴业研究。

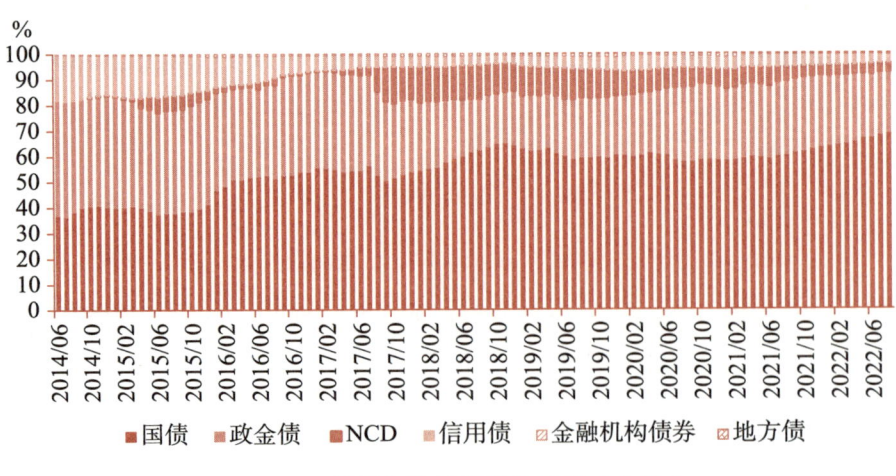

图5-79　境外机构债券投资品种（占比）

资料来源：CEIC，兴业研究。

**从境外机构在债券通二级市场交易债券的品种和期限分布来看**，根据债券通披露的数据，以2022年8月为例，从二级市场交易的债券品种来看，国债、政金债占比分别46%、34%，同业存单占比16%左右；从期限分布来看，1年以下（不含1年）、1—3年（含1年，不含3年，后同）、3—5年、5—7年、7—10年、10年以上债券占比分别为45%、12%、13%、2%、26%、2%。

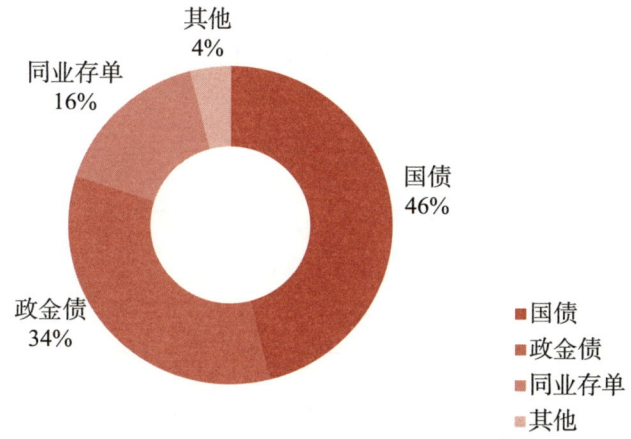

图5-80　2022年8月债券通二级交易债券类型分布

资料来源：债券通，兴业研究。

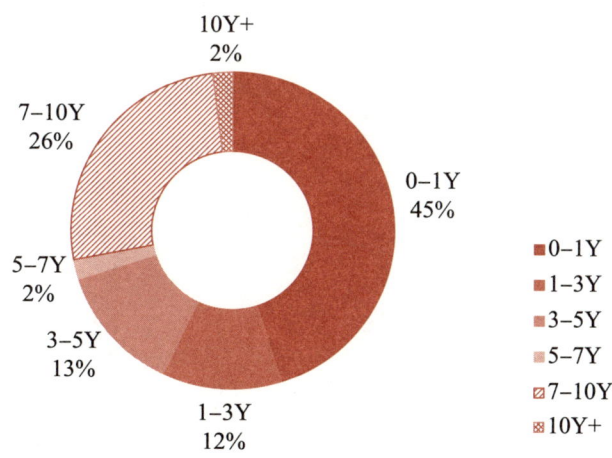

图5-81　2022年8月债券通二级交易债券期限分布

资料来源：债券通，兴业研究。

从境外机构在我国债券市场的占比和影响来看，境外机构对国债、政金债等品种的持仓占比总体不断扩大，对债券价格的边际影响逐步提升。从境外机构投资的各债券品种的全市场占比来看，境外机构持有的国债在存量国债中占比已经达到9%、持有的政金债和NCD占比分别为5%和2%；从对债券市场的边际影响来看，自2016年以来，境外机构增持规模在国债当年净融资规模中占比就已经达到10%以上，2019年和2020年，境外机构增持规模在政金债当年净融资规模中占比达到10%以上。

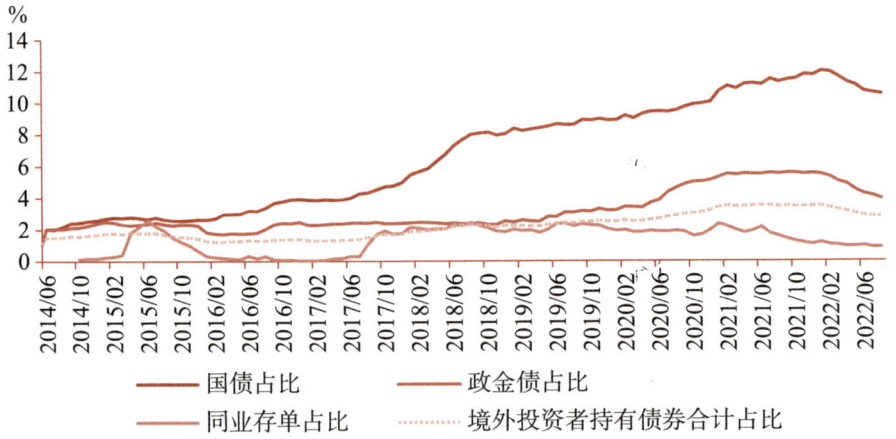

**图5-82　境外机构主要债券投资品种在该品种托管规模中的占比**

资料来源：CEIC，兴业研究。

**图5-83　境外机构国债增持规模及在国债当年净融资规模中的占比**

资料来源：CEIC，兴业研究。

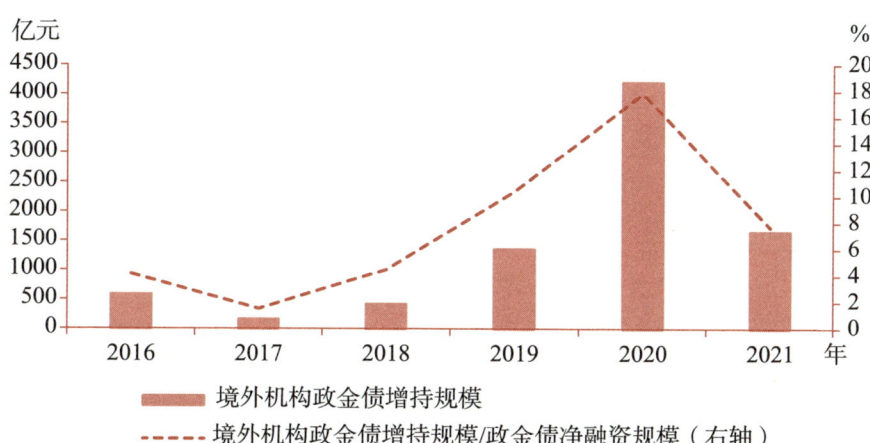

**图5-84 境外机构政金债增持规模及在政金债当年净融资规模中的占比**

资料来源：CEIC，兴业研究。

**全球三大债券指数先后纳入中国债券，带动外资配置中国利率债。** 2019年4月、2020年2月和2021年10月，彭博巴克莱全球综合指数、摩根大通全球—新兴市场指数和富时世界国债指数先后将中国国债、政金债中的部分品种纳入指数，跟踪上述指数的债券指数基金、债券ETF等机构的被动投资成为债市外资流入的重要来源。

**图5-85 境外机构流入债市的资金情况**

资料来源：CEIC，兴业研究。

表5-10 全球三大债券指数纳入中国债券的进度

| 指数名称 | 开始纳入 | 完全纳入 | 时间长度 | 指标权重 |
|---|---|---|---|---|
| 彭博巴克莱全球综合指数 | 2019年5月 | 2020年12月 | 20个月 | 6.03% |
| 摩根大通全球-新兴市场指数 | 2020年2月 | 2020年11月 | 10个月 | 10.00% |
| 富时世界国债指数 | 2021年10月 | 2024年10月 | 36个月 | 5.25% |

资料来源：根据公开资料整理，兴业研究。

## 二、影响境外机构对我国境内债券市场投资的因素分析

**利差因素是影响境外机构增持我国境内债券的主要因素。**以中美国债利差为例，境外机构持仓规模环比与中美利差的走势存在较为明显一致性，当中美利差走阔时，我国境内债券的吸引力提升，境外机构增持我国境内债券的力度加大；当中美利差收窄时，境外机构增持我国境内债券的动力减弱。相较而言，我国内地债市本身的牛熊与境外机构增持规模之间的关系较弱。

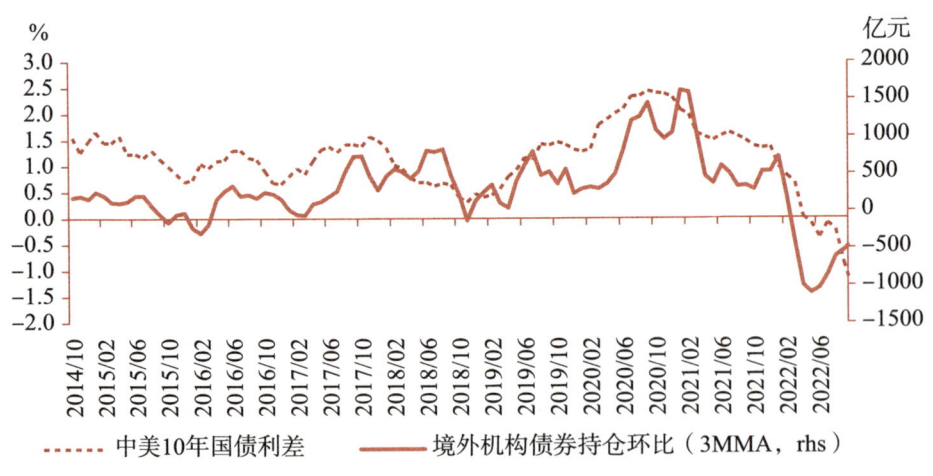

图5-86 境外机构债券持仓和中美国债利差的关系

资料来源：Wind，兴业研究。

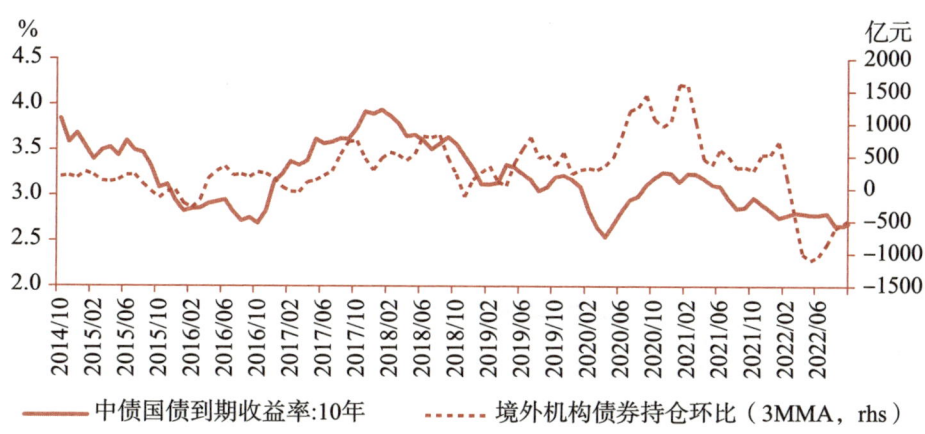

图5-87 境外机构债券持仓和中国国债利率的关系

资料来源：Wind，兴业研究。

**汇率预期也会影响境外机构对我国债券市场的投资**。在境外机构的投资期间，人民币贬值时，汇兑损失会部分抵消境外机构的投资收益；人民币升值时，境外机构可以同时获得投资收益和汇兑收益。理论上讲，境外机构可以通过外汇衍生工具套保，减少可能的汇兑损失。构建考虑汇率对冲之后的中美利差，其走势与境外机构债券持仓环比大体一致。不过，由于债市的资金流入还受到其他因素的影响，如债券指数基金的被动配置，上述指标不能完全解释境外机构的持仓变动。实际中，境外机构是否选择对人民币债券投资的汇率风险对冲，还与机构对汇率的预期和择时行为有关。对比境外机构债券持仓和是否考虑汇率对冲的中美利差关系，在境外投资者中，很可能大部分是不进行汇率风险对冲的。

**从境外机构对NCD的投资来看，境外机构对NCD的投资与境内外资金的利差较为相关**。以Shibor 3M和Libor 3M的利差为例，境内外的资金利差走阔时，境外机构相应增加对NCD的持仓力度。此外，2017年7月债券通渠道开通后，以及2019年4月债券通支持同业存单一级申购之后，境外机构的NCD投资规模都出现了明显的上升。

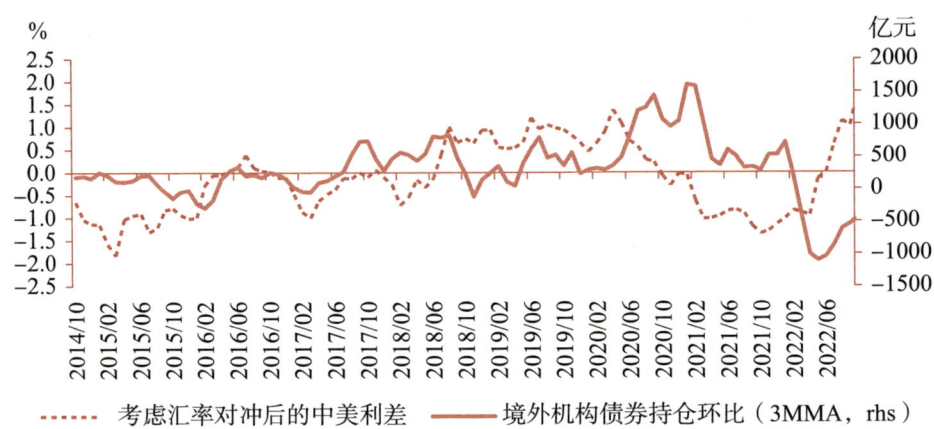

图 5-88　境外机构债券持仓和考虑汇率对冲后的中美利差的关系

注：考虑汇率对冲后的中美利差 = 中美利差 −1 年期外汇掉期成本

资料来源：Wind，兴业研究。

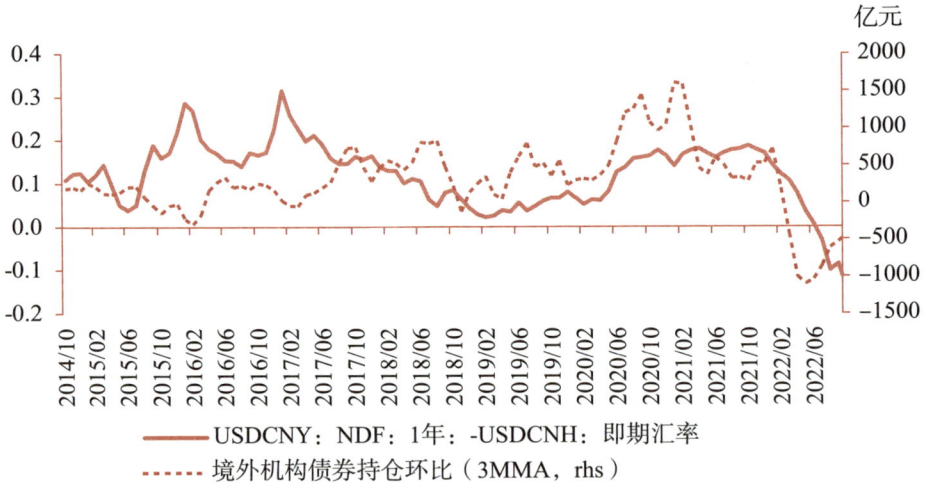

图 5-89　境外机构债券持仓和汇率预期之间的关系

资料来源：Wind，兴业研究。

第五章　读懂机构行为

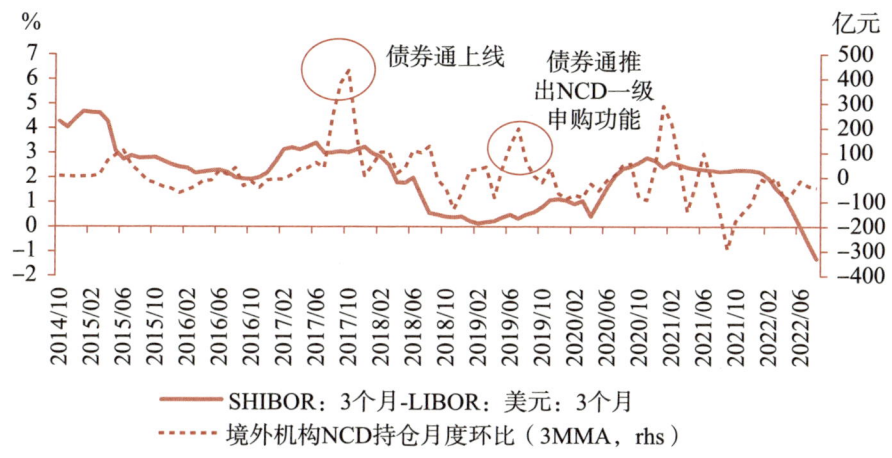

**图5-90　境外机构NCD投资和境内外资金利差的关系**

资料来源：Wind，兴业研究。

**从境外机构的利率债和NCD投资的关系来看**，二者的持仓环比走势较为一致，未表现出明显的替代关系。说明现阶段境外机构对内地债券市场的投资以跟随市场整体利率走势为主，尚未在品种之间进行明显的切换。

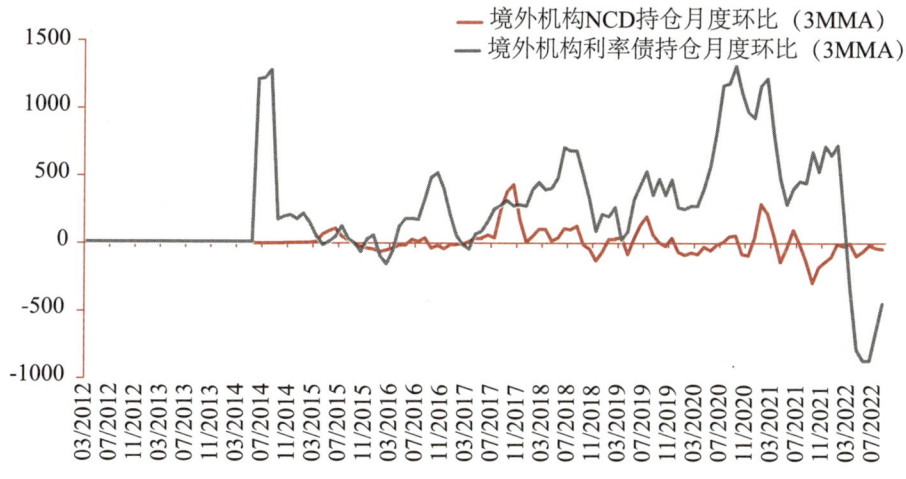

**图5-91　境外机构NCD投资和利率债投资的关系**

资料来源：Wind，兴业研究。

**从境外机构对债券和股票市场的投资来看**，可以看出，2020年7—9月，

355

陆港通项下的股票投资（陆股通—港股通）为净流出，而债市成为境内证券市场资金流入的主要来源。这也说明，推动我国资本市场开放的过程中，债市和股市平衡开放的重要性，相较而言，境外机构在股市的投机性更强，存在快进快出的特点，开放债券市场可以在一定程度上对冲其影响。

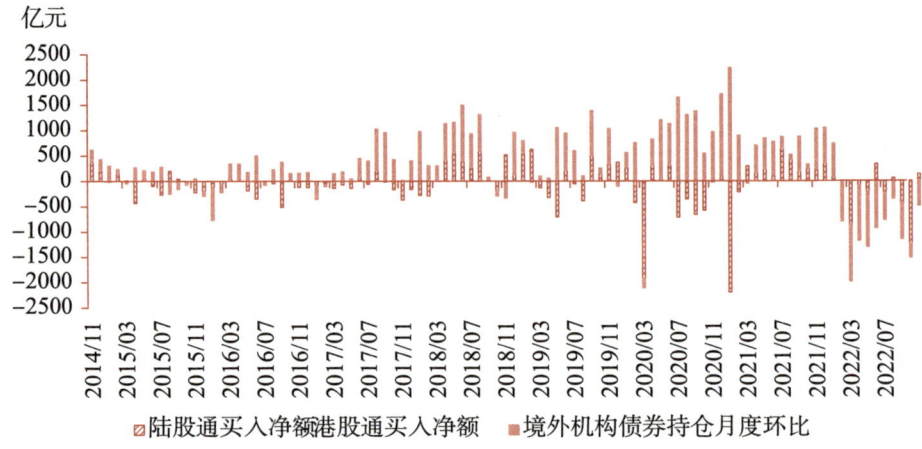

图5-92　境外机构债券持仓变动和股市资金流入的关系

资料来源：Wind，兴业研究。

## 公募基金：交易型机构如何买债？

> 相较于银行和保险，债券基金更偏向于交易型机构，同时，不同类型债券基金的投资风格也有较大差异，本部分将对公募债券基金的债券投资行为进行分析。

### 一、债券基金分类及概况

从公募基金的大类来看，货币基金、债券基金、混合基金和股票基金均配置了一定比例的债券资产，其中，债券基金80%以上的基金资产投资于债券；股票基金80%以上的基金资产投资于股票，其债券的配置比例较低；混合基金的股债配置比例较为灵活；货币基金主要投资于期限较短的债券和货币市场工具，本部分重点对债券基金的债券投资行为进行分析。

从债券基金的分类来看，可以分为纯债型基金、混合债券型基金和指数型债券基金三大类。

其中，**纯债型基金**又可根据债券配置期限进一步划分为短期纯债型基金（以下简称"短债基金"）和中长期纯债型基金（以下简称"中长期债基"）。

**混合债券型基金**可以根据其股票投资策略是否主要为参与一级市场打新划分为混合债券型一级基金（以下简称"一级债基"）和混合债券型二级基金（以下简称"二级债基"），2012年，《证券发行与承销管理办法》

中新增规定"机构投资者管理的证券投资产品在招募说明书、投资协议等文件中以直接或间接方式载明以博取一、二级市场价差为目的申购新股，相关证券投资账户不得作为股票配售对象"，一级债基参与打新受到限制，资产配置转为以债券为主、通过可转债配置增厚收益，一级债基规模不再增长。二级债基成为"固收+"策略的主力产品类型，2019年以来规模增长较快，二级债基的合计基金净值由2000亿元以下增长至超过10000亿元；

**指数型债券基金**可以细分为被动指数型债券基金（以下简称"被动指数债基"）和增强指数型债券基金（以下简称"增强指数债基"），其中，增强指数债基仅存续1只，被动指数债基自2018年以来增长较快，2018年之前成立的被动指数债基仅有14只，2018年的债券牛市期间，被动指数债基受到追捧，2018年以来新成立的被动指数债基超过100只，市场存续197只，合计基金净值规模由2017年末的200亿元左右增长至超过5000亿元，追踪的指数以政金债指数为主。

**从各类债券基金的规模来看**，根据Wind统计，2022年9月末，债券基金的资产净值规模由大到小依次为中长期债基、二级债基[①]、短债基金、一级债基、被动指数债基和增强指数债基，规模分别为47884亿元、10927亿元、8550亿元、6753亿元、5968亿元和13亿元，其中，中长期债基是债券基金的主流产品，在全部债基中的占比为60%，二级债基的占比为14%，短债基金占比11%，一级债基和被动指数债基的占比分别为7%和6%。

---

① 根据Wind的最新债券基金分类，增加了"可转换债券型基金"类型，本部分二级债基的规模包括了"可转换债券型基金"。

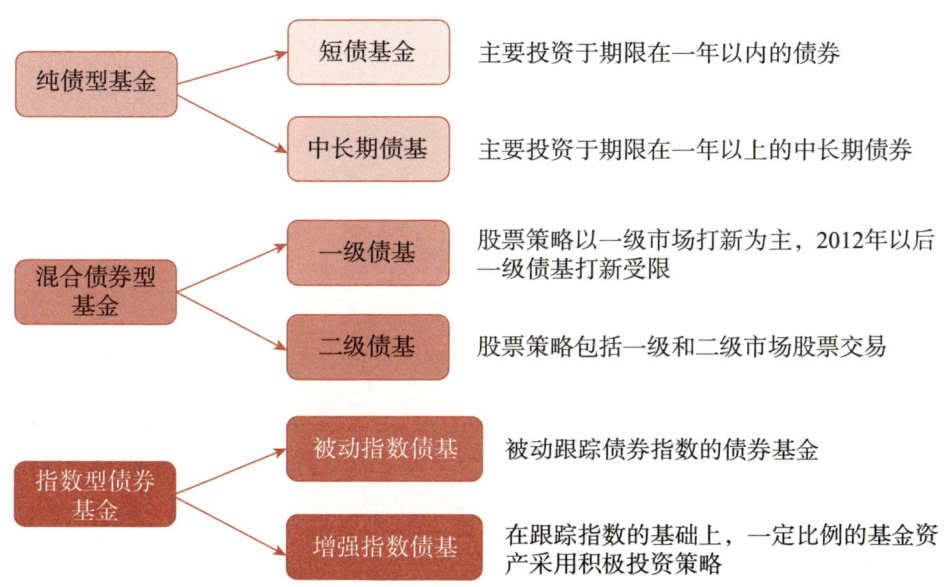

图 5-93 债券基金的分类

资料来源：Wind，兴业研究。

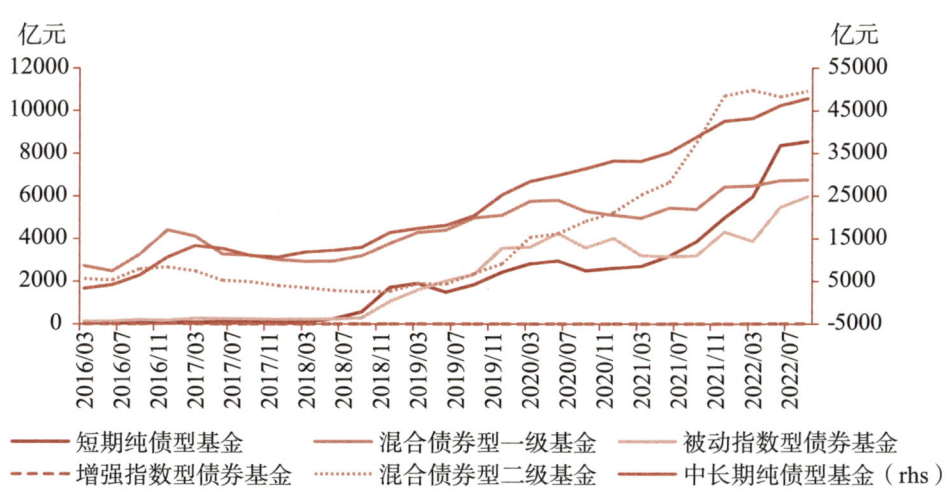

图 5-94 债券基金的规模

资料来源：Wind，兴业研究。

## 二、债券基金资产配置情况

### （一）债券基金的大类资产配置

根据债券基金的监管要求，债券基金的资产中，80%以上应当投资于债券，因而各类债券基金的大类资产配置均以债券和银行存款为主，一级债基和二级债基配置有一定比例的股票。随着2018年以来债券收益率的整体下行，债券基金提升了资产配置效率、银行存款在资产中的占比均明显压缩；一级债基由于2012年以后打新受到限制，2022年6月末，一级债基的股票配置比例不足1%，主要通过投资于可转债提升收益（见下文），二级债基的股票配置比例在14%左右，2020年以来，二级债基的股票配置比例由10%提升至14%左右。

图5-95 短债基金的大类资产配置

资料来源：Wind，兴业研究。

第五章 读懂机构行为

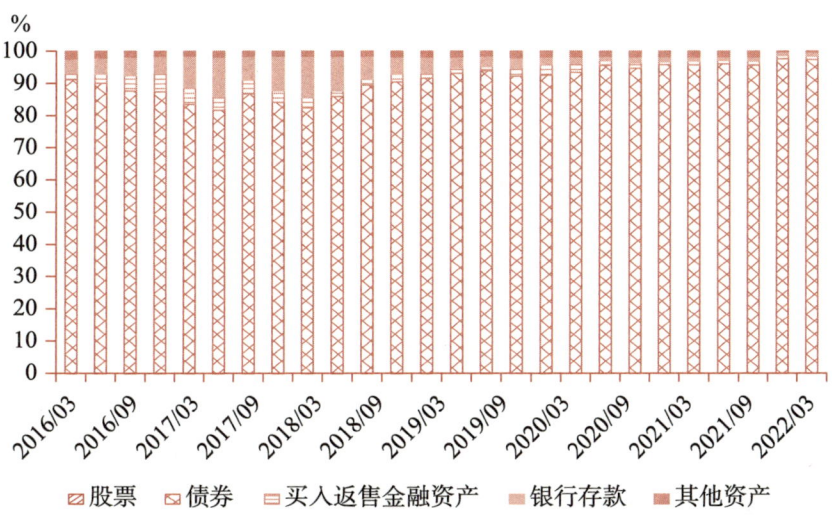

图5-96 中长期债基的大类资产配置

资料来源：Wind，兴业研究。

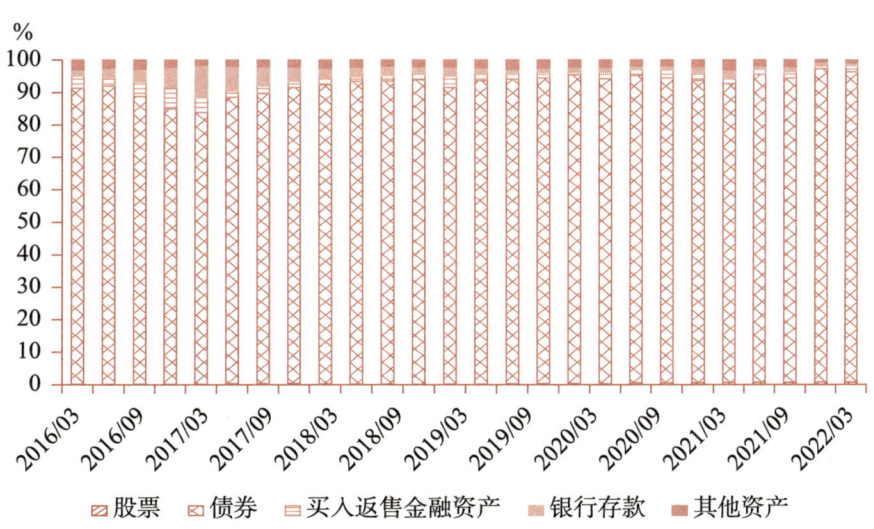

图5-97 一级债基的大类资产配置

资料来源：Wind，兴业研究。

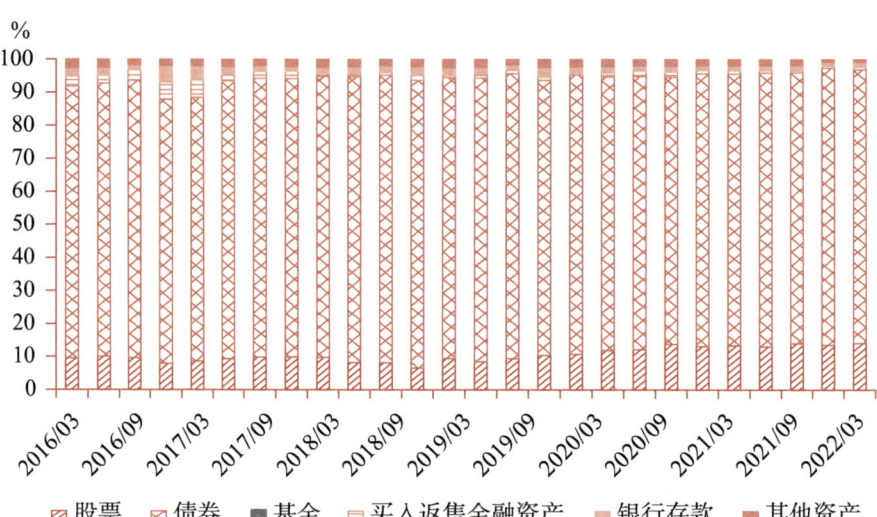

**图5-98 二级债基的大类资产配置**

资料来源：Wind，兴业研究。

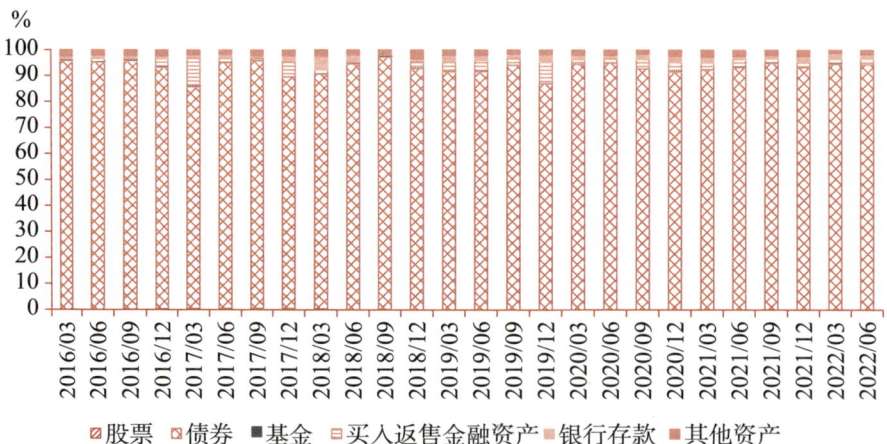

**图5-99 被动指数债基的大类资产配置**

资料来源：Wind，兴业研究。

## （二）债券基金的券种配置

从券种配置来看，广义基金是信用债的重要投资机构，利率债较为偏好政金债。根据中债登和上清所的托管数据，2022年8月末，广义基金（包含银行理财）的债券配置规模超过27万亿元，在银行间债券市场的托管量中占比约为26%，但其持有的信用债在银行间债券市场的信用债托管量中占比超过60%（上述统计未包括广义基金在交易所市场的债券持仓）。从广义基金的持仓结构来看，2022年8月末，在广义基金的持仓中，信用债、NCD、政金债、国债和地方债的配置比例分别为32%、30%、26%、7%和5%。

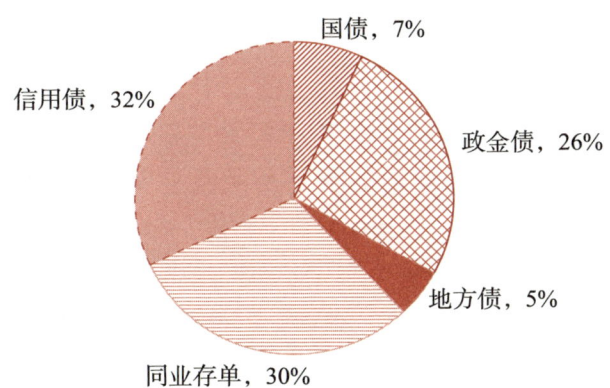

图5-100　广义基金（包含银行理财）的债券配置情况（2022年8月末）

资料来源：Wind，兴业研究。

**从公募债券基金的债券持仓来看**，根据Wind统计，2022年6月末，公募债券基金持有的债券资产规模达8.66万亿元，从债券配置品种来看，利率债（包含国债、金融债）占比58%，信用债（包含企业债、短融、中票）占比34%，由于摊余债基的规模和占比上升，公募债基的持仓结构中利率债占比较以往大幅提升。

**从各类债券基金的债券品种偏好来看**，短债基金主要配置短久期的利率债和信用债等。短债基金的定位与货币基金较为类似，2018年资管新规刚刚发布时，理财产品的发行放缓，债券牛市之下，短债基金的规模快速上升，且债券资产配置中NCD的占比一度达到80%，此后，由于2018年3月，据媒体报道，监管部门指出，NCD不计入"债券"口径，债券基金的NCD配置比例不得超过基金资产的20%[1]，短债基金压缩NCD持仓占比，转为主要投资于短期限的政金债和短融等；

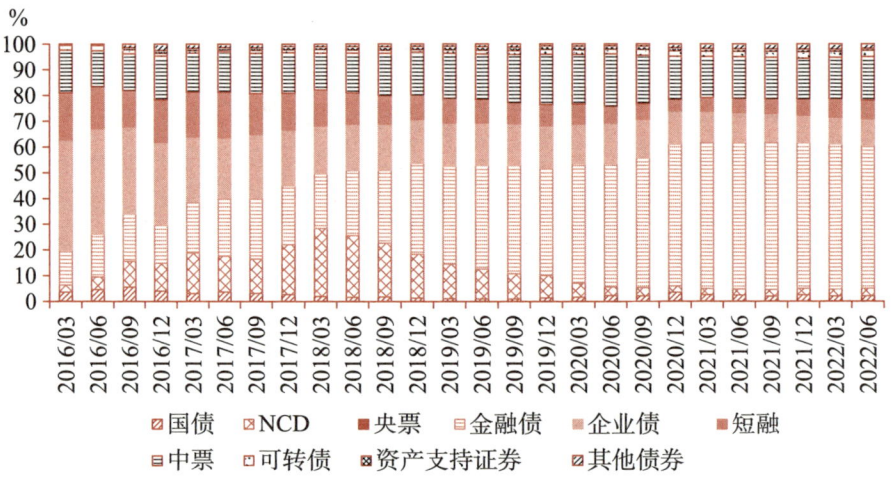

图5-101 债券基金券种配置

资料来源：Wind，兴业研究。

**从中长期债基的债券配置来看**，2016年以来，中长期债基持仓中信用债占比下降、利率债占比上升的趋势较为明显，随着2019年、2020年以来摊余债基的成立规模快速上升，截至2022年6月末，中长期债基的债券持仓中，利率债占比已经达到69%，信用债占比降至25%。

**一级债基和二级债基的债券配置较为类似**，除信用债和利率债之外，还配置了一定比例的可转债。其中，信用债占比50%—60%，利率债占比20%—40%，2020年以来，一级债基的可转债配置比例从4%左右提升至7%，二级债基的可转债配置比例保持在15%左右的较高水平。

**从被动指数债基的债券持仓来看**，由于市场上的被动指数债基主要跟踪标的为政金债指数，被动指数债基持仓结构也以政金债为主，政金债占比为

---

[1] 21世纪经济报道，《监管要求债券型基金建仓期内同业存单比例不得超2成》，发布于2018/3/23，http://fund.eastmoney.com/a/1593，20180323847884428.html（查于2021/9/18）

70%—80%。

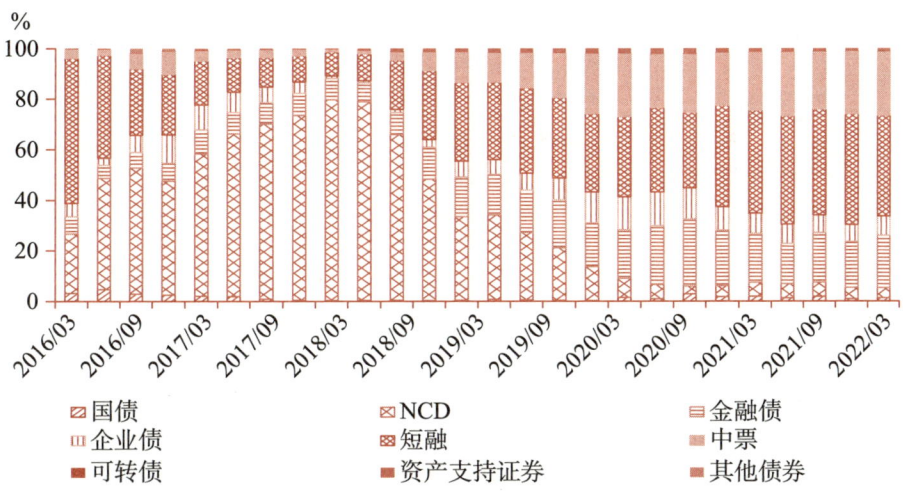

图5-102 短债基金的债券品种配置

资料来源：Wind，兴业研究。

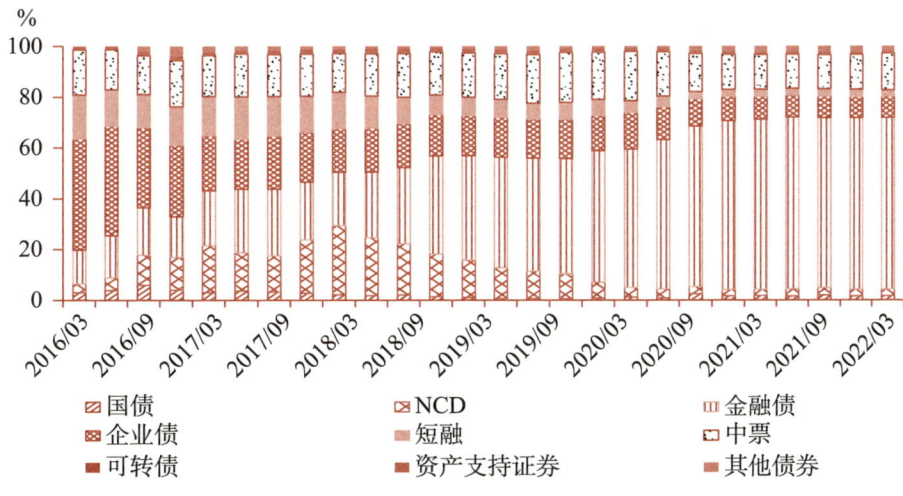

图5-103 中长期债基的债券品种配置

资料来源：Wind，兴业研究。

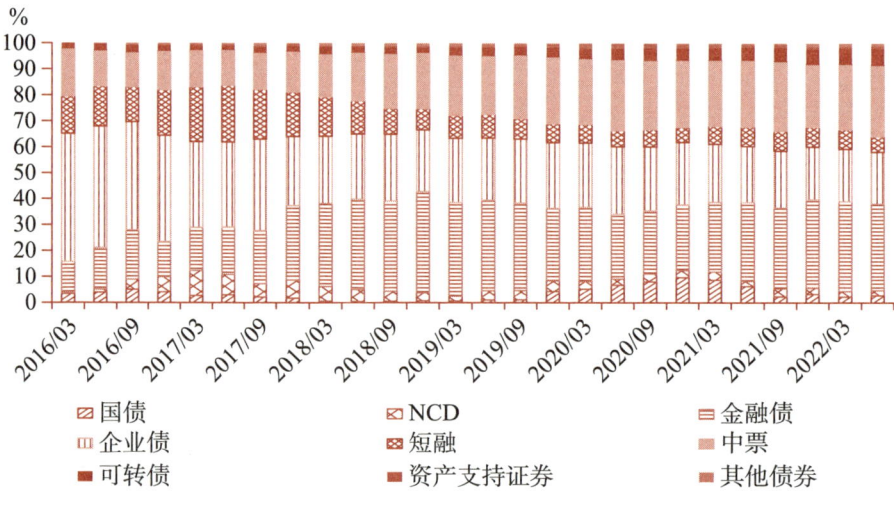

图 5-104　一级债基的债券品种配置

资料来源：Wind，兴业研究。

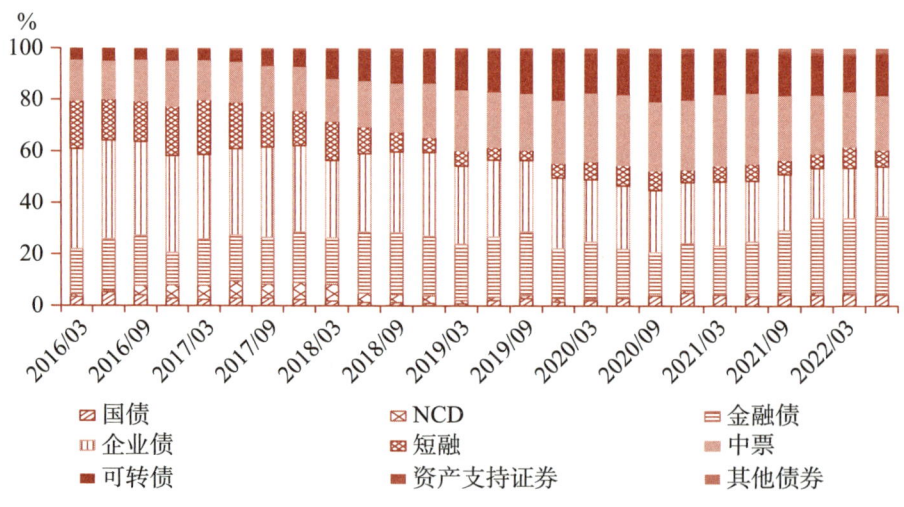

图 5-105　二级债基的债券品种配置

资料来源：Wind，兴业研究。

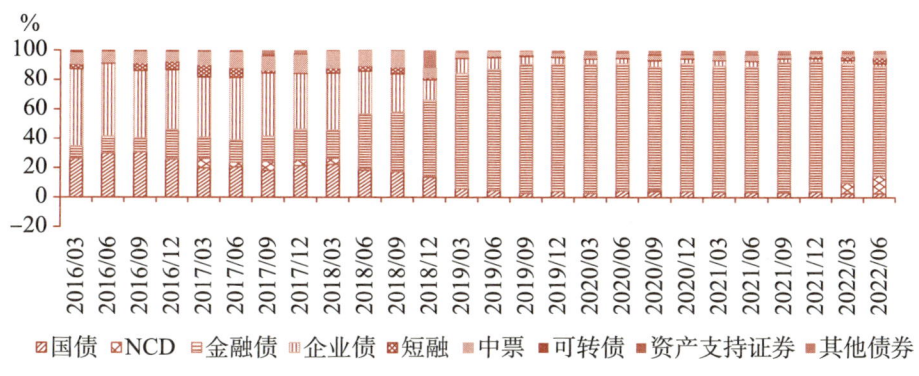

图5-106　被动指数债券基金券种配置

资料来源：Wind，兴业研究。

### （三）债券基金的交易行为

**基金产品的债券净买入和债券利率走势负相关。**根据CFETS的现券交易数据，基金公司及产品在债券二级市场上的净买入和净卖出行为均有，区别于股份银行主要在一级买入、二级减持的交易行为；从买入和卖出时机来看，基金产品在利率下行期买进、在利率上行期卖出，这与债券基金（除摊余债基外）的估值以市值法为主，更为重视估值收益有关，而保险机构和银行的交易行为与之相反，这两类机构更重视票息收益，通常在利率上行期加大债券配置。

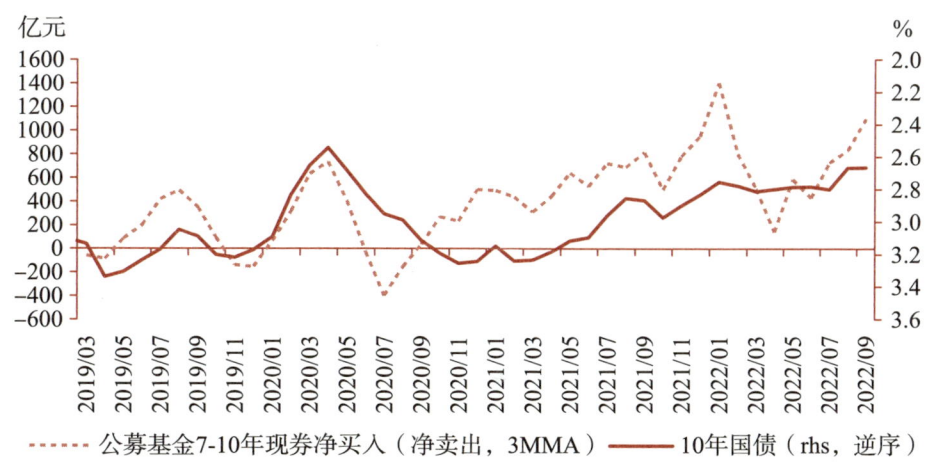

图5-107　公募基金7—10年现券净买入和10年国债利率走势

资料来源：CFETS，兴业研究。

债基的久期和杠杆率与利率走势较为相关,在利率下行期,债基普遍加久期、加杠杆;反之,在利率上行期,债基普遍降久期、降杠杆。此外,基金产品还表现出典型的季末加杠杆抬升收益的交易特点。

**从各类债券基金的前五大重仓债券加权平均剩余期限来看,混合债券型基金的平均久期最长。**债基久期由高到低依次为:混合债券型基金(一级债基、二级债基)>中长期债基>短债基金。2022年6月末,二级债基、一级债基、中长期债基和短债基金的前五大重仓债券加权平均剩余期限分别为2.90年、2.52年、2.39年和1.00年。

**从各类债券基金的杠杆率来看,中长期债基的杠杆率最高。**债基杠杆率由高到低依次为:中长期债基>一级债基>二级债基>短债基金>被动指数债基。2022年6月末,中长期债基、一级债基、二级债基、短债基金和被动指数债基的杠杆率分别为122%、117%、114%、114%和111%。

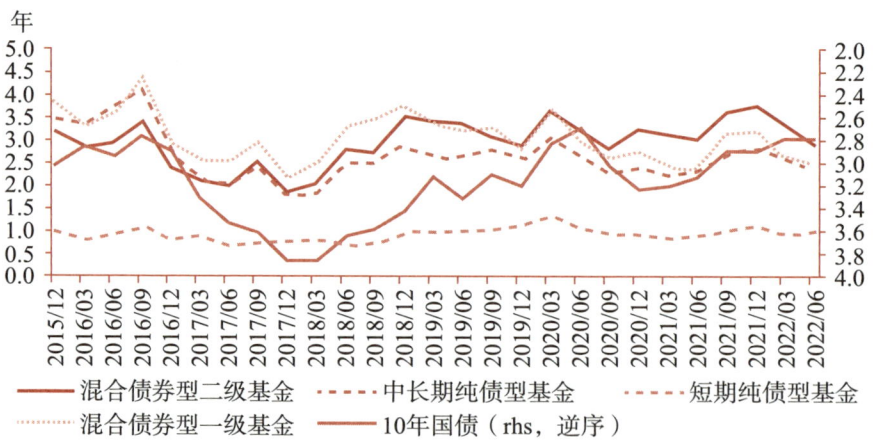

**图5-108　债券基金前五大重仓债券加权平均剩余期限和10年国债收益率**

资料来源:Wind,兴业研究。

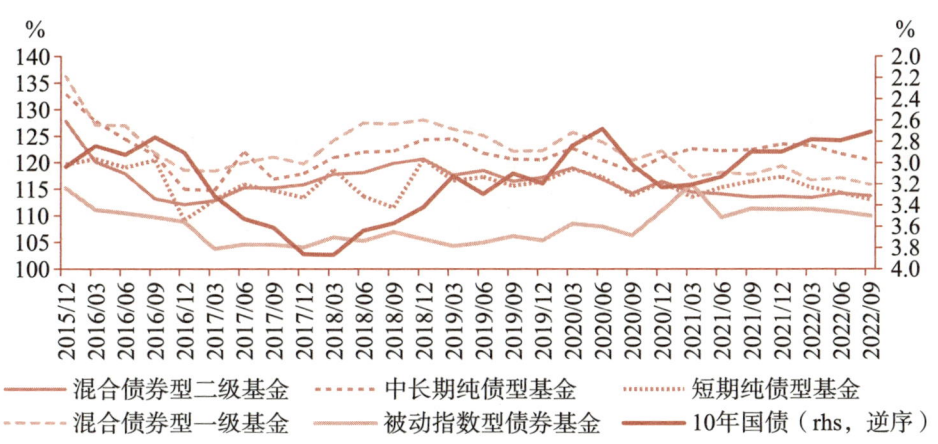

图5-109 债券基金平均杠杆率

资料来源：Wind，兴业研究。

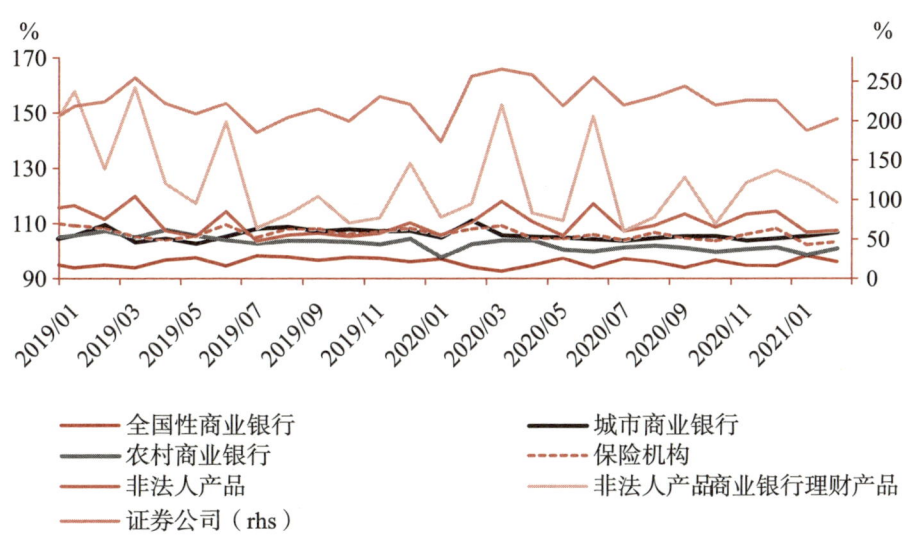

图5-110 广义基金季末加杠杆

资料来源：Wind，兴业研究。

## 银行理财：理财净值化转型和信用债曲线

2022年上半年，银行理财"破净"现象受到市场广泛关注，其背后的实质是银行理财转型后的净值曲线波动加剧，相较于转型前，银行理财面临着更高的赎回风险和流动性管理压力。

债券市场对于公募基金赎回冲击的传导机制较为熟悉，那么，理财"破净"对债券市场有何影响？理财转型之后，其资产配置和交易行为发生了哪些变化？

### 一、理财净值化转型影响之一：信用债曲线陡峭化

从银行理财净买入的信用债和利率债的合计规模来看，理财"破净"并未导致银行理财整体减持信用债或利率债。2022年1—3月，银行理财整体仍对信用债和利率债保持了一定的增持力度，银行理财"破净"对债券市场总体的冲击并不明显，这可能是因为，净值下跌程度较深的理财主要集中在以"固收+"为代表的混合类产品，而这类产品在银行理财中规模占比仍较低。2021年末，银行理财中混合类产品占比约7%，规模为2.14万亿元。对比之下，公募基金在2022年2—3月的债市调整中卖出利率债、3月中旬以来减持信用债的交易行为对市场影响更大。

银行理财持有的利率债体量较小，银行理财转型对利率债市场的冲击较小，更加需要关注的是银行理财转型后对于信用债市场的影响，以及商业银行资本债、NCD等品种的影响。2021年末，银行理财持有利率债1.83万亿元，

占总投资资产的5.81%；持有信用债15.17万亿元，占总投资资产的48.13%；持有NCD 4.33万亿元，占总投资资产的13.9%。可见，银行理财持仓中，利率债规模占比较小，在全市场利率债中占比也较小，但其信用债和NCD持仓规模相对较大。进一步地，我们发现，银行理财净值化转型以来重要的变化之一，是银行理财持仓久期调整，对于信用债曲线结构的影响。

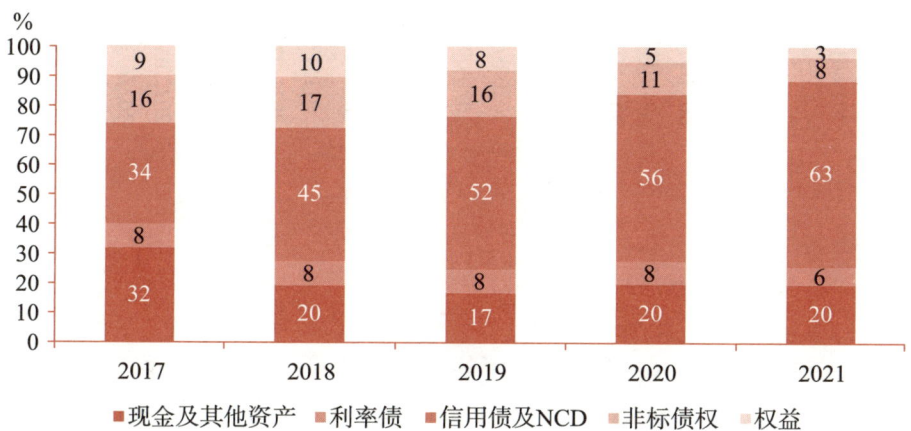

图5-111　银行理财的资产配置结构

资料来源：Wind，兴业研究。

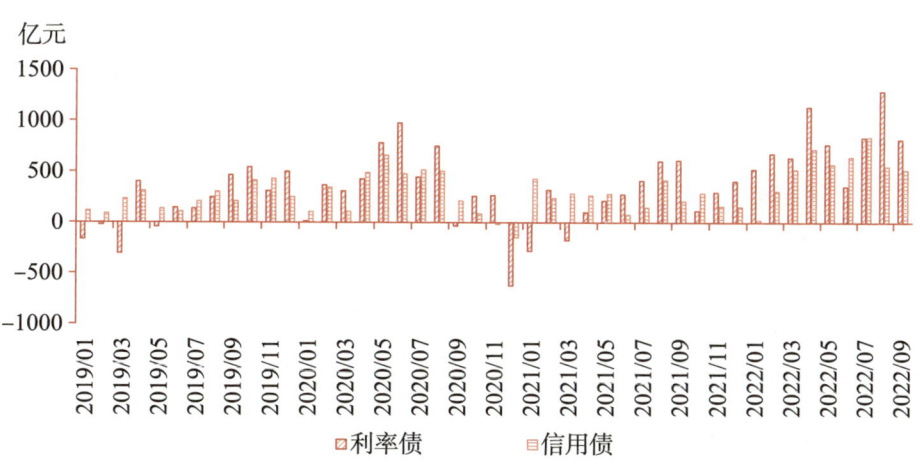

图5-112　银行理财的利率债和信用债的二级交易

资料来源：CFETS，兴业研究。

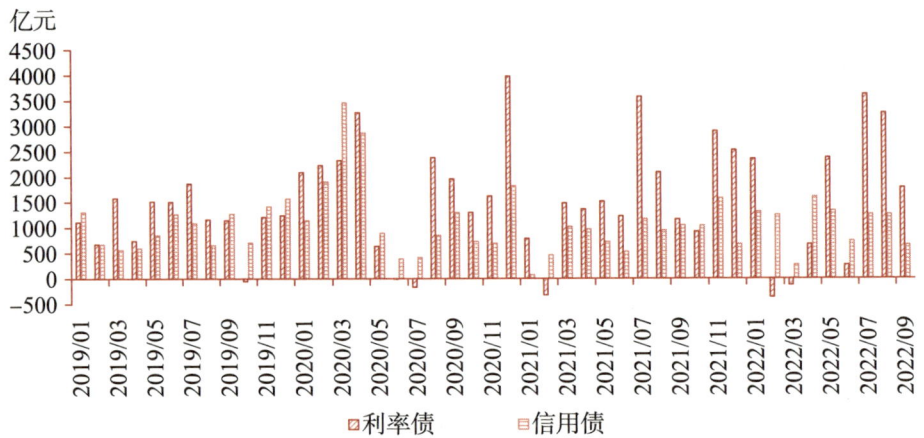

**图5-113　公募基金的利率债和信用债的二级交易**

资料来源：CFETS，兴业研究。

**2022年2月，利率债曲线阶段性走平，然而，信用债期限利差并未跟随回落**，AAA级中短期票据5年—1年的期限利差甚至进一步走阔。这表明投资者仍主要投资于短期信用债，并未拉长信用债投资久期，这和以往宽信用周期中的经验不同。典型的宽信用周期中，信用利差的压缩通常由短久期、高评级向长久期、低评级传导，也就是投资者通过拉长久期、下沉评级来提升收益，期限利差随之被做平。

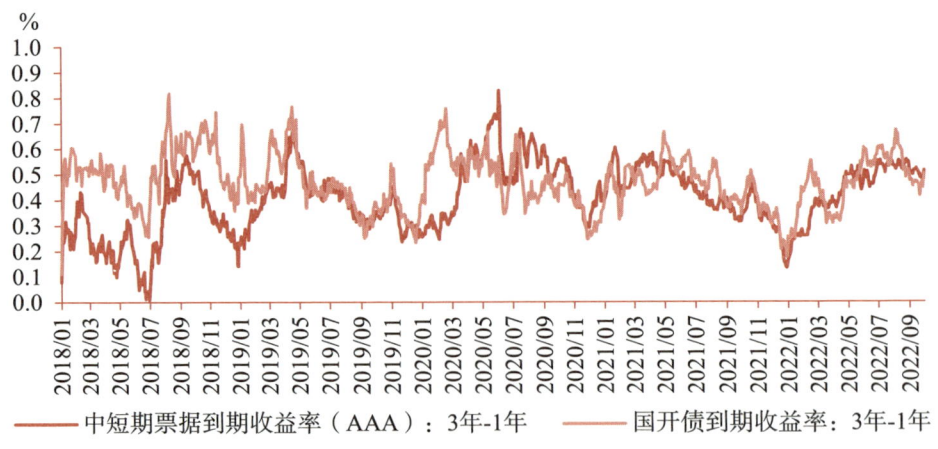

**图5-114　3年期信用债期限利差和国开债期限利差**

注：上图中评级为中债隐含评级。

资料来源：Wind，兴业研究。

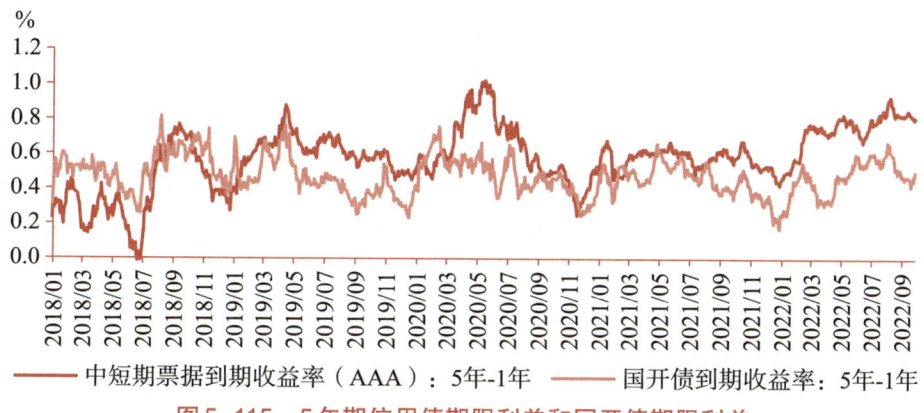

图5-115　5年期信用债期限利差和国开债期限利差

注：上图中评级为中债隐含评级。
资料来源：Wind，兴业研究。

**上述现象的原因之一，是理财净值化转型后，持仓久期缩短，持续卖出长久期债券、买入短久期债券。**在理财转型之前，由于银行理财的估值压力较小，对收益率要求高，银行理财曾经是长久期信用债投资的重要投资机构。2020年7月31日，监管部门宣布延长资管新规过渡期至2021年末，我们发现，自2020年8月至2022年初，银行理财的调仓动作明显，在二级市场上持续卖出3—5年、5—7年和7—10年的长久期债券，买入期限主要集中在1年及以内、1—3年的短久期债券；2022年4月开始，银行理财重新开始较大规模买入3—5年、5—7年和7—10年的债券。

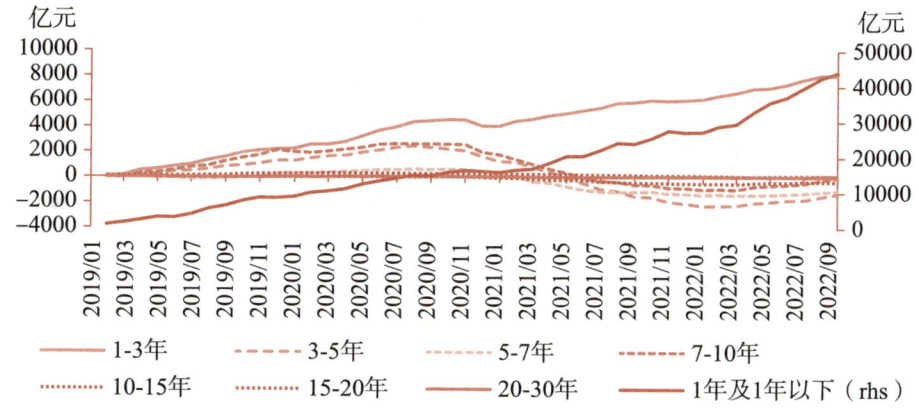

图5-116　2019年以来，银行理财在二级市场累计净买入债券的期限分布
资料来源：CFETS，兴业研究。

**理财的信用债持仓久期调整，对信用债曲线造成明显冲击。**具体到信用债交易而言，2020年以后，银行理财对长久期信用债的增持力度大幅下降，并且出现了两波明显的减持。**第一段（2020年9月至12月）发生在资管新规延期政策明确之后，**2020年7月31日，央行宣布资管新规的过渡期延长至2021年末，但原有的政策规定不变，不过，对于2020年末整改完成的机构给予适当激励，2020年9月开始，银行理财在二级市场持续卖出1—3年、3—5年的信用债。**第二段（2021年9月至12月）发生在监管部门要求银行进行净值化整改之后、资管新规过渡期即将结束。**2021年8月，据媒体报道①，监管部门要求银行对成本法估值的产品进行整改。2021年9月至11月，银行理财集中卖出了长久期信用债，且3—5年卖出规模更多。上述交易对信用债曲线造成了明显的影响：AAA级中短期票据5年—3年信用利差持续走阔，和国开债5年—3年区间震荡的走势出现了明显的分歧。**长久期信用债投资者的缺失，可能导致本轮宽信用周期中信用债曲线做平更为困难。**

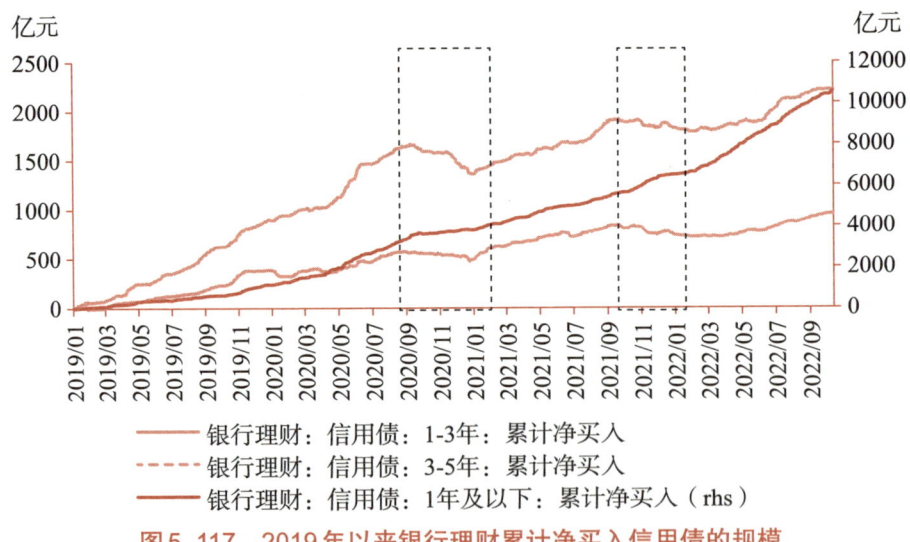

图5-117　2019年以来银行理财累计净买入信用债的规模

注：上图中信用债包括中票、短融/超短融、企业债。
资料来源：CFETS，兴业研究。

---

① 刘筱攸，证券时报，《银行理财巨震六大国有行被召集开会，"挥别"成本法估值，各方紧急制动24小时》，发布于2021/8/25，https://mp.weixin.qq.com/s/WaJ7EzzsYLKJ-0G1_ny5oQ，查于2022/4/2

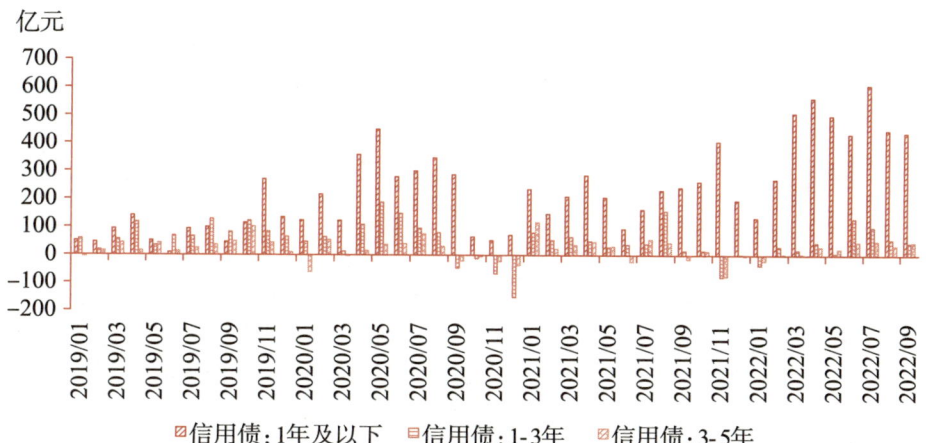

图5-118 2019年以来银行理财单月净买入信用债的规模

注：上图中信用债包括中票、短融/超短融、企业债。
资料来源：CFETS，兴业研究。

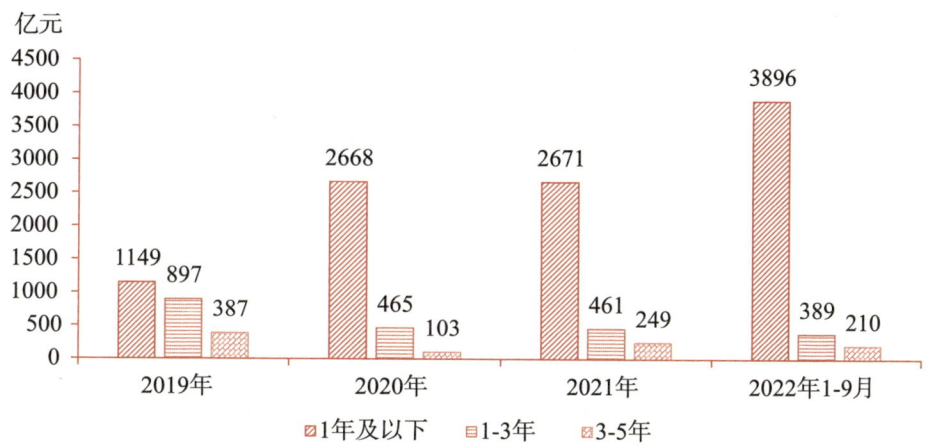

图5-119 2019—2022年银行理财净买入信用债的久期分布

资料来源：CFETS，兴业研究。

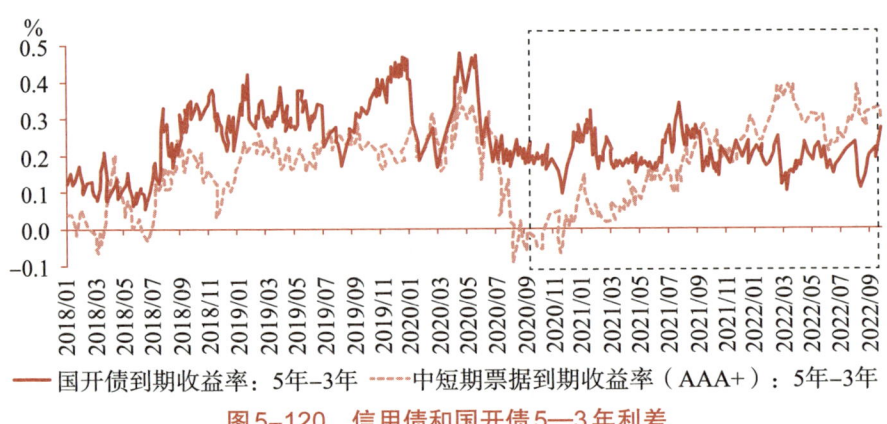

国开债到期收益率：5年-3年 ---- 中短期票据到期收益率（AAA+）：5年-3年

图5-120 信用债和国开债5—3年利差

资料来源：Wind，兴业研究。

## 二、理财净值化转型影响之二：二级资本债和永续债信用利差波动加剧

二级资本债和永续债是典型的银行理财持仓品种，在银行理财持仓调整压力较大的时点，二者的信用利差反弹。根据中债登披露，截至2021年2月，银行理财持有二级资本债规模为5930亿元，在存量二级资本债中占比25%。2021年8月的理财整改曾引发二级资本债和永续债的信用利差走阔。2022年2—4月，二者的信用利差再度走阔，二级资本债和永续债的信用利差高点分别达到85bp和95bp，二级资本债信用利差超过2021年9月的前高。

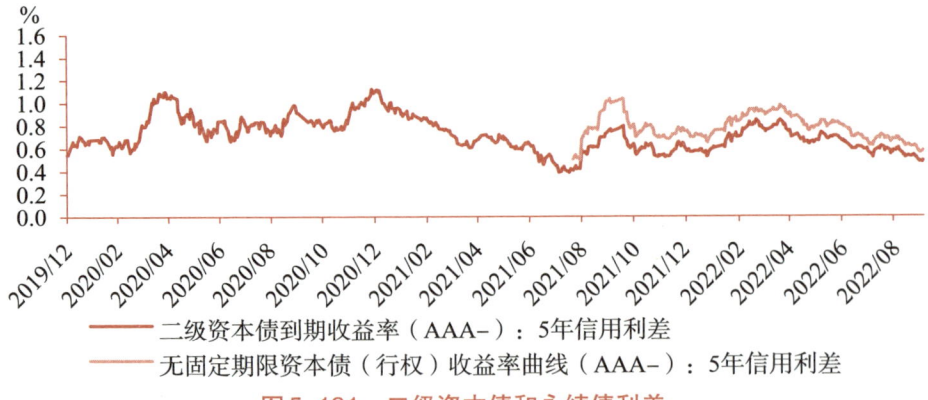

二级资本债到期收益率（AAA-）：5年信用利差
无固定期限资本债（行权）收益率曲线（AAA-）：5年信用利差

图5-121 二级资本债和永续债利差

注：上图中信用利差＝信用债收益率－同期限国开债收益率。

资料来源：Wind，兴业研究。

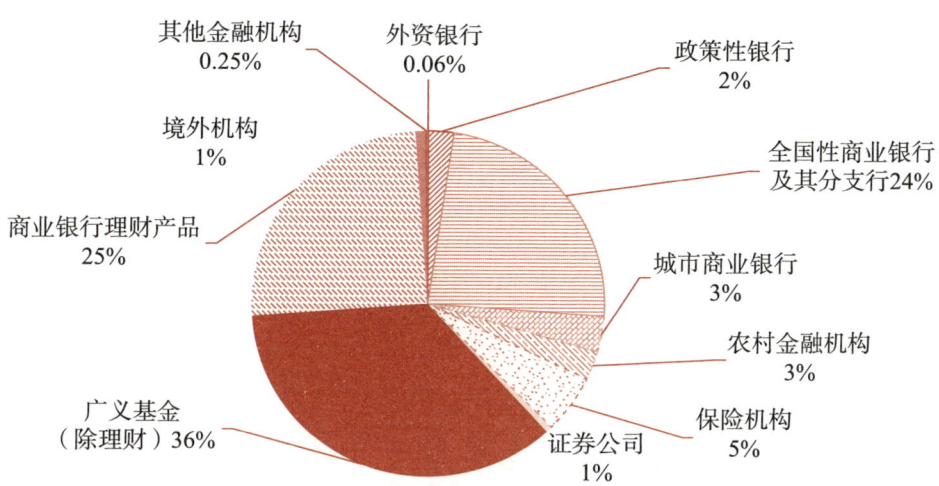

图5-122　银行理财持有的二级资本债在全市场的占比（2021年2月）

资料来源：Wind，兴业研究。

## 三、理财净值化转型影响之三：理财NCD交易季节性增强

**净值化转型后，理财NCD交易的季节性明显增强。**2020年下半年至2022年第一季度，银行理财在季末月卖出NCD、非季末月买入NCD的交易特征明显，波动幅度也大于2019年，这可能说明，净值化转型初期，银行理财的净值曲线波动加大，在季末时点面临的赎回压力更大。对比公募基金，2019年以来，其净卖出NCD的月份主要集中在资金面较为紧张的阶段，如2020年下半年央行收紧流动性的阶段，但2021年第二季度以来，由于资金面整体平稳偏松，公募基金NCD交易的波动性明显下降，季末净卖出的规模也小于银行理财。

截至2021年末，现金管理类产品的规模大约为5.46万亿元，现金管理类理财持有NCD规模约为1.85万亿元，各类银行理财持有NCD的合计规模为4.33万亿元；对比来看，2021年末，货币基金规模为9.5万亿元，持有NCD规模约为3万亿元。随着现金管理类产品规模的增大，对NCD利率的影响也相应增大。由于银行理财的交易季节性加强，我们需要关注银行理财交易行为对NCD投资需求和发行利率的影响。

**图5-123　银行理财净买入NCD规模**

资料来源：CFETS，兴业研究。

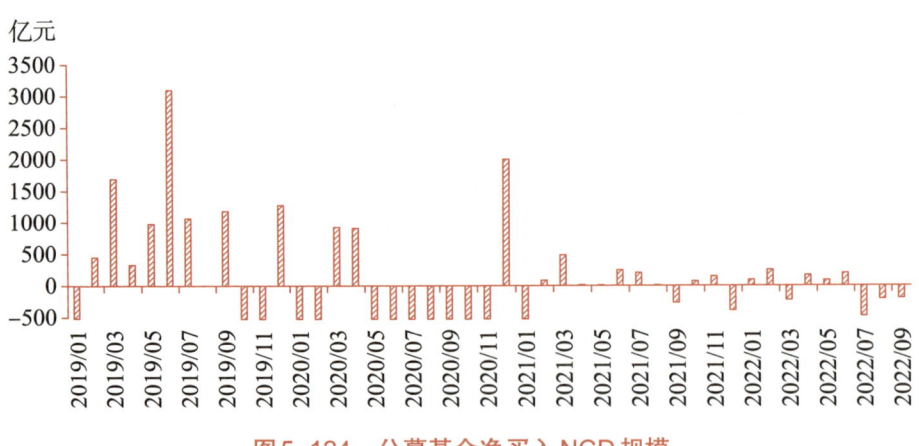

**图5-124　公募基金净买入NCD规模**

资料来源：Wind，兴业研究。

# 第六章

初识监管政策

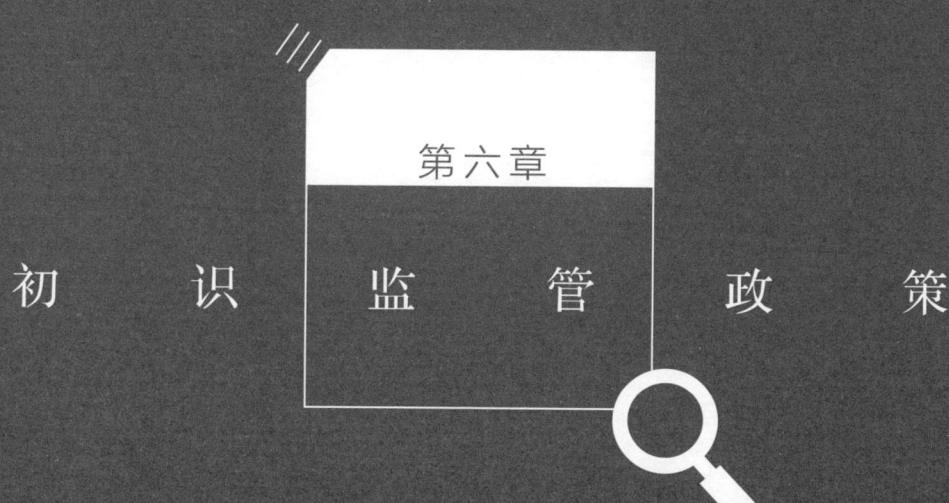

## 巴塞尔协议 III：CRE60 对银行投资基金的影响

在《巴塞尔协议 III》对信用风险加权资产的计量框架中，包括了对于商业银行自营投资于资管产品份额（equity investments in funds）的专门规定，即《信用风险加权资产计量方法第 60 条：对资管产品的股权投资》（CRE60 Equity investments in funds）[①]（以下简称 CRE 60）。

那么，如果这一规定未来在我国落地生效，将如何影响商业银行自营投资公募基金和定制化资管产品的资本计提？又将如何影响债基的投资行为？

### 一、CRE60 的主要规定

CRE60 指出，对于商业银行的银行账簿中持有的资管产品份额，应当采用以下三种方法中的一种或多种计量：即穿透法（the "look-through approach"，LTA）、授权基础法（the "mandate-based approach"，MBA）和备用计量方法（the "fall-back approach"，FBA）。

**一是穿透法**（the "look-through approach"，LTA），即参照银行直接持有基础资产的权重来计量。如果银行有关于基础资产充分的、较高频率的信息，可以用于信用风险权重的定期计量，并且这种信息经过独立第三方的证

---

① 巴塞尔委员会，巴塞尔协议 III 框架最终版，2019/12/15［2021/11/9］，https://www.bis.org/basel_framework/chapter/CRE/60.htm?inforce=20191215&published=20191215

明,则可以使用穿透计量方法。这里的独立第三方指的是托管银行或资管机构,不要求经过外部审计。

如果银行无法获得基础资产的详细信息来自行计算风险权重、而是要由独立第三方代为计算风险权重,则应按照各类资产权重的1.2倍来计量。

**二是授权基础法**(the "mandate-based approach", MBA),即,根据基金合同(mandate)或基金披露的其他信息,或者监管规定的基金投资范围,来确定风险权重。在计算的过程中,应假设风险权重最高的资产类型、其投资比例达到基金合同允许的最大比例来计算。依据的信息不严格局限于基金合同,也包括基金披露的其他信息。

**三是对于不适用上述情况的备用计量方法**(the "fall-back approach", FBA),如果上述方法均不能使用,则采用1250%的风险权重计量。

CRE60允许银行对以上三种方法的"部分使用"(partial use),即结合以上三种方法,来确定银行投资的资管产品的风险权重。

从上述三种方式对比来看,LTA对基础资产的资本计量最为精确,对于商业银行而言,LTA也是最节省资本的计量方法;MBA次之,适用于大部分无法穿透的资管产品,如公募基金;FBA则大幅提高了银行投资于资管产品的资本占用。

## 二、CRE60对我国商业银行自营投资资管产品的影响

**首先,由于CRE60只是针对"银行账簿"的信用风险加权资产计量,对于商业银行在"交易账簿"中持有的基金份额,不适用上述规定,典型的是交易账簿中的货币基金。**

这里"交易账簿"和"银行账簿"的划分,是依据巴塞尔委员会的监管定义,不同于会计科目中"交易性金融资产"的划分;虽然IFRS9之下,商业银行持有的全部基金产品以及部分无法通过SPPI的资管计划,均需要计入FVTPL(以公允价值计量且其变动计入当期损益)分类,不等于这些资产

就全部属于交易账簿。

**根据巴塞尔委员会和我国银保监会的相关规定,均是先定义交易账簿的范围,未划入交易账簿的表内外业务则属于银行账簿。** 根据巴塞尔委员会《风险资本要求第25条 银行账簿和交易账簿的边界》(RBC25 Boundary between the banking book and the trading book)的定义,"交易账簿"包括为交易目的或者对冲交易账簿的其他项目而持有的金融工具和商品。**交易账簿必须满足以下条件**:金融工具必须不存在任何交易或对冲限制,仓位必须频繁和准确地估值,投资组合必须被积极地管理。**交易账簿的基本要求包括**:一是交易策略存在明确文件记录并由高管批准的;二是对于仓位的积极管理,存在明确的政策和流程;三是对于交易策略执行的跟踪,存在明确的政策和流程。

根据我国原银监会在《商业银行资本管理办法(试行)》(银监会令2012年第1号,以下简称"2012年资本办法")中的定义,"本办法所称交易账户包括为交易目的或对冲交易账户其他项目的风险而持有的金融工具和商品头寸。前款所称为交易目的而持有的头寸是指短期内有目的地持有以便出售,或从实际或预期的短期价格波动中获利,或锁定套利的头寸,包括自营业务、做市业务和为执行客户买卖委托的代客业务而持有的头寸";根据银保监会《商业银行银行账簿利率风险管理指引(修订)》(银保监发〔2018〕25号),"银行账簿记录的是商业银行未划入交易账簿的相关表内外业务"。

**交易账簿和银行账簿在资本计量中存在差异,主要体现在**:信用风险加权资产主要覆盖银行账簿和表外项目,不包括交易账簿;市场风险加权资产中的利率风险计量,主要覆盖交易账簿,不包括银行账簿,后者的利率风险虽然不计入资本,但需要使用"银行账簿利率风险计量框架"定期测算。

**其次,对于商业银行在银行账簿中持有的债券基金、委托投资的资管产品,我们将其划分为以下几种类型。**

一是基金专户、券商资管计划等非公开发行的资管产品,商业银行可以穿透至基础资产,通过定期获得基础资产的清单,自行计算风险权重,可以采用LTA。

表 6-1　交易账簿和银行账簿的划分

| 分类 | 文件 | 内容 |
| --- | --- | --- |
| 交易账簿 | 《商业银行资本管理办法（试行）》（银监会令 2012 年第 1 号） | 本办法所称交易账户包括为交易目的或对冲交易账户其他项目的风险而持有的金融工具和商品头寸。<br>前款所称为交易目的而持有的头寸是指短期内有目的地持有以便出售，或从实际或预期的短期价格波动中获利，或锁定套利的头寸，包括自营业务、做市业务和为执行客户买卖委托的代客业务而持有的头寸。交易账户中的金融工具和商品头寸原则上还应满足以下条件：<br>（一）在交易方面不受任何限制，可以随时平盘。<br>（二）能够完全对冲以规避风险。<br>（三）能够准确估值。<br>（四）能够进行积极的管理。<br>第八十四条　商业银行应当制定清晰的银行账户和交易账户划分标准，明确纳入交易账户的金融工具和商品头寸以及在银行账户和交易账户间划转的条件，确保执行的一致性。 |
| 银行账簿 | 《商业银行银行账簿利率风险管理指引（修订）》（银保监发〔2018〕25 号）， | 银行账簿记录的是商业银行未划入交易账簿的相关表内外业务。 |

注：银保监会在《商业银行银行账簿利率风险管理指引（修订）》（银保监发〔2018〕25 号）中将"交易账户"和"银行账户"改称为"交易账簿"和"银行账簿"，所指范围未变化。

资料来源：银保监会，兴业研究。

二是公募债券基金，无法穿透至基础资产，但可以通过公募基金的合同和季报获取部分基础资产的比例，采用 LTA 和 MBA 相结合，对于已知的部分，采用穿透方法；对于剩余部分，参照对应债券投资类型的最高权重计提。

**从纯债基金的基金合同披露来看**，通常会列举不同债券品种，并明确表明本基金不投资于股票或可转债，但不会在基金合同中规定各债券品种的持仓比例；**从基金定期报告的披露来看**，公募债基披露的债券类型包括国债、央票、金融债券（含政策性金融债）、企业债券、企业短期融资券、中期票据、可转债（可交换债）、同业存单和其他。

表6-2　某中长期纯债基金的基金合同中对于投资范围的表述

| 分类 | 内容 |
|---|---|
| 投资范围 | 本基金的投资范围为具有良好流动性的金融工具，包括国内依法发行的债券（包括国债、地方政府债、金融债、央行票据、公司债、企业债、中期票据、短期融资券、超短期融资券、次级债、分离交易可转债的纯债部分、政府支持机构债、政府支持债券）、资产支持证券、债券回购、银行存款、同业存单、货币市场工具以及法律法规或中国证监会允许基金投资的其他金融工具，但须符合中国证监会的相关规定。本基金不投资于股票等资产，也不投资可转换债券，但可以投资分离交易可转债上市后分离出来的债券。本基金的信用债投资均投资于评级为AAA级别的信用债。 |
| 投资比例 | 基金的投资组合比例为：本基金对债券的投资比例不低于基金资产的80%，但在每次开放期前3个月、开放期及开放期结束后3个月的期间内，不受前述投资组合比例的限制。开放期内，本基金保持不低于基金资产净值5%的现金或者到期日在一年以内的政府债券，封闭期内不受上述5%的限制，其中现金不包括结算备付金、存出保证金、应收申购款等。 |

资料来源：Wind，兴业研究。

表6-3　公募基金季报披露债券品种的格式

| 序号 | 债券品种 | 公允价值（元） |
|---|---|---|
| 1 | 国家债券 | |
| 2 | 央行票据 | |
| 3 | 金融债券 | |
| | 其中：政策性金融债 | |
| 4 | 企业债券 | |
| 5 | 企业短期融资券 | |
| 6 | 中期票据 | |
| 7 | 可转债（可交换债） | |
| 8 | 同业存单 | |
| 9 | 其他 | |

资料来源：Wind，兴业研究。

**从资本计提的角度，基金合同和定期报告中的信息不足以采用LTA，还**

<u>需要结合MBA，这可能提高银行的资本占用</u>。根据《巴塞尔协议III（最终版）》的要求，对于银行、非银金融机构和公司的风险暴露，均需要根据外部评级或监管要求划分等级，不同等级的主体，信用风险加权资产的系数不同。而基金季报不披露所投资债券的主体评级，并且披露的"金融债券"和"其他"类型中的具体债券类别无法确定，"金融债券"中除了政策性金融债，还有商业银行债、二级资本债、永续债以及非银金融机构债券等，这些品种的资本计提存在差异，部分公募债基将地方债持仓计入"其他"。

<u>对于这些无法确定的品种，需要参照资本占用最高的品种计提，这可能提高银行的资本占用</u>。对于NCD，最高权重为150%，而已知为AAA评级的NCD的权重仅为20%；对于信用债，最高权重为150%或100%，而按外部评级划分，已知为AAA评级的信用债的权重仅为20%，按是否投资级划分，投资级信用债的权重仅为65%；对于除政金债以外的金融机构债券，最高权重为250%，而二级资本债的权重为150%、已知评级为AAA的银行普通债券权重为20%。

表6–4　信用风险加权资产权重对比（2012年版资本办法和巴塞尔协议III最终版）

| 债券品种 | 2012年资本办法 | 巴塞尔协议III 最终版 | MBA方法的最高权重 |
|---|---|---|---|
| 国债 | 0% | 按主权外部评级：0%—150% | — |
| 地方债 | 20% | 按主权或公共部门实体外部评级：20%—150% | — |
| 政金债 | 0% | — | |
| NCD | 3个月以内 20% | 3个月以内：采用外部评级或标准信用风险评估法，20%—150% | 150% |
| NCD | 3个月以上 25% | 3个月以上：采用外部评级或标准信用风险评估法，20%—150% | 150% |
| 信用债 | 100% | 按外部评级：20%—150% | 150% |
| 信用债 | 100% | 按是否为投资级：投资级65%，非投资级100% | 100% |
| 商业银行债 | 25% | 外部信用风险评估法：20%—150% | 150% |
| 商业银行债 | 25% | 标准信用风险评估法：40%—150% | 150% |

续表

| 债券品种 | 2012年资本办法 | 巴塞尔协议Ⅲ最终版 | MBA方法的最高权重 |
|---|---|---|---|
| 二级资本债（未扣除部分） | 100% | 150% | 150% |
| 永续债（未扣除部分） | 250% | 250% | 250% |
| 非银金融机构债券 | 100% | 根据各国监管要求，可参考银行或公司的风险权重 | 参考银行，最高250%；参考公司，最高100%或150% |

资料来源：银保监会，巴塞尔委员会，兴业研究。

**表6-5 《巴塞尔协议Ⅲ（最终版）》中银行和公司风险暴露的计量方法**

| | | 银行风险暴露 | | 公司风险暴露 | | |
|---|---|---|---|---|---|---|
| 计量方法 | | 基础风险权重 | 短期信用风险暴露权重（3个月或以下的银行风险暴露） | 计量方法 | | 基础风险暴露 |
| 外部信用风险评估法 | AAA至AA- | 20% | 20% | 按外部评级划分 | AAA至AA- | 20% |
| | A+至A- | 30% | 20% | | A+至A- | 50% |
| | BBB+至BBB- | 50% | 20% | | BBB+至BBB- | 75% |
| | BB+至BB- | 100% | 50% | | BB+至BB- | 100% |
| | BB-以下 | 150% | 150% | | BB-以下 | 150% |
| | 无评级 | 参考"标准信用风险评估法" | | | 无评级 | 100% |
| 标准信用风险评估法 | A级 | 40% | 20% | 按是否投资级划分 | 投资级 | 65% |
| | B级 | 75% | 50% | | 非投资级 | 100% |
| | C级 | 150% | 150% | | | |

资料来源：巴塞尔委员会，兴业研究。

总结来看，如果我国监管部门未来要求商业银行按照巴塞尔协议CRE60

中的三种方法进行资本计提，相较于当前银行的资本计提现状，其影响包括以下三点。

一是对于"交易账簿"中的货币基金投资，由于上述规则仅适用于"银行账簿"，因而无影响；

二是对于"银行账簿"中持有的定制化资管产品，如果可以获取基础资产详细信息，则可以穿透计提资本，上述规则影响也较小；

三是对于"银行账簿"中持有的公募债券基金，可以使用穿透方法和基于基金合同或监管规定的计量方法相结合的方式，对于已明确披露的债券类型，穿透计量，对于未知具体分类的债券投资，例如未披露评级的信用债，按该类型资产的最高权重（如信用债的权重最高可达150%，而AAA级信用债的权重仅20%），上述规则可能提高银行投资的公募债基的资本占用。

### 三、CRE60对债市的影响

由于CRE60将影响到商业银行投资于债券基金的资本占用，也会影响到公募债券基金的债券投资行为。

我国监管部门允许三种方法的"部分使用"（partial use），即可以采用LTA和MBA相结合的部分穿透方法，对债基的整体规模影响较小，但可能导致债基倾向于进一步提高利率债的投资占比，降低信用债、商业银行债、二级资本债、永续债等品种的投资占比。

截至2022年6月末，中长期债基的债券持仓中，国债、金融债券（含政金债）、NCD、信用债的占比分别为2%、69%、3%、25%；2018年以来，随着摊余债基的规模扩张，中长期债基持仓中的利率债的占比明显提升，信用债的占比由50%以上下降至不足30%。如果上述规定在我国落地，这一趋势可能继续。

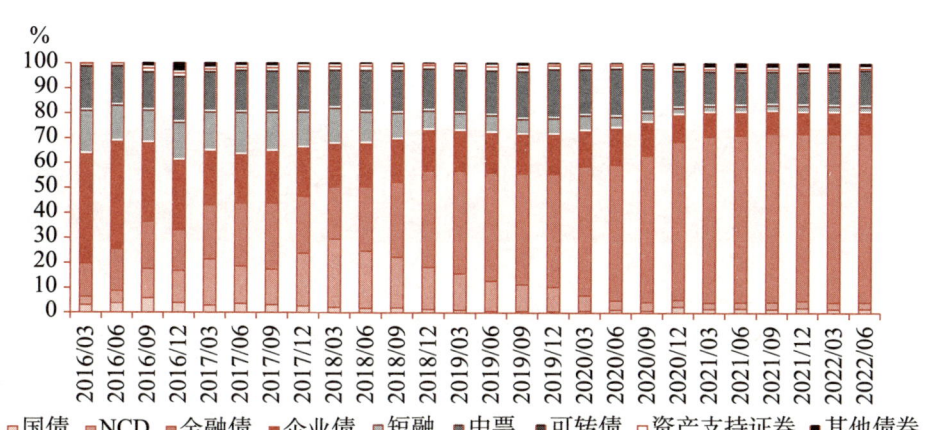

图6-1 中长期债基的债券品种配置

资料来源：Wind，兴业研究。

## 巴塞尔协议III：利率债和信用债配置比例

2022年上半年，信用利差被压缩至历史低位。信用债受到追捧，反映了在利率债收益率偏低的环境下，市场对于高票息资产的追逐。

对于商业银行而言，信用债配置的边界和底线在哪里？什么决定了商业银行利率债和信用债的配置比例？回答这个问题，可以帮助我们从另一个视角思考信用利差决定的逻辑。

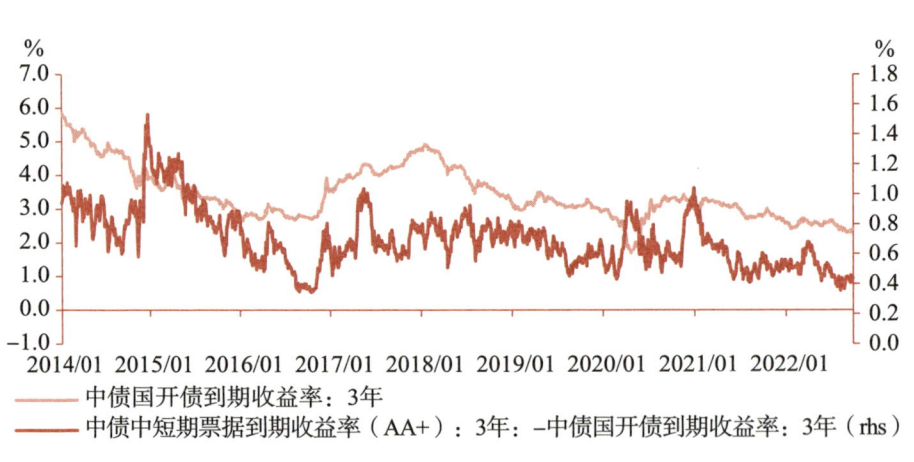

图6-2 信用利差走势

资料来源：Wind，兴业研究。

### 一、上市银行的利率债和信用债配置比例情况

根据上市银行披露的数据，我们可以了解各家银行的利率债和信用债配置比例情况。2022年末，国有大行和股份制银行中，国有大行的信用债投资

比例均在10%以下，股份制银行的信用债投资比例则相对较高，从10%以下到20%—30%不等。

**尽管信用债的绝对收益高于利率债，银行的债券持仓仍以利率债为主。除了风险偏好、投资回报要求、信用债的投资能力等因素以外，税收差异、流动性风险、资本监管中对于利率债和信用债的区别对待，也影响了银行的债券投资决策。**

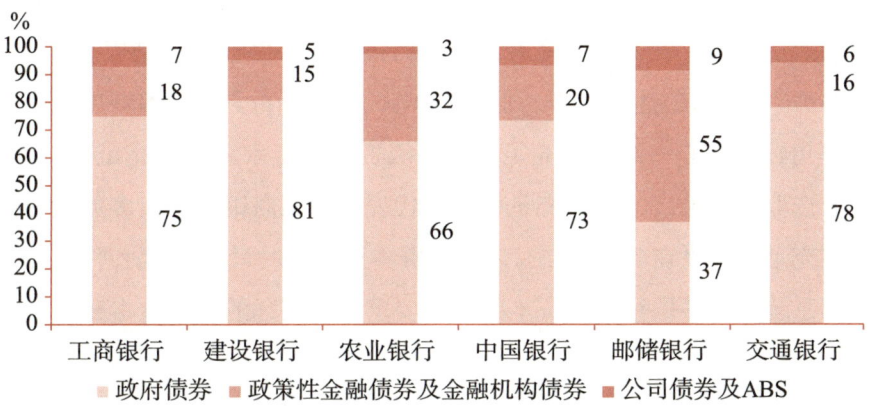

图6-3　2022年6月末国有大型银行债券品种配置情况

资料来源：根据上市银行年报整理，兴业研究。

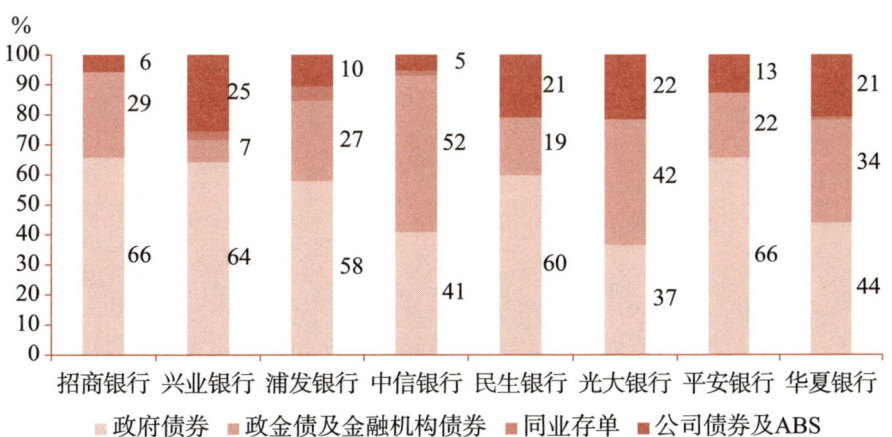

图6-4　2022年6月末股份制银行债券品种配置情况

资料来源：根据上市银行年报整理，兴业研究。

## 二、流动性指标和资本占用如何影响银行决策？

在流动性指标和资本充足率指标的计量中，信用债的权重都相对不利；因而，对银行的投资决策而言，提升信用债占比，意味着提升收益的同时，需要面临更高的流动性指标和资本充足率压力。

从流动性指标而言，相较于LCR，NSFR的制约更强，而且涉及整张资产负债表的调整，2022年6月末，除招商银行外，多数股份制银行NSFR的水平略高于100%的达标水平、低于110%，本部分重点讨论NSFR；从资本充足率指标（核心一级资本充足率、一级资本充足率和资本充足率）而言，本部分选取范围最广的资本充足率作为代表，除招商银行外，多数股份银行的资本充足率水平在12%—15%之间，资本充足率的最低达标水平为10.5%，考虑到系统重要性银行附加资本的加点要求后，实际的最低资本充足率要求高于上述水平。

接下来，我们将对利率债和信用债的不同配置组合对于NSFR和资本充足率的影响进行测算。

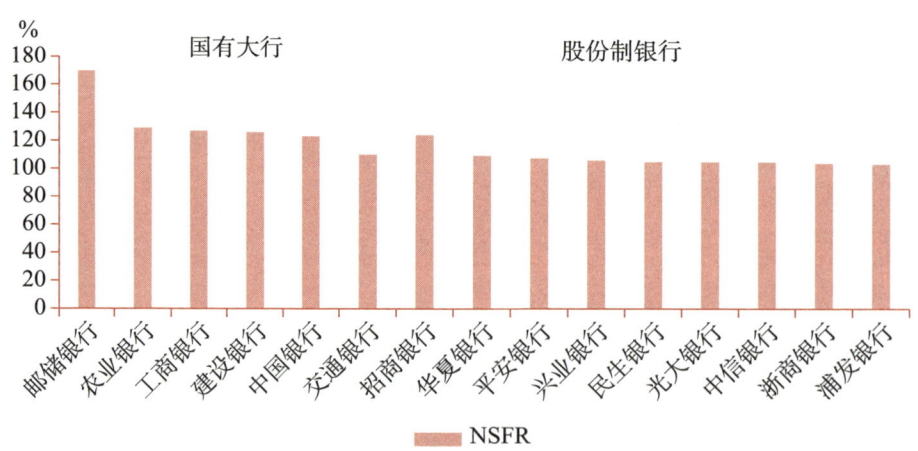

图6-5　2022年6月末国有大行和上市股份制银行NSFR的水平

资料来源：Wind，兴业研究。

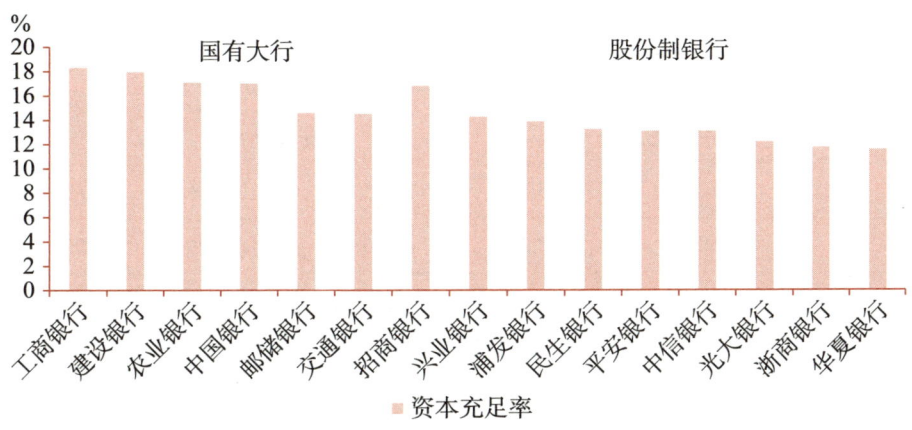

**图6-6　2022年6月末国有大行和上市股份制银行资本充足率的水平**

资料来源：Wind，兴业研究。

参考国有大行和股份制银行的资产结构，我们在后续的测算中假设银行的债券投资在总资产中的占比为30%、贷款在总资产中的占比为60%、其他资产的占比为10%，这里暂不考虑通过基金间接投资债券的情况。

假设银行的负债端结构保持不变，给定银行的NSFR的原始值分别为102%、104%、106%、108%，我们可以模拟测算银行的信用债投资占比从10%逐步提升至50%的过程中，NSFR的变动（国债为一级资产，政金债、地方债和信用债同属于2A资产，下表的测算主要针对国债和信用债之间的重配置）。根据我们的测算结果，信用债占比每提高10%，银行的NSFR下降70—80bp。

**表6-6　不同利率债和信用债配置比例对于NSFR影响的测算**

|  | 信用债在债券投资中占比 | | | | |
|---|---|---|---|---|---|
|  | 基准情形 | 假设情形 | | | |
|  | 10% | 20% | 30% | 40% | 50% |
| NSFR | 102% | 101.3% | 100.5% | 99.8% | 99.1% |
|  | 104% | 103.3% | 102.5% | 101.8% | 101.1% |

续表

| | 信用债在债券投资中占比 | | | | |
|---|---|---|---|---|---|
| | 基准情形 | 假设情形 | | | |
| | 106% | 105.2% | 104.5% | 103.7% | 103.0% |
| | 108% | 107.2% | 106.5% | 105.7% | 105.0% |

注：上表中的测算，在NSFR的分母中，对于利率债、信用债、贷款和其他资产，分别赋予5%、15%、65%和5%的系数，相较于实际的计量规则有所简化。

资料来源：Wind，兴业研究。

用类似的方法，我们也可以模拟提升信用债占比对于银行资本充足率的影响。假设银行的债券投资在全部资产中的占比保持不变、资本规模也保持不变，给定银行的资本充足率原始值分别为12%、13%、14%和15%，从配置盘的角度，我们主要考虑银行账簿中的信用债和利率债投资，简化模拟银行提升信用债投资占比对于资本充足率的影响。根据我们的测算结果，信用债占比每提高10%，银行的资本充足率下降40—60bp。

表6-7　不同利率债和信用债配置比例对于资本充足率影响的测算

| | 信用债在债券投资中占比 | | | | |
|---|---|---|---|---|---|
| | 基准情形 | 假设情形 | | | |
| | 10% | 20% | 30% | 40% | 50% |
| 资本充足率 | 12% | 11.5% | 11.1% | 10.7% | 10.4% |
| | 13% | 12.5% | 12.0% | 11.6% | 11.2% |
| | 14% | 13.5% | 13.0% | 12.5% | 12.1% |
| | 15% | 14.4% | 13.9% | 13.4% | 12.9% |

注：上表中的测算，在分母信用风险加权资产的权重系数中，对于利率债、信用债、贷款和其他资产，分别赋予10%、100%、100%和25%的系数，相较于实际的计量规则有所简化。

资料来源：Wind，兴业研究。

### 三、税收因素对于信用利差的影响

市场习惯用信用债和国开债的利差作为信用利差，不过，本部分从银行自营投资的视角出发，以国债作为免税、无风险资产的基准，计算信用债—国债利差和税收因素的影响。

由国开债和国债收益率推算的隐含税率通常小于实际的所得税税率（25%），这反映了国开债相较于国债的流动性溢价，但信用债的流动性明显弱于利率债，在流动性监管、资本监管中也无相对优势，同时存在信用违约风险；理论上讲，只有当信用债扣税后的收益率大于同期限的国债收益率时，商业银行自营直接投资信用债才有利可图。

据此，我们可以通过信用债收益率×（1–所得税率）/（1+增值税率）≥国债收益率，计算出"税收平价的信用风险利差"，作为银行投资信用债的信用利差底线。以3年AA+中短期票据的收益率为例，可以看出，2017年之前，信用债—国债的信用利差多数时间处于"税收平价的信用风险利差"之上，信用债税后收益明显高于国债；然而，2018年之后，信用债税后收益相较于国债不再明显，2022年9月末，信用债的税后收益已经明显低于国债，二者倒挂超过40bp。

图6-7 税收平价的信用利差和实际信用利差

资料来源：Wind，兴业研究。

银行通过投资公募基金，间接投资于信用债，可以降低税收成本，也导致了信用债和国债之间信用利差的进一步压缩。这解释了随着近年来银行基金投资的规模上升，信用利差已经长期处于税收平价的信用利差附近的现象。信用债资产受到追捧的背后，是公募基金的信用债净增持规模持续保持高位。

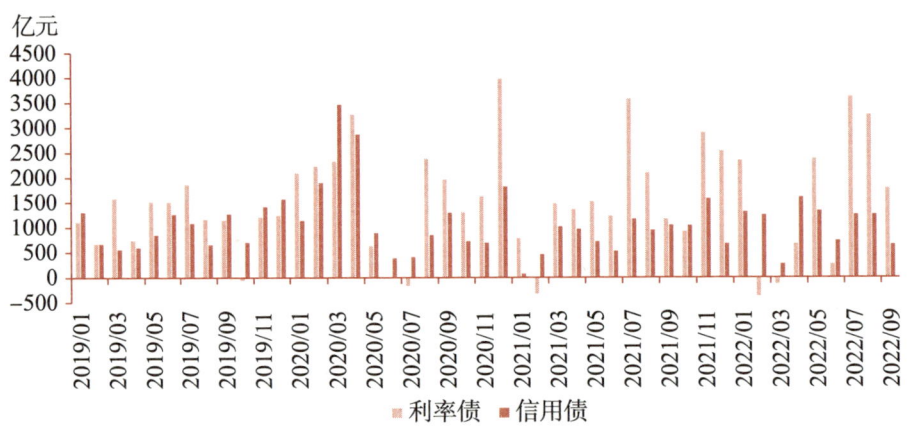

图6-8 公募基金的利率债和信用债的二级交易

资料来源：CFETS，兴业研究。

不过，通过公募基金投资信用债无法解决资本占用和流动性指标压力的问题。在穿透监管的要求下，银行直接投资信用债或通过基金投资信用债，资本占用均为100%；此外，NSFR的计量中，基金不属于合格流动性资产，通过公募基金投资债券也对达标相对不利。与贷款类似，若同时考虑税收成本、资本占用成本和信用成本，信用债投资的净收益较低，但存在维护企业客户、带动综合收益的价值。随着信用利差的进一步压缩，信用债相较于利率债的收益优势更加微弱，机构可能需要重新考虑在信用债的超额收益和风险成本之间再度权衡。

## 巴塞尔协议III：净稳定资金比例（NSFR）对同业存单的影响

我们发现，2019年以来，通常被认为存款基础较好的国有大行，NCD发行规模和占比快速上升，发行久期已经明显和其他银行拉开了差距。NCD发行期限的持续拉长，不能完全用资金利率波动和发行择时来解释，似乎还存在某种"无形之手"。

银行拉长NCD久期的起点，正是2018年流动性新规落地之后。本部分尝试从净稳定资金比例（NSFR）监管的角度，解释NCD发行期限拉长背后的原因。

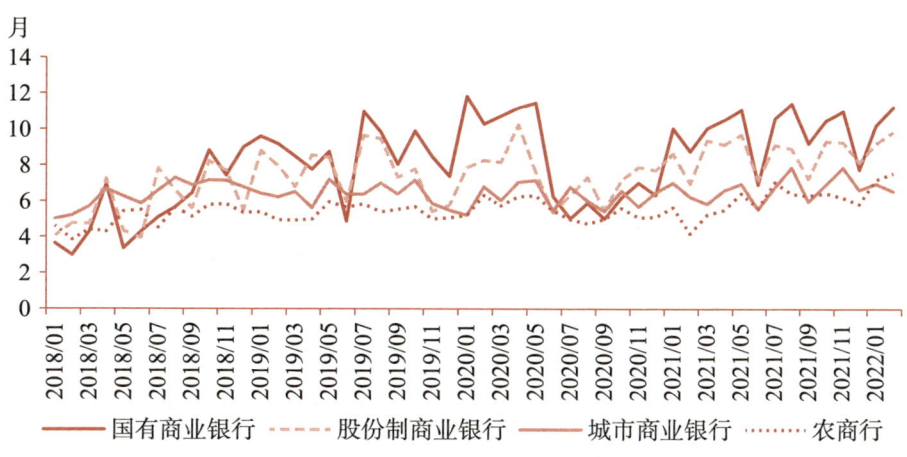

图6-9　NCD加权发行期限

资料来源：Wind，兴业研究。

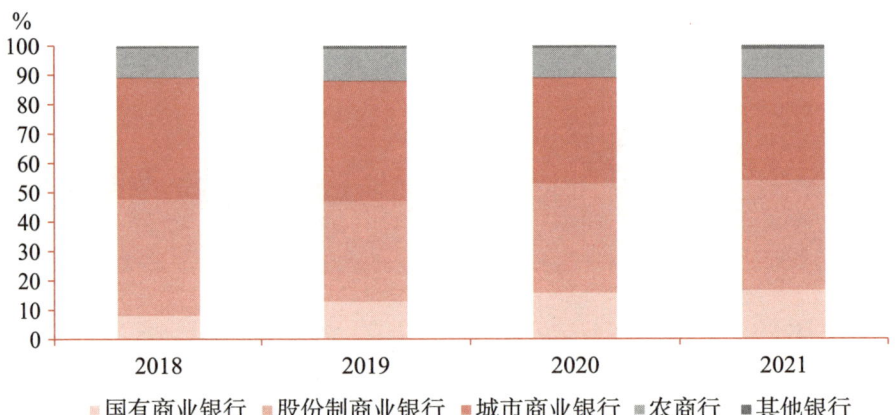

图6-10 国有大行的NCD发行占比提升

资料来源：Wind，兴业研究。

## 一、为什么关注NSFR？

在2018年发布的《商业银行流动性风险管理办法》（银保监会令2018年第3号）提出的各项流动性管理指标中，流动性覆盖率（LCR）和净稳定资金比例（NSFR）仅适用于2000亿元及以上的银行，2个指标的达标要求均为100%；前者主要关注压力环境下银行满足短期流动性需求的能力，后者则对于商业银行整张资产负债表的流动性匹配提出了要求。

从上市国有大行和股份制银行披露的数据来看，各家银行LCR的水平普遍较高，而NSFR的水平相对较低。2022年6月末，上市的国有大型银行和股份制银行中，邮储银行的NSFR水平最高，超过了160%，工商银行、建设银行、农业银行、中国银行和招商银行的NSFR处于120%—130%之间，交通银行的NSFR处于110%—120%之间，而多数股份制银行的NSFR持续处于100%—110%之间，仅略高于监管水平。因而，NSFR指标对全国性银行，尤其是股份制银行的资产负债结构形成了实质性约束。

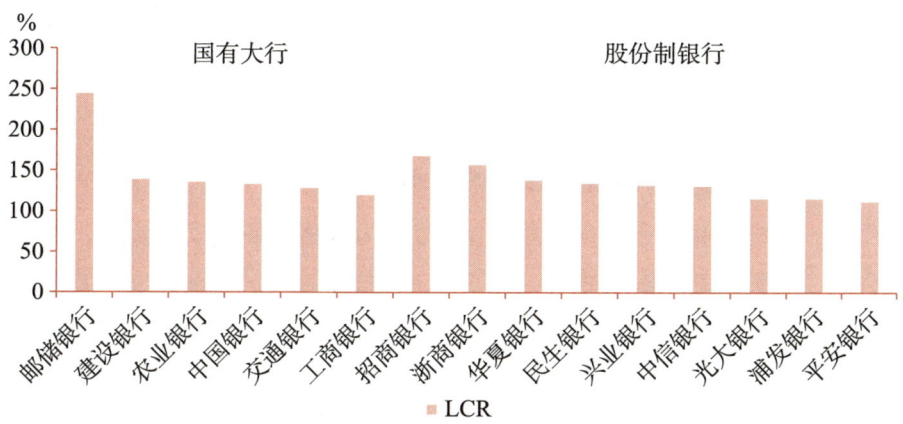

图6-11　2022年6月末上市国有大行和股份制银行的LCR

资料来源：Wind，兴业研究。

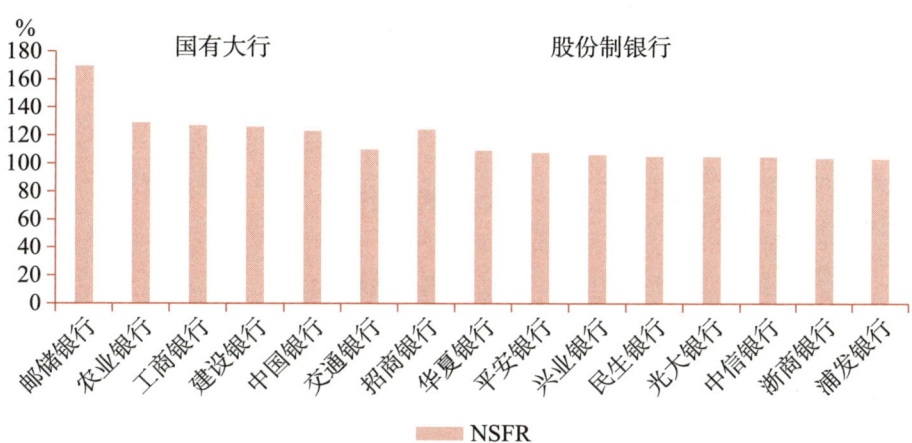

图6-12　2022年6月末上市国有大行和股份制银行的NSFR

资料来源：Wind，兴业研究。

## 二、同业存单期限如何影响NSFR？

我们通过信贷收支表中披露的资金来源和资金运用科目，可以对银行的NSFR整体走势进行测算。下表中，我们将NSFR计算表格中的系数，大致对应到信贷收支表的主要科目。分子的系数越高，分母的系数越低，越有助于NSFR指标的达标。可以发现，负债端，对于期限在6个月以内和6个月至1年期的同业负债，在NSFR的分子中计算系数不同，前者为0%，后者为50%；而对于零售存款，期限的影响较小，对于企金存款，期限影响较大。资产端，利率债和高评级信用债，由于被视为合格优质流动性资产，期限影响较小；贷款期限的影响则较大，1年以内贷款的系数为50%，1年及以上的贷款系数为65%或85%。

**表6-8 信贷收支表的资金来源和资金运用科目对应的NSFR计算系数**

| NSFR 分子 | | | NSFR 分母 | | |
|---|---|---|---|---|---|
| 资金来源 | 备注 | 简化系数 | 资金运用 | 备注 | 简化系数 |
| 个人存款：活期储蓄存款 | 1年期以上定存为100%；1年期以下零售活期和定存，欠稳定为90%，稳定为95% | 95% | 短期贷款 | 1年期以内贷款为50% | 50% |
| 个人存款：定期储蓄存款 | | 100% | 中长期贷款 | 1年期以上贷款为85% | 85% |
| 个人存款：结构性存款 | | 90% | 票据融资 | 1年期以内贷款为50% | 50% |
| 单位存款：活期存款 | 1年以上的企业存款为100%；1年以下的企业存款为50% | 50% | 各项垫款 | | 100% |
| 单位存款：定期存款 | | 100% | 境外贷款 | | 100% |
| 单位存款：保证金存款 | | 50% | 债券投资 | 国债、政金债为5%；地方债和AA-以上的信用债为15% | 10% |
| 单位存款：结构性存款 | | 50% | 股权及其他投资 | | 100% |
| 国库定期存款 | 主权提供的小于1年的融资为50% | 50% | 买入返售资产 | 6个月到1年的同业资产为50%，6个月以内的同业资产为15% | 15% |

续表

| | NSFR 分子 | | | NSFR 分母 | |
|---|---|---|---|---|---|
| 非存款类金融机构存款 | 6个月到1年的同业负债为50%，6个月以内的同业负债为0% | 50% | 存放中央银行存款 | | 0% |
| 境外存款 | | 0% | 银行业存款类金融机构往来(运用方) | 6个月到1年的同业资产为50%，6个月以内的同业资产为15% | 50% |
| 金融债券 | 剩余期限1年期以上负债 | 100% | | | |
| 卖出回购资产 | 6个月以内的同业负债为0% | 0% | | | |
| 向中央银行借款 | 6个月到1年的央行融资为50%；6个月以内的央行融资为0% | 0% | | | |
| 银行业存款类金融机构往来（来源方） | 6个月到1年的同业负债为50%，6个月以内的同业负债为0% | 50% | | | |
| 其他 | 主要为资本 | 100% | | | |

资料来源：银保监会，兴业研究。

2018年以来，NSFR指标受到贷款长期化和存款短期化的双重冲击：**一是银行业增加了制造业等中长期贷款的投放，中长期贷款占比持续提升**，2021年末，四大行和中小银行的中长期贷款占比分别为78%和57%，均较2017年末上升了6个百分点；**二是存款的期限缩短**，2021年6月，存款定价机制改革之后，银行定期存款的久期明显缩短。根据央行披露，2021年9月，新发生定期存款5.6万亿元，其中2年期及以上的长期定期存款占比为26.4%，同比下降5.9个百分点，较5月下降10.6个百分点。

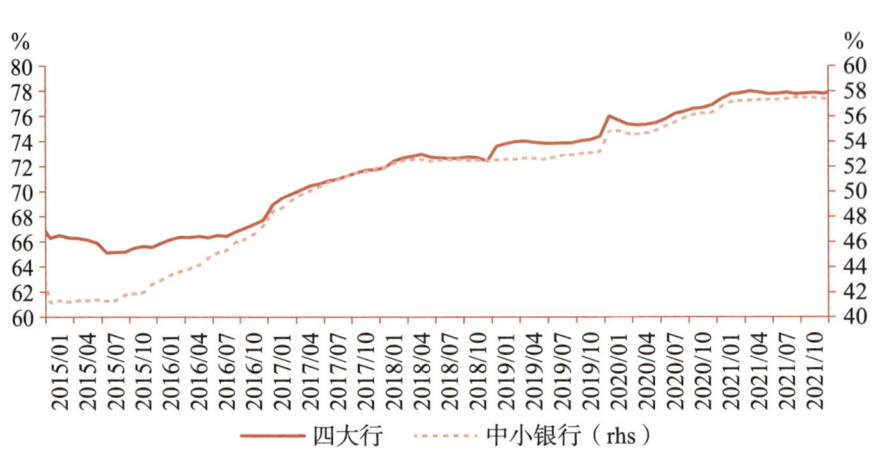

图6-13 中长期贷款占比

资料来源：Wind，兴业研究。

2018年初，国有大行和股份制银行的NCD发行期限分别为3.6个月和4.1个月，在2018年至2020年，中长期贷款占比提升最快的时期，NCD发行期限也明显提升，在2020年初流动性较为宽松时期，最高分别达到11.8个月和10.3个月；同时，在2021年中长期贷款占比趋稳之后，国有大行和股份制银行的NCD发行加权期限分别继续保持在9.6个月以上和8.3个月以上的较高水平。

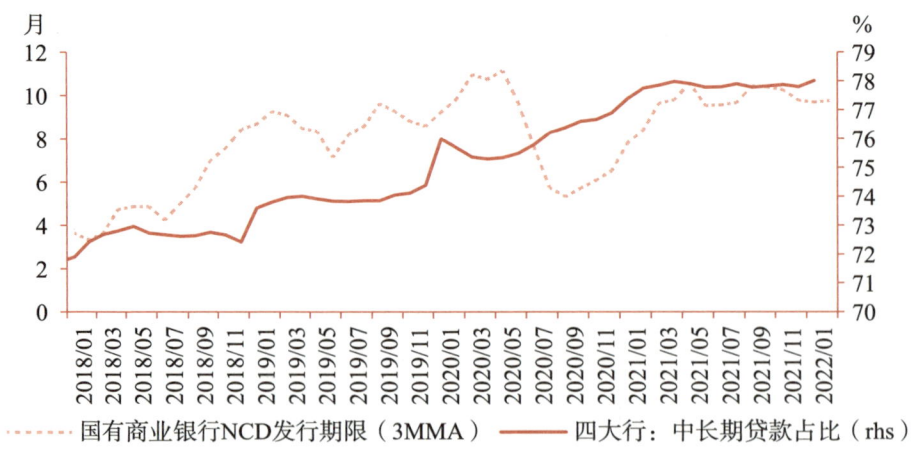

图6-14 国有大行NCD发行久期和中长期贷款占比的关系

资料来源：Wind，兴业研究。

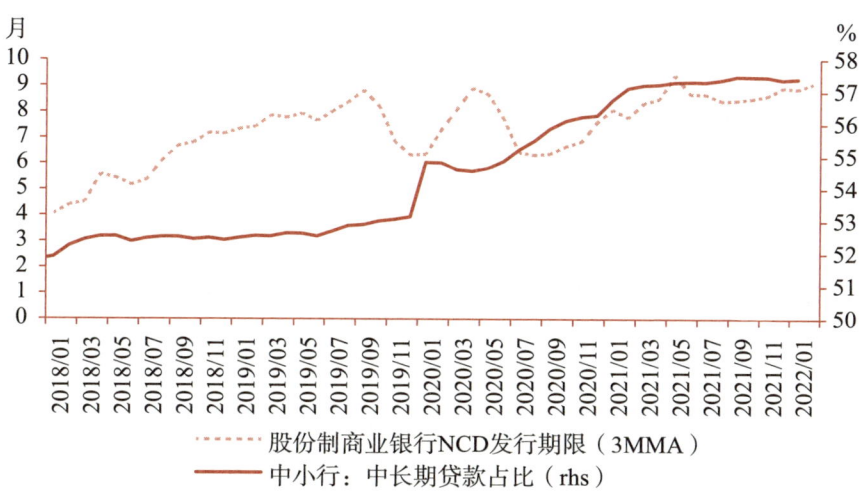

**图6-15 股份制银行NCD发行久期和中长期贷款占比的关系**

资料来源：Wind，兴业研究。

那么，NCD久期由6个月以内拉长到6个月至1年，对银行NSFR的影响有多大？我们对银行同业负债分别赋予0%和50%的权重，对应同业负债的久期在6个月以内和6个月至1年，根据信贷收支表披露的数据，可以大致测算不同情景下的NSFR。可以看出，对于国有大行，同业负债久期拉长的影响在2个百分点左右；对于中小银行，由于同业负债的占比较高，久期拉长的影响在6个百分点左右。

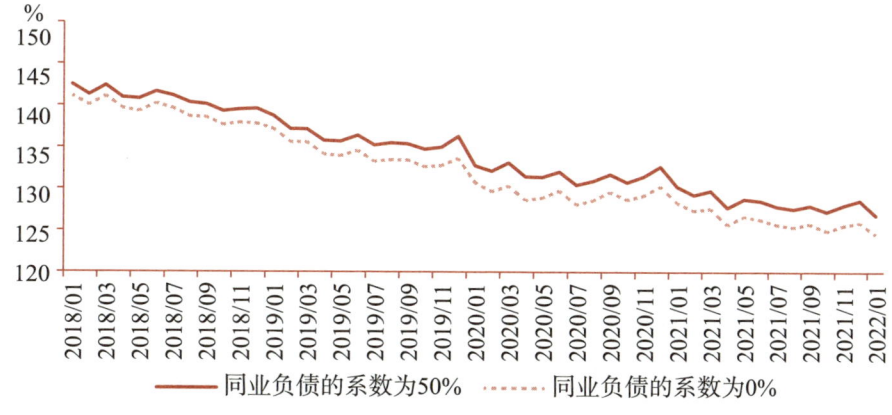

**图6-16 NCD久期拉长对四大行NSFR的影响测算**

资料来源：Wind，兴业研究。

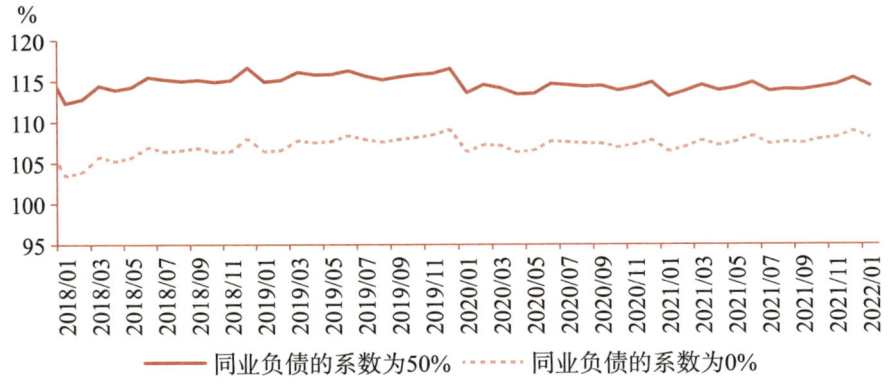

图6-17 NCD久期拉长对中小银行NSFR的影响测算

资料来源：Wind，兴业研究。

由于测算中进行了简化，未详细考虑各类资产的期限结构变化，测算结果和实际值存在一定差异，不过，仍可以为我们判断NSFR的压力大小提供参考，尤其是对于NSFR水平相对较低的股份制银行。例如，2020年上半年，中长期贷款占比快速提升时期，我们测算的NSFR出现了明显下降，同一时期，NCD发行久期也明显拉长，此后，受流动性收紧影响，NCD发行久期缩短，冲击之后又重新拉长久期，并持续保持在较高水平。2022年上半年，地方债发行加快，可能带动企业中长期贷款投放增加，NSFR的压力可能再度上升。

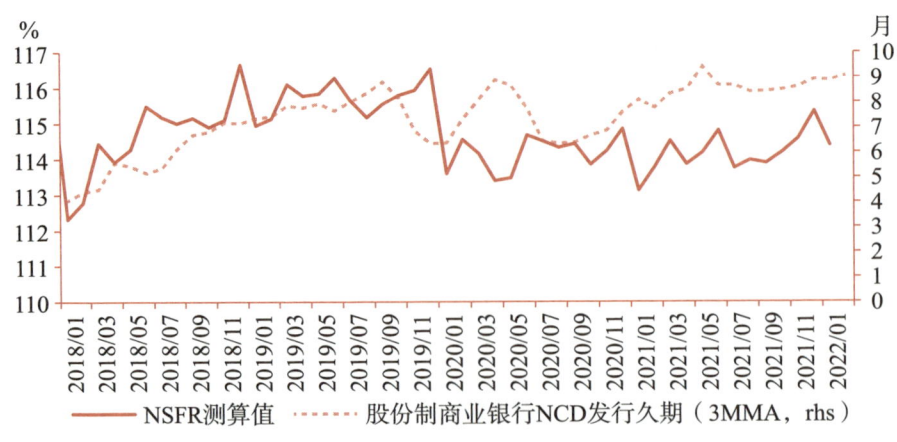

图6-18 股份制银行NCD发行久期和NSFR测算值

资料来源：Wind，兴业研究。

## 新会计准则：金融工具会计准则与债券投资

2014年7月，国际会计准则理事会（IASB）正式发布了《国际财务报告准则第9号：金融工具（IFRS 9 Financial Instruments）》（以下简称"IFRS 9"）；随后，2017年3月31日，我国财政部正式发布了参照IFRS9修订后的金融工具相关会计准则，包括《企业会计准则第22号——金融工具确认和计量》（财会〔2017〕7号）、《企业会计准则第23号——金融资产转移》（财会〔2017〕8号）和《企业会计准则第24号——套期会计》（财会〔2017〕9号）（以下简称"新金融工具准则"）；2018年，在A股和H股同时上市的企业开始使用新金融工具准则；2019年，新金融工具准则进一步推广至全部A股上市公司。

IFRS9对商业银行报表有何影响？对于金融资产投资业务而言，如何影响债券、ABS和资管产品的估值和分类？从更为深远的业务影响来看，会计准则的改变如何影响银行的经营决策和业务逻辑？

## 一、IFRS9如何影响上市银行报表

### （一）金融资产新分类改变银行报表利润结构

在IFRS9下，金融资产的分类由"四分类"改为"三分类"（分类原则详见我们此前发布的报告《IFRS9对商业银行报表有何影响？》[1]）：**在原金融**

---

[1] https://app.cibresearch.com/shareUrl?name=0000000006218473101625dc05be67244

**工具准则中**，金融资产划分为四个科目，即以公允价值计量且其变动计入当期损益的金融资产（以下简称"FVTPL"）、可供出售金融资产、持有至到期投资、贷款和应收款项四个科目，其中，前两个科目以公允价值计量（可供出售金融资产中部分以摊余成本计量），后两个科目以摊余成本计量；**在新金融工具准则中**，对分类的逻辑进行了重新梳理，根据合同现金流和业务模式将金融资产重新划分为三个科目，即以摊余成本计量的金融资产（以下简称"AC"）、以公允价值计量且其变动计入其他综合收益的金融资产（以下简称"FVTOCI"）和以公允价值计量且其变动计入当期损益的金融资产（以下简称"FVTPL"），科目的名称直接反映其计量方法。

表6-9 金融资产分类由"四分类"调整至"三分类"

| 原金融工具准则 | 新金融工具准则 | 新分类英文缩写 |
| --- | --- | --- |
| 持有至到期投资 | 以摊余成本计量的金融资产（Amortized cost） | AC |
| 贷款和应收款项 | | |
| 可供出售金融资产 | 以公允价值计量且其变动计入其他综合收益的金融资产（Fair value through other comprehensive income, or FVTOCI） | FVTOCI |
| 以公允价值计量且其变动计入当期损益的金融资产 | 以公允价值计量且其变动计入当期损益的金融资产（Fair value through profit or loss, or FVTPL） | FVTPL |

注：表格中的科目按照新旧准则的大致关系排列，但是，由于分类标准的改变，新旧科目并非完全一一对应。

资料来源：财政部，IASB，兴业研究。

从不同科目对资产负债表和利润表的影响来看，**以摊余成本计量的金融资产（AC）**，资产的报表账面价值是使用实际利率折现并扣除累计的资产减值准备后的净值，利润表上的收益反映为使用实际利率（或经信用调整的实际利率）计算的利息收入；**以公允价值计量且其变动计入其他综合收益的金融资产（FVTOCI）**，资产的报表账面价值为根据市场价格或估值技术确定的公允价值，减值损失不减少资产账面价值，累计减值准备计入其他综合收益，持有期间的公允价值变动计入其他综合收益、不影响当期净利润，卖出时将持有期间的累计其他综合收益转入净利润（指定为FVTOCI的权益工具，卖出时累计公允价值变动也不计入净利润，直接由其他综合收益转入留存收益）；**以公允价值计量且其变动计入当期损益的金融资产（FVTPL）**，资产的报表账面价值与FVTOCI科目同样采用公允价值计量，且无须计提减值，投资收益和持有期间的公允价值变动均计入利润表。**从对银行资本影响的角度**，虽然FVTPL和FVTOCI对利润的影响不同，二者最终都影响所有者权益，分别通过留存收益和累计其他综合收益计入核心一级资本。

表6-10　可供出售金融资产、计入FVTOCI的债务工具、
指定计入FVTOCI的非交易性权益工具、FVTPL的区别

| 分类 | 可供出售金融资产 | 计入FVOTCI的债务工具 | 指定计入FVTOCI的非交易性权益工具 | FVTPL |
|---|---|---|---|---|
| 是否确认减值损失 | 是 | 是 | 否 | 否 |
| 股利收入计入当期损益 | 是 | 是 | 是 | 是 |
| 持有期间的公允价值变动计入其他综合收益 | 是 | 是 | 是 | 否，持有期间的公允价值变动和卖出的投资收益，均计入当期损益 |
| 计入其他综合收益的累计公允价值变动，是否可以在出售该金融资产时转入当期损益 | 是 | 是 | 否，直接从其他综合收益转入留存收益 | |

资料来源：财政部，兴业研究。

在新金融工具准则中，**计入AC科目（摊余成本法计量）的要求更为严格**，必须同时通过SPPI测试和业务模式测试，在准则转换过程中，过去分类在持有至到期投资和应收款项类投资科目下的债券或非标资产，部分无法通过SPPI测试，被分类至FVTPL科目；贷款科目下的票据贴现资产，由于业务模式为"既以收取合同现金流量为目标又以出售该金融资产为目标"，被分类至FVTOCI科目。**计入FVTOCI科目的要求，也较原金融工具准则中"可供出售金融资产"更为严格**，计入FVTOCI科目的债务工具，必须通过SPPI测试，否则应当分类为FVTPL科目。**FVTPL科目则承担了"杂货铺"功能**，不满足AC和FVTOCI科目判定要求的资产，均应当计入FVTPL科目。

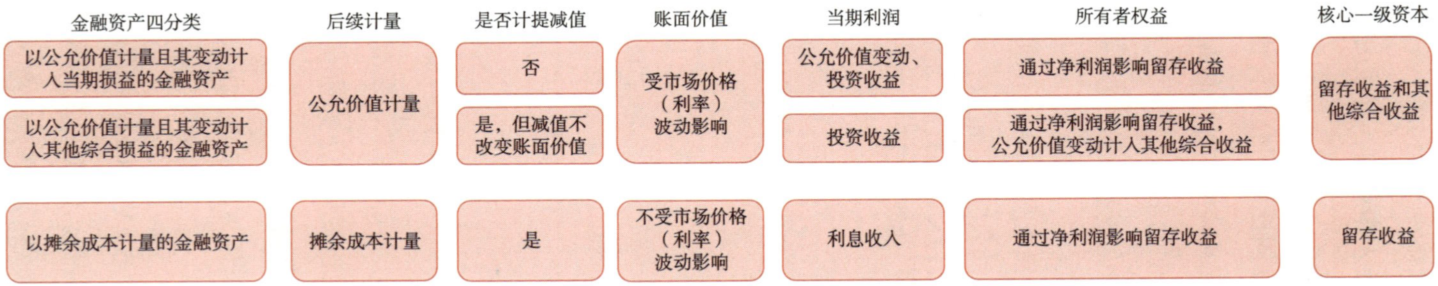

| 金融资产四分类 | 后续计量 | 是否计提减值 | 账面价值 | 当期利润 | 所有者权益 | 核心一级资本 |
| --- | --- | --- | --- | --- | --- | --- |
| 以公允价值计量且其变动计入当期损益的金融资产 | 公允价值计量 | 否 | 受市场价格（利率）波动影响 | 公允价值变动、投资收益 | 通过净利润影响留存收益 | 留存收益和其他综合收益 |
| 以公允价值计量且其变动计入其他综合损益的金融资产 | 公允价值计量 | 是，但减值不改变账面价值 | 受市场价格（利率）波动影响 | 投资收益 | 通过价值变动计入其他综合收益 | 留存收益和其他综合收益 |
| 以摊余成本计量的金融资产 | 摊余成本计量 | 是 | 不受市场价格（利率）波动影响 | 利息收入 | 通过净利润影响留存收益 | 留存收益 |

图 6-19 新金融工具准则下三分类对银行利润和资本的影响

资料来源：财政部，兴业研究。

# 第六章 初识监管政策

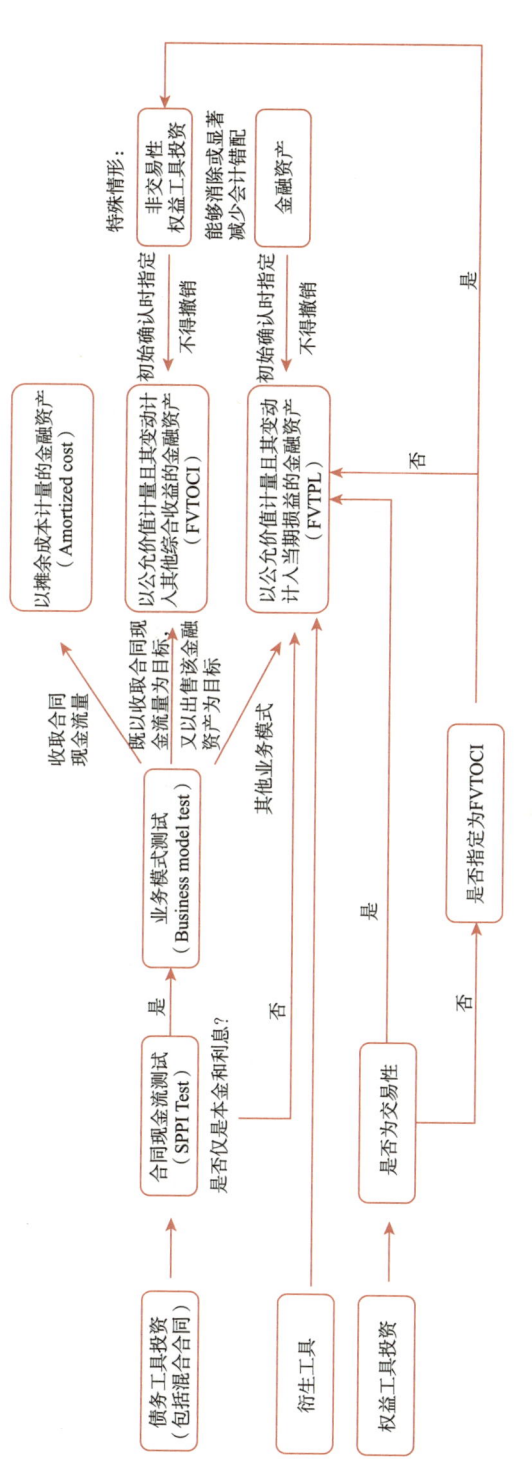

图6-20 金融资产的分类判断示意图

资料来源：财政部《企业会计准则应用指南》，兴业研究。

**在新金融工具准则下，以公允价值计量且其变动计入当期损益的金融资产规模提升，分类变化拉低净息差。** 新金融工具准则下，由于上述的资产分类改变，根据上市银行2018年半年报披露的情况，大多数银行公允价值计量的资产（FVTPL和FVTOCI）规模上升，FVTPL资产规模也大幅提升（由于科目转换和减值计提的变化，引起了资产账面价值的重估，上述资产的占比可能下降）。上述改变反映在利润表上，一方面，由于计入FVTPL的资产规模提升，**商业银行利润波动加大**；另一方面，由于部分资产由持有至到期科目和应收款项类投资科目调整至FVTPL和FVTOCI科目，票据贴现由贷款科目调整至FVTOCI科目，调整后资产收益计入公允价值变动、投资收益或其他综合收益，不计入利息收入，**可能导致银行收入结构改变，进而导致净息差的下降。**

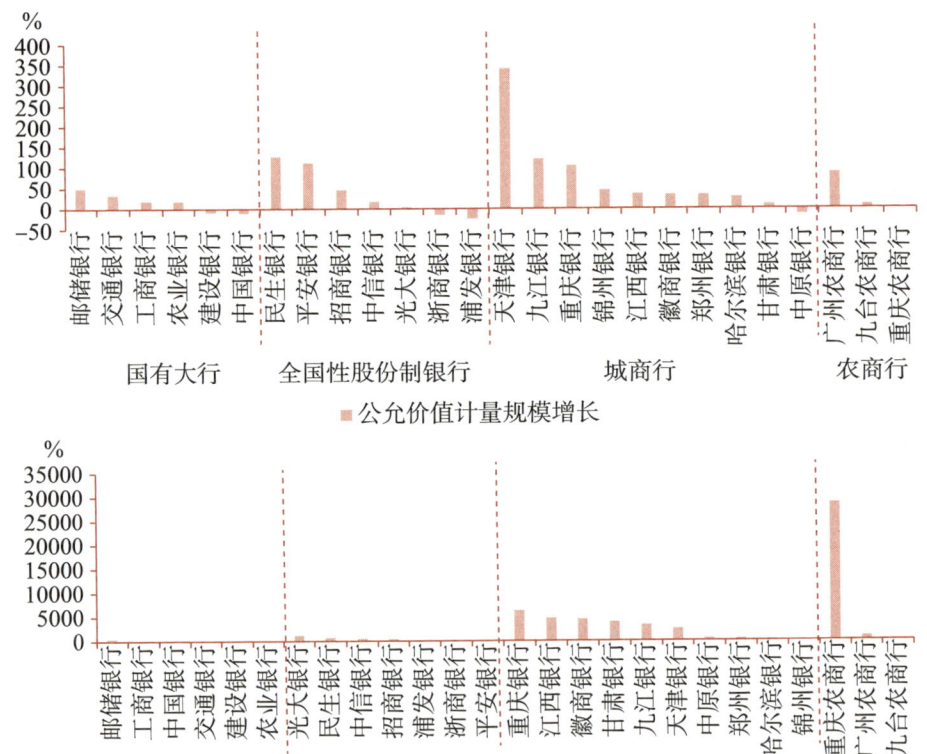

**图6-21　IFRS9下，多数上市银行公允价值计量科目规模提升**

注：图表数据为由原会计准则（2017年12月31日）转换至新会计准则（2018年1月1日），上市银行FVTPL科目的变动比例，以及公允价值计量科目（原准则下，FVTPL和可供出售金融资产，新准则下，FVTPL）的变动比例。

资料来源：上市银行2018半年报，兴业研究。

## （二）拨备计提的时间提前，减值资产基数扩大

新金融工具准则中，引入了"预期信用损失"[①]概念和"三阶段模型"，要求对于未发生信用减值的金融资产，也要计提信用减值损失；而原金融工具准则下，仅对已发生的信用损失计提减值，整体而言，**减值计提的时间提前**。此外，原金融工具准则下，仅对本金计提减值；新金融工具准则下，本金和利息均需要计提减值，**减值计提的基数扩大**。

从上市银行2018年半年报披露的数据来看，大部分上市银行信用减值准备的合计规模提升，提升幅度在4%—36%之间，少数上市银行信用减值准备合计规模较此前略有下降或基本持平，可能与原金融工具准则下的计提较为审慎、新金融工具准则下的模型测算减值规模变化不大有关。

表6-11　金融资产减值的三阶段模型

| | 第一阶段 | 第二阶段 | 第三阶段 |
| --- | --- | --- | --- |
| 定义 | 该金融工具的信用风险自初始确认后并未显著增加 | 如果该金融工具的信用风险自初始确认后已显著增加 | 已发生信用减值的金融资产 |
| 证据 | — | 通常情况下，如果逾期超过30日，则表明金融工具的信用风险已经显著增加 | 金融资产已发生信用减值的证据包括下列可观察信息：<br>（一）发行方或债务人发生重大财务困难；<br>（二）债务人违反合同，如偿付利息或本金违约或逾期等；<br>（三）债权人出于与债务人财务困难有关的经济或合同考虑，给予债务人在任何其他情况下都不会做出的让步；<br>（四）债务人很可能破产或进行其他财务重组；<br>（五）发行方或债务人财务困难导致该金融资产的活跃市场消失；<br>（六）以大幅折扣购买或源生一项金融资产，该折扣反映了发生信用损失的事实 |

---

[①] 根据财政部《企业会计准则第22号——金融工具确认和计量》（财会〔2017〕7号），"预期信用损失，是指以发生违约的风险为权重的金融工具信用损失的加权平均值"。

续表

|  | 第一阶段 | 第二阶段 | 第三阶段 |
|---|---|---|---|
| 损失准备的计量时间范围 | 企业应当按照相当于该金融工具未来12个月内预期信用损失的金额计量其损失准备 | 企业应当按照相当于该金融工具整个存续期内预期信用损失的金额计量其损失准备 | |
| 利息收入的计算 | 账面余额和实际利率 | | 摊余成本（账面余额－减值准备）和经信用调整的实际利率 |

资料来源：《企业会计准则第22号——金融工具确认和计量》（财会〔2017〕7号），兴业研究。

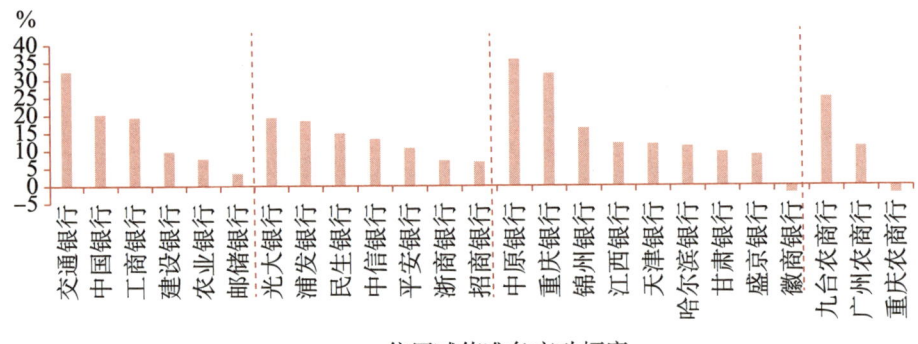

**图6-22　IFRS9下，大部分上市银行信用减值准备合计规模提升**

注：图表数据为由原会计准则（2017年12月31日）转换至新会计准则（2018年1月1日），上市银行信用减值准备的合计规模变化，包括表内资产以及表外项目（信贷承诺、财务担保等）的减值准备。

资料来源：上市银行2018半年报，兴业研究。

除了贷款以外，其他资产类型的减值变化也值得关注：**一是债券投资未出现违约也要计提减值**，原金融工具准则下，只有债券发生违约才计提减值，在新金融工具准则下，未发生违约的债券，也要根据三阶段模型计提减值。**二是贷款承诺（包括贷款额度和信用卡透支额度）也要计提减值，减值形成商业银行表内负债**，贷款承诺属于银行的表外或有负债，只有客户实际使用的贷款额度才形成银行表内资产，在原金融工具准则下，贷款承诺根据《企业会计准则第13号——或有事项》核算，不计提减值，新金融工具准则下，贷款承诺的减值也适用金融工具准则，应当计提减值，减值列报在预计负债中，即形成商业银行的表内负债。三是FVTOCI科目下的权益工具投资无须再计提减值，原金融工具准则下，可供出售金融资产科目下的权益工具投资也要计提减值，而新金融工具准则下，指定计入FVTOCI科目的权益工具投资不再计提减值。由于商业银行表内的权益工具投资规模较小，上述资产的减值规则变化整体而言会扩大商业银行计提减值的基数。

此外，应当指出的是，新金融工具准则下，FVTOCI科目的债务工具、贷款等资产计提减值，不影响资产的账面价值，减值损失计入当期损益，减值准备在其他综合收益科目中累计；而原金融工具准则下，可供出售金融资产计提减值，也影响资产的账面价值。

## 二、IFRS9对商业银行债券和结构化主体投资的影响

IFRS9对我国商业银行的债券和结构化主体投资将产生深远的影响，具体表现为以下五方面。

一是债券投资方面，我国市场上的大多数债券品种（包括普通固息债券、期限匹配的浮息债、永续债、附有提前赎回或回售条款的债券）的合同条款仍可以通过SPPI测试，由投资者根据业务模式差异，分别计入三个科目；但有些债券或类固收品种（包括可转债、期限错配的浮息债、二级资本债、商业银行发行的非累积优先股），可能无法通过SPPI测试，就必须计入以公允价值计量且其变动计入当期损益的金融资产（FVTPL）。

二是在资管新规和IFRS9的双重影响之下，商业银行的投资，除ABS外，全部资管产品都将计入以公允价值计量且其变动计入当期损益的金融资产（FVTPL），这将加大商业银行投资公募基金（包括货基和债基）、同业理财、非标资产（信托计划及券商资管计划）所带来的利润波动，进而也会对银行的资本充足率产生影响。

资管新规明确规定:"存在以下行为的视为刚性兑付:(一)资产管理产品的发行人或者管理人违反公允价值确定净值原则对产品进行保本保收益……"由于资管产品打破刚性兑付,实行净值化管理,不能承诺兑付本金和利息,因而无法通过SPPI测试,都将计入以公允价值计量且其变动计入当期损益的金融资产(FVTPL),将导致资管产品的净值波动,直接影响银行的当期利润和核心一级资本。

三是对于非标资产而言,不存在估值障碍,打破刚兑之后,将全面计入以公允价值计量且其变动计入当期损益的金融资产(FVTPL)科目,使用估值技术进行估值。

IFRS 9对金融资产的分类标准中不再考虑"在活跃市场中有无报价",而仅根据合同现金流和业务模式分类;这意味着,不符合SPPI特征的非标资产,即使没有活跃市场报价,也必须纳入以公允价值计量且其变动计入当期损益的金融资产(FVTPL),采用公允价值计量。

根据财政部现行的《企业会计准则第39号——公允价值计量准则》(财会〔2014〕6号)(我国财政部根据2013年生效的《国际财务报告准则第13号:公允价值计量(IFRS 13 Fair Value Measurement)》制定,目前IASB未对IFRS13做进一步修订),公允价值计量允许采用的估值技术包括市场法、收益法和成本法三类,用于估计的输入值分为报价、可观察值和不可观察值三个层次。事实上,市场上已经有会计师事务所提供非标资产估值的相关系统和服务。

由此,我们认为,从会计准则和估值技术上,非标资产估值没有根本障碍。

表6-12 《企业会计准则第39号——公允价值计量》中的估值技术

| 规则 | 分类 | 定义 |
|---|---|---|
| 估值技术 | 市场法 | 利用相同或类似的资产、负债或资产和负债组合的价格以及其他相关市场交易信息进行估值的技术。 |
| | 收益法 | 是将未来金额转换成单一现值的估值技术。 |
| | 成本法 | 是反映当前要求重置相关资产服务能力所需金额(通常指现行重置成本)的估值技术。 |

资料来源:财政部,兴业研究。

## 第六章 初识监管政策

表6-13 《企业会计准则第39号——公允价值计量》中的公允价值层次

| 规则 | 分类 | 定义 |
|---|---|---|
| 公允价值层次 | 第一层次 | 第一层次输入值是在计量日能够取得的相同资产或负债在活跃市场上未经调整的报价。活跃市场，是指相关资产或负债的交易量和交易频率足以持续提供定价信息的市场。 |
| | 第二层次 | 第二层次输入值是除第一层次输入值外相关资产或负债直接或间接可观察的输入值。 |
| | 第三层次 | 第三层次输入值是相关资产或负债的不可观察输入值。 |

资料来源：财政部，兴业研究。

在IFRS9下，银行表内投资的非标资产，除了部分存量的、满足SPPI特征的非标资产（此类资产可以摊余成本法估值）以外，其他非标资产（包括存量的、不满足SPPI特征的非标资产，以及资管新规下的非标资产）将全部计入以公允价值计量且其变动计入当期损益的金融资产（FVTPL）科目。

表6-14 银行表内持有的非标资产的可能计量方法

| 分类 | SPPI测试 | 会计科目 |
|---|---|---|
| 存量非标资产 | 通过SPPI测试 | 以摊余成本计量的金融资产、以公允价值计量且其变动计入其他综合收益的金融资产（FVTOCI）、以公允价值计量且其变动计入当期损益的金融资产（FVTPL） |
| | 无法通过SPPI测试 | 以公允价值计量且其变动计入当期损益的金融资产（FVTPL） |
| 增量非标资产（满足资管新规要求的） | 无法通过SPPI测试 | |

资料来源：根据公开资料整理，兴业研究。

在IFRS9和资管新规下，资管产品投资的非标资产的会计分类，同时取决于资管产品的估值方法要求和非标资产的合同现金流特征。若资管产品采用摊余成本法，则该资管产品持有的部分非标产品（比如可以通过SPPI测试的信贷类非标）可以使用摊余成本法。

表6-15 资管新规下，资管产品持有的非标资产的可能计量方法

| 资管产品 | 非标资产 | 会计计量方法 |
| --- | --- | --- |
| 摊余成本法 | 存量非标资产 –SPPI | 摊余成本法 |
| 市值法 | 存量非标资产 –SPPI | 引入估值技术确定公允价值 |
| | 存量非标资产 – 非 SPPI | |
| | 新增非标资产 – 非 SPPI | |

资料来源：根据公开资料整理，兴业研究。

**四是非上市股权投资无法通过SPPI测试，可以采用估值方法估算其公允价值。** 3月30日，基金业协会已经根据《企业会计准则第39号——公允价值计量准则》（财会〔2014〕6号）和《企业会计准则第22号——金融工具确认和计量》（财会〔2017〕7号），发布了最新的《私募投资基金非上市股权投资估值指引（试行）》，明确规定私募投资基金持有的非上市股权投资，应当采用公允价值计量，并提出了常用的5种估值方法，其中，参考最近融资价格法、市场乘数法、行业指标法属于市场法，现金流折现法属于收益法，净资产法属于成本法。上述指引的发布，一方面可以给商业银行资管产品持有的非上市股权投资的会计核算提供借鉴；另一方面，非上市股权和非标资产都属于无活跃市场报价的资产，这也可以为非标资产的估值提供借鉴。

**五是对商业银行投资ABS来说，基础资产类型不同、产品的优先/劣后等级不同，都将对其会计分类造成影响。** 如果ABS的基础资产不满足SPPI特征（如收费收益权、不动产），或是购买的ABS份额属于不满足SPPI特征的次级档（如自持的ABS次级档），都将计入以公允价值计量且其变动计入当期损益的金融资产（FVTPL）科目。这意味着，今后商业银行投资ABS，除了考虑投资收益和风险外，还需要关注各类ABS品种的会计分类差异，这直接决定了商业银行购买的ABS产品对当期利润的影响。

表6-16 ABS的主要品种及可能会计分类

| 基础资产类型 | 是否满足SPPI特征 | 会计科目 |
| --- | --- | --- |
| 未来资产（如收费收益权等） | 否 | 计入以公允价值计量且其变动计入当期损益的金融资产（FVTPL） |
| 不动产（如房地产） | 否 | 计入以公允价值计量且其变动计入当期损益的金融资产（FVTPL） |
| 债权（如信贷资产） | 优先档：基础资产和份额均满足SPPI特征<br>次级档：基础资产满足SPPI特征，份额不满足SPPI特征 | 优先档：根据业务模式选择计入三个科目<br>次级档：计入以公允价值计量且其变动计入当期损益的金融资产（FVTPL） |

资料来源：根据公开资料整理，兴业研究。

## 三、透过表象看实质：IFRS9如何影响银行的业务行为

### （一）预期信用损失法对贷款和债券投资偏好的影响

**贷款业务方面**，对于信用风险已经显著增加（即处于第二阶段，如逾期超过30天）的贷款，需要计提整个存续期内预期信用损失，给定其他假设不变的情况下，同等信用风险水平的贷款，贷款的存续期限越长，整个存续期内的累计违约概率越高，预期信用损失也越大。为了降低贷款减值损失，对于信用资质较差的客户，银行更加倾向于发放更短期限的贷款，或者提升该类客户长期限贷款的定价水平，以便对拨备计提成本进行一定弥补。

**信用卡方面**，由于未使用的信用卡额度也要计提信用减值损失，并且减值准备计入商业银行的表内负债，将导致商业银行在确定信用卡信用额度时会更加审慎。

**债券投资方面**，由于未违约债券也要计提减值损失，债券投资的减值损失增加，将导致低评级、长久期债券的吸引力下降，或者需要更高收益率加以弥补。

### （二）委托投资的利润波动加大，利率风险管理难度提升

商业银行投资公募基金及委托投资业务持有的资管产品，计入FVTPL科

目，利润波动加大，利率风险管理难度提升。**新金融工具准则下，商业银行投资的非保本资管产品无法通过SPPI测试，商业银行持有的全部公募基金和委托投资的资管产品都将计入FVTPL，包括货币基金和债券基金、委托投资的信托及券商资管产品等，这些资产的公允价值变动将直接影响银行当期利润；而原金融工具准则下，计入FVTPL的主要是交易账簿的公募基金投资（以货币基金为主），银行账簿的公募基金投资、委托投资的信托及券商资管产品通常计入可供出售金融资产科目，后者的公允价值变动不影响当期利润。

### （三）票据资产的估值波动显性化，对票据交易水平要求提升

**票据贴现资产大部分计入FVTOCI，票据同业投资计入AC、FVTPL、FVTOCI三个科目。**在原金融工具准则下，票据贴现资产（含转贴现，下同）计入贷款科目，票据资管产品计入应收款项类投资科目。在新金融工具准则下，对于票据贴现及转贴现业务，由于其业务模式属于既以收取合同现金流又以出售金融资产为目标，应当计入FVTOCI科目，根据上市银行2018年半年报披露的情况，各家银行均将全部或大部分票据贴现资产计入FVTOCI科目，少量计入摊余成本科目，后者可能是会计准则转换前已经形成的资产；对于投资票据资管产品，根据业务模式差异，分别计入AC、FVTPL、FVTOCI三个科目。在新金融工具准则下，票据买入返售业务，仍然计入买入返售金融资产科目，使用摊余成本法计量，与原金融工具准则无变化。

**上述变化将产生以下影响：一是票据贴现的估值波动显性化，对票据交易水平要求提升，**原金融工具准则下，票据贴现资产计入发放贷款及垫款科目，持有期间的收益计入利息收入，转贴现卖出的价差收益计入投资收益，在市场利率走势不利的情况下，可以选择以持有为主，报表不反映估值波动；新金融工具准则下，票据贴现主要计入FVTOCI科目，需要盯市估值，持有期间的估值波动计入其他综合收益，转贴现卖出的价差收益仍计入投资收益。**二是投资票据资管产品的账面价值波动加大，**新金融工具准则下，银行投资的票据资管产品由原来的应收款项类投资科目，根据其业务模式（持有、卖出等），调整到AC、FVTPL、FVTOCI三个科目，具体影响取决于各家银行票据资管的业务特点，

对于票据资管交易较为活跃的银行，新准则将加大其账面价值的波动。

**从具体的估值方法来看，票据市场的交易数据透明度较低，盯市中直接使用市场成交价格数据存在难度，需要银行构建利率曲线，采用估值技术进行估值。**票交所成立后，开始发布电子票据转贴现和回购的成交利率，但只披露银行承兑汇票和商业承兑汇票两个品种的市场成交利率，不披露具体承兑人的交易数据，银行需要在此基础上考虑承兑人信用风险，构建利率曲线，同时，由于商业承兑汇票的市场规模和成交量较少，其市场成交利率波动较大，用于估值的参考性较弱。根据工商银行在2018年半年报中的披露："票据贴现资产采用现金流折现模型进行估值，其中，银行承兑汇票，根据承兑人信用风险的不同，以市场实际交易数据为样本，分别构建利率曲线；商业承兑汇票，以银行间拆借利率为基准，根据信用风险和流动性进行点差调整，构建利率曲线。"

### 四、永续债分类新规对发行人和投资人的影响

**永续债在新金融工具准则下的会计处理，难点和争议主要在于分类判断较为复杂，以及不同的分类对发行和投资双方报表的影响。对发行人而言**，权益工具和金融负债的划分，决定了永续债发行是否有助于改变其报表杠杆率，发行人更为倾向将永续债划分为权益工具；**对投资人而言**，永续债划分至三个不同的科目，对当期利润的影响不同。未来，新金融工具准则下，永续债发行人的报表改善需求，以及投资人对附有不同条款的永续债的投资偏好，将共同影响新发行的永续债的条款设计。

**从发行人的角度来看**，目前大多数的企业永续债发行人将永续债列为权益工具，而在财政部2019年1月28日发布的《永续债相关会计处理的规定》（财会〔2019〕2号，以下简称《永续债会计规定》）的要求下，**永续债认定为权益工具的要求更为严格**，必须同时满足到期日、清偿顺序及利率调升和间接义务三个方面的判定，永续债才可以被认定为权益工具，否则应当被认定为金融负债。如果未来上述规定严格执行，部分永续债将被计入金融负债（例如附有交叉违约条款的永续债），无法改善发行人报表杠杆率。

**从投资人的角度来看**，在新金融工具准则下，站在投资人的角度，永续债的分类流程，要首先区分永续债属于权益工具还是债务工具，对于债务工具，还要再进一步判断是否可以通过SPPI测试，并结合业务模式确定会计分类。根据财政部2018年7月发布的《企业会计准则第22号——金融工具确认和计量》应用指南，"权益工具投资中的'权益工具'，是指对于工具发行方来说，满足《企业会计准则第37号——金融工具列报》中权益工具定义的工具"，**即投资方的权益工具投资划分标准，与发行方的权益工具的标准一致**。若永续债被判定为权益工具，可以根据业务模式，选择计入FVTPL或FVTOCI科目；若永续债被判定为债务工具，还要再结合其合同现金流和业务模式，分别计入AC、FVTPL、FVTOCI三个科目，这种情况下涉及永续债是否可以通过SPPI测试的问题。从投资人的角度来看，划分为权益工具，可以指定计入FVTOCI科目；而划分为债务工具，则有可能因为条款设计，无法通过SPPI测试，被动计入FVTPL科目，加大投资永续债的利润波动，且永续债的估值波动高于普通的固定期限债券。

（1）到期日

**从到期日来看，主要考察是否为无固定到期日，或发行人是否可以自主决定不行使赎回权**，无固定到期日的，满足权益工具特征；无固定到期日但规定了赎回时间的，如果赎回时间仅为发行方清算日，或者由发行方自主决定，满足权益工具特征，若清算或赎回不受发行方控制，则属于债务工具。

银行永续债属于资本工具，不得形成赎回预期，满足权益工具特征；企业永续债大多数规定了赎回条款，但应当根据具体条款来判断企业是否能够自主决定是否赎回：根据财政部《企业会计准则第37号——金融工具列报》应用指南中的举例，**对于"股利制动机制"及"股利推动机制"**，前者要求企业如果不派发该金融工具的利息，也不能派发普通股股利，后者要求企业如果派发普通股股利，也应当派发该金融工具的利息，由于发行方可以根据议事机制自主决定普通股股利的派发，上述机制不会导致金融工具被分类为金融负债；**对于交叉违约条款**，由于发行人无法控制能否按时偿债、是否会发生净资产10%以上重大损失、财务状况是否发生重大变化等，包含该类条款的永续债应当被分类为金融负债。

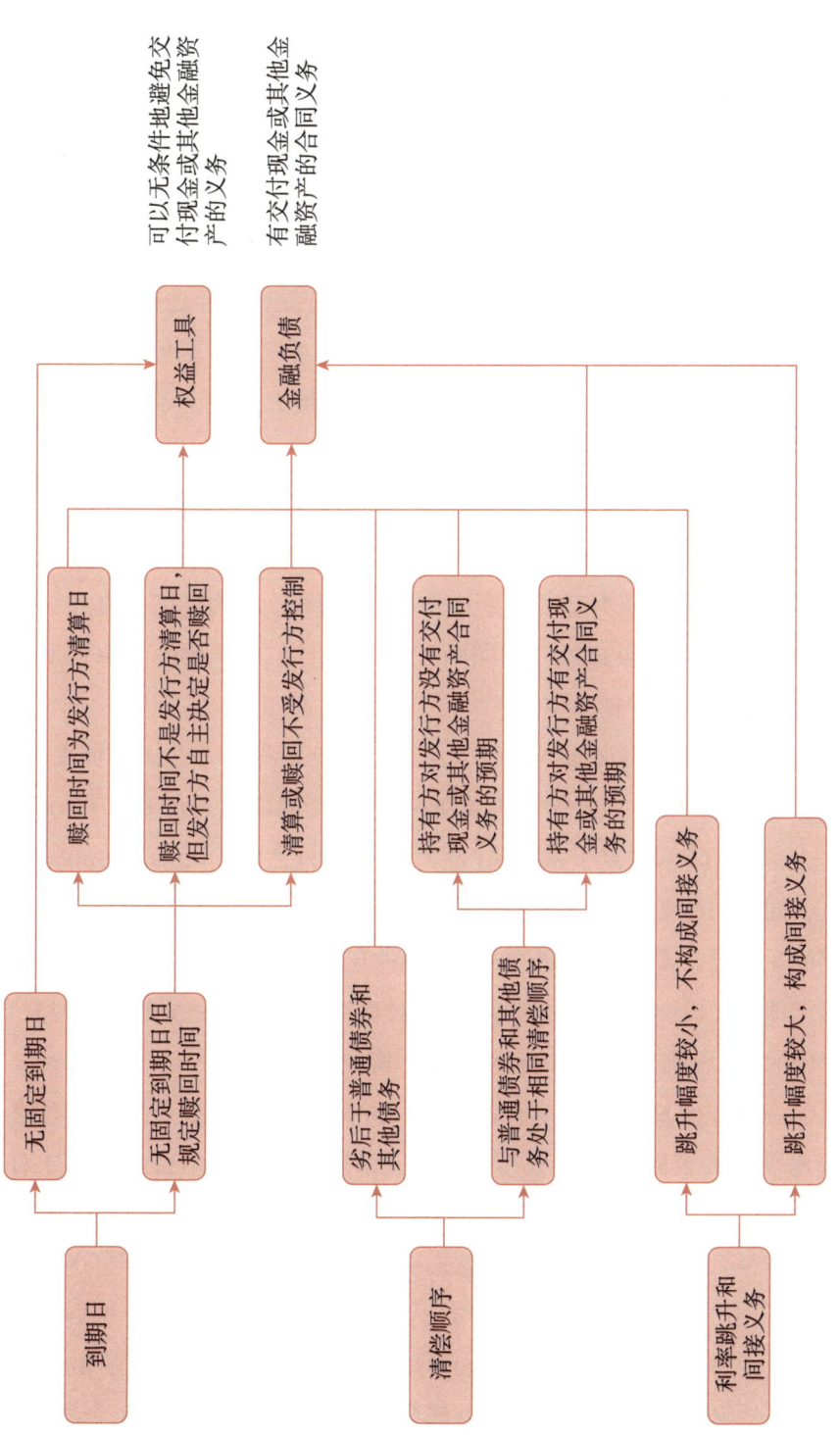

图6-23 永续债的分类判断示意

资料来源：财政部《永续债相关会计处理的规定》，兴业研究。

**（2）清偿顺序**

**从清偿顺序来看，主要考察永续债和普通债券的偿付顺序**，永续债偿付顺序劣后于普通债券和其他债务的，满足权益工具特征；永续债与普通债券和其他债务处于相同偿付顺序的，要审慎考虑。

证券公司和商业银行发行的永续债的偿付顺序劣后于普通债券，满足权益工具的特征；而大多数企业永续债的偿付顺序与普通债券处于同等顺序，属于"应当审慎考虑此清偿顺序是否会导致持有方对发行方承担交付现金或其他金融资产合同义务的预期"，这也是目前争议最大的判定条件，可能导致部分企业永续债被划分为债务工具。

**（3）利率跳升和间接义务**

**从利率跳升和间接义务来看，主要考虑跳升幅度是否高于平均水平**，如果未超过"同期同行业同类型工具平均的利率水平"，不构成间接义务，满足权益工具的特征；如果超过"同期同行业同类型工具平均的利率水平"，可能构成间接义务，属于债务工具。

商业银行永续债不得设置利率跳升条款；从已发行的企业永续债来看，大部分企业永续债的利率跳升水平为300bp，个别债券的跳升水平低于300bp（在100—200bp之间）或高于300bp（在400—800bp之间）。因而，300bp可以认为是"同期同行业同类型工具平均的利率水平"，小于等于300bp的跳升水平，仍满足权益工具特征；超过300bp的跳升水平，可能被视为构成间接义务，属于债务工具。根据财政部《企业会计准则第37号——金融工具列报》应用指南中的例1，跳升幅度为300bp，尚不构成间接义务。

**如果部分永续债无法满足上述条件，被划分为债务工具**，投资方要再进一步判断永续债的合同现金流是否可以通过SPPI测试，并结合业务模式对其分类。**在永续债的SPPI测试中，涉及对于利息递延条款的判断**，常见的永续债条款中，未支付的利息及其孳息累积至后续付息日，这类利息递延条款由于包含了对"延期支付的合理补偿"，满足SPPI特征。此外，根据基金业协会发布的《中国基金估值标准（2018版）》中的举例，永续债的SPPI判断，除了要考虑利息递延条款外，还应该考虑修正的货币时间价值，例如挂钩的基准利率的期限为1周，而重定价周期为5年，存在较为严重的累积差异，无法通过SPPI测试。关于SPPI测试的详细讨论，详见我们此前发布的报告《IFRS9的致命细节：债券与非标如何估值与分类》[①]。

## 五、商业银行投资他行资本工具的会计科目和资本占用

目前，我国商业银行发行的资本工具，主要包括普通股、优先股、减记型二级资本债、永续债、可转债等，商业银行以自营资金投资他行的资本工具类型主要是减记型二级资本债和永续债。

**商业银行投资他行的二级资本债，无法通过SPPI测试，计入FVTPL科目。** 商业银行发行的二级资本债，属于债务工具，根据国际会计准则理事会（IASB）发布的《IFRS9操作指南》，含有减记条款的金融工具，如果在合同条款中明确约定，允许发行人或第三方主体对金融工具实施减记，则不满足SPPI特征。

**商业银行投资他行的永续债，满足权益工具的判定，可以计入FVTPL或FVTOCI科目。** 根据《永续债会计规定》中提出的三个判别标准，商业银行永续债发行人可以自主决定是否赎回、清偿顺序劣后于发行方的普通债券、无利率跳升，因而满足权益工具的判定，可以根据持有的业务模式计入FVTPL或FVTOCI科目。

**此外，商业银行投资他行资本工具，仍然面临资本占用问题，票据互换工具无法降低资本占用。** 根据2012年原银监会发布的《商业银行资本管理办法（试行）》（银监会令〔2012〕1号）规定：商业银行购买他行二级资本债券的信用风险权重为100%（而一般商业银行债券、NCD的权重仅为20%—25%），其中超出本银行核心一级资本净额10%的部分，还要从相应层级的资本中扣除。1月24日，央行推出了票据互换工具，有助于提高商业银行永续债的流动性，但是，由于永续债的现金流和信用风险未转移，票据互换工

---

① https://app.cibresearch.com/shareUrl?name=0000000062852c5e0162e21f64331b19

具无法降低商业银行投资他行资本工具的资本占用。

表6-17 商业银行持有本行或他行发行的资本工具的资本占用（扣除）要求

| 分类 | 风险权重或资本扣除要求 | 相关规定 |
| --- | --- | --- |
| 对我国其他商业银行的债权（不包括次级债权） | 原始期限3个月以内的信用风险权重为20%；原始期限3个月以上的信用风险权重为25%。 | 附件2：表内资产风险权重、表外项目信用转换系数及合格信用风险缓释工具。 |
| 对我国商业银行的次级债权（未扣除部分） | 未扣除部分的信用风险权重为100%。 | |
| 对金融机构的股权投资（未扣除部分） | 未扣除部分的信用风险权重为250%。 | |
| 商业银行直接或间接持有本银行发行的其他一级资本工具和二级资本工具 | 从相应的监管资本中对应扣除。 | 第三十三条 商业银行之间通过协议相互持有的各级资本工具，或银监会认定为虚增资本的各级资本投资，应从相应监管资本中对应扣除。<br>商业银行直接或间接持有本银行发行的其他一级资本工具和二级资本工具，应从相应的监管资本中对应扣除。对应扣除是指从商业银行自身相应层级资本中扣除。商业银行某一级资本净额小于应扣除数额的，缺口部分应从更高一级的资本净额中扣除。 |
| 持有他行其他一级资本和二级资本工具（超出本银行核心一级资本净额10%的部分） | 应从各级监管资本中对应扣除。 | 第三十四条 商业银行对未并表金融机构的小额少数资本投资，合计超出本银行核心一级资本净额10%的部分，应从各级监管资本中对应扣除。<br>小额少数资本投资是指商业银行对金融机构各级资本投资（包括直接和间接投资）占该被投资金融机构实收资本（普通股加普通股溢价）10%（不含）以下，且不符合本办法第十二条、第十三条规定的资本投资。 |

续表

| 分类 | 风险权重或资本扣除要求 | 相关规定 |
|---|---|---|
| | | 第三十五条 商业银行对未并表金融机构的大额少数资本投资中,核心一级资本投资合计超出本行核心一级资本净额10%的部分应从本银行核心一级资本中扣除;其他一级资本投资和二级资本投资应从相应层级资本中全额扣除。<br>大额少数资本投资是指商业银行对金融机构各级资本投资(包括直接和间接投资)占该被投资金融机构实收资本(普通股加普通股溢价)10%(含)以上,且不符合本办法第十二条、第十三条规定的资本投资。 |
| 未从核心一级资本中扣除的对他行大额少数资本投资上限 | 不得超过本行核心一级资本净额的15%。 | 第三十七条 根据本办法第三十五条、第三十六条的规定,未在商业银行核心一级资本中扣除的对金融机构的大额少数资本投资和相应的净递延税资产,合计金额不得超过本行核心一级资本净额的15%。 |

资料来源:原银监会《商业银行资本管理办法(试行)》(银监会令〔2012〕1号)附件1,兴业研究。

# 参考文献

1. 陈晓晨，国际政治长周期与体系进化——莫德尔斯基长周期理论再解读，现代国际关系，2004年第12期。

2. 程昊，陈蔚宁，期限利差三因素框架在中国的实证，金融市场研究，2019（7）：20。

3. 杜因，经济长波与创新，上海译文出版社，1993。

4. 格雷厄姆·艾利森，注定一战：中美能避免修昔底德陷阱吗，上海人民出版社，2019。

6. 计秋枫，近代前期英国崛起的历史逻辑，中国社会科学，2013年第9期。

7. 梁亚芹，王晓燕，唐心智，越南恶性通货膨胀的原因和启示，中国市场，2010年第9期。

8. 刘鹤，两次全球大危机的比较研究，中国经济出版社，2013.

9. 人民银行调查统计司课题组，"十四五"期间我国潜在产出和增长动力的测算研究，中国人民银行工作论文，No.2021/1。

10. 瑞（达利欧，债务危机：我的应对原则，中信出版社，2019。

11. 张嘉为，万琦玮，郭济敏，基于经济及利率周期的国债收益率预测，债券，2017年第8期。

12. Altman E.. Financial ratios, discriminant analysis and the prediction of corporate bankruptcy. The journal of finance, 1968, 23（4）：589–609.

13. Antti Ilmanen.A Framework for Analyzing Yield Curve Trades. Understanding the Yield Curve– Salomon Brothers Fixed Income, 1995.

14.Basel Committee on Banking Supervision, Basel Ⅲ: A Global Regulatory Framework for More Resilient Banks and Banking Systems,(2010/12)[2017/3], https://www.bis.org/publ/bcbs189.pdf.

15.Ben Bernanke, Mark Gertler & Simon Gilchrist, The Financial Accelerator in a Quantitative Business Cycle Framework, NBER Working Paper, 1998.

16.Bernanke B. and Gertler M., Monetary Policy and Asset Price Volatility, 2000, NBER working paper.

17.Beyer, R. and L. Milivojevic, Dynamics and Synchronization of Global Equilibrium Interest Rates, IMFS Working Paper Series, 2020.

18.Broadberry, S.N., B. Campbell, A. Klein, M. Overton and B. van Leeuwen, British Economic Growth 1270-1870, Cambridge: Cambridge University Press, 2015.

19.Burns A F., Long Cycles in Residential Construction, Princeton University Press, 1954.

20.Claudio Borio, The Financial Cycle and Macroeconomics: What Have We Learnt?, BIS Working Papers, 2012.

21.European Systemic Risk Board: The ESRB Handbook on Operationalising Macro-prudential Policy in the Banking Sector, [2017/3], https://www.esrb.europa.eu/pub/pdf/other/140303_esrb_handbook_mp.en.pdf.

22. Fama, E., & K. French, Business conditions and expected returns on stocks and bonds. Journal of Financial Economics, 1989, 25, 23-49.

23.Filardo R., Should Monetary Policy Respond to Asset Price Bubbles? Some Experimental Results, 2001, Federal Reserve working paper.

24.Financial Supervisory Commission of Korea, Macro-prudential Stability Levy,(2010/12)[2017/3], https://www.fsc.go.kr/comm/getFile?srvcId=BBSTY1&upperNo=21939&fileTy=ATTACH&fileNo=1.

25.Friedman, B., & K. Kuttner, Money, income, prices and interest rates.

American Economic Review, 1992, 82, 472-492.

26.Fukao, K., Bassino, J.-P., Makino, T., Paprzycki, R., Settsu, T., Takashima, M., and Tokui, J., Regional Inequality and Industrial Structure in Japan: 1874-2008, Tokyo: Maruzen Publishing, 2015.

27.Furman, J., and L. Summers, A Reconsideration of Fiscal Policy in the Era of Low Interest Rates, Havard working paper, 2020.

28.Gottlieb M., Long National Residential Building Cycles, NBER, 1976.

29. Guha, D.& L. Hiris, The aggregate credit spread and the business cycle. International Review of Financial Analysis, 2002, 11（2）: 219-227.

30.Hoyt H., One Hundred Years of Land Values in Chicago: 1830-1933. University of Chicago Press, 1933.

31.IMF, FSB, BIS, Elements of Effective Macroprudential Policies，（2016/8）[2017/3], https://www.bis.org/publ/othp26.pdf.

32.IMF, Staff Guidance Note on Macroprudential Policy-Detailed Guidance on Instruments, IMF Policy Paper,（2014/12）[2017/3], https://www.imf.org/external/np/pp/eng/2014/110614a.pdf.

33.Kharroubi, E. and F. Zampolli, Monetary Independence In a Financially Integrated World: What Do Measures of Interest Rate Co-movement Tell Us?, BIS Working Paper, 2016.

34.Kitchin, J., Cycles and trends in economic factors, Review of Economic Statistics, 1923.

35.Kuznets S., Secular Movements in Production and Prices, Journal of Political Economy, 1930, 79（5）.

36.Lam Raphael, Bank of Japan's Monetary Easing Measures: Are They Powerful and Comprehensive, IMF working paper, 2011.

37.Long Jr C D., Long Cycles in the Building Industry, The Quarterly Journal of Economics, 1939, 53（3）.

38.Mansfield, E., Long Waves and Technological Innovation, The American

Economic Review, 1983, 73（2）.

39.Mathias Drehmann, Claudio Borio and Kostas Tsatsaronis, Characterising the Financial Cycle: Don't Lose Sight of the Medium Term, BIS Working Papers, 2012.

40. Merton R.. On the pricing of corporate debt: The risk structure of interest rates. The Journal of finance, 1974, 29（2）: 449–470.

41.Mishkin F., The Transmission Mechanism and the Role of Asset Prices in Monetary Policy, 2001, NBER working paper.

42.Mishkin F. and White E., U.S. Stock Market Crashed and Their Aftermath: Implications for Monetary Policy, 2002, NBER working paper.

43.Modelski G., The Long Cycle of Global Politics and the Nation-State, Comparative Studies in Society & History, 1978, 20: 214.

44.Modelski G., Long Cycles in Global Politics, London, 1987.

45.Richard E. Sylla, Jack Wilson and Robert E. Wright, Price Quotations in Early U.S. Securities Markets, 1790–1860, Inter-university Consortium for Political and Social Research, 2005.

46.Rigobon R. and Sack B., Measuring the Reaction of Monetary Policy to the Stock Market, 2001, NBER working paper.

47.Rostow W. W., The Stages of Economic Growth, The Economic History Review, 1959, 12（1）.

48.Salomon Brothers, Analytical Record of Yields and Yield Spreads, New York: Salomon Brothers, 1995.

49.Schumpeter, J., Business Cycles: A Theoretical, Historical and Statistical Analysis of the Capitalist Process, New York Toronto London: McGraw-Hill Book Company, 1939.

50.Stanback, T., Postwar Cycles in Manufacturers' Inventories, NBER, 1962.

49.Sutch, R., National Income and Product. Historical Statistics of the

United States：Earliest Time to the Present, in S. B. Carter, S. S. Gartner, M. R. Haineset al. New York, Cambridge University Press, 2006.

51.The Bank of Korea, The Bank of Korea：A Sixty Year History, (2010/10/26) [2022/10/20], https://www.bok.or.kr/eng/bbs/E0001760/view.do?nttId=164555&menuNo=400231.

52.Thompson W R., Long Cycles：Economic and Political Aspects, Volgograd, 2014.

53.Wu, Harry X., China's growth and productivity performance debate revisited – Accounting for China's sources of growth with a new data set, The Conference Board Economics Program Working Paper Series EWP#14–01, 2014.

# 后 记

在本书即将付梓之际，我思绪万千。自2006年进入兴业银行工作以来，我有幸亲历了中国债券市场十六年的变革。在此期间，我不仅见证了中国债券市场规模十余倍的扩张，还见证了从国债、金融债为主导到地方债、各类企业债、商业银行资本工具等品种的层出不穷，其间更有机会亲身参与到行业主管部门关于中期票据持续扩容、国债期货推出的必要性等问题的研究与论证之中。自然，在单位内部，我还在业务决策的前线，充分感受了变幻市场下的紧张刺激、理解误解、内分泌失调……，其间五味杂陈，无法与外人道，唯有自知！感谢人民日报出版社，让我有机会将自己的经验教训与研究心得分享给更多的人。

大致以"新常态"为分水岭，过去十余年，我见证了债券市场分析框架的变迁。在2013年前，经济景气度是影响债券利率的关键，而在当时，表征经济景气度的CPI则成为左右债市的主因。可以说，在当时，预测对CPI就可以预测对债券利率。自2013年至2019年，政策当局对影子银行等金融风险的关注度上升。除了研究宏观经济的变化之外，分析债市还需要理解金融监管政策，并对银行间流动性进行预判。2020年新冠疫情以来，经济增长的扰动、房地产领域融资需求的收缩成了影响债券市场的新变量。市场的变化催促着研究者不断更新、不断向前。

在债券市场分析框架变迁的过程中，我越发深刻地感受到宏观与微观相结合的重要性。《孙子兵法》有云，"夫未战而庙算胜者，得算多也；未战而庙算不胜者，得算少也"。在利率走势研判的过程中，宏观经济与政策分析如同"庙算"。在进行投资决策之前，我们需要先了解宏观经济形势与政策选择，进而判断利率变动的大方向，再根据机构行为、交易情绪的变化把握利率的波段。因此，本书总体遵循了宏微观相结合、长短期相补充的编写思路，希望尽可能地表达我们对经济运行与市场波动的理解。

市场的变化从未停歇，我们的研究亦不会止步。2022年，海外发达经济体利率普遍上行，20世纪80年代后"大缓和"的故事告一段落；国内利率中枢显著下移，房地产市场见顶和老龄化等过去看来是未来中长期的挑战，如今已近在眼前。国内外的债券市场都在步入一片新的水域。面对未知的挑战，我们摩拳擦掌，亦如履薄冰。从"变化"的角度来说，我始终抱持敬畏之心，本书很可能只是记录了一段历史，而从历史中归纳出的认知，在未来哪一天会失效，我们只能时刻屏息凝视……

本书最终能够得到出版，得益于兴业银行党委书记、董事长吕家进策划系列丛书指导的鞭策。在编辑过程中，人民日报出版社的编辑对本书的内容进行了悉心的指导，在此表示诚挚的谢意！

鲁政委